张满宏与师弟陈文龙（右）查看陈清平宗师四世孙陈运通先生（中）所保存的家族墓志碑

陈学忠先生（左）指导张满宏练拳

张满宏拜访陈清平宗师四世孙陈忠森先生

民间名老拳师拳姿风采（左起杨兴中、陈学忠、郑钧、王庆生）

陈学忠先生（中）带领儿孙练拳

张满宏参加韩国世界武术联盟大会武术节

张满宏传授英国学员推手

张满宏在欧洲讲学授拳

西班牙太极拳大赛后张满宏与学员及拳友合影

张满宏带领武校学生参加太极拳比赛

张满宏与师兄对练王堡枪

张满宏《忽雷太极拳》出版发布会

张满宏被国外杂志选为封面人物

张满宏练拳英姿

张满宏组织成立忽雷太极拳协会

张行国外留学期间展示太极拳

张行（左二）大赛获奖

张满宏传授儿子张行太极推手

张行（左一）与国外选手赛后合影

张行教练率领湖南工学院大学生太极推手队参赛夺冠 1

张行教练率领湖南工学院大学生太极推手队参赛夺冠 2

陈清平与太极拳

张满宏
张　行　编著

河南科学技术出版社
·郑州·

图书在版编目（CIP）数据

陈清平与太极拳 / 张满宏，张行编著. -- 郑州：河南科学技术出版社，2025. 5. -- ISBN 978-7-5725-1953-6

Ⅰ. G852.11-49

中国国家版本馆CIP数据核字第2025A4N412号

出版发行：河南科学技术出版社

地址：郑州市郑东新区祥盛街 27 号　　邮编：450016

电话：（0371）65737028

网址：www.hnstp.cn

出 版 人：乔　辉

策划编辑：董　涛

责任编辑：董　涛　成冰骢

责任校对：刘逸群　尹凤娟

封面设计：王留辉

责任印制：徐海东

印　　刷：河南新华印刷集团有限公司

经　　销：全国新华书店

开　　本：720 mm×1020 mm　1/16　**印张**：21.75　**彩插**：4页　**字数**：380千字

版　　次：2025年5月第1版　2025年5月第1次印刷

定　　价：59.80元

前　言

我生长于豫北的农村，这里多有尚武习武的传统，与许多北方乡村的孩子一样，受环境熏陶，自幼便喜欢上了武术，而且所承练的还是拳中精品太极拳。儿时习武并非为了养生健体，而是想成为村中父老口中神奇的太极高手，甚至一度还想修炼成为他们故事中那些武功高超、行侠仗义、除暴安良的武林大侠。当然，这只是少年时期天真烂漫的武术梦想，美梦未必能成真。之后，既未成为高手、武侠，也未成为以武谋生的职业武者，倒是做了一辈子职业教书匠，武术也就只能成为难以割舍的终生业余之爱，故称自己为一武术爱好者应该是名副其实。工作之余，习拳练武、谈拳论道，探研武道文化，既不算不务正业，也非不良嗜好，而应该是一项有益且健康的爱好吧。

人生苦短，从怀揣美梦的少年至中年到老年，从求学至工作到退休，一晃几十年过去了，而痴武之好仍然不悔不改。虽已早无年少时的武侠情怀，倒是很想将平生所学、所练、所研悟，有所总结承传。十多年前，我就有了大胆的尝试，将从小跟随村中父老所学练、风格尤为独特奇妙的“忽雷太极拳”整理出版，并且得到了师友与同道的好评鼓励。这就更增加了我将另外所学、所研悟继续写下去的信心与决心。因此，从在职上班时的工作之余写作，到退休后的不断笔耕，历时数年，几经周折，数易其稿，终有了这本拙著。

本书主要以研究评述一代太极拳宗师陈清平为主线，亦涉及太极拳历史渊源、文化技理研究与拳派介绍等相关内容，算是一部集太极拳历史人物、历史文献、历史渊源、文化理论、传统拳派等研究探讨于一体的综合性太极拳著作。其内容大体分为四章，每章重点研究评析一项主要内容。

第一章，对一位太极拳重要历史人物——陈清平的考析。

陈清平为清代著名的太极拳大家，培养出了多名成名成家成派弟子，有“太极拳数派之祖”之称，为我国太极拳的传播发展、门派繁荣作出了重大贡献，是一位非常值得后人敬重、研究学习的一代太极大师。现在广为流传的武氏太极拳、孙氏太极拳、赵堡太极拳、忽雷太极拳、和氏太极拳等，皆为其弟子直接或间接所创所传。笔者以充实的物证资料对陈清平一向有争议的身世籍贯、师承关系以及其对太极拳传承、发展、门派繁荣的杰出贡献等，进行了深入全面的考证阐述与评价，还原了一个真实可信、可尊可敬的太极拳发展史上的重要历史人物——陈清平。

第二章，对一篇太极拳经典历史文献拳论——《太极拳论》的考证研究。

太极拳，深受我国传统太极阴阳哲理文化孕育影响，又有“哲拳”“文化拳”之称。而在这一“文化拳”的所有拳论文献著作中，当以清代王宗岳所著的《太极拳论》为最，备受各派拳家推崇。《太极拳论》对提升太极拳的文化品位和太极拳的技理传承发展等作用甚大，被称为太极拳的经典之作。而如此著名经典的太极拳文论著作，对于其作者、来源、出处、流传情况以及与太极大师陈清平的关系等，却说法不一，素有争议。笔者对此等问题进行了较为全面的研究考证，力求还原这篇太极经典名作真正的来龙去脉。

第三章，对一部太极拳渊源、形成及发展史的考证研究。

太极拳为中华武术中的拳中精品，深受人们喜爱，习练者众多，并已成为人类非物质文化遗产，可谓影响深远，誉满全球。但关于太极拳的历史渊源、形成及发展等至今仍有一定的争议，为了我国太极拳运动的健康和谐发展，还原历史真相，需要进行有益的学术研究争鸣。笔者主要通过对太极拳三大组成内容的形成、发展及太极拳名称演变等方面的研究，来探讨研究太极拳的形成脉络，试图使太极拳的渊源、形成历史更加清晰明朗，印证一个真实可信的太极拳之源。

第四章，对一支珍秘正宗太极拳——陈清平家传太极拳的研究介绍。

一代太极拳大师陈清平对近代太极拳的传承发展、门派繁荣可谓功勋卓著，贡献巨大。他不但精心培育出了众多成名成家的外传外姓弟子，而且在其儿孙后代中也传留下一支弥足珍贵的太极拳——陈清平家传太极拳。该拳出自名门，世代家传，古朴纯正，严谨规范，理精技妙，拳法独特。笔者曾研练多年，获益良多，认为颇具挖掘、研究、保护、传承推广之价值。本章详述了该拳的拳法技理，对其拳架运行也特作配图详解，阅之，可一睹稀有独到陈清平家传太极拳的拳貌风采。

在本书编写出版过程中，得到师弟王立、弟子秦海军的热心帮助，弟子魏小平及我儿媳唐嘉璐协助打印文字、整理图片，书稿才得以顺利完成，在此一并致谢。

由于笔者才疏学浅，水平有限，书中可能有错误之处，敬请同道不吝赐教指正。

张满宏

2024年3月

目录

第一章
陈清平其人其拳艺考析

太极拳是中华民族的优秀传统文化，集健身、修身、防身、文娱、哲理文化等于一体，已成为东方文化符号，并被联合国认定为人类非物质文化遗产。作为太极拳爱好者，在深感自豪的同时，更应该饮水思源，感恩和怀念那些先贤大师们给我们创传留下这份宝贵文化遗产。而在群星闪烁的历代太极拳名家大师中，最令笔者崇敬之至的当属清代太极拳大家——陈清平。

陈清平对中国太极拳的传承、创新、发展、流派繁荣作出了重大贡献。然而，令人遗憾的是，由于种种原因，长期以来人们对这位太极大师，缺乏应有的重视与研究，对其在中国太极拳发展史上的重要地位认识不足。即便是在当今太极拳文化大传承、大发展、大繁荣的时代，无论是武术界还是太极圈，仍有不少人对陈清平其人、其艺、其德、其才、其贡献，或知之甚少，或无所了解，甚至还出现种种误解和质疑。因此，特撰写本章内容，可使人们真正看到一代太极大师陈清平卓尔不凡的太极人生。

第一节
陈清平其人——
姓名、生卒时间、身世籍贯等考析

陈清平为清朝晚期人，所生活的时代距今虽然并不算太遥远，但其人生经历等个人情况，之前缺乏翔实的文字记载。仅凭其后代、传人及民间口耳相传，人们很难认识一个真实全面的陈清平。于是，在各种道听途说中，出现了包括其姓名、生卒时间、婚姻家庭、身世籍贯及师承等方面说法不一的混乱现象。孰真孰假，很难考证。

笔者最早习练由陈清平弟子李景延创获的忽雷太极拳，之后又兼习研练陈清平家传一系太极拳。习多练久，耳闻越多，越发对陈清平这位太极大师的才德拳艺崇拜有加，逐渐萌生了对陈清平本人及其武学拳艺考证研究的兴趣与想法，进而有了更多的考察了解与系统关注。然而，在长期的访查调研过程中，对于一些外界有关陈清平事迹传闻，明知有误、与史不符，却苦于找不到以证其误的有力证据，故颇感艰难与无奈，常使研究陷入困境，对一些问题也只好遗憾地存疑待考，暂时搁置。

然而，想不到近些年来，在温县赵堡陈清平后人及陈清平家族祖坟中，接二连三意外而又惊喜地发现了数件有关陈清平家族的文物资料。这些文物的发现与出土，为研究陈清平提供了翔实可靠的第一手资料，许多之前疑惑难解的问题，便有据可查，迎刃而解。这要从最先发现的陈清平家族的一份财产“分单”和陈清平家族墓地逐渐发现的陈清平之父、之孙及其本人的三个墓志（简称“一单三志”）谈起。

一、“一单三志”的发现

(一)“分单”的发现

“分单”就是家庭成员分割共有家庭财产的一个文字单据，也可称为家庭财产分配协议书。

20世纪90年代初，随着国家改革开放的深入和经济的不断发展，对传统文化更加重视起来，太极拳也得到了进一步的保护和传承发展。在太极圣地温县，喜爱习练与研究太极拳者也越来越多，一些熟知太极拳历史的人，不单只是敬仰一代宗师陈清平的卓越武功成就与贡献，还很想从现今仍生活在赵堡村的陈清平后代中寻找家传“秘谱”“秘诀”之类的东西。然而其后人也只能遗憾地如实相告，由于战乱、饥荒及后代现已不练拳等原因，家中实无“秘谱”“秘诀”等相传。但随着官方、民间等寻访者的增多，身为太极大家陈清平四世孙的陈运通先生，除了为先祖影响至今的武功威名深感自豪和荣耀外，总想为来访者提供些什么。一日，他便问起年已八旬的老母亲，看看家里是否还有祖上遗留物件。老母亲倒也未让儿子失望，她想起家里的房梁上还藏有一个祖传包裹，虽之前全家逃荒辗转数省也未敢丢弃，老人家也不识字，不知包裹里所藏“宝物”是否与人们追寻的太极拳“秘谱”“秘诀”有关。于是，让儿子赶快从房梁上取下包裹，层层打开后，发现一张已发黄受损、写有文字的破旧绵纸。纸张有字的正面，被对折粘黏在一起，不易揭开，怕受损当时就未敢直接打开，只是隐隐约约从纸的背面看到有“陈清平”三个字。陈运通先生估计这可能与祖上陈清平所传的太极拳有关，便马上把它送交到时任赵堡村村长兼赵堡太极拳会会长吴增金手中。后来，吴村长与村中几位老拳师小心翼翼地将其揭开后，才发现原来是清朝同治年间所写的陈清平家族的一份财产“分单”。因为此“分单”系出自太极大师陈清平家族且已在陈家传存五六代，虽与人们所希望看到的太极拳“秘诀”“秘谱”无直接关系，但也算得上是一件太极拳历史文物。于是吴村长便将其交给时任赵堡太极拳总会秘书长的和学俭先生保存。

陈运通先生为陈清平四世孙，是唯一仍生活在赵堡村的陈清平后人。他为人厚道朴实，在“分单”发现前，笔者已在赵堡太极名家陈学忠老师的引荐下，与其曾有过拜访交往，他对研究宣传其祖上陈清平事迹非常支持，家里但凡发现有关资料信息，便会捎信或打电话告知。当年，当陈运通先生告知“分单”之事后，笔者便马上来到他家中，他说村里已收存。笔者遂于1993年冬，在陈学忠老师的引介下，在和氏名家和学俭先生家中见到了这份“分单”并抄录了内容。后又在陈学忠老师处得到了一份“分单”复印件（图1–1）。

“分单”签订于清同治六年（1867年），而陈清平去世于同治四年，所以此分单是在陈清平去世后的第三年，由陈清平的三弟陈清光，主持分家立了这份“分单”。此时，陈家已“人口渐多，日用不足”，逐渐衰落，但仍有土地近百亩，房屋38座共100多间，可见陈家当年家大业大，十分富庶。

这份“分单”虽然不是拳谱拳诀，与太极拳技理无涉，但因是来自太极世家之祖传遗物，应视为太极拳珍贵历史文物，对太极拳的历史文化研究，特别是对陈清平迁居赵堡的原因、时间、身份身世等的考证认定，都具有重要价值和意义。

“分单”的内容如下：

“立分单陈清光，侄河阳、淮阳，子泾阳。人口渐多，日用不足。今邀同亲族，将祖遗房院地土物　并伙中欠外外欠账物，均为三分，各得其一。时无异说，恐后无凭。公立分单三张，将应分地亩房院悉载如左，各自存证。

河阳应分祖院一所，坐北向南，房屋十二座。西至侯姓，东至泾阳，南至大道，北至淮阳，地基以学院东厂棚南山墙为界。计地　粮在　名下取。应分坟地五亩二分六厘六毫六丝，粮系　册名。应分村北麦地三段，北一段计地十亩零三卜九厘一毛三丝；西一段计地七亩；南一段计地九亩九卜六厘，所有树木随地。

淮阳应分当契庄院一所，内有房七座，异日侯姓卖回庄价，与河阳、泾阳无干。又分北边庄院一所，内有房屋七座，磨屋东厂棚与泾阳各随地基分得东至宋金台，西至伙道，南至河阳、泾阳，北至大道。计地　粮在　名下取。应分村北麦地三段，北一段计地十亩零三卜九厘九毛三丝；西一段计地七亩；南一段计地九亩九卜六厘，所有树木随地。又应分坟地五亩二分六厘六毫六丝。粮在　名下取。

泾阳应分庄院一所，坐北向南，内有房屋十二座，磨屋东厂棚与淮阳各随庄基。分得南至大道，东至宋金阳，西至河阳，北至淮阳。计地 粮在 名下取。应分坟地五亩二分六厘六毫六丝。粮系　册名。应分村北麦地三段，北一段计地十亩零三卜九厘九毫三丝；西一段计地七亩；南一段计地九亩九卜六厘。所有树木随地。粮在　　名下取。

计开

同亲族：清周

任德珖

任德琯

立分单　陈清光仝

子泾阳

侄淮阳

侄河阳

同治六年四月十三日

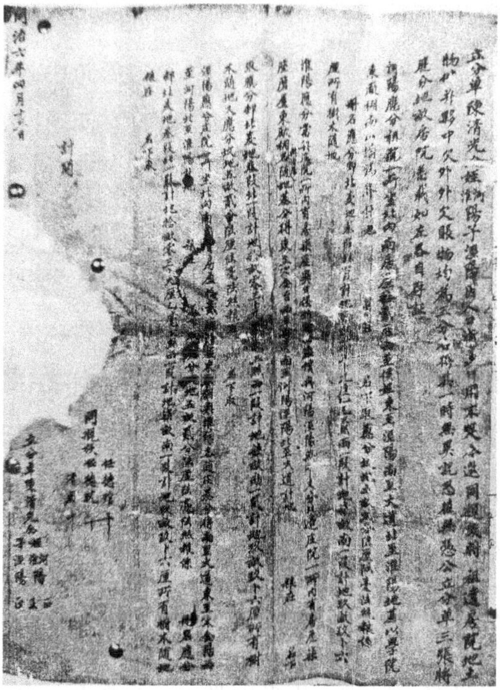

图1-1　陈清平家族财产“分单”

(二)陈清平之父陈锡辂墓志的发现

笔者自从20世纪90年代初有研究陈清平的想法后，自然便成为赵堡村陈运通家中的常客，多次拜访，多年交往，无话不谈。陈运通还主动向笔者介绍其在焦作工作的兄长陈忠森先生，笔者与陈忠森先生也成了忘年之交（陈运通先生已于2022年10月病逝，与笔者当年8月份最后一次对先生的拜访求教，仅相隔月余）。

1998年伊始，趁元旦假期，笔者约了几位拳友到温县各处拜访师友，再次来到陈运通家里，谁知刚进门，他便说："正准备给你打电话，正好你来了。"说着就急忙从东屋搬出几个破砖块，让看看对研究太极拳是否有用。笔者遂将砖块拼对在一起，详细观看，不免惊喜地说道："这是你家祖上的墓志碑呀，有价值，绝对有用，要好好保存。"随后陈运通便讲述了这个墓志碑的发现经过。

原来，赵堡村民于1997年10月，在村西南大约500米处的一块麦田地里打机井，这里原为陈清平家族的祖坟地，后被平坟扩耕为田地。村民在钻井挖土时，无意中挖出一个方形砖块，当搬出时已碎成三块，由于砖块上泥土较多，看不清上面有什么东西，村民认为没啥用处，便随意丢弃在田野的路边上。几天后，有一细心的打井村民，擦去砖上的泥土后，发现上面隐约写有"陈清平"等字样，就回村告知陈运通，看是否是其祖上坟墓遗物。陈运通当时也不太在意，认为祖坟早已被平整为农田，不会有啥珍贵的东西，也就未能立即前往查看。待一个月后，即1997年11月，才顺便将散落于麦田路边的几块砖碑拾回家中。一件珍贵的陈清平家族遗物，就是这样不经意间地被偶然离奇发现和有幸地保存了下来。陈清平之父陈锡辂的墓志碑，系砖质材料，呈正方形，边长约55厘米（图1–2）。此墓志碑对研究陈清平其人及其家族史具有重要价值和意义。

在这里，顺便说一下墓志。墓志就是古时埋葬死者，为防陵墓变迁，放在墓中以备稽考的石刻或砖刻。也指墓志上的文字。墓志是散文，记死者姓名、籍贯、生平事略。有的墓志有韵语结尾的铭，铭是韵文，是对死者的称颂、安慰、评价或悼念。墓志铭是古代的一种悼念性文体，更是历史悠久的文化表现形式。

陈锡辂墓志内容如下：

皇清处士陈公讳锡辂字载民德配任氏之墓

子	从九品	清安
	太学生	清平
	从九品	清光
孙	从九品	淮阳
	增广生	河阳
		汉阳
		泾阳
曾孙		化南

道光二十五年冬月　谨志

图1-2　陈清平之父陈锡辂墓志碑

(三)陈清平长孙陈鋆墓志的发现

光阴荏苒，转眼间到了21世纪的第十二个年头。2012年“五一”前夕，师弟陈文龙忽然从赵堡打来电话说：“陈清平祖坟地又有新发现，陈运通先生让通知你过来看看。”于是笔者正好趁“五一”假期，便与拳友吴全胜、王智强等，驱车来到赵堡陈运通家中，再次惊喜地看到了存放在其家里的又一新发现——陈清平长孙陈鋆的墓志（图1–3、图1–4）。

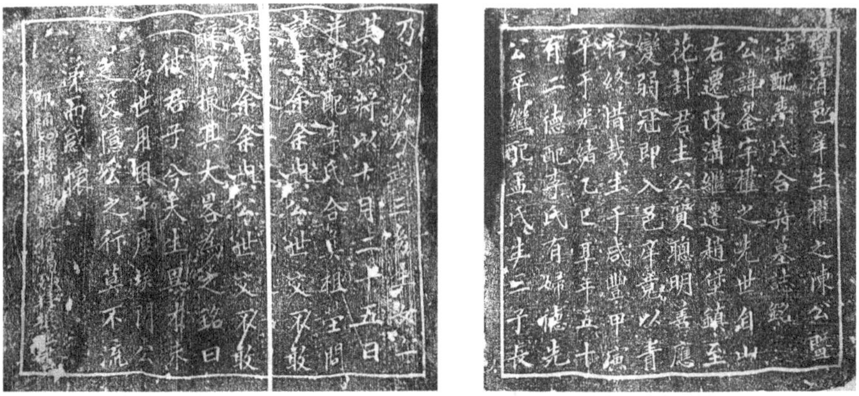

图1-3　陈清平长孙陈鋆墓志拓印图片

图1-4　陈清平长孙陈鋆墓志碑

墓志碑由两块砖质正方形砖碑拼组而成，每块边长约27厘米，碑上铭文清晰可见，字迹隽秀，文字内容要比先前发现的陈清平之父陈锡辂墓志文丰富。当问起是如何发现时，陈运通先生便气愤地讲述了该墓志碑的辛酸来历。他说："近两年不知从哪里传出一股谣言，说俺家之前是富商大户，又出过几位太极拳高手，祖坟墓里一定随葬有太极拳秘谱和其他宝物。于是，一些人信以为真，就在晚上盗挖了俺家祖坟里的几个古墓，仅2011年就盗挖了四个坟墓。每次挖过后，棺材板散落于地，尸骨露于野，惨不忍睹，让人实在寒心。而每次被村民发现告知后，俺就赶快到现场，含泪将先祖尸骨再次掩埋于地下。"讲到此，明显看出他的伤心与无奈。接着他又说道："一次在收埋尸骨时，发现了扔在一边的两块方砖，上边的文字被泥土覆盖，看不清楚，估计是墓碑，就拉回家中，擦洗后发现是我一个名叫陈玺的爷爷的墓志碑。他是先祖陈清平的长孙，也会太极拳，文武双全，当过赵堡寨主。"陈运通讲完该墓志碑的来历后，还不无伤感和无奈地补充说道："俺祖上当年会太极拳该倒霉了，死了也不能安宁。"听后，笔者心中一阵酸楚，不知如何劝慰这位老实淳朴的太极拳名人之后。

该墓志有志文有铭文，信息量较大，对陈清平的身世籍贯及后代情况的研究，具有重要价值和意义。

陈玺墓志内容如下：

皇清邑庠生权之陈公暨德配李氏合葬墓志铭。

公讳玺，字权之，先世自山右迁陈沟，继迁赵堡镇，至花封君生公质聪明，善应变，弱冠即入邑庠，竟以青衿终，惜哉！生于咸丰甲寅，卒于光绪乙巳，享年五十有二。德配李氏，有妇德先公卒。继配孟氏，生三子，长乃文，次乃武，三乃谋生女一，其孤。将以十月二十五日并德配李氏合葬祖茔。问志于余，余与公世交不敢辞，乃撮其大略为之铭曰：

彼君子兮天生异才，未为世用困于尘埃，闻公予没忆公孑行，莫不流涕而感怀！

即补知县乡愚晚孙鸿烈拜禩并书

(四)陈清平墓志的发现

时间到了2016年，根据之前相继发现的陈清平家族财产的分单与陈清平之父及长孙墓志铭文等资料内容，笔者已开始着手撰写本书有关陈清平籍贯身世等部分内容。但是，时写时停进展缓慢，总觉得手头资料还是有限，不够充分全面。甚至一度想过，若能再发现些有关陈清平本人的第一手资料，那就更有说服力了。当然这只是个人愿望，文史考查研究不像写小说，想有的、想要的皆可凭空想象立现笔下。且自己也无能力、无权力，更不敢想象去考古挖掘一代太极宗师陈清平的墓中文物。然而主观想象竟也不可思议地变现，奇迹还是发生了。在2016年即陈清平220周年诞辰之际，冥冥之中好像要发生一些与陈清平相关的什么事情。这要从接到来自赵堡的一个电话说起。

2016年3月底，师弟陈文龙忽然又从赵堡打来电话说："前几天陈清平祖坟迁移时，发现有陈清平的出土文物，陈运通让捎信，要你前去考察了解。"真是难得的好消息，事不宜迟，随即约上拳友李普选、吴全胜、张战军等一同驱车前往。首先来到赵堡陈运通先生家里，听其讲述了祖坟迁移原因与过程，以及所发生的一些事情。

赵堡村为了搞农田水利建设，决定于2016年初，在村西南处的田地里修引渠灌溉工程，建水渠。按规划的水渠路线，要经过陈清平家族老坟地。这里虽然早已被夷为平地，成了农田，已无坟头与墓碑，但毕竟是陈清平家族数代人的安息之茔地。陈清平后人陈运通得知此事后，不忍心再看到祖坟被随便乱挖，尸骨暴于野的惨状，于是就想将祖坟另迁他处。但考虑到祖坟已有六七代30余位先人深埋于此，且至今已全无坟头，墓主位置难以寻找，加上村里又未给迁坟费用，他本人也缺人力财力等原因，使他心有余而力不足，左右为难，不知如何是好。在实在没办法之时，忽然想到祖坟中还埋葬有祖上几位太极拳名家高手，特别是先祖陈清平为一代宗师，为太极拳作出那么大贡献，看看村里边是否能帮帮忙。于是就找到村委领导，说出想法，阐明理由，请求协助迁坟。村干部觉得陈运通言之有理，也知其家境困难，更深知陈清平对赵堡太极拳及整个太极拳的重要影响与贡献，便欣然答应，愿意出人出力出资相助。于是，就在2016 年3月21日开始破土动工，动用挖掘机、探测器等现代化工具，挖坟开棺，验证棺内尸骨及随葬品等，一切进展顺利。而在墓主不明的随意挖掘中，也可能是天意吧，挖掘机竟然无伤无损地挖出了一个墓志碑，细看墓志文字，正是人们期盼的陈清平的墓志碑。墓志碑由两块方砖碑组拼而成（图1–5），另有一块写有“墓志”的志碑封面砖（图1–6）。这样，一代宗师陈清平的棺木被完全确定下来。又根据陈清平的棺木位置，找到和确定了其他墓主的位置与身份。

陈清平的棺木系优质柏木材质，虽深埋地下150余年但仍未腐烂。棺内并没有发现一些人所追寻期待的太极拳秘谱秘籍，倒是发现了两个青铜大烟袋随葬品，看来当年富甲一方的陈清平祖师爷，除了热爱太极拳外，还应有吸烟嗜好。随后于3月23日，村里安排将全部挖掘出的31副遗骨，分别装入简易木板所做的棺匣内，重新安葬于赵堡村东北处新选的一块墓地内。陈清平的坟墓则处在从东向西的第三个位置。之后村中又在陈清平墓前立了墓碑（图1–7），但现在只有其碑，坟头已平掉种上庄稼，其余家族墓主则无坟头无碑，成为一片庄稼地。

陈清平墓志碑的发现，无疑为研究陈清平家族史、陈清平个人生平事迹等提供了翔实可靠的第一手资料。

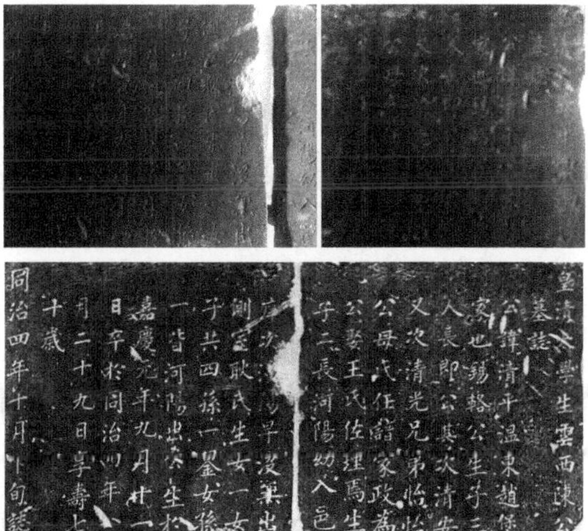

图1-5　陈清平墓志碑及拓印

陈清平墓志文：

皇清太学生云西陈公墓志

公讳清平，温东赵堡家也。锡辂公生子三人，长即公，其次清安，又次清光，兄弟怡怡。公母氏任，谙家政，为公娶王氏，佐理焉。生子二，长河阳，幼入邑庠，次汉阳，早没无出。侧室耿氏，生女一。女子共四。孙一鋆，女孙一，皆河阳出。公生于嘉庆元年九月十一日，卒于同治四年八月二十九日，享寿七十岁。

同治四年十一月下旬志

图1-6　陈清平墓志碑封面

图1-7　陈清平墓迁移后墓地墓碑

以上为“一单三志”的发现原因、过程。其发现虽然具有一定偶然性和传奇性，但其内容为我们研究陈清平本人及其家族史提供了大量珍贵的历史信息，是研究太极拳发展史的重要资料。

二、陈清平的姓名、生卒时间、身世籍贯等情况

考察一个太极拳著名历史人物的人生真实情况，其实就是在考察研究

一段太极拳的历史。而任何史学考证必须重真凭实据，一切凭借推测、推断或道听途说出来的皆非信史，只能存疑或仅供参考而已。那么有了“一单三志”的物证，一个真实可信的陈清平其人及其家族简史，将会浮现在我们面前。

(一)陈清平的姓名

有关陈清平的名字，从其后代所藏存的近亲支系家谱和陈家沟陈氏总谱上所看到的皆为“陈清平”。一般来说，家谱所载姓名应该是准确无误的，况且其后代及各系传人谈及陈清平姓名也均与家谱所载相一致，因此，陈清平的姓名本不应该再做研析。然而多年来，外界包括一些专家学者对陈清平之姓名多有误传误写，混乱不一，如有“陈青平”“陈清萍”或“陈青萍”等。若堂堂一位太极历史名人，连最起码的姓名都确认不清楚，则实在是有失对陈公清平其人之尊重。故欲了解陈清平其人，要先正其名，从其姓名谈起。

据查，最早在书中误写陈清平名字的当属民国时期陈家沟太极名家陈子明，他在1932年出版的《陈氏世传太极拳术》一书中，将陈清平写为“陈清萍”，将“平”写为音相同的“萍”。之后，太极拳专家顾留馨与沈家桢于1963年合著出版的《陈式太极拳》一书中，又写为“陈青萍”，出现了音同字不同的两个错别字。由于以上名家专家的误写误导，到了20世纪80年代武术出版物渐多后，不少太极拳书籍以误传误，屡有陈清平名字的误写误载，大有以假乱真之势。那么“一单三志”的发现与出土，看到皆是写为“陈清平”，可再次证明“陈清平”三个字才是陈公准确无误的尊姓大名，其他皆为误写误传，且不可一再误传下去。

按照古人习俗，一般男士要有“姓”有“名”还要有“字”，特别是一些有文化、有身份、有社会名望的人，除姓名之外皆要取有“字”以显品位。如陈清平之父名“锡辂”字“载民”，陈清平之长孙名“絜”字“权之”，这在较早出土的墓志上皆有记载。然而一直以来对陈清平的

“字”却不得而知，误认为可能是有“名”而无“字”。但又觉得像陈清平这样文通武备、名冠当时的一代武术大家，不会仅有其名而无其雅称之“字”。笔者也曾疑惑不解地询问过其后人和一些传人，然皆已无所知晓。随着2016年陈清平墓志碑的出土，一切疑惑烟消云散，墓志铭文中赫然显现：皇清太学生云西陈公墓志　公讳清平，温东赵堡家也。方知陈清平确有一内涵高雅、寓意深刻的字——“云西”。故，我们现在可准确地知道，一代太极拳大家陈清平，名清平，字云西。

名字是一个人的标志与称谓，是代表着个人生死之名号。因此，古人一般是除幼时有乳名外，年长则要起名取字，且对此还颇为用心与讲究，“名”与“字”之间多有意义上的关联性，从一个人的“名”与“字”上，往往可以显示出其个人志向和追求。陈清平的“名”与“字”也可看出其相关联的思想内涵。“清平”可理解为太平、平静、清和平允、廉洁公正之意，寓意向往社会的清正、公平、廉明和对太平盛世的美好追求。陈清平的大弟弟名叫清安，兄弟俩之名相合则有“平安”和谐之意。其二弟弟名为清光，哥仨之名相合则有“平安光明”之美好寓意与期盼。故陈清平之“平”，绝非浮萍之“萍”。若将“清平”误写为“清萍”或“青萍”则寓意迥异。“清萍”与“青萍”皆为漂浮于水面上的植物，多寓意漂浮不定、浮游不稳之意，与“清平”二字相比，其内涵雅俗悬殊，天壤之别。而陈清平之字“云西”，或是出自唐代著名诗人杜甫《羌村》一诗中的“峥嵘赤云西，日脚下平地”之句。那么将其名“清平”和字“云西”二者联系起来，其寓意是否可以理解为陈清平十分向往美好的清明和平盛世呢？陈清平生于清嘉庆元年（1796年），逝于同治四年（1865年），一生主要生活在由盛到衰，农民起义不断的嘉庆、道光时期。故“云西”也可能寓意他对当时社会到了日落西山的“峥嵘赤云西，日脚下平地”日暮途穷地步的惋惜与无奈。因此，他不仅是一位文化素养高、精技通理的武术大家，还应该是一位忧国忧民，感慨世风日下，向往美好生活的高雅有识之士。

(二)陈清平的生卒时间与年龄

有关陈清平的生卒时间及年龄，在陈公墓志碑出土之前，笔者也曾访问过陈公后人及一些传人，皆因年代久远又无记载而不得而知。后经查阅早期的一些武术太极拳书籍文献，发现唐豪与顾留馨两位太极拳研究专家合著的《太极拳研究》一书里的“传统太极拳主要传递系统表”中，记载陈清平的生卒时间为1795—1868年，享年73岁，但未注明出处。该书出版于1964年，是最早记载陈清平生卒时间的书籍。后来，陈氏太极拳与赵堡太极拳传人相继出版的一些书籍，可能受《太极拳研究》一书影响，也有相同的记载，但皆未说明此生卒时间的出处。故笔者认为，在未有其他物证情况下，当时对于陈清平这一生卒时间的说法，也只能是存疑待考，难以认定其真伪。

然而，2016年3月陈清平墓志碑的出土面世，一代太极拳大师的生卒精准时间终于大白于天下，墓志铭文中清楚详细、准确无误地记载了陈公的生卒年龄：其生于嘉庆元年九月十一日，即1796年农历九月十一日，卒于同治四年八月二十九日，即1865年农历八月二十九日，享年69岁。较之前唐豪、顾留馨书中所最早记载的生卒年龄共相差4岁。而墓志铭文所载陈公生卒年龄，应该是真实可信的。

(三)陈清平的身世籍贯

关于陈清平的身世籍贯、居住赵堡原因，是近现代太极拳史上一个颇具争议的问题，而所争论的焦点主要是陈清平是入赘于赵堡，还是经商移居于赵堡；是属于赵堡村人，还是属于陈家沟村人以及另外其他村人。从已出版的新老武术书籍资料和民间相传中，大概有以下三种说法。

第一种，认为陈清平为陈家沟陈氏后裔，成年后从陈家沟入赘于赵堡村，并在那里传拳。

第二种，认为陈清平既非陈家沟陈氏后裔，也非从陈家沟迁居赵堡，而是从陈家沟周边的小刘村或王圪垱等一些村庄迁入赵堡村定居，并在那里学拳教拳。

第三种，认为陈清平为陈家沟陈氏后裔，从其父亲、祖父辈始因故从陈家沟迁移赵堡经商定居，为祖籍陈家沟的赵堡村人，曾在赵堡及陈家沟学拳，并在赵堡传拳。

以上三种说法究竟哪种符合历史事实呢？

第一种说法即入赘赵堡之说，是近现代流传最久、传播最广、最为荒唐、最与史不符的一种说法。

查此说最早出自太极拳专家顾留馨与沈家桢于1963年合著出版的《陈式太极拳》一书，顾留馨在该书“陈式太极拳简介”中写有“由于青萍赘婿于离陈家沟不远的赵堡镇以教拳为业，人们把青萍所创小架称为赵堡架”。而顾留馨在一年后即1964年，又出版了与唐豪合著的《太极拳研究》一书，也有同样的记载。以上两书虽然是顾留馨与他人合著，但有关陈清平身世、赘婿等部分内容均由顾留馨执笔亲写。此后，顾留馨于1982年又独著出版了《太极拳术》一书，而书中仍未纠正其误，继续以同样的记载坚持旧说。顾先生为知名太极拳研究专家，特别是20世纪60年代中期至80年代末，国内少有武术书籍出版，而顾先生的太极拳书籍却于此期间在海内外广泛流传，也扩大了“入赘”说的误传影响。以致到了20世纪90年代出版业较为自由发达后，不少拳家凡著书立说涉及陈清平身世时，便纷纷遵从顾氏书中的“入赘”说，似乎陈清平“入赘赵堡”已成为不可置疑的定论。

我们不可否认，顾先生为中国太极拳的研究、宣传、推广发展作出过突出贡献。但其在陈清平身世问题的研究方面，还是存有明显失误和疏漏的。在封建社会里，“赘婿”是一个男人贫穷无能、地位低下、不太体面的无奈之举。因此，认定某人是否为“赘婿”，一定要慎重，调查落实清楚，特别是像陈清平这样的太极大家，决不能随意地妄下结论，否则客观上会造成对一代大师的贬低和不尊，也会引起其后人及众传人的不满。

第二种说法主要来自一些赵堡太极拳传人和个别拳史研究者。拳史研究重在实地考察与真凭实据，不可夹杂个人偏见与倾向性。而一些传人和研究者并非这样，一心想要撇清陈清平与陈家沟的亲族血缘关系，将陈清平的祖籍地，要么有违事实地写为与陈家沟陈氏毫无关系，而直接远追至山西省；要么就近选在陈家沟周边的小刘村或王圪垱等村庄，想方设法绕开陈家沟，以便证明陈清平的祖辈未在陈家沟生活过，与陈家沟陈氏一族非亲非故、非一脉一祖，陈清平其人其艺与陈家沟毫无瓜葛等。然而岂不知陈家沟陈氏自山西迁居陈家沟后，历来人丁兴旺，周边村庄如赵堡、王圪垱、辛堂、陈辛庄、小刘村、南孟丰、东马村、西马村等数个村庄的陈姓村民，皆系陈家沟陈氏外迁族裔。所以，即便是陈清平家族来自王圪垱、小刘村等村庄，也实属陈家沟陈氏外迁后裔，何况据考察，陈清平父辈并不是从这些村庄外迁，而是直接从陈家沟迁居赵堡的。

至于第三种认为陈清平祖籍陈家沟，从其父亲、祖父辈开始因故从陈家沟迁入赵堡经商定居，并在那里学拳传拳的这一说法，是长期以来无论陈清平后人，还是其主要传人及不少有识之士所一致认同的，也是早在“一单三志”发现之前笔者经过多年考证所基本认定的事实与坚持的观点。然而，历史研究来不得半点虚假，如果说之前仅凭陈公后人、传人及家谱的简单记载去研究分析推测，在缺少翔实确凿的文字、实物等更多真凭实据支撑下，对于这一观点与说法，总还是有些心存疑虑、难以完全定论的话，那么“一单三志”的发现，则为认定这一观点提供了更翔实的佐证资料，我们可根据“一单三志”内容，对陈清平的身世籍贯等这一争论已久的问题再做进一步的深入研究落实，还原历史真相。

1.从“一单三志”看陈清平家族迁居赵堡的原因

（1）“入赘”赵堡之说与史不符，经不起考证。

有关陈清平迁居赵堡的原因大概有“入赘”“学拳”“教拳”“经商”等几种说法。其中“入赘”之说流传最广、影响最大。而“一单三志”的发现，成为有据可查否定这一荒唐说法的铁证。在这里，无须将其全部内容一一展开详论，随便举出其中任何一项内容，皆可证明一切。

从“分单”来看，“分单”是在陈清平去世后第三年的同治六年，即公元1867年，由陈清平三弟陈清光主持下所签订的一个家庭财产分配契约。这些共有的家族财产，分为三份由陈清平一子两侄三人均分应得。说明陈清平生前一直是与其弟弟、儿子、侄子同住赵堡，共同生活、共创产业的。若是陈清平“入赘”赵堡并创下产业，那么除了他的直系子孙外，其他两个侄子是绝对没有继承权的。

从陈清平之父陈锡辂的墓志来看，虽铭文简单，寥寥数语，信息量不大，但仅从陈清平父亲能与陈清平葬于赵堡村同一坟地，就足以说明“入赘”绝无可能性。世间哪有“入赘”外村外姓后，又将其老父亲也同葬于岳父村的祖坟呢？

再从陈清平长孙陈鋆的墓志铭文中，更是清楚明白地记述了其先祖由山右（山西）远迁陈沟，又从陈沟近迁于赵堡的事实。两次改变居住地皆是迁移。第二次由陈家沟直接到赵堡也是迁居，并没有其祖父“赘婿”于赵堡的记载，或为避讳祖父“入赘”之难堪而变通为“姻亲居于赵堡”“通婚定居于赵堡”等文字。

而陈清平本人的墓志文中，记载得更为详尽、更具说服力。不但记述了他的妻、妾、子、女，还向上追述了其父其母及其他家庭成员情况。墓志文记载陈清平生前娶有一妻王氏和一妾耿氏，从而对一些人在著作或文章中，有眉有眼地说陈清平当年是“入赘”于赵堡吴家或和家，还有说是朱家等皆不攻自破。

另外，按旧时习俗，若入赘则本人及子女皆须改姓为女方姓氏，去世后不得葬于原家族祖坟，而要葬入岳丈家族祖坟。而“一单三志”所载所有内容，皆与这些千年古俗格格不入。故不必多言，“入赘”之说是毫无根据的荒谬之说。

那么，为什么会出现“赘婿”之说呢？可能有两种原因，一是源于一些不知情者的误说；二是很可能是基于太极拳。因为陈清平为清末一代太极大家，由于技理俱精，开明无私，有教无类且又授徒有方，故能广传弟子，成名成家弟子也颇多，在当地有了很大影响。从而会引起一些思想狭隘保守者的不满，他们认识不到陈清平对太极拳传承发展所作出的重要贡献，甚至还会责怪陈清平做了不利于家族的事，因此，就有了个别人口中的“入赘”之说。假如陈清平只是一个外迁入住赵堡的成功商人，与太极拳无涉或在太极拳方面无建树无影响，可能也不会摊上“入赘”之名。而外界所知的“入赘”之说，虽然大多最早来自顾留馨先生的书中所言，但估计顾先生也并非凭空捏造有意而为之，只不过偏听偏信罢了。

（2）陈清平家族移居赵堡的原因——经商与水灾。

其一，经商定居。

从“一单三志”来看，广为流传的“入赘”说自然荒谬不可信，而经商定居说是否符合历史事实呢？这要从赵堡与陈家沟两村的村貌村况及村史谈起。

去过陈家沟的人应该知道，陈家沟是一个濒临黄河北岸的豫北农业村落，原名常阳村。陈氏一族于明初迁居后，因家兴人旺，渐成为村中大姓大户，后便称为陈沟村。民国后外地人多称为陈家沟，陈家沟现已成为响亮的正式村名。村中地势北高南低略显不平，三条大沟纵贯南北穿村而过，与北边远离河岸的其他中原村落风貌大不相同。村民因地制宜，依沟、就坡、趁圪垱建宅而居，形成了独具特色的河岸村落。该村因村南地势低洼，易受黄河水灾侵扰不宜居住；村北又多为坟地乱岗难以宅居；而村东、村西又各有大沟阻碍，且两沟之外又另有村庄，受四周地理环境影响，陈家沟古村扩展受限，难有大的发展。因此在清代康乾盛世，人丁兴旺繁衍渐多时，不少陈沟陈氏族裔便陆续外迁周边村庄。或继续务农种田，或入城镇经商发展，形成陈沟周围村庄，十村九有陈姓的现象。

而离陈家沟仅有3千米之遥的赵堡镇，则与陈家沟的地貌村况大有不同，村中地势平坦，街道宽阔平直，店铺林立，商贾云集。因此，周边村庄包括陈家沟在内的一些村民，不断因经商迁入定居，逐渐形成一个人多姓杂，据说有“一百单七姓，三张九王”的豫西北商业重镇。因此，陈清平家族入住赵堡的主要原因，与许多赵堡村民一样，既不是为学拳或教拳而来，也不是为爱情婚姻而入赘，而是为经商致富，追求更美好的生活而迁居的。这不是一种毫无根据的猜测，从陈清平家族财产“分单”中所看到的庞大家业资产，就是经商定居而发迹的有力证据。据陈清平后人及赵堡太极名家陈学忠先生讲，陈清平一家迁居赵堡后，主要经营粮、棉、布、油及酒作坊等生意。所经营的是大宗生意，并非小杂货店地摊类的小买卖，还取有名为“玉昌坊”的生意商号。陈家的生意多与著名的晋商来往交易，商户遍及豫西北和晋东南一带。通过几代人的勤奋经营，至清末陈清平家族便成了温县著名的富商大户。所以经商做生意应该是陈清平迁居赵堡的主要原因。

其二，躲避水灾移居。

笔者在考察研究陈清平一家外迁原因时还另有新发现，那就是发现与陈清平血缘关系较近的其他两支本家亲族，也基本是在清代大约乾隆后期时，纷纷从陈家沟外迁他村。

如陈清平爷爷陈万拔的胞弟陈万选，也是在同期率家人从陈家沟迁至与陈家沟仅一沟之隔的东邻村——王圪垱村。而陈清平叔父陈锡章，也同时率家人迁至陈家沟东边相距1.5千米的西马村。陈清平之父陈锡辂则同时率一家老少迁至赵堡。为何会同时外迁呢？一般来说，一个大家族可能因人口增多，居住环境拥挤紧张时，会另选新宅院迁出一部分，留下一部分仍住老宅生活，而奇怪的是陈清平这个大家族却同时举家外迁，没有留下一支近亲族。若说陈清平一家迁居赵堡是弃农经商，而他的叔祖与叔父所迁居的王圪垱、西马村，也是与陈家沟一样的河岸边农业小村庄，同样也是以种地为生，何必要外迁呢？这里一定有其特殊原因。那么当时究竟发生了什么天灾人祸，导致这个大家族纷纷弃陈家沟而外迁他村呢？

陈家沟地势较低，特别是村南低洼处易受黄河水患之扰。我们若将所迁居的三个村庄与陈家沟的地理位置做一比较，不难看出，皆是地势较高、不易水淹的高“圪垱”村落，在防水害方面比陈家沟具有明显的优势。所以陈清平家族当年举家外迁的另一个原因，可能并不是“人祸”，而是“天灾”，即为躲避黄河水灾所致。笔者曾于1992年在王圪垱村拜访过陈清平的本家后代陈怀新先生，他听上辈老人说过，在清末民初，陈家沟村民在拆旧房时，发现房梁嵌杆上写有房主“陈万选”的名字，而且听老人说，陈万选是迁居王圪垱的第一代。陈万选为陈清平爷爷陈万拔的弟弟，为陈清平的叔祖，说明陈万选在陈家沟是置建有房产的，后才与家人因故外迁，说他是由陈家沟迁居王圪垱的第一代应该是属实的。陈怀新先生还告知，老房屋就在陈家沟村“老盐店”之南的大概位置。为此，笔者曾亲赴陈家沟，在陈柏根、王浩等拳友的陪同下，访查到了“老盐店”的地方。其位置在陈家沟村的南北大街路东、偏南处快要下坡的地方。而老房屋还在“老盐店”之南，正好处在陈家沟村南易受水灾的低洼之处。因此，估计在清代乾隆后期的某一年，黄河水泛滥成灾，淹没过陈家沟村南坡下的一些民宅。俗语道，“水往低处流，人往高处走。”一些受灾村民包括陈清平家族，为避免长期的水患之扰，不得不外迁周边地势较高，较为安全的村庄定居生活。所以，为躲避水灾也应是陈清平家族迁居赵堡的原因之一。

2.从“一单三志”看陈清平家族迁居赵堡的时间

陈清平一系家族是何时何代迁入赵堡，“分单”上所列资产又是何时何代开始创置的，这些需要做进一步的分析探讨。

（1）从“分单”内容看谁是赵堡创业第一代。

据“分单”内容可知，陈清平家族的“祖遗”共有财物，由陈清平的儿子陈河阳与陈清平的两个侄子陈泾阳、陈淮阳三人所均分。主持分家的是当时仍健在的陈清平三弟陈清光。说明这些家产是陈清平与其父及弟兄们共同所创置的，并非陈清平独创，否则，陈清平的两个侄子无权分享。而陈清平与两个弟弟也不是这些家产的首创者，若是首创者不会写为“祖遗”，应该写为“父辈留遗物”方合适。分得财产的三个子侄辈的“祖辈”，应该是他们的祖父或曾祖父，即陈清平的父亲或祖父。只有陈清平的父辈以上参与了这些家产的创业，分得家业的陈清平三个子侄辈才能称之为“祖遗”。那么“分单”上这个“祖”到底是指陈清平子侄辈的祖父陈锡辂还是曾祖父陈万拔或者二者兼有呢？也就是说，谁是这些家产的最初开创者呢？陈清平另有一叔父陈锡章，也是同时由陈家沟迁居到陈家沟东边的西马村。从“分单”上看，他的后代未分得赵堡这些资产的一砖一瓦、一田一地，这说明陈清平的祖父万拔公并没有参与赵堡资产的创置，否则，他的另外一个儿子陈锡章的后代不会没有继承权。

另外，据陈清平之父陈锡辂墓志记载，他去世于道光二十五年，即1845年，而陈清平生于1796年，也就是说，在陈清平49岁，早已家大业大时，其父才去世，因此，他的父亲陈锡辂肯定参与了赵堡家产的经营活动，很可能还是首创者。

（2）从赵堡陈清平家族墓地看谁是迁居赵堡的第一代。

虽然可以认为陈清平之父锡辂公是在赵堡经商创业的第一代，但还不能由此认定他就是迁居赵堡的第一代，因为在2016年陈清平家族墓地的迁移中，还发现了陈清平祖父万拔公的墓室，作为葬于该家族墓地第一代，这一发现出乎人们的意料。之前，随着“分单”及陈公父亲墓志的发现，大都认为陈锡辂是迁居赵堡的第一代，也是建坟立祖的第一代。而有了陈万拔的棺椁可证，他才是陈清平家族在赵堡第一个立坟立祖之人。由此可以推测，陈清平家族迁居赵堡的时间及辈分还得向前推，有可能陈清平之父与祖父是同时迁入赵堡的。而若按辈分算，陈清平的祖父陈万拔应为迁居赵堡的第一代，或者说是最老的一辈。但还有一处疑问需要进一步探讨，那就是陈万拔的另外一个儿子陈锡章为何未随父迁居赵堡，逝后也未葬入赵堡坟地，而是另居于西马村呢？估计陈万拔平生大部分时间生活于陈家沟，只是到了中老年时因家中发生水灾等原因，被迫举家外迁，一个儿子迁居西马村仍以种地为生；另一个儿子迁居赵堡镇以经商为主业。在陈万拔晚年，可能主要养老生活于家境富裕的长子陈锡辂家中，去世后便也葬于赵堡。而陈锡章定居西马村后，未参与过赵堡兄长家的生意经营，其后代不可能分得其产业，陈锡章逝后也未能随父葬入其兄长陈锡辂购置的赵堡坟地，而是在西马村开业建宅立坟，成为与陈清平一支虽不同村不同坟，但最亲近的一个亲族分支。

（3）陈清平一族迁居赵堡的时间与陈清平的出生地。

陈清平一系迁入赵堡的具体时间，目前还未发现确切记载和其他可证资料，“一单三志”上也没有这方面的具体信息，其后人也不太清楚，所以，陈清平家族迁入赵堡的具体时间现已很难说清楚。但是大概时间段还是有些相传信息的，笔者于1992年在王圪垱村寻访陈清平叔祖陈万选的后人时，陈印新、陈怀新两位老先生曾告知，听老一辈说，他们一支是在乾隆末年迁居王圪垱村的，第一代迁入者为陈万选。而陈万选的哥哥便是陈清平的祖父陈万拔，若是兄弟两人皆因水灾等原因同时从陈家沟外迁，那么，陈清平一支也应该是乾隆末年迁入赵堡定居的。而陈清平墓志记载其出生于嘉庆元年（1796年），并非生在乾隆年间。因此，陈清平是在父亲、祖父迁居赵堡后出生，出生地应该是赵堡，是在赵堡出生的第一代，这也与其墓志铭文所载“温东赵堡家也”相符合。

3.如何定性陈清平的身世籍贯

根据以上综合考证分析，陈清平的身世籍贯应定性为“祖籍陈家沟，由父亲、祖父辈始，因灾、因商移居赵堡镇，籍贯属于赵堡村”。或简言之为“祖籍陈家沟的赵堡村人”。这应该是对陈清平身世籍贯比较客观、公正、属实的认定吧。称陈清平祖籍陈家沟，这是显而易见、无可辩驳的，无论是从陈家沟陈氏家族总谱记载，还是陈清平后人所传存的自家支谱所写，更或是陈清平长孙陈玺墓志所载“先世自山右迁陈沟，继迁赵堡镇”之句，皆可证明，陈清平祖籍为陈家沟是确定无疑、毫无争议的事实。而称陈清平籍贯为赵堡村，而不称为陈家沟，这也是通过考证所证实的，是与陈清平可能性较大的出生地和生平主要生活经营地，以及与陈清平墓志所载“温东赵堡家也”是相一致的。退一步说，即便是陈清平有可能出生于陈家沟，但在此地时间也较短，少小时便已随父亲、祖父迁居落户于赵堡，之后成长、学艺、成名、传艺于赵堡，终老后葬于赵堡，后代也留居于赵堡，等等。故没有任何理由说陈清平籍贯不是赵堡村人。因此称陈清平“原籍为陈家沟，籍贯为赵堡村”是于情于理于史相符无误的、对陈清平身世籍贯的最佳界定。

争名人籍贯、故居，争名产、名物原产地，争名艺、名拳发源地，自古有之，至今未衰。远如史前人文始祖黄帝故里的豫陕之争；又如春秋战国道家创始人老子故里的皖豫之争；更有三国时期政治、军事家诸葛亮躬耕之地的豫鄂两省相争千余年还在继续。谁不说俺家乡好，谁人不言故乡人杰物美。所以，崇拜名人，套近关系，宣传故土，热爱家乡，实属人之常情，无可厚非。而且人们的爱憎情感也是鲜明的，从未听说谁愿意与一代奸臣秦桧攀亲带故争做老乡。因此，一代著名太极宗师陈清平的身世籍贯有些争议也属正常现象，不足为奇，至少反映出人们对陈清平太极拳的贡献与影响的认可和崇敬。笔者不惜笔墨、不厌其烦地详考细写这一问题的目的，只是力争搞清历史真貌，还原一个比较真实的陈清平。但毕竟时间已久，资料也难尽全，并非所有问题皆能说得清楚或者非要讲得明白。事实上，陈清平与陈家沟、赵堡两村皆有着剪不断理还乱的亲情、乡情、拳情等人情关系。若论陈清平的原籍地，非陈家沟莫属，再论陈清平的血亲关系，与陈家沟陈氏一族一氏一脉相承，其拳艺受过祖籍陈家沟长辈父老传授指点也应确有其事。故陈家沟的家人亲人们应为族下出现这样一位太极拳大师而感到荣耀；而若论成长、生活、创业、习艺传艺，则赵堡是陈清平成才、成家、成名发迹之地，作为陈清平同村的赵堡村人，应为本村滋养熏陶出这样一位太极大家感到自豪。因此，双方都应为陈清平在太极拳方面的卓越不凡而骄傲和自豪，而不是节外生枝，有损于陈清平宗师的形象与尊严。

4.从“一单三志”看陈清平的职业、爱好与文化

结合“一单三志”内容，可再了解一下陈清平的职业、爱好及文化程度。陈清平虽然以武扬名于古今，但生前并非是以武为生的职业武者，不像一些专家书中所写的“以教拳为业”的职业拳师。

陈清平实际上是一位成功的商人，经商才是他维持生计的主要职业。从其父亲、祖父辈始由陈家沟迁入商业重镇赵堡后，便在此经营粮、棉、布、酒、茶等行业生意，成为当地有名的“玉昌坊”号大商家。从“分单”内容来看，仅房舍就达38座百余间，土地百亩，这还是生意衰落后的家业，鼎盛时期据说规模更大。而这38座房屋，除少数属于住宅房用于家人居住外，其他应该多是仓库、作坊、商店等经营之用房屋。而有土地百余亩，说明陈清平家族除了以经商为主业外，也兼有农业的经营。因此，陈清平一生经商营农有成，生活富裕，衣食无忧，教拳授徒只是出于个人爱好和传统技艺延续目的，是在尽一份传承责任和对家族文化的担当。他既未开过镖局，教拳也从不收费，甚至还利用自己富裕的家庭条件资助过不少家庭困难的弟子，留下了极好的口碑。

由于陈清平无私授徒，爱徒如子，受到了众弟子的尊敬与爱戴。据陈清平后人陈忠森先生讲，他听祖母多次说过，每年春节众弟子前去向陈公拜年，所孝敬赠送的食物礼品就达数十大筛子，摆满了整个客房，陈清平还赠送分享给众乡邻。

再说说陈清平的文化修养。在名家辈出的当地武术界，陈清平历来以精通太极拳之理而闻名，这也是他能培养出众多成名弟子的主要原因之一。而要全面系统地精通太极拳的技理哲理，与其自身的文化修养是分不开的，一门拳派技艺的兴衰，与传承者的文化高低有很大关系。有关陈清平的文化程度，在村民及传人中曾广传有“文武秀才”之称。说明他是一位文武双全，文通武备之人。当然“武秀才”一说也是比喻陈公的武艺高超，并非是通过武术国考获得官定的“武秀才”。太极拳在清代还是多被俗称为“软架”“十三势”的民间拳艺，并非武考内容，陈清平也没有参加过拉弓、射箭、举石锁的武术考试。故“武秀才”之称，只是人们对陈清平高深武功的一种认可和赞誉。至于“文秀才”之称，之前人们也多认为是形容陈清平有较高文化修养，并非指其具有“秀才”学历。而陈清平墓志碑的出土发现，改变了这一看法，其墓志铭文中赫然写有“皇清太学生”字样。据查，清代的太学生至少相当于秀才学历，这说明陈清平“文秀才”之称，名副其实，有据可查，并非虚说。因此，陈清平不愧为有“文武秀才”之称的一位有着较高文化素养且技理俱精的太极大家。

5.陈清平的后代情况

陈清平弟兄三人，其为长兄，大弟清安，二弟清光。陈清平有两子，长子河阳，次子汉阳。河阳能继父艺，精太极，有两子，长子陈鋆，得父艺兼得祖父传，艺精且文武兼备，有墓志可考“质聪明，善应变，弱冠即入邑庠，……天生异才”，可惜怀才不遇，仅当过赵堡寨主；次子陈堃，天生聋哑，但心灵手巧，随父习拳，一点就透，一看就会，功夫了得，有武功事迹可考。陈清平次子汉阳，英年早逝，无子无传，侄子陈堃过继其名下。陈清平长孙陈鋆，有三子，长子陈乃文、次子乃武、三子乃谋，均随父习拳，以陈乃文最精，可惜兄弟三人均无子嗣，无后无传，唯陈乃文将家传拳艺独传于同村同族晚辈陈学忠。陈清平次孙陈堃，有三子，长子陈乃芳、次子乃仓、三子少亡。陈乃芳有四子，分别为：陈忠意，移居山西运城；陈忠森，曾任焦作市司法局政工科长、市劳改大队政委等职，现已退休；陈运通，为赵堡村民，是唯一留居在赵堡村的陈清平后裔；陈忠祥，定居于温县县城。陈乃仓，有一子陈国俊，其后代子女均已工作，移居于洛阳渑池。

现在，陈清平的后人因工作、生活、事业发展等原因，分别散居于河南的洛阳、焦作、温县、赵堡以及山西运城等地。陈清平虽然当年广传太极，贡献巨大，泽被后世，受人尊崇，留下一世英名，但太极拳很难成为一门用来养家糊口、维持生计、世代相传的家传技艺。有道是穷文富武，当战乱、饥荒来临时，首要选择的是如何生存下去，而不是发展爱好。因此，世事沧桑，斗转星移，物是人非，一代太极大家陈清平的嫡系后人，现已均不练拳，未能延续其先祖陈清平所开启、承传的一支太极家族的辉煌，也算是有些遗憾吧。

第二节
陈清平其太极拳艺——
师承、传承发展、特点、称谓等考析

一、陈清平的太极拳师承

有关陈清平的太极拳师承，也是太极拳界长期争议较大、说法不一、复杂而又敏感的一个拳史难题，使得不少人不愿意研究。然而，要想了解认识一个以太极拳扬名于世，真实全面的太极大师陈清平，其太极拳师承又是一个不可回避、不能绕过、不得不说的重要太极拳史学问题。

那么，要探寻陈清平的师承，也就是太极拳老师，我们可先对“老师”这个称呼做一解释说明，以免因概念上的混乱引起无意义之争。

“老师”，是对那些传授文化、艺术、技术等人的尊称，泛指某些方面值得学习的人。而武术界对“老师”的界定，一般有两种含义，一种是泛指对习武者在武术方面有所影响、有所获益、有所吸取、有所提高、有所得的人，或习武者曾经请教过、拜访过、学习过，有过受益的武林前辈、长者、同道，以及在某些方面值得学习的人皆可泛称为“老师”。这是一般意义上的老师。另一种是特指在习艺过程中，对其影响深远、长期栽培、传其精奥、授其衣钵、视为嫡传的一生最主要的老师。武术界将这种师徒关系的老师称为“业师”，即一生中最主要的专业老师。所以，一般意义上的老师可以有若干个，而一个人一种技术专业的业师应该只有一个。而武术界所说的师承、老师、师父也主要是指“业师”，而不是一般意义上的老师。我们在这里所探寻的陈清平师承，也主要是指陈清平的太极拳授艺业师。

那么，陈清平的太极拳业师应该是谁呢？

我们可以从以下几个方面来研究探讨，寻找陈清平真实、可信、确切的师承。

(一)四位拳家四本书，四种说法何为真

有关陈清平的太极拳师承，撇开其传人及民间口头相传暂且不说，单从20世纪30年代民国时期，陈家沟与赵堡的太极拳家所相继出版的四本太极拳书籍中就有四种师承说。一是陈氏太极拳大家陈鑫所著《陈氏太极拳图说》中的师从陈有本说；二是陈氏太极拳名家陈照丕所著《陈氏太极拳汇宗》中的师从陈长兴说；三是陈氏太极拳名家陈子明所著《陈氏世传太极拳术》中的师从陈有本、张彦双重师承说；四是赵堡太极拳家杜元化所著《太极拳正宗》书中的师从张彦说。

四位拳家四本书，各执一词谁为真呢？究竟哪种说法更符合或更接近真实的历史呢？我们可细加分析研究，去伪存真，力争从中厘清陈清平的师承问题，找出陈清平真正的太极拳业师。

1.陈鑫的师从陈有本说

陈鑫，陈家沟陈氏太极拳著名理法大师，其祖、父、兄皆为陈家沟著名太极拳家。他生前呕心沥血数十年，将世代家传的太极拳编写成《陈氏太极拳图说》一书，于去世四年后的1933年，由其后人编辑出版，至今影响很大，广受习练太极拳者追捧。陈鑫在《陈氏太极拳图说》一书附录的“陈氏家乘”里写道：“陈有恒字绍基，弟有本字道生，均庠生习，太极拳，有本尤得骊珠，子侄之艺皆其所成就……有本门人陈清平、陈有纶、陈奉章、陈三德、陈廷栋均有所得，陈耕耘亦师事焉。清平传赵堡镇和兆元、张开、张罣山；有纶传李景延、张大洪，景延兼师仲甡。曾从战粤匪，廷栋兼善刀法。”主要记述了其祖辈与父辈，即祖父陈有恒、叔祖陈有本与其父辈，即父亲陈仲甡、叔父陈季甡的拳艺及传承情况。在其祖辈

的拳艺中，其祖父陈有恒艺不及叔祖陈有本，陈有本在太极拳方面“尤得骊珠”，即得到的精华最多，成就最高。而在其叔祖陈有本的传人中又以“子侄之艺”最精。有本无子，“子侄”应该指有本的两个侄子，即陈鑫的父亲陈仲甡和叔父陈季甡。陈仲甡、陈季甡的拳艺成就皆来自他们的叔父陈有本，即“子侄之艺皆其所成就”，没有受过外人传授，全是家传。这说明陈有本的嫡传弟子只有陈仲甡、陈季甡两人而已。而陈有本的拳艺除了尽授予陈仲甡、陈季甡两个侄子外，还另外教过其他一些陈氏族人，即“有本门人陈清平、陈有纶、陈奉章、陈三德、陈廷栋均有所得，陈耕耘亦师事焉”。陈鑫将后边这些非自家门内传人只称为陈有本的“门人”，而非嫡传弟子。在旧时代，有把关系亲近的正式徒弟称为“弟子”，而把关系稍远的非嫡传徒弟称为“门人”的习俗。所以这部分“门人”，并未能得到陈有本的全部精华传授，也仅是有所获益、有所提高、有所得到，即“均有所得”而已。而陈清平便是这“均有所得”者之一。陈清平虽从祖父辈始已从陈家沟迁居赵堡，但与老家陈家沟族人的交往不会从此中断，他向精于太极拳又是祖籍地的同族长辈族叔陈有本，请教学习过其深爱的太极拳，也是合情合理之事，并非陈鑫的完全虚构。但也不能仅据此就将陈有本视为陈清平的不二之师，将陈清平作为陈有本的正式嫡传弟子。陈鑫在书里也是把陈清平作为曾向其叔祖陈有本请教学习过、有所得的一般学生介绍记载的。实际上，陈鑫这段话对自家所传太极拳传承情况的记载可谓详尽而又清晰，主次分明，谁是嫡传，谁是庶出，谁得尽传，哪些人只是有所得等记述得明白无误，很有分寸，就连陈家沟大名鼎鼎的一代大师陈长兴之子陈耕耘也不忘记上一笔“陈耕耘也师事焉”。说陈耕耘也曾向陈有本请教学习过，这也应确有其事，不然，陈鑫也不会随意记入家乘内，但陈耕耘的太极拳业师应是其父陈长兴，这是人所皆知的。继而，陈鑫还不惜笔墨又专门记述了陈清平的传人，即“清平传和兆元、张开、张罩山”，仅写出赵堡村的三个传人，其他如李景延、牛发虎、李作智、任长春等著名弟子皆未载入，记录得不算全面。所以，表面上看陈鑫对陈清平的师承与传人记载得似乎已够完美无缺了，然而，事实并非如此，除了他对陈清平的著名传人记载的有较大漏缺外，最主要是对陈清平的师承记载也不够严谨、全面和准确，对陈清平是否还有其他重要的太极拳老师只字未提。陈清平如果只是在陈有本处仅仅“有所得”是不可能成为艺理俱精、功夫出众的一代太极拳大师的，一定另有其他太极拳老师的全面传授和精心培育，但此人是谁，陈鑫书中并没有透露任何信息。而书中未写不等于就不存在，也不等于陈鑫不知道。因为陈鑫是在写陈氏家族家乘，是在记述、介绍自己父祖辈在家传太极拳传承方面的成就与贡献，因此，只要是随其祖上学过拳的，不管时间长短，得到多少，都可以记录在册在谱，至于他们是否还另有所学、另有他师，是否向其他外姓老师学过更多的拳艺，则与其祖上的相传无关，可以一概免谈免写。所以，对于陈鑫书中有关陈清平师承的记载，要做客观全面的分析，不可简单片面地看待问题，不能仅凭陈鑫书中记载有陈清平随陈有本学过拳，就锁定陈有本就是陈清平的唯一太极拳老师，而没有记载陈清平有过其他太极拳老师，就要一概否定陈清平没有其他太极拳老师的存在，甚至完全忽视或毫无理由地否定有关陈清平还另有其他师承的口传与记载。然而，遗憾的是，现在无论官方或民间，凡认定陈有本为陈清平唯一太极拳老师的，其历史根据皆主要来自陈鑫书中这段记载。

陈鑫书中这种有失严谨、记载不够准确之处并非仅陈清平师承一例，还可再举两个类似的例子。例如，陈鑫在这段家传太极拳传承情况介绍中，还记述了忽雷太极拳编创者李景延的师承情况，写道：“有纶传李景延、张大洪，景延兼师仲甡。”其记载也是只写出李景延先前曾短暂学习过的两位启蒙太极拳老师陈有纶与陈仲甡，而对于精心培育8年之久，使李景延成为开宗立派一代太极宗师的太极拳业师陈清平却是只字未提，与陈清平的师承记载如出一辙。笔者研练忽雷太极拳多年，对该拳的历史传承是最清楚不过的了，李景延青少年时期确实曾随陈鑫之父陈仲甡有过短暂习艺经历，但其虽千般努力终因难得真传，便又投师于陈清平门下，受到器重和真心相传，最终成为陈清平的得意高徒。这个关于当年李景延负气出走，换门投师陈清平，终得真传，成为一代名家的武林旧事，在忽雷太极传人及当地民间均有广泛流传。至于李景延是否还曾习艺于陈氏小架传人陈有纶，忽雷太极拳传人之前倒未听说过，因此，估计即便是学习过也是在投师陈清平之前的短暂习练，影响不大，否则忽雷太极拳传人应该有所耳闻。而陈鑫在书中却把这两个只能算是启蒙老师的陈有纶与陈仲甡，一道作为李景延的主要老师记入家乘，反而对于李景延最主要的授业恩师陈清平却提所未提。又如，温县赵堡镇西新庄的任长春，系陈清平著名的八大弟子之一，任长春弟子杜元化在其所著《太极拳正宗》一书中明确记载任长春的太极拳业师为陈清平，并未记载还有其他太极拳老师。而陈鑫在书中的陈氏家乘里却这样写道："陈同、陈复元、陈丰聚、任长春均仲甡门人"，也是将任长春的老师只写在其父陈仲甡名下，只字未提任长春与陈清平有任何师承关系。但陈鑫既然这样写，估计任长春在陈仲甡门下与李景延一样，也是有过短暂的学艺经历，也属于启蒙或受益之师。而作为任长春亲传弟子的杜元化，其书中所记载，任的主要太极老师为陈清平，应该更确切可信。杜元化书中的拳史、拳架、拳理显然更接近陈清平所传的赵堡太极一系，便是实证。所以任长春的主要太极拳老师即业师，应该是陈清平而非陈仲甡。这是陈鑫书中有关师承的又一不准确记载。

2.陈照丕的师从陈长兴说

陈照丕，陈家沟人，为清代陈家沟太极拳宗师陈长兴四世嫡孙。自幼习练家传拳艺，曾师从叔祖陈延熙和堂叔陈发科，也曾习艺于族爷陈鑫。早年经商，民国20年代前后，国家提倡武术，遂开始在北京、南京等地传授太极拳。20世纪50年代末退休返乡陈家沟后，竭力传授推广陈氏太极拳，促进了陈家沟太极拳的传承发展，造就了一批陈氏太极拳名家高手，其功不可没。

陈照丕于1935年在南京授拳期间，编写出版了《陈氏太极拳汇宗》一书。在书里的"陈氏拳术系统表"中，将陈清平写在了陈长兴名下，表明陈清平的太极拳老师是其高祖陈长兴，陈清平是陈长兴的传人。这是不符合事实的一种说法，无论是文字记载还是口头相传，仅为陈照丕的一人之言而已。现在陈长兴的其他后人及传人也皆不认可此说，就是陈照丕的几个亲传得意弟子所各自出版的著作中，也未遵师说，直接否认了其师的这一不实之说。仅从拳架动作、风格特点来看就有较大差异，不属同一架系。所以，此说属独家之说，别无旁证，陈长兴并非为陈清平的太极拳业师。

3.陈子明的师从陈有本、张彦双重师承说

陈子明，陈家沟人，陈氏太极拳名家。其父陈复元亦系陈氏太极名家，曾习大架于陈耕耘，习小架于陈仲甡，也曾习赵堡架于陈清平。陈子明自幼随父习拳，也曾师从同族长辈陈鑫。20世纪二三十年代曾在南京、上海等地授拳。于1932年出版《陈氏世传太极拳术》一书，他在该书的“陈氏太极拳家列传”中，将陈清平作为陈氏名家并专门立传记载。在“陈清萍传”中写道：“陈清萍为陈有本、张炎门徒，得太极拳理，赵堡镇一系皆其所传，广平武禹襄初学于杨福魁，然精微所在秘不以传，因往赵堡请益于清萍。其名之盛如是。弟子中以李景延为最。”书中记载陈清平有两个太极拳老师，一个是陈鑫书中提到的陈氏名家陈有本，另一个则是杜元化书中记载的赵堡名家张彦。（陈子明书中的“张炎”与杜元化书中的“张彦”应为同一人，“炎”与“彦”音同字异，陈清平传人多写为“张彦”，故以“张彦”名字为准，而所写“陈清萍”也应该为“陈清平”）。陈子明的《陈氏世传太极拳术》一书出版于1932年，比杜元化1935年出版的《太极拳正宗》要早三年，说明陈子明的师从张彦说不可能是受到杜元化书中的师从张彦说的影响，应该是根据陈家沟前辈或听赵堡拳家所言而写。据说陈子明之父陈复元曾向陈清平请教学习过拳术，故陈子明对陈清平的师承应该有一定的了解。而陈子明一书虽然比其师陈鑫《陈氏太极拳图说》出版早一年，但陈子明作为陈鑫的弟子，他出书之前早已向陈鑫借阅并抄录过陈鑫书稿。这在其所写《陈氏世传太极拳》书中是有说明的，如在“太极拳要义”一节中写道：“吾师品三先生，致力于太极拳者计七十余年，著《太极拳图画讲义》四卷，洋洋十余万言，立论精详，世罕其俦。余往日录其要义，以备研探。今先生之书流落他处，未见梓行问世，余取旧箧所藏载诸拙著，以彰先生立言之一斑，并使后学者有所遵循焉。”很显然，陈子明的《陈氏世传太极拳》一书中相关拳史、拳论等，一定程度上受到过陈鑫《陈氏太极拳图说》的影响。在记述陈氏太极拳的传承历史方面，陈子明将陈鑫书稿中的所谓“陈氏家乘”（说是陈氏家乘，实则是陈氏太极拳家乘，因为记载的主要是陈氏历代后人在太极拳方面的成就与传承情况，与太极拳无涉无建树的族人则未被记入），直接改写为“陈氏太极拳家列传”，为陈氏世代太极拳名家立传、立言详记之，比陈鑫书中所写的“陈氏家乘”记载得更详细精准。但从文字内容等方面来看，显然是参照了陈鑫书中“陈氏家乘”的大概内容，只是对陈鑫所写的一些失实不足之处做了难能可贵的大胆纠正。如将陈鑫书中未提到的陈清平最主要太极拳业师张彦就敢于如实写出；又如将忽雷太极拳创始人李景延的太极拳业师确定为陈清平，不但纠正了其师陈鑫将李景延的业师写为陈有纶及陈仲甡之误，而且还重重加上一笔，陈清平“弟子中以李景延为最”。点明李景延还是陈清平所有弟子中，功夫最好、最出色、最主要的弟子。

陈子明书中所撰写的“陈氏太极拳家列传”是该书的一大亮点，最具史学价值，值得后人研究参考。然而，一些拳史研究者往往有意无意地忽视这一点。陈子明在“陈氏太极拳家列传”中，出于对陈清平的尊重和鉴于其在太极拳方面的诸多贡献，首次专门为陈清平这个移居外村的陈氏后裔、太极拳名家，立传立言，记入陈氏家族史册，这是值得称道的。并不像陈鑫书里那样，只是在记述介绍其叔祖陈有本的列传中，随意带上陈清平一笔而已。更让人敬佩的是，他还能客观公正、公开地承认陈清平师从张彦这一基本事实。

武术各流派，同样一门技艺的传承，很少有同等重要不分主次的两个老师，业师应该只有一个。那么陈有本与张彦，究竟哪个应是陈清平的业师呢？撇开陈清平系传人的口传及记载暂且不说。从陈子明身为陈氏后裔和陈鑫弟子，敢于将一个老师书中未载的外村外姓拳师张彦确认为陈清平的老师，即便是相并列的两个老师之一，也恰恰可说明张彦应该是陈清平的太极拳业师。否则，若张彦与陈清平师承关系一般，对陈清平拳艺影响不大，仅仅也是请教过、受过指点“有所得”的非主要老师，那么陈子明绝对不会在编写自家宗族内部太极拳名人列传时，将一个外姓拳师写为陈氏后裔陈清平的老师而记入陈氏拳家列传中。

另据，太极拳史学家徐哲东在1936年所著《太极拳考信录》一书附录的“答张君书”中也曾写道：“陈君子明言陈清平虽学于张彦，张彦亦习陈氏太极者。”从这里可以看出，陈子明当年曾告知过徐哲东，陈清平师从张彦。但陈子明也同时告知徐哲东，张彦所习也属于陈氏太极拳，与陈氏太极是一脉相承的。

作为清末至民国时期陈家沟一代太极名家的陈子明先生，虽然已逝去多年，但其比较客观公正、实事求是、开明无私地叙写自家拳术历史的精神是难能可贵、令人敬佩和值得后人学习的。他所编著的《陈氏世传太极拳术》一书，当时出版后发行量并不大，之后由于战乱、灾荒、社会变迁等，又多年未能再版发行，故民间鲜有传存，阅过此书的人极少。近些年，才有一些出版社相继再版，人们得以一睹此书内容。笔者于20世纪80年代便开始留意收集太极拳方面的书籍资料。20世纪90年代初，从一拳友处得到一本陈子明的《陈氏世传太极拳术》复印本。当时拳友说其老师有交代，因该书有些内容不宜公开，所以只可个人存阅，不可外传。笔者阅过此书后，果然发现了书中有关陈清平师从张彦的记载内容。此后，又于2009年偶然在书店发现一本自称为陈子明后人及传人，编辑整理出版的陈子明所著《陈氏世传太极拳术》与《太极拳精义》合订本书籍。而购阅后发现书中竟然将原著“陈清平传”中的“陈清平为陈有本张彦门徒”，修改为 “陈清平为陈有本得意门徒”。将原著中所写陈清平的两位老师改写为一位老师陈有本，而将“张彦”之姓名以“得意”二字相取代。改得确实精妙“得意”，但只是得了个人之意却违背了原作者陈子明前辈之意，改乱了历史的真实。看似修改得天衣无缝，岂不知此书早已有不同版本在民间流传，人们稍加留心便会发现此中端倪。再版前人书籍一定要尊重原作者、原文字的观点与意愿，也可以另写出个人书评意见，指出其中谬误等，但决不可在原著具体文字上动手脚。作为后继者应正视历史事实，力争还原太极拳的历史真貌。

4.杜元化的师从张彦说

杜元化，沁阳县（现为沁阳市）义庄村人。自幼习练村中所传外家拳，后投师于陈清平弟子任长春门下习练太极拳。1931年考取河南省国术馆太极拳教练，于1935年在开封出版《太极拳正宗》一书。书中所述拳术内容，为其师所传的赵堡太极拳。该书是赵堡一系太极拳出版的第一部书籍，其书中虽存在一些瑕疵和不足，但对研究陈清平所传赵堡太极拳仍有一定的参考价值。杜元化在书中介绍赵堡太极拳历代传承关系时写道："……张彦先生又传给陈先生清平，清平先生又传给其子景阳及本镇张应昌、和兆元、牛发虎、李景延、任长春、张敬芝……"明确记载陈清平的太极拳业师为赵堡村的张彦，认定张彦是陈清平的太极拳业师。此说具有一定的真实可信性，为何这样说呢?

首先，该书作者杜元化为陈清平弟子任长春的徒弟，也就是说杜元化为陈清平的再传弟子，是陈清平的徒孙，而陈清平则为杜元化的师爷，陈清平与杜元化之间仅有一代之隔的传承关系。任何武术传承，对于其门内时间不算太久的师承的口口相传或记载，应该更具有真实可靠性，杜元化对其师爷陈清平的师承情况应该更清楚、更了解、更有发言权。所以杜元化书中所说具有较高的真实可信性。

其次，杜书中所写："张彦先生又传给陈先生清平"之句，是指张彦的唯一衣钵传人是陈清平，陈清平的业师为张彦。而对于陈清平可能曾经请教过、学习过、有所得到过的其他一般师长则概未记入。杜书中还将张彦之子即称为"少师"的张应昌，也写为陈清平的传人之一。若按血统、按传统父传子的习俗，张彦的衣钵传人应该是其子张应昌，但杜书中并未这样记载，反而将张应昌写为与其他传人相并列的陈清平弟子之一。究其原因，可能是张应昌因年少未能完全接续上父艺，或因其悟性、文化、练功程度等因素未得父全传、艺不及陈清平；而陈清平不但有文化优势，还善广采博纳，对祖籍地陈家沟的太极拳有所吸纳，尤精太极拳理等。因此，张应昌除习父艺外又随陈清平习拳也是极有可能的事，陈清平成为张彦的衣钵传人也应该是属实的。

通过以上对20世纪30年代民国时期四位拳家、四部拳书中，有关陈清平师承记载的比较、分析，可以看出陈清平师承之争由来已久。而此四部拳书的问世，使该问题更加复杂混乱。由于其中的说法不一和一些失实记载，难免让后人疑窦丛生、真假难辨。因此，对此四本拳书细加研析，就是为了拨开云雾，去伪存真，寻找出陈清平真正、确切的师承答案。但以上内容只是仅据四部拳书有关文字记载的考证，若仍不足为证的话，还可从其他方面来进一步研究。

(二)世代相传师承说，不可忽视要尊重

有关陈清平的师承，笔者已有多年的关注和访查研究，曾多次走访过多名陈清平系太极拳传人和陈清平直系后人、本家近亲后人等。无论是陈清平著名弟子李景延、和兆元、李作智、张敬芝等各系重要传人，还是赵堡陈清平家传太极拳传人以及王圪垱村陈清平近亲后裔陈印新等先生，凡问及陈清平的师承大都告知陈清平的太极拳老师为赵堡张彦。对于陈清平这些各系传人、近亲后人口耳相传的这些口头活资料，也是可信度很高的有力证据。对此，不可听而不闻，应给予尊重与认可。

(三)拳架比较辨师承，技理有异师不同

前边主要通过有关书籍文字记载和口头相传等资料来探讨考析陈清平的师承问题。下边可再从陈清平所传赵堡太极拳与陈家沟所传陈氏太极拳的拳架、技理等方面做进一步的比较研究，也许更能说明问题。

陈家沟的太极拳按其拳架风格特点，又可分为陈氏大架与陈氏小架。两种拳架不仅仅是动作幅度、运行轨迹上的大小区别，而在一些拳架姿势、身法要求等方面也有一定差异，可以说是陈氏一家拳中的两种架子。

因此，要做拳架分析研究，可从赵堡拳架、陈氏大架及陈氏小架这三种拳架谈起。

首先，从拳架套路的整体结构、总体演练特点及技击方法特色上看，三种拳架有诸多相似之处，应该属于同一拳法拳系范畴，是同源相生的拳架。但在长期的传承发展过程中又形成了各自的一些风格特点，具有一定的差异性，虽属同源而异流性也较明显。总的来说，三种拳架同中有异，异中有同，同源而异流。

其次，若将三种拳架的套路动作结构细加分析鉴别，可以看出，陈氏大、小架则更加接近。拳架的动作名称、顺序、拳势多少等方面几乎无差。撇开个别拳势式和一些身法要求以及运行幅度上的差异，单从拳架套路来看，二者关系更为密切。这说明陈氏大、小架在同村、同族、同环境的长期传承发展过程中，有了更多的相互交流、相互吸取和相互影响。而陈氏大、小架与赵堡拳架在套路动作结构、拳势动作及动作多少方面区别较大。这可能是较长时间以来两村异地相传的结果。其中最为明显的有三处：一处是陈氏大、小架在拳架中段的“掩手肱捶”与“抱头推山”之间，均有“小擒打”一拳势，而此式为赵堡架所无。另一处是陈氏大、小架在第二个“云手”与“跌叉”之间均有“双摆脚”一拳势，而赵堡架也无此式。这是陈氏大、小架比赵堡架明显多出的两个拳势。再一处是赵堡架在拳架最后一段的“单摆脚、止裆捶”之后，到“左铺地锦、左七星捶”之间又多出了一段“金刚捣碓、拦插衣、右铺地锦、右七星捶、回头看花、折花闻香、银捶换金捶”七个连贯动作。除去“金刚捣碓、拦插衣”为两家皆有的重复动作外，比陈氏大、小拳架多出了“右铺地锦、右七星捶、回头看花、折花闻香、银捶换金捶”五个拳势动作。

以上这三处拳架的不同与差异，看似差别不大，不太起眼，实际上蕴含一定的拳架源流研究价值。拳术的拳架套路研析，往往可从一些微小的细节中捕获到不同的传承脉络与信息。陈氏太极拳中的“小擒打”也叫“小擒拿”，又俗称为“拍肚掌”“打肚掌”等。这个动作在拳架中，上承“掩手肱捶”、下连“抱头推山”，其动作运行是下边上后步进前步的同时，上边左掌与左小臂向上掤挡，右掌向左前推打，直击对方胸腹，是陈氏拳架中不可多得的既符合太极拳连续上步、上掤下打技击原理，又可在推手实战中经常有效使用的技击实用拳势。而这样一个典型、简洁、实用性强的拳势动作，偏偏为陈清平所传赵堡太极拳各系所无。是当年陈清平弃之未学，还是学而所弃不用不传呢？应该都不是，有可能是陈清平所学另一套传统太极拳套路中本来就无此一拳势动作。若陈清平随陈有本学的是陈氏小架，那么对于这样一个特色突出、技击性强的重要拳势岂有不学不传之理。这也是陈清平所传太极拳架并非主要学于陈有本的证明之一。

另一处是陈氏太极拳架中多出的“跌叉”之前的“双摆脚”动作。“双摆脚”也叫“双摆莲”，是北方传统武术中常见的一个拳势动作，虽然也含有外摆扫踢的技击含义，实际上与武术中的“二起脚”“旋风脚”等一样，主要是一个可增加套路观赏性和节奏感的花法动作。“双摆脚”在陈氏拳架中的练法是上接“云手”，然后右脚上提向前外摆旋，两手相迎合右脚面“啪”“啪”两声连响后，下接连“跌叉”动作，右腿速屈而向下蹲跌，左脚向左前仆步铲出成“跌叉”一势。“双摆脚”与“跌叉”两势相连运行，上下腾跌起落，连贯流畅，珠联璧合，不失为一对最佳拳势组合。在陈氏小架名师陈子明的书中，干脆将这两势合为一势叫“摆脚跌叉”。然而，又是这样一个不可或缺的“双摆脚”动作，偏偏为陈清平所传赵堡太极拳中所无。若陈清平学于陈有本的陈氏小架拳架，那么，对拳架中那么多重复动作都继承完好，为何要去掉这样一个“双摆脚”拳势动作呢？这可作为陈清平太极拳架并非学于陈有本的又一证据。

至于赵堡拳架在最后一段比陈氏拳架多出七个拳势动作，估计也不可能为陈清平所添加。因为前两个即“金刚捣碓、拦插衣”为拳架中已有的重复动作，陈清平在此处也没必要再重复添加；而后五个拳势即“右铺地锦、右七星捶、回头看花、折花闻香、银捶换金捶”，也是几个较简单，特色不明显，技击性又不太强的拳式动作，也不可能为陈清平进行拳架改革时所增加，应为陈清平所传原赵堡拳架中所固有。

另外，笔者收藏有一本温县民间拳师于清光绪三十四年手抄的古太极拳谱（图1–8、图1–9），该拳谱并未注明是来自陈家沟或赵堡拳家相传。从拳谱中记载的“十三势”拳势名称中，可以看出与现在陈家沟、赵堡所流传的传统太极拳拳架套路基本相似，而唯独自始至终没有“金刚捣碓”一势，怀疑这很可能是与杨露禅当年所学一样的，没有“金刚捣碓”一势的一个古老太极拳套路。有趣的是，这个拳架套路，既有陈氏所有而赵堡拳架所无的“打肚掌”，又有陈氏拳架所无而赵堡拳架所有的最后一段几个连贯组合拳势动作，而只是动作名称与动作多少略有差异而已。这可说明赵堡拳架最后一段多出的七个动作，绝非为陈清平所加，应属于古太极拳套路中原有的拳势动作，只是赵堡传统拳架中尚保留这段动作，而陈氏大、小架均弃之不用。由此可见，陈清平拳架并非主要学于陈有本，应该是学于赵堡拳师张彦所传的另一种传统拳架。

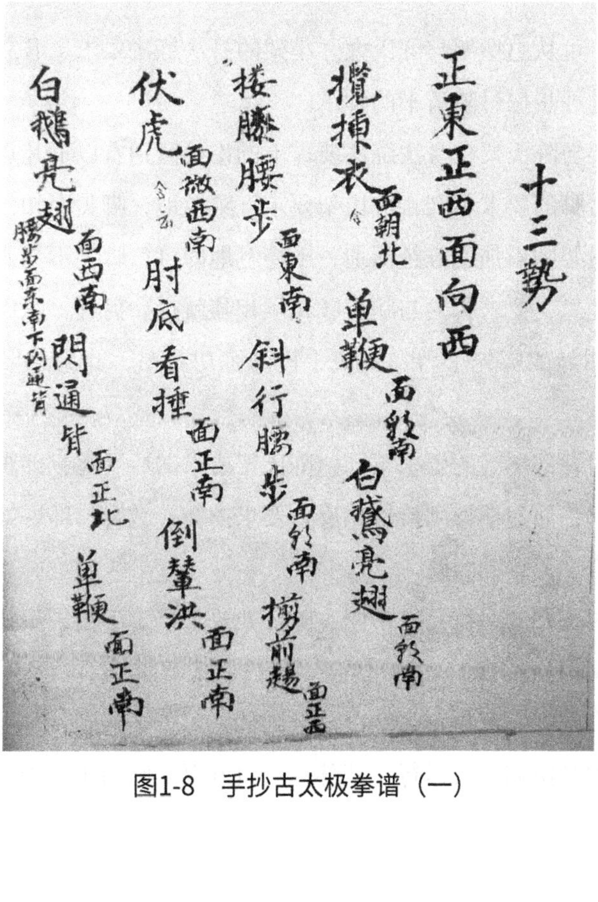
十三势
正東正西面向西
攬擦衣 面朝北
单鞭 面斜南
白鵝亮翅 面斜南
摟膝腰步 面東南
斜行腰步 面斜南
撈前趟 面正西
伏虎 面微西南
肘底看捶 面正南
倒輦洪 面正南
白鵝亮翅 面西南
腰步面東南下閃通背
閃通背 面正北
单鞭 面正南

图1-8　手抄古太极拳谱（一）

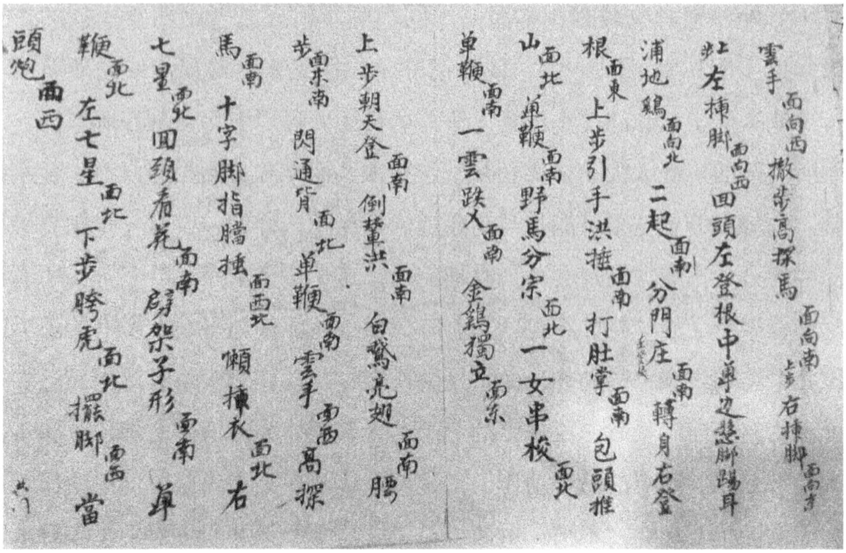

图1-9　手抄古太极拳谱（二）

最后，可从赵堡架与陈氏大、小架的身法练法要求上看二者所存在的差异，以进一步探讨陈清平的师承。

赵堡架与陈氏架在身法练法要求上的主要区别有以下几点：

一是对脚的要求不同：陈氏架要求五趾抓地，脚尖内扣，忌讳丁、八步；而赵堡架则不强调五趾抓地，平稳触地即可，脚尖不强调内扣，没有丁、八步之忌，要求脚尖与腿、膝相顺相随就行。另外，陈氏架特别是陈氏大架有明显的脚先手后、脚快手慢的练功习惯，此为赵堡架所忌讳之处。

二是对臀部尾闾的要求不同：陈氏架要求向后泛臀，即臀部与尾闾向后上翻翘起；而赵堡架则恰恰相反，要求护臀、敛臀，即臀部与尾闾要向前上微翻合，要裹裆收腹。

三是对胯裆的运行要求不同：陈氏架要求裆走下弧、后弧或背丝扣平“8”字形，身忌上蹿、宁低勿高。而赵堡架要求裆部随身手运行而划圈走圆，该高则高，可走上弧圈，该低则低，可行下弧圈，与身手相随，随高就低，周身协调一致运行。裆部运行轨迹以立圆为主，周身可有起落变化，有专项的“领落架”练习方法等。

四是缠绕旋转幅度不同：陈氏架要求拳架运行要旋腕转膀、旋腰转脊、旋踝转腿等为主的缠丝劲，手掌与小臂的翻转幅度较大；而赵堡架虽然要求周身处处走圆旋转，但对于身与手腿的公转自转幅度强调不可过度，要周身相随，内外相合地有度旋转，否则，易犯“拧腰晃膀、拨浪鼓”之毛病。

太极拳身法与练法的重要性要远远高于拳架拳势的外形动作。各派太极拳虽在练法、身法要求等方面有所差异，但对各自传下的这些练法与身法要求都是十分重视的。练法与身法要求的不同，将对练功效果和功夫层次提高都有较大的影响。两家拳架虽从外形拳架动作来看似乎区别不大，但在练功内涵、身法要求、练习方法上则有较大的差异。这些所有的不同，很难讲清楚谁优谁劣、谁高谁低、谁对谁错，应该是各有长短优劣，各有所好与习惯，殊途同归，皆可成就名家高手。但这些重要练法与身法上的明显差异，对陈清平师承问题的研究认定是有帮助的，可再次说明陈清平师承的归属问题。若陈清平主要师从陈有本，不可能在这些重要的练法和身法要求上与其师区别如此之大，甚至有些方面反其道而行之，陈清平也不可能在受到陈有本这样一代陈氏宗师传授后，很快就作出大刀阔斧的改变。所以，从两家拳架的练法与身法要求等做比较研究，也可看出陈清平之太极拳业师应该是赵堡张彦。

(四)传承有序亦有据，并非一代偶然伪造

陈清平太极拳业师为赵堡拳家张彦的这一说法是否真实可信，不仅需要考证、弄清他与张彦这一代一师之间师承关系的真假虚实，还应追寻、查证张彦以上师承是否有据可查，真实可信，以做进一步证明。陈清平之师张彦以上历代师承，杜元化书中有详细记载，但通过对陈清平其他传人的调查了解，虽然对杜书中的前几代记载因时代久远多已不可知，他们起码对张彦之师为其堂爷张宗禹，张宗禹之师为陈敬柏，这几代师承关系还

是比较认可，均有历代口传可证，是真实可信的。现在陈敬柏与张宗禹及张彦仍有后代生活居住于赵堡，笔者皆有过访问考察了解，是确有其人其事，经得起考证的。所以，张彦传陈清平只是赵堡这个传承链中的其中重要一环而已，并非上悬下空的仅一代所偶然冒出。

总之，通过以上四个方面对陈清平师承的探讨分析，陈清平的师承可大致认定为：太极拳主要老师即业师为赵堡张彦，也曾受到陈家沟陈有本的指点传授，为其太极拳老师之一。

陈清平太极拳师承的研究认定，意义非同一般，不可轻而视之。因为，若只是认定陈家沟陈有本为陈清平唯一的太极拳老师，完全否定张彦的存在，则中国太极拳传承史在陈清平之前只是在陈家沟陈氏家族中一脉相传、一花独放，陈家沟为独一无二的太极拳早期传播圣地；若考察认定赵堡村张彦为陈清平太极拳业师，则中国太极拳传承发展史在陈清平之前早已花开两朵，相互交融，赵堡村也应该是仅次于陈家沟的又一个太极拳早期传承发展之地。赵堡村村民历代所传承的赵堡太极拳也应该得到相应的认可、挖掘、扶持、保护、促进和发展。若随意否定陈清平师从张彦之说，实际上是在否认一段真实存在的太极拳传承发展史，淹没一个较为古老的赵堡太极拳与传承地。因此，尽管陈清平太极拳师承问题复杂、敏感、长期争论不休，研究此问题者也易遭到非议指责，但还是应该引起各方面的重视，尽快还原历史真貌。这样才是对中国传统太极拳文化的最大保护，才有利于维护和提高太极拳和谐、团结、大发展的新局面。

二、陈清平太极拳艺的传承发展

(一)陈清平主要弟子及其传承发展情况

太极拳在清代中期之前，还只是在河南省温县的陈家沟、赵堡等村庄小范围内流传。陈家沟主要以血亲宗族为纽带，仅在陈氏家族内部世代相传；赵堡村则主要以村落地域为传承范围，在本村数代相承。而陈家沟陈长兴外传河北弟子杨露禅，则开陈氏太极拳外传他省之先河；同时陈清平在赵堡镇设馆授徒，有教无类，广传本村、邻村弟子，并外传有河北弟子武禹襄等，也打破了赵堡太极拳封闭保守的传承局面。

陈清平一生授徒据说有百余人之多，仅有事迹可考、有记载的成名弟子就有数十人。赵堡本村主要成名弟子有张应昌、和兆元、牛发虎、张敬芝、张开、张罣山、侯罗判以及陈清平之子陈河阳、侄子陈泾阳等人。周边外村著名弟子有陈辛庄李景延、西新庄任长春、南张羌村李作智等人。另有河北永年武禹襄。

这些著名弟子不但个个武功出众，名冠当时，还多能继承乃师所传太极拳技理精华和开明无私广传太极之遗风。有数位弟子还能在师传拳法基础上，改革创新、开宗立派，使太极拳得到进一步繁荣和传播发展。以至于到了清末民初时期，陈清平系赵堡太极拳传人，几乎遍布怀庆府下辖的温县、武陟、博爱、沁阳、修武等县，逐渐成为当地流传最广的一个太极拳系。据查，在陈清平众弟子中，传承有序、绳绳不绝，至今仍有传人的有李景延、和兆元、李作智、武禹襄、张敬芝、任长春、陈河阳、侯罗判等人。其中尤以李景延、和兆元、武禹襄等传人最多，影响最广。下面分别简介如下：

1.李景延

李景延，又名李盾，温县赵堡镇陈辛庄人。为陈清平入室弟子，曾师从陈家沟陈仲甡等。其功夫杰出，有“铁胳膊李盾”之称，陈家沟著名拳师陈子明在其《陈氏世传太极拳术》一书中有“陈清平弟子中以李景延为最”的高度评价。李景延艺成后，终生以授拳保镖为业，是陈清平弟子中唯一的职业武师与镖师。他晚年精研拳法，以师传拳法为基础，结合多年保镖实战经验，参照清代科技书籍《灵台仪象志》书中的杠杆、三角、方圆、力学等之理，研获太极拳十一层功法体系，创立了特色鲜明、风格迥异的忽雷太极拳。其拳法特点为：层次分明，灵活多变；刚柔相济，快慢相间；忽起忽落，忽方忽圆；忽隐忽现，忽灵忽闪；促步挫脚，周身滚闪；猛如忽雷，快似闪电。在太极拳的练功层次、运行轨迹、劲法变化、速度转换等方面有了重大的改革与突破，极大地提高了太极拳练功效果和功夫境界。

李景延一生授徒众多，得其真传、功夫杰出的弟子主要有杨虎、李火焰、张国栋、李火成等人。其中，尤以大弟子杨虎功至成手，传人最多，传播最广，对发展的贡献最大，并已形成了别具特色的“杨虎忽雷太极拳”风格。

忽雷太极拳形成后，由于其特色鲜明、上功快、技击性强、健身效果好等优势，故深受人们的喜爱，于清末民初盛行于焦作地区诸县，涌现出了一批名震武林的高手。之后，世事变迁，传承发展有所受限。可喜的是，这些年来，优秀的传统文化遗产受到国家的重视与保护，忽雷太极拳又迎来了传承发展的春天，广大传人积极响应政府号召，努力宣传推广传统太极拳文化，使忽雷太极拳的传播推广出现了良好的发展势头，且祖国大陆外的台、港、澳传人渐多，在日、韩及欧美等地也有较大发展，成为祖国太极拳百花园中一支极具生命力的太极拳奇葩。

2.和兆元

和兆元，温县赵堡人，系陈清平著名弟子。曾在陈清平家族于赵堡镇所开的粮棉商行当过账房先生，故师徒交往接触较多，关系密切，获技理真传亦多。和兆元功夫高超，曾做过与其有亲戚关系的温县籍清代高官李棠阶护卫。其拳艺主要传于儿子和敬芝、和润芝及长孙和庆喜等人，之后和家代有传人，有“和式太极拳”之称。在其后人中尤以和庆喜功夫最精，传有著名弟子郑伯英、郑悟清等人。郑伯英、郑悟清二人后因战乱逃难于西安，遂在西北诸省广传太极拳，后渐至全国，故和氏一支以“二郑”弘扬传播贡献最大。

和氏所传太极拳能继承古法，基本上保持了陈清平所传赵堡太极拳轻灵、柔和、自然、圆活的主要特点。对师传拳架以继承为多，与同村陈清平传人张敬芝系拳架几乎相差无异，故和氏一脉不少传人认为应属于赵堡太极拳的一种，是赵堡太极拳的重要一支。

这些年来，在和氏后人与传人的不断努力宣传推广及地方政府的大力助推下，该系太极发展势头良好，影响日盛，习者渐多，并成功升级为国家级文化遗产，可喜可贺。但也希望人们要搞清“和式太极拳”与“赵堡太极拳”二者之间的关系，若既能将和家相传数代影响日广的“和式太极拳”不断弘扬发展光大，又不因此而淹没或取代一个更为悠久的“赵堡太极拳”，才是人们更愿意看到的结果。

3.武禹襄

武禹襄，河北省永年县人。武氏本为读书之人，但尤喜武好拳，先受同乡杨露禅太极拳启蒙，后得知河南温县赵堡镇陈清平精于太极拳，便慕名前往，访学月余，终得太极拳精奥。之后，不断研练、思悟、总结、推新，形成“武氏太极拳”。

武禹襄作为一个外乡访学者，在不惑之年时，赴赵堡陈清平处仅学拳短暂月余时间，且平生仅此一次，所以严格来说，武禹襄算不上陈清平的入室弟子，更谈不上著名传人。因此，杜元化与陈鑫的书中在记载陈清平著名弟子时皆未将武禹襄列入，也算合情合理，不算是疏漏。而在陈清平的众弟子中，或许很少有知道老师还有这样一个外省籍传人。然而，世事难料，想不到若干年后，武禹襄之盛名却远超其师陈清平及其他弟子，一举成为陈清平所有传人中名气最大、影响最广、最早成为国家所承认宣推的“武氏太极拳”的开宗立派宗师。古人云：师为徒贵。不少人是从介绍武氏太极拳的相关历史渊源资料中，方知道了“陈清平”之名，一代清末太极拳大家陈清平也因此被外界更多的武林人士所知悉。这不能不说是太极拳发展史上有趣而耐人寻味的奇事了。

若要分析一下其中原因，可有以下几方面：

其一，武禹襄具有文秀才学历，文化高、悟性强，且尚武好学。而陈清平也是文武全才，且开明豁达无私。两人皆为崇文尚武儒雅豪爽之士，武氏来访对于陈清平来说是难得的知音相遇，自然话语投机，无话不谈。武崇拜陈师技精品高，陈赏识武的才德与学艺诚心；武视陈亦师亦友，陈视武亦友亦徒。据说武对陈师还有患难相助之事。于是，陈清平毫无保留地将太极拳的技理精妙，在短时间内尽授予武禹襄。而武氏确实也不虚此行，满载而归，回去后遮不住满心的喜悦，对其哥哥说道："陈氏拳理法今已深悉，全在我们下功夫了。"（顾留馨《太极拳术》）。所以，习拳不论先后，得道不分时间长短，只要有名师真心相授，又遇到聪慧诚心好学者，高效速成并非难事，"太极十年不出门"之说也不是金口玉言、不可逾越。

其二，武氏太极拳传人中以文人居多，善于在拳法技理上记录、研悟，具有理论上的继承、总结、研创方面的优势。出版书籍又早，在传播过程中又较早地传入北京、上海等大都市，得到了一些专家学者的较早重视与推介，发展较快。新中国成立后又优先得到国家认可为"太极拳五大流派"之一。在陈清平所有传人中可谓一花独放，声名远扬，与更古老的赵堡太极拳相比，先声夺人，后来居上。以致在较长的一段时间里，人们多知道有武氏太极拳而鲜知还有赵堡太极拳的存在，或是从对武氏太极拳的了解中，方知还有温县赵堡陈清平和其所传的赵堡太极拳。所以，武氏太极拳的先行扬名发展，客观上对陈清平所传赵堡太极拳起到了一定的宣传助推作用。

其三，武氏太极拳在传承发展中的另一贡献，就是在三传至郝为真时又衍生出了孙氏太极拳。孙氏太极拳是形意拳，八卦掌名家孙禄堂在53岁时，向郝为真请教学习一段时间太极拳后，集形意、八卦、太极三拳精华于一体而形成的一种太极拳。孙氏太极尽管形成更晚，而拳运时运甚佳，新中国成立后很快跃居国家所认定的太极拳五大流派之列，受到重视，得以发展。而武氏太极拳也因衍生出了孙氏太极拳而影响更加广泛。但作为武氏太极拳之母拳、孙氏太极拳之祖拳的陈清平所传赵堡太极拳，虽然历史更悠久、内涵更丰富厚重，却因长期植根于农村乡野，缺乏应有的宣传推广，加上偏见、误解，人为因素等原因，相形见绌，黯然失色，迟迟未被认可并列入“国家级”太极流派，得不到应有的重视和发展。而陈清平最著名弟子李景延所研创的独具特色的忽雷太极拳及和兆元几代相传发展壮大的和式太极拳等也是在很长一段时间里鲜为人知，与武氏、孙氏等官定太极拳不可同日而语。

至于武氏太极拳所具有的风格特点，依个人之见应具有以下几点：在拳架套路方面，以赵堡拳架为基础，兼有杨氏拳架风格，架势中正安舒，气势饱满鼓荡，运行紧凑连贯，动作开合有序，两腿虚实分明；在身法要求方面，多与赵堡太极拳相似，只是更加细腻严格，但也略显拘谨，规格有余，而松活自然不足；在步法运行上，继承了赵堡太极拳中的“腾挪架”步法，以移动步子调整重心和转换虚实，即凡进前步必跟后步，退后步前步必随的活步步法为主要特色；在劲法练习上，主要吸收了赵堡太极拳中的“带里架”练法，即不太重外形而注重隐于内里劲气的开合导引运行，追求浑圆鼓荡劲气效果；在推手形式上，将赵堡太极拳传统的一进一退合步推手，改进为进三退三的顺步（对步）推手方法。总之，在赵堡太极拳基础之上有继承、有创新、有发展，形成了独特的武氏太极拳。

一些武氏传人认为武氏太极拳最突出的贡献是在太极拳理论上的继承、研创、总结、整理、传播等，这是不少武林人士的共识，笔者认为其理论贡献应有以下几点：

一是将陈清平所赠送的王宗岳《太极拳论》完整保存并传于后世。

二是将在陈清平处所得到的口传与抄传的一些拳理资料，记录整理并传留后世。武氏在月余时间最大的收获就是得到了陈清平所传的太极拳理论精华，武氏也亲口承认在陈清平处“拳理已深悉”。于是，武回去后将陈清平所传的这些拳理进行了记录、研究、整理，并以文字的形式保存下来，传于后世，如《打手要言》《打手歌》《十三势行功歌诀》等。而陈清平身边的不少弟子，多因文化所限，疏于记载传存等原因，保存的拳理文字资料较少，又鲜有公开面世，仅以师徒间的口口相传为主。故在拳理的记录、研究、整理、创新方面，武禹襄的贡献要明显大于陈清平其他弟子。

三是武禹襄及传人李亦畬，在学习王宗岳拳谱与陈清平所传拳理后，结合个人练功实践，写下了一些释义性或体悟性拳论文章，如武禹襄的《十三势行功要解》、李亦畬的《五字诀》与《走架打手行功要言》等。

总的来说，武禹襄及传人在太极拳理论的继承、整编、总结、创新等方面作出了重要贡献，丰富了太极拳理论宝库，这是有目共睹且不可否认的。但对此也要能作出客观公正、实事求是的评价，不可夸大其词、言过其实，更不能淡化或完全抛开一代宗师陈清平对太极拳技理、拳理的继承、总结、发展、传播等方面的重大贡献和对武氏的无私传授。陈清平当年在温县这个太极拳圣地，无论陈家沟还是赵堡镇等，皆公认其为历代最精于太极拳理论的一位大师。陈家沟太极名家陈子明于20世纪30年代所著的《陈氏世传太极拳术》书中，在为陈清平立传做介绍时，还特别指出“陈清平精于太极拳理”，这也是他成名弟子多的主要原因。但是，从现在我们所看到的有关武氏太极拳传人出版的所有太极拳书籍资料里，其所载太极拳理论部分，不是所谓得自于舞阳盐店，就是武禹襄及传人所悟、所创、所编，看不到有“陈清平所传”“陈清平所赠”或“据陈清平所传改编”等字眼，很难看到有“陈清平”三个字。好像武氏太极拳所有拳理、拳论与陈清平毫无关系，看不到武禹襄所言当年在陈清平处所“深悉”的“拳理”，也看不到李亦畬在武氏拳谱《太极拳小序》里，所写其舅父武禹襄在陈清平处“研究月余，精妙始得”的拳理部分。这不能不令人有些不解和遗憾。

4.李作智

李作智，温县南张羌镇南张羌村人，系陈清平晚年著名弟子，功夫高超。主要传人有同村族侄李镐、周瑞祥、郭丙元及博爱县王明怀等。所传太极拳在清末民国时期，在怀庆府当地的温县、博爱、武陟等县有较广泛流传，至今已传播至上海、成都、南京等全国各地，发展势头良好。

李作智传系拳架，主要以继承和保持陈清平所传赵堡架原始风貌为多，属于赵堡太极拳系列拳架。拳架运行，比较注重腰腿下盘基本功练习的“矮桩功架”，即低身法架、大身法架练习。动作大开大合，气势宏大，身架低矮，以仆步、低蹲步、半弓半马步居多，因此被人称为“衩拖架”（意为低矮稳固）。但这种练法也是温县各家太极拳初期习练时，为了拉筋活节、底盘沉稳所普遍采用的练习方法，并非一家独有，只是李作智传系更重视与擅长而已。李作智系拳架总体具有身法低沉宽大，架子古朴饱满，气势浑圆鼓荡等特点，为陈清平所传下的、至今仍有不少传人的赵堡太极拳重要一支系。该拳系又因与陈清平其他传人所习练的拳架有一定的差异和特色，而且又在李作智所居住的南张羌村世代相传并由该村发展壮大，故在当地武术界早有“南张羌架”“李作智架”或“南张羌李作智赵堡太极拳”等之称。以地域村名命名，来反映该拳的发展壮大源地与传承历史，不无不妥，也算名副其实，这也是中国武术早已有之的一种取名习俗。但是，近些年该拳一些传人，也许是为了更好地宣传发展，又以“腾挪架”或“腾挪太极拳”名之。这是以拳架特点命名的一种取名方式，在武术历史上也早已有之，并非不可。在陈清平所传赵堡拳架中，本来就有以活步、跳移步为主的“腾挪架”拳架及练法。只是李作智一支拳架，一向是以身法低矮沉实的“矮身架”“仆步架”为主要特征，这类大身法架在运行中，是不善于腾挪跳移脚步变化的，其拳架与陈清平所传以腾跳脚步、挪移步法来调整身体重心、倒换虚实的真正“腾挪架”风格出入较大，看不出其“腾挪架”的明显特色。且该拳的一些传人对此名称也并不认可，认为历史上从未有过这种称呼。因此，若将不具备“腾挪架”特色的拳架，人为勉强地硬要套名为“腾挪架”，恐怕会造成赵堡太极拳概念上的混乱与练法上的张冠李戴、名不副实，甚至误导习练者，对该拳的传承发展并非是有益之举。此仅为一己之拙见，不见得正确，还望其传人及专家学者考察认定。

5.任长春

任长春，温县赵堡镇西新庄人，系陈清平著名弟子，也曾在陈家沟名家陈仲甡、陈季甡家里做过工并学过拳，为其启蒙老师。主要传人除任应吉、任应魁、任应贞三个儿子外，另传有沁阳市杜元化等人。该拳系的拳架及练法以继承传统为主，少有创新变化，应属赵堡太极拳系列拳架。近年来，有人称此系拳架为“领落架”，但观其拳架演练风格，并无传统赵堡系“领落架”上下领落起伏之特点。所以，若随意套名，名实不照，虚徒其名，对本系拳架的传承发展并非为有益之举。

该系传人历来不多，任长春及杜元化现均后继无人，其他传人也较少，应进行挖掘和保护。

6.张敬芝

张敬芝，温县赵堡镇赵堡村人，系陈清平晚年所传最小弟子，卒于20世纪30年代初，享年约90岁。

张敬芝所传拳架动作及运行风格与同村陈清平其他传人所传练的基本相似，拳架柔和自然、轻灵顺遂、匀速徐缓，无刚猛发劲动作，保持了陈清平原传赵堡架的固有风格特点，属于纯正的赵堡太极拳系列拳架。主要传人有陈应铭、侯春秀、王林清、张夺等。

其弟子陈应铭，为赵堡镇辛堂村人，祖籍陈家沟，系陈家沟陈氏后裔。年轻时曾习练过陈氏太极拳，后随张敬芝学练赵堡太极拳。由于基础扎实故进步很快，得到了张敬芝真传。其拳法细腻，功夫全面，曾在新乡市等地授拳。晚年常住赵堡女儿家中，传人主要有赵堡村王庆升、王忠州以及其外孙部连成等，赵堡名家陈学忠也曾请教学习。传人中尤以王庆升功夫为最，传人也较多，广传于温县、荥阳、南京、湖南、深圳等地。

另有弟子侯春秀，赵堡村人，17岁始从张敬芝习拳，功夫深厚。其拳架古朴轻柔自然，推手方法灵活多样，尤擅长采拿、勾绊、掷打等传统速效实用的“跟头棍”打法。1937年后，为躲避战乱移居西安市，遂在那里长期传拳授徒多人。其后人及弟子著有《侯氏太极拳》等书籍，但观侯氏所传拳架风格特点，多与其师兄陈应铭及赵堡村其他传人相同，拳法拳理及推手方法方式，均以继承传统为主，并无明显创新变化特征，应不足以称门称派。

7.陈河阳、陈泾阳

陈清平除了传下本村、外村以及外省异姓弟子外，还在自家门内的子侄辈传有一支太极拳，被称为“陈清平家传太极拳”，其中以儿子陈河阳与侄子陈泾阳拳艺最精。之后陈河阳又传儿子陈玺，陈玺又传儿子陈乃文，陈乃文膝下无子，而其他侄子辈因年幼或在异地等原因，未能继承家传拳艺。至此，陈清平家传一系太极拳相传四代后未能继续直系相传，出现了青黄不接、后继乏人的局面。然而值得庆幸的是，陈乃文晚年出于家族传承的责任和担当，便将家传拳艺尽传于同村同族晚辈陈学忠。而陈学忠的家族身世也非同一般，同样来自陈家沟的太极拳世家望族，其为清代太极拳大家陈敬柏的七世嫡孙。有了这样的同族血亲关系，便得到了陈乃文的器重与倾囊相授，终成为陈清平家传一脉太极拳的唯一继承人和一代太极名家，有幸使“陈清平家传太极拳”这一陈清平内传太极拳珍贵拳艺，得以传承至今，绵绵不绝。该系也属赵堡太极拳系列拳架。

“陈清平家传太极拳”虽历代传人不多，但此系为太极大师陈清平后人数代家传的一系太极拳，自有其缜密独到之处，尤显神秘而珍贵，具有较高的挖掘、保护、发扬之价值。

(二)陈清平传人多且成名弟子多的原因

像陈清平这样的一代太极拳大师，其传人之多在温县历代拳家中是少见的，但也并非偶然，分析其原因应有以下几点：

1.思想开明，有教无类，倾囊相授

陈清平虽生活在封建保守的旧社会，但其个人文化及道德修养较高，心胸宽广，思想开明豁达，武德高尚，毫无保守藏秘之武林陋习。他收徒传拳，不看村庄地域，不讲宗亲姓氏，不论贫富贵贱，有教无类，一律同等看待，唯才唯德是举。其弟子中，本村、外村、本省、外省、异姓、同姓皆有，只要是尊师重道、勤学苦练者皆培育成才。他除了传有较多外姓

弟子外，在其后代中，儿子陈河阳与侄子陈泾阳也是重要传人，但却艺不及一些外姓弟子，说明陈清平授拳并非内外亲疏有别，仅将秘法秘技独传于后代子侄，使其技高一筹，压人一等，而是一视同仁，平等相待。也说明习练太极拳的成功程度，除了能得其师技理精要外，还与习练者的悟性高低、重视与用功程度等密切相关，并非得一秘技秘法秘诀便可不劳而获，辈辈受用，代代出高手。他的外省籍传人武禹襄，与陈清平素昧平生，只是一个慕名远道而来的访学者，若陈清平保守藏秘，技不外传，术不外露，恐怕武氏在赵堡镇学个三年五载也很难踏入博大精深的太极拳之妙门。

2.文武全才，技精理高，授拳有方

太极拳，人称哲拳、文化拳，是以中国传统太极阴阳哲理文化为指导的优秀拳种。因此，无论是教拳者还是学拳者，其自身文化修养的高低将会影响传承与学习的效果。拥有一个通文、明理、精技的明白老师，是学好太极拳的首要条件，更是求学者的荣幸。陈清平文至太学生，武得赵堡太极拳历代所传精要，又兼取陈氏太极拳之长，文通武备，博学多才，尤精太极拳之理，贯通太极拳各种技法，掌握了太极拳基本的运行变化规律，将打开太极拳奥妙之门的金钥匙无私地传交给每位弟子，既授人以鱼，更授人以渔。这是一代宗师陈清平能广传弟子，使其弟子批量成才成手，并大多能创新发展、成家成派的根本原因。无论是远道而来访学月余，便能开启武氏一派的河北秀才武禹襄，还是家穷志坚，敬师如父，伴随恩师多年，最终研发太极拳十一层功夫练法，形成独具特色的忽雷太极拳的李景延，无不与恩师所交给的那把太极金钥匙有关。

陈清平在教学实践中，还善于进行教学与练功方法的改革提高，首创“腾挪架”“领落架”“带里架”及“阴阳理架”等不同层次、不同练法、不同拳架的系列功法拳架。因人因功而异，因材施教，分层练习，专项强化，逐层提升，极大地提高了太极拳的练功效果和功夫境界，成为陈清平在太极拳教学改革上的一大特色与成果。

3.家境富足，义务授拳，以商养武

陈清平虽然以太极拳闻名于世，但他并非职业武者以武为生，太极拳只是他的平生最爱。除在太极拳方面的辉煌成就外，他还是一个经商有道的成功商人，其家境富裕，衣食无忧。这为他无私授徒，广传太极拳打下了一定的物质基础。他传拳授徒并非利益驱使，而是出于对太极拳文化的热爱与执着，视传承太极拳为一种责任、一种担当、一种使命。而对于一些有武术梦想与追求者来说，家庭条件的好坏也是影响其成功与否的因素之一，俗语道："穷文富武"，不无道理。古今有不少德才兼备的寒门学子，皆因经济原因而难圆武术梦想。而当年能成为陈清平门下弟子，应是一种难得的荣幸。他一贯义务传拳，不管是贫富贵贱，还是士农工商，只要是心诚有缘者皆可从学。因此，当时从学入流，学者日众。当他在家里粮行院内所开设的拳场无法承纳大批学生时，便将拳场迁移至赵堡村南的永安寺，即俗称的南大寺内，成为当年授拳的重要拳馆场地。

陈清平教拳不但分文不取，而且对一些经济困难、衣食无着的弟子，还经常给予生活上的关心照顾和资助。如陈清平最著名的弟子李景延，自幼丧父，家境贫寒，生活窘迫，在永安寺学拳期间，常以红薯、黑豆或牲口饲料充饥。陈师发现后便将他领回家中，让他在家里吃住，精心培育。李景延最终成为其得意弟子与一代名家。

陈清平因为经商有道，成为一方富商大户，才使其有条件、有精力、有能力做到免费传拳或资助贫困弟子学拳，才能使怀揣太极梦的贫寒学子梦想成真。所以，陈清平堪称一代义商义拳师，开以商养武传承太极拳之先河。其高超的太极技艺需要后人学习传承，而其无私奉献、广传太极之精神更值得我们后学者敬仰、效仿、学习和发扬光大。

(三)陈清平对太极拳的主要贡献

陈清平对赵堡太极拳及太极拳整体的传播发展、门派繁荣作出了有目共睹的重大贡献，具体归纳总结起来，大概有以下几点：

1.承前启后，继往开来

赵堡一系太极拳，之所以能够代代相传，延续至今，与历代先贤大师的努力坚守，不弃不离，执着相传是分不开的。

赵堡一系太极拳虽相传至陈清平时已有数代，但历代传人，大都寥寥无几，不算昌盛，有断代失传之危。直至陈清平之时，又呈现中兴之势，方使赵堡太极拳转危为安，有了蓬勃发展。现今赵堡一系太极拳均为陈清平相传。所以，若无陈清平在后期对赵堡太极拳的独承与革新，大力传播，发展壮大，恐怕赵堡太极拳早已成为《广陵散》，湮没无存。同时，也可能看不到至今我国百家争鸣的太极流派。故陈清平对赵堡太极拳乃至太极拳整体的延续、发展、壮大，流派繁荣，有承前启后之功，继往开来之绩。

2.融会创新，丰富完善

陈清平拳得两家真传，功夫卓越不凡，又具文化所长，尤精于太极拳之理，具备革新拳法的得天独厚优势条件。其在传统赵堡太极拳的基础上，汲取部分陈氏小架太极拳精华，融会贯通，创立三种拳架练法和多种系列功法练习层次，丰富了练功方法，提高了练功效果和功夫境界，提升了传承价值与生命力。所传拳架内涵丰富，技理相合，特点鲜明，风格突出，使赵堡太极拳更加完善成熟。因此，能吸引众多追求武术的青年才俊投拜其门下，诚心学艺，皆得真传，成就了一批学有所成、成名成家与开门立派的著名传人。其老师张彦之子张应昌，除自幼随父习拳外，也曾师从陈清平习艺，足见陈清平所传拳法之高明，已优于师传。因此，没有陈清平对传统赵堡太极拳的融会、改革、创新，形成更具优势的新的赵堡太极拳，就不会有陈清平时期与之后赵堡太极拳及太极拳整体的空前繁荣发展。

3.有教无类，树立新风

太极拳属于中国武术的一种，是搏击格斗防身之术。由于历代拳家研创之不易，习者得之又难，故一向颇为保守藏秘。陈家沟和赵堡分别有“拳不出姓”与“拳不出村”之说，非亲近之人很难得其真传。这样的武林陋习，严重影响了太极拳的发扬光大。陈清平教拳授徒既不看亲疏、远近、贵贱，又不分同姓、异姓、本村、外村，或者本省外省。凡人品端正，尊师重道，勤奋好学，执着拳艺者，皆有教无类，同等对待，倾囊相授，无私相传。

4.开枝散叶，流派纷呈

由于陈清平所承传革新的赵堡太极拳拳法优良，又授拳有方，善于对拳法技理进行规律性的总结和传授，再加之传拳中的倾囊相授，尽传其术等原因，所以，教拳效果极佳，传徒成绩尤为突出。仅成手成名弟子就有十数人之多。而这些成名高徒，又多能继承恩师德艺之遗风，或忠于师传拳艺而代代相传，或不断开拓创新，开宗立派，广传弟子，影响日广。在赵堡太极拳的基础上，先后形成出现了赵堡新架、武氏太极、忽雷太极、和氏太极以及间接影响形成的孙氏太极、吴氏太极、杨氏小架、王其和太极等太极流派与拳架。而在温县至今还另传有赵堡太极拳系列拳架的李作智系、任长春系、张敬芝系、陈清平家传系、侯春秀系，以及影响渐大日广的郑悟清拳法等多系多支。

5.精于拳理，创传有功

陈清平十分注重太极拳这一“文化拳”“哲拳”的文化理论研究总结与传承。善于将太极拳之理这把金钥匙，无私地传递于每位传人，使他们能迅速打开通往太极殿堂之门，从而登堂入室，实现梦想。如武氏太极拳创拳之祖武禹襄，在陈清平处仅短暂学拳月余，便大有所获，后能成名并开宗立派。陈家沟著名拳家陈子明在其所著的《陈氏世传太极拳术》一书的“陈清平传”中，也特别写有陈清平“得太极拳理”之句。可见陈清平对太极拳理法之精达贯通。

至于陈清平所精通的这些太极拳理论的来源，不外乎有三。一是主要来自其业师张彦对传统赵堡太极拳理论的传授。赵堡太极拳系传至陈清平时已有数代数传，定有厚重的拳理积淀与相传。二是部分得自陈清平的另一位同族长辈与老师陈有本。据陈氏家谱及后人记载，陈有本文至秀才学历，武则精于家传太极拳，可谓文武双全，除教拳授徒外，其主业则是一位私塾教书先生，在陈氏拳理方面多有继承总结，以精通陈氏太极拳之理法而著名，故陈清平在其处所得到的主要内容应该是陈氏拳理法。三是陈清平本人的研悟总结，除了虚心学习，全面继承师传外，其对太极拳理论不断研悟、总结与创新建树，以“精于太极拳之理”著称。

三、陈清平所传赵堡太极拳的总体风格特点

在陈清平传人中，除了武禹襄与李景延分别研创形成的“武氏太极拳”和“忽雷太极拳”与陈清平所传赵堡太极拳各方面区别较大外，其他传系的总体风格特点基本上是一致的，多以继承原拳架拳法为主，较好地保持了陈清平当年所传赵堡太极拳原貌。这有现已面世的多种赵堡太极书籍和网络视频可参证，又有现今各系传人拳架的活资料可说明。那么，若将陈清平所传赵堡太极拳的大体风格特点概括起来可有以下几点：

第一，拳架运行总体上以松柔、徐缓、轻灵、和顺、自然为主，没有明显的抖发、闪颤劲和快慢、刚柔变化。

第二，拳架运行轨迹，以圆形为主兼有背丝扣练法为补充，无棱角、方形变化。

第三，拳架的大、中、小与高、中、低及腾挪、领落、带里三种拳架各系基本上皆有皆练，但各有侧重，各有所长，各有所好，因人而异或因功而别。

第四，拳架运行虽注重圆圈、背丝扣等圆形、弧形在周身整体的旋绕滚缠，但又忌讳腰裆及手腿的过度翻旋，“扭屁股、吊腰、拨浪鼓手”算

是练拳毛病。

第五，在身法要求上，除了具有含胸、拔背、提顶、圆裆、松肩、坠肘、气沉丹田等一般太极拳所共有的基本身法要求外，与陈氏太极拳相比，主要区别在于赵堡太极拳要求裹裆、收腹、护臀，即小腹内收、尾骨前合、臀部向前收合，与陈氏太极拳的尾骨后上翻、臀部向后上收、小腹向后下沉收的“泛臀”正好相反，区别甚大。另外，赵堡架在身法上可有高低起伏变化，有专项“领落架”的起落练法，裆部可随身手的起落旋转而变化；而陈氏太极拳则要求裆走后弧或下弧，不允许身体有明显的高低起落变化，要求身体“宁低勿高，身忌上蹿”等。再者，在步法上，赵堡架并不像陈氏架那样强调“五趾抓地”“脚尖内扣”等。赵堡架强调脚手相随，手脚齐进齐出，脚到手到，脚落手合等，很少有脚先手后、脚快手慢等现象。

四、陈清平创传三种拳架探析

在陈清平传下的太极拳架中，主要流传有“腾挪架”“领落架”与“带里架”三种拳架。三种拳架，三种练法，三种风格，各有其妙，是陈清平所传太极拳的特色内容之一。

(一)三种拳架的来源

关于三种拳架的来源，陈清平各系传人大都认为是陈清平所编创，这应该是符合历史事实的，陈清平具有编创三种拳架的能力与条件。首先，陈清平一生痴迷研练太极拳，独得赵堡太极拳之秘，兼取陈氏太极拳之长，且思想开明豁达，比前几代拳师具有文化优势，有一定的开拓创新意识，因此，梳理革新师传拳架，将赵堡架与陈氏架进一步融会贯通成三种拳架，是极有可能的事；其次，从其师张彦之子张应昌受父传，又师从陈清平习艺来看，陈清平拳艺更加精深全面，其功夫功理程度已青出于蓝而胜于蓝；最后，三种拳架的形成虽无文字记载，但各系传人多有陈清平编创三种架的传说，这种口耳相传的史料应该有一定的真实性。因此，三种拳架应为陈清平编创形成。

(二)三种拳架技术特点分析

1.腾挪架

“腾挪”二字分开来讲，“腾”有奔跑或跳跃、升空、使空等意思；“挪”有移动之意。那么，合成“腾挪”一词，应有两种意思：一是指挪动、移动或腾出地方、挪出空间之意。如专款专用，不得随便腾挪或挪用、挪借，又如把仓库里的东西腾挪干净，腾空挪净后以备他用。二是指腾跳、跳跃、移动等意思，多与“闪战”或“闪颤”一词相连合为“腾挪闪战”，主要指武术动作里脚步的快速跳闪移动和身手的灵活变化。腾挪与闪战相辅相成，在武术实战中，腾挪跳移的目的是闪战，即迅速腾跳躲闪开对方的进攻并快速反击，而要想快速闪躲与反击，就需要步法的快速腾挪跳移。中国传统武术多具有腾挪闪战的特点，太极拳由传统拳术演化而来，对其有继承有发展。太极拳“腾挪架”中的“腾挪”二字的意思，应该与第二种词义相近似。

陈清平所传太极拳在脚步的练用上，根据功夫程度和技击方法的不同，具有一定规律性变化，在拳架套路的上肢动作运行基本相同的情况下，其下肢两脚的运行变化主要有两种形式，一是挪脚移步的活步法，即以两脚位移挪动步子来倒换虚实重心而带动身手运行，在技击上以步法的不断腾跳挪移，闪进闪退、闪化闪击为技击特色，以快速灵活的步法取胜，如拳诀所言，胜在于进步，不败在于退步。二是原地拧脚、倒裆、旋身的定步法，即两脚原地不位移或位移不明显、脚不离地，只在原地随着腰裆及周身的旋转而做相应的虚实变化。此法在技击上以倒裆、旋身、转圆化而击之，即拳师们常说的不动身法打人、不动步法打人，属于太极拳挨着何处何处击的高层方法。而腾挪架则属于前者即动步挪脚的活步法。腾挪架最大的特点就是步法十分灵活，前脚进后脚跟、后脚退前脚随，前后左右相顺相随，并且手脚也要上下相随相合，手动脚动，脚落手合，协调配合，以步法见长，练步用步，以步法赢人。

总的来说，腾挪架就是以腾跳、挪移脚步为主要拳架特色，以活步闪化闪击为主要技击特点的一种太极拳练功拳架。

2.领落架

“领”与“落”组成“领落”一词，成为太极拳的“领落架”，这可先从单字的意思来分析。“落”字容易理解，是由上向下沉降的意思；而“领”字虽有几种解释，但在武术中与“落”相联系，组成“领落”架，从二者相对立的意义上来说，应该是由下向上引领、领起的意思。所谓太极拳“领落架”，简单地说就是，拳架练习时身手意气等既有向上引领又有向下降落的，具有明显高低起伏变化特点的一种太极拳架。

若说腾挪架主要是专项练习脚步的前后左右，横向四方跳移的闪化闪击功夫的一种拳架，那么，领落架则主要是专项练习周身上下纵向闪变弹发功夫的一种拳架。武术中一般习惯于把上下起伏变化称为“起落”变化，很少有称为“领落”变化的。虽然二者意思相近，但一字之差内涵有别，一般拳术用“起落”一词，仅仅是指身体的上下、起伏、升降、高低变化而已，而用于太极拳架的“领落”则不同，“领”字包含头的顶领、身的撑领、手与臂的掤领、脚腿的蹬领等劲法。领落架的练习，当身体上起时不是单纯的升高、升起，而是头、颈、身、手、腿要相合相随，一领俱领，周身浑圆饱满、鼓荡撑掤而领起。练出功夫后可在推手实战中，领其身拔其根，上领下空时速趁机下打击之；而在做相应的下落时，也不是毫无沉落之意的轻飘散落，也要顶劲不丢，周身浑圆饱满鼓荡，一落俱落，一按俱按。练出功夫后也可在推手实战中，按落其身手，摧动其根使其上空下浮后乘机而上击之。只有这样的练与用，才算是符合领落架的要领与特点，否则不可称为领落架。

总之，领落架可定义为，以身手起伏领落和腿胯的屈伸蹬弹为拳架特点，以周身的上下领落、闪化闪击为技击特色的一种太极拳练功拳架。

3.带里架

先谈一下该拳架的名称。陈清平所传三种拳架在很长一段时间里只是口口相传，未曾留下文字记录，直至20世纪90年代后，一些武术太极拳书刊中，才有了这三种拳架的记载。人们根据口传，多记录为“腾挪架”“领落架”“代理架”三种名字的拳架。三种拳架之名是根据拳架运行特点而命名的，前两种均写为“腾挪架”“领落架”，应该名副其实，是与原意、原名及拳架特点真实相符的。至于第三种“带里架”，却在传人中多写为“代理架”“带理架”“代里架”“得理架”“代履架”“大理架”等几种音同字异的大概名称，其中尤以“代理架”称呼居多，以致现在不少书刊资料均写为“代理架”，似乎“代理架”已成为该拳架的正式名称。那么，这个“代理架”之“代理”应做何解释呢？按其字面意思，“代”应该是代替、取代之意，“理”应该是理论、理法、太极之理或是打理、办理等。二者相合形成所谓的“代理架”，若解释为“代替理论”的拳架、“代替打理”的拳架或是“代理人”的拳架、“代总理”的拳架、“代经理”的拳架、“总代理”的拳架等，咋看咋别扭，恐怕让人难以理解与接受。不仅会问到，这种拳架究竟是以什么“代替理论”？替谁“打理”？又或是这种拳架怎么会与“代理人”“代经理”“代总理”“总代理”等与太极拳风马牛不相及的现代术语相联系上呢？很显然，称为“代理架”这样的拳架名称，文理不通，词义难解，名难副实，无法弄明白这种所谓“代理架”的含义与功法特点。其实，不少传人也在试图破解这个“代理架”的含义和功法特点，但总觉得有些牵强附会，难以使人认同与信服。如有的拳家自称所练为“代理架”，在其书里对“代理架”的解释为“体用一致，技理相合，得到太极拳理”；有的又将这种拳架称为“带理架”或“得理架”，其解释就是“带有或得到太极拳之理的拳架”等。然而，综观传统太极拳各流派，哪个不是体用一致，技理相合？哪个能说没有得到或者没有带有太极拳之理呢？是否都可称为“代理架”“带理架”或“得理架”？那么陈清平所编创的这种拳架还有何独特价值和意义？还有的说法更为荒唐可笑，说“代理架”又称为“承架”，就是继承和代理老师原传拳架之意。那么照此说法何不直接称为“传承架”“继承架”“老架”或“原传架”“尊古架”等名称，而偏偏取个让人费解的“代理架”呢？笔者也曾对这个有些神秘怪异的“代理架”或“带理架”有过长时间的咨询、探究，但总是困惑难解，疑窦丛生，搞不清究竟是一种什么特色的拳架，也无法与几位恩师所传的各种练法的拳架对上号。后来在赵堡太极名家陈学忠老师的拳架、拳理的影响与启示下，又通过对该拳架与“腾挪架”“领落架”两种系列拳架的比较研悟，方有了恍然大悟之感，问题应该出在人们对该拳架名称的误传误记上。俗语道：“名不正，则言不顺。”错误的名称记录会导致形形色色的错误解释，让人莫名其妙，不知如何理解与操练这个所谓“代理架”。而事实上，此“代理”应为“带里”，“带里架”之名应为该拳架的准确名称，其他皆为错误名称。虽然正误之间仅为音同字不同，似乎差别不大，但差之毫厘，失之千里，其功法内涵天壤之别。

那么，究竟什么是“带里架”呢？“带”在此应为引带、带动、带起、导引之意；“里”在此应指内里、里边、体内或指内气、内劲之意。而“带里架”可解释为，不太注重身体外形而更加重视内里，以意念引带体内气血运行和体感变化为主的太极拳架。简言之，就是注重以意引带内里气血劲气运行为主的一种太极拳练功拳架。

带里架的出现并非偶然，是与赵堡太极拳中的腾挪架、领落架相互联系密不可分的一种拳架，属于三种系列拳架中的高层练功拳架，是前两种拳架升层晋级的高级产物。腾挪架主练两脚腿的腾跳闪移、灵活变化和相应的技击能力，领落架主练腰腿身手的上下屈伸起伏闪变和相应的技击能力。这前两种拳架的特点，主要是注重四肢、肩胯、身腰等外形部位的修炼提高，当然也并非只练外不练内，只是在筋骨关节未开，未完全体会到充足内气时以练外为主而已。这些重外形练习的方法与特点多为传统外家拳所擅长，太极拳虽然是由长拳演化为不重外形而重内气内劲的内功拳，但并非放弃了母拳的一切方法。为了尽快达到以外引内的目的，仍需内外兼修，特别是初期的外形修炼不可或缺，然而又不可长期停滞在重外形的初级阶段，否则，难入太极拳精奥之门。太极拳有一个由外到里、由重外形到重内意的修炼程序。当腾挪架、领落架这两种重外形的功法拳架修炼到一定阶段，体内有了较强的内气内劲体感时，说明已达以外引内、以形促意之目的，此时就要不失时机地“得意忘形”，实现由外到里、由形到意的转换，提升到一个更高级的练功阶段，掌握一种更高层的练功方法，使用一种更高深高效的练功拳架，以达到挨何处何处击，打人不露形的高境界技击功夫，而这种追求高层功夫的练功拳架应该就是“带里架”。因此，可以说带里架是陈清平所创系列功法拳架中的一种高级拳架，是由低层到高层的自然顺延和体现。带里架的主体特征就是已经没有或很少见到前两种拳架的腾挪、领落变化，而是将这些变化引入内隐于里，成为“气势腾挪”“气势领落”的高层级带里架。

带里架是赵堡太极拳的高层功法和精华所在，所以带里架在传人中也有“成架”或“成手架”之称，其意为欲达到太极拳成手者所需要练的拳架，或是通向太极拳艺成功之巅的拳架，简单说就是练成手的拳架。但练到成手谈何容易，曲高和寡，艺高难求，带里架易练但难精难成，各种因素影响，练到成手者并不多，故有练者千个万个，成手一个半个之说。而一些人不但对带里架之名误写误解，还将“成架”误写为“承架”，曲解为“继承老师原传拳架”，甚至有“传承武当山张三丰的拳架”等荒唐说法。

腾挪架、领落架、带里架是陈清平所传赵堡太极拳中颇具特色的三种练功拳架，是一个拳派中的三种练功方式。陈清平编创三种拳架的目的，就是分出层级便于系统专项而练，提高练功效果，增强人体专项功能和综合素质，以逐步达到高层功夫境界。三种拳架的有形套路招式及上肢动作运行轨迹等并无太大差异，所不同的主要是外形与内意、步法与身法、动作的大小高低程度，以及练功层级和技击层次的高低等。简而言之，腾挪架重练步法，擅长用步法，以步法赢人；领落架重练身法，善用身法，以身法胜人；带里架重练内劲法，妙用劲法，以精纯的劲力功夫制人，可达到太极拳挨何处何处击、打人不露形的高妙境界。

三种拳架既有区别又相互联系，腾挪架、领落架是基础架，带里架是提高架，三者相合形成一个练功体系。按照传统功法程序要求，应先练腾挪架与领落架，打好脚步与身腿等外形的基础后再练习带里架，进一步提高内气、内劲功力和技击层次，这样三种架通吃全练，全盘掌握，系统修炼，效果会更佳。但拳无定法，因人而异，不可一概而论，也可根据习拳者的自身条件，如悟性高低、年龄、时间精力等方面灵活选择。若悟性高、文化深、得气快、时间精力充沛、意志强者，可以高起点、高标准直接从高层的带里架入手，向拳艺高峰攀登。然而，无限风光在险峰，此种选择有利有弊，风险与机会同在，艺高难练，若半途而废则前功尽弃，低层技法未练好，高层功夫又未练出，将留下高不成低不就之憾。但是一旦苦练不辍，老天不负，终能练成后则一览众山小，可达太极成手妙手，独享众人皆无吾独有之快；也可腾挪架、领落架择一而练，练精练透，熟能生巧，得一技之长，一招鲜吃遍天，仅凭腾挪闪战之技或领落闪变之术，闯荡江湖，傲视武林。还可按太极拳练习由大到小、由形到意、由外到内之变化规律，将腾挪架、领落架练到一定程度后有意向小形、小圈、小动的内练发展提升，练至极致时自然会出现外形不腾不挪、不领不落而是以里代之以意代之的气势腾挪、意念腾挪架或气势领落的意念领落架，这种意念腾挪架和意念领落架实质上已转换为带里架。此可谓无心插柳柳成荫，无意带里成带里，三架练精皆高手，岂分贵贱高低层。

总之，三种拳架内涵丰富，传承价值颇高，一时难尽言其妙，以上仅为抛砖引玉之言，望同道多能重视研析体会，共同研探其中精奥。

(三)三种拳架的研究、继承价值及意义

太极拳从最初的长拳、十三势逐渐演变为技理全面的太极拳，是历代

先师不懈努力、不断改革创新的结果。从太极拳的训练方法和练功层级的设置方面来看，也有一个不断完善的过程。从开始层次不明单一的混沌练法，逐渐出现了王宗岳拳论中提出的“着熟”“懂劲”到“神明”的三层级练功方法，再到陈清平所创编的“腾挪架”“领落架”“带里架”三种练功拳架，以及陈清平著名弟子李景延细创的太极拳十一层功法体系。这些历代大师勇于改革创新，不断丰富完善太极拳的功法与理论，为提高功效和功夫层次境界作出了突出贡献，留下了宝贵的太极拳文化遗产。

王宗岳为早期太极拳理论大家，一篇经典之作《太极拳论》，传诵数百年，至今仍备受推崇。而其拳论中提出的“着熟”“懂劲”“神明”由低到高的三个练功层级，只是对三个练功阶段所呈现结果的语言描述，而实现这些结果的具体操作方法至今少为人知。比如，如何练至“着熟”，怎样才算“着熟”了，“着熟”了又如何练“懂劲”，怎样才算“懂劲”，如何练到人们所向往的“神明”阶段等，王宗岳文论中未能详解细说，人们很难具体操作练习，只能是随意猜测和浪漫的想象而已。而陈清平所创传的三种拳架，可以说是对王宗岳三层功夫阶段的继承发展和具体展示，可帮助理解和破译王宗岳三层功夫论的实际内涵。若将二者相互对应结合研习，定会对太极拳的功夫提高具有一定的借鉴和指导意义。

我们是否可以这样理解，练拳初期重外形、重招式、重开筋活节、重反复习练，就是为了达到“着熟”的目的。这个“着熟”不仅仅是每个拳架动作的一招一势，还应包括脚步腾跳闪移能力的“着熟”和身腿起伏及筋节拉伸能力的“着熟”，而腾挪架、领落架正好是这些专项“着熟”能力得以实现的练习拳架与方法。当这些招法、步法、身法练得熟之又熟后，就会由外引里逐渐体悟出体内劲气运行流动的气感、劲感，有了这些太极拳内劲的感觉体验并掌握了其运行方式，就是达到了太极拳的“渐悟懂劲”阶段。按王宗岳拳论所说“懂劲后愈练愈精”，那么懂劲后怎样才能愈练愈精？此后不必再去重视大开大合、大起大落或明显的腾跳闪移的外形练习，要及时转化为重里轻外、得意忘形、得劲忘形的内气、内劲、内功练习，要进一步将外形变小变无，小圈小动或外静内动，将练功形式更加引入内、隐于里，转向注重专练内劲内气内里功夫的“带里架”。要将“带里架”练至外无形迹，内劲饱满充盈，达到挨何处何处击、打人不露形境界，方可实现登顶太极拳艺“神明”的高峰。因此腾挪架、领落架是成就“着熟”到“懂劲”的拳架，而“带里架”则是实现太极拳“神明”的不二拳架。

陈清平创传的三种拳架可以在一定程度上实现王宗岳拳论中三层功夫由理论到实践的转化，使王宗岳三层功夫论具体化、可操作化，填补了王宗岳三层功夫论只有理论描述而无法具体操作之不足。所以，只有正确了解和掌握陈清平三种拳架，才能对王宗岳《太极拳论》中三种功夫层次有更深刻、更具体的了解和运用。

以上三种拳架是陈清平所传赵堡太极拳中流传较广、影响较大的主要练功拳架。除此之外，根据忽雷太极拳传人相传，陈清平还另外传有“马车龙架”“跟头棍架”与“阴阳理架”三种拳架。“马车龙架”的特点主要是大开大合、大起大落，大圈旋转形如马车之轮一样。这是初期主练筋骨皮肉，以达伸筋开节目的的最基础拳架。“跟头棍架”据说是以下肢的勾绊和上肢两手的采拿跌打为主，以拳势动作招法应用与杠杆折叠技法为主要特色的一种拳架。虽技法层次不算高，但可速学速会、速用速成，受时间、精力等自身条件所限，无法长久磨炼功夫又想急用速成者，可选练此拳架练法。“阴阳理架”据说是一种比“带里架”层次还要高的拳架练法。若说“带里架”主练充足的内气内劲，“阴阳理架”则在“带里架”基础上更加注重阴阳相济，刚柔平衡，阴阳翻转，阴阳速变。

所以，总结归纳起来陈清平所创传下来的功法拳架，竟有“马车龙、跟头棍、腾挪、领落、带里、阴阳理”六种拳架之多，可谓功架齐全，内容丰富，各具特色，形成了系列功法拳架。可见在200多年前的陈清平时代，就已出现了太极拳练功方法向专业化、有序化、系统化发展的良好态势。因此，陈清平系列功法拳架是太极拳发展史上的重大改革和进步，是优秀的民族文化遗产，具有很高的挖掘、整理、研究、继承和保护价值。

五、陈清平所传太极拳之称谓问题

关于陈清平所传太极拳，现在社会上流传有不同的称谓，除了主要有“赵堡太极拳”或“赵堡架”外，还有“陈氏太极拳、陈氏小架太极拳、陈氏二套小架太极拳、陈氏太极拳新小架、陈氏赵堡太极拳、陈氏太极拳赵堡架、武当赵堡太极拳、武当赵堡传统三合一太极拳、武当赵堡承架太极拳、赵堡新架、武当赵堡和氏太极拳、赵堡和氏太极拳、和氏太极拳”等五花八门的称谓。然而，凡事并非多多益善，一个拳派名称过多并不是好事，多则易乱，易使人无所适从，更让人疑惑不解。名称不同其所代表的拳架内涵也不同。故对以上不同称谓，因何而取，是否取之有理有据，哪种称谓适合或能代表陈清平所传太极拳的名称等，现浅析如下：

(一)关于“赵堡太极拳”“赵堡架”的称谓

“赵堡”是温县下辖“赵堡村”的简称，该村自古交通便利，村大人多，商业繁荣，历来为镇所驻地，故又有“赵堡街”“赵堡镇”之称。“赵堡太极拳”或“赵堡架”，是指最早在赵堡村流传或传出的，以赵堡村命名的一种太极拳。这里所说的“赵堡”仅指“赵堡村”，并非指“赵堡镇”所辖区域，不包括同样辖属于赵堡镇的陈家沟所流传的太极拳。

以地域村名称命名武术拳派在当地由来已久，如陈氏太极拳早年称为“陈沟捶”“陈沟软拳”“陈沟架”“陈沟软架”“陈沟太极拳”；又如博爱县王堡村的大枪术称为“王堡枪”等。民国之后太极拳时兴以姓氏命名后，陈家沟陈氏历代传下的太极拳又被称为陈氏太极拳。而赵堡村人多姓杂，流传于本村的太极拳并未清楚记载为村中某姓氏所创或在某姓氏中长期流传，不适合以姓氏称名，故还是延续了以村名命名太极拳的习俗，被称为“赵堡太极拳”，或俗称“赵堡架”。这一拳名由来已久，约定俗成，为大多陈清平系传人和武林同道所接受。

(二)关于“陈氏小架太极拳”“陈氏赵堡太极拳”等称谓

以上名称皆冠以“陈氏”二字，陈氏者，这里当指陈家沟之陈氏一族，或指有创陈氏太极拳之说的陈王廷公，并非专指在赵堡太极拳早期传承发展中，有承前启后、开拓融创之举的陈敬柏之陈氏或之后对赵堡太极拳有继往开来之功的陈清平之陈氏。凡将赵堡太极拳称为以上名称的，皆认为陈家沟名师陈有本为陈清平的不二之师，而完全否定或忽视陈清平太极拳老师亦有赵堡名师张彦的事实。此类称谓认为赵堡村的太极拳始于陈清平，是陈清平最早在赵堡传下的一种“陈氏太极拳”；或者说，是陈清平在赵堡传下的学于陈有本的“陈氏小架太极拳”；又或者说，是陈清平在陈有本所传陈氏小架太极拳基础上，在赵堡所创新的“陈氏太极拳新小架”或“陈氏二套太极拳小架”“陈氏太极拳赵堡架”等。这种完全抛开赵堡拳师张彦，仅认可陈清平与陈家沟拳师陈有本的单一师承关系，从而将其所传承的赵堡太极拳完全归为陈氏太极拳小架，或是在陈氏小架基础上又创新的陈氏新小架、陈氏赵堡架等，显然与史实有出入，有失严谨。

(三)关于“武当赵堡太极拳”“武当赵堡承架太极拳”等称谓

这是一些人对赵堡太极拳的另一种冠名方法，在“赵堡”村名之前要冠以“武当”二字，是以“武当赵堡”命名陈清平所传太极拳，称为“武当赵堡太极拳”之类名称。武当者，道教名山武当山也。凡称名或认可以上名称的，皆认为赵堡太极拳源于武当山道士张三丰，后几经变迁流传至赵堡村并在此发扬光大等。至于在“武当赵堡”之后另加的诸如“三合一”“承架”等，莫非是为彰显所承练的拳架技法如何全面、所承传的拳架如何古老有序、有特别之处等之意。然而，陈清平所传太极拳源于武当山张三丰之说，查无实据，史无实证，纯属道听途说、以讹传讹以及文艺小说、影视作品虚构渲染所致。因此，将陈清平所传太极拳冠以“武当”二字，打上“武当”标签，显然与史不符，名不副实，实不可取。

(四)有关“赵堡新架”称谓

这是我国著名武史专家唐豪先生，最早对陈清平在赵堡所传太极拳所定的名称。唐豪为了弄清我国太极拳形成发展史，于1930年在陈家沟拳师陈子明的带领下，对温县当时太极拳最盛行的陈家沟、赵堡、王圪垱三处拳家进行访问调查。从而认定太极拳由陈家沟陈王廷所编创，并在其所著《太极少林考》一书的“太极拳的发展及其源流”一文中，又将由陈家沟太极拳衍生发展出来的太极拳细分为11个类型，即“陈沟老架、陈沟新架、赵堡新架、杨露禅架、武禹襄小架、杨班侯小架、杨健侯中架、全佑小架、孙禄堂小架、杨澄甫大架、宋书铭太极功”（《行健斋随笔：唐豪太极少林考》）。而“赵堡新架”便为其中之一，虽然“赵堡架”之称谓在温县民间流传已久，但这是“赵堡架”这一名称的最早文字记载。唐豪有关太极拳渊源方面的观点及对太极拳架的分类等问题在此暂且不议，仅就其对陈清平所传太极拳定名为“赵堡新架”谈一下个人看法。

唐豪于20世纪30年代初，在交通与食宿极为不便的情况下，能够从上海大都市深入偏僻的温县乡村，数次对太极拳的形成史进行实地走访考察，记录留下了大量珍贵的太极拳史料，其务实求真、重实地考察的精神令人敬佩。但任何史学考察研究，不会是完美无缺的，唐豪当时受各种因素与条件影响，难免会有一些学术上的疏漏和瑕疵，比如他对赵堡陈清平所传太极拳的一些研究观点便是如此，需要后人在其基础上继续研究探讨、纠误与完善。

1.师承有误, 观点有错

唐豪将陈清平所传太极拳命名为“赵堡新架”，是在认定陈有本为陈清平唯一太极拳老师的前提下这样命名的。他认为是陈有本将陈氏家传的陈氏太极拳改编为小架，陈家沟人也叫新架。陈清平学了陈有本的新架后便在赵堡传拳，并在陈有本新架即小架基础上做了创新改进，已不是原来的陈家沟新架（小架），为了相区别，所以就将陈清平在赵堡村所创传的太极拳称为“赵堡新架”。也就是说唐豪所写的“赵堡新架”是指陈清平在陈家沟新架基础上，在赵堡另创的一套“新新架”，还应属于陈氏太极拳系列中的一种拳架。但若是在认定陈清平的主要太极拳老师确定无疑为陈家沟陈有本的前提下，唐豪的这种观点及命名是没问题的；否则，有失严谨。而通过前文对陈清平师承的考证分析，陈清平太极拳业师应该是赵堡拳师张彦，而不是其仅受过指点、请教、有所得的陈有本。因此，前提出错，结论定会有误。那么，若将陈清平所传太极拳定要称为“赵堡新架”的话也不是不可以，但应该是赋予另外一种含义了，那就是，陈清平在赵堡拳师张彦所传赵堡老架的基础上，有所吸取陈氏新架技理内容所创编的一种拳架，可称为“赵堡新架”，而陈清平之前的赵堡架应称为“赵堡老架”。这可能是对“赵堡新架”最符合史实的定义和解释，但这绝非唐豪当年取“赵堡新架”的原始本义。

唐豪当年对温县太极拳考察的疏忽之一，就是对陈清平师承的认定方面，这也是笔者长期困惑不解的一个问题。难道唐豪当年从未听说过陈清平师承除陈家沟拳家所说的陈有本外，还有其他重要师承吗？唐豪当年不但重点考察了陈家沟，还对赵堡、王圪垱两村的陈清平传人进行了访问调查，而两地传人至今认为陈清平之师为张彦。唐豪去温县实地考察的重点是太极拳渊源形成史，因此，对陈清平这样一位太极拳发展史上的重要人物，他不会不向两村拳师问及陈清平的师承问题，两村拳师也不会不如实相告。另外，唐豪当年去温县考察是由陈家沟拳师陈子明陪同，在这之前两人已熟知并为好友，唐豪从陈子明处肯定已获得不少温县太极拳的相关信息。而陈子明认定陈清平之师除陈有本外，另有赵堡拳师张彦，这在他当年出版的《陈氏世传太极拳术》中有明确记载，陈清平为“陈有本、张彦门徒”。唐豪在该书中还附有“太极拳源流考”一文，这说明唐豪不但曾听陈子明说过陈清平也师从张彦，而且也看到过陈子明书中有关陈清平师从张彦的记载。然而，令人遗憾的是，唐豪对陈清平师从张彦之说未能重视与认可，只是认定陈清平师从陈有本说，以致唐豪在之后所著的其他太极拳史研究著作中，凡涉及陈清平师承问题皆独提陈有本而对张彦只字不提。而之后，唐豪好友，另一位太极拳研究专家顾留馨先生在其所写的几部著作中也是如此。从此，在很长一段时间里，陈清平师从张彦之说在太极拳史料中很难看到，非陈清平系传人很少知道陈清平的确切师承。这不能不说是一贯耿直公正的武史大家唐豪先生的一个疏漏。

2. 所谓“赵堡新架二套”，实为李景延所编创的忽雷太极拳

唐豪在所著《太极少林考》“太极拳的发展及其源流”一文中，除将陈清平所传太极拳认定为“赵堡新架”外，还更进一步认为赵堡新架并非一套而是两套，文中写道：“赵堡新架十三势有两套，第一套称为‘略’的和陈沟新架相同，第二套称为‘圈’的为陈沟所无，我判断第二套是陈有本的传人陈清平编的。陈有本改编老架为新架，启发了陈清平另编第二套，也启发了杨露禅改编老架。”我们知道，唐豪是著名的武术史，特别是卓有成效的太极拳史研究专家，最擅长武术太极拳的源流史研究，但在太极拳的习练功夫和技理特点研究方面并非其所长，但从这段话可以看出，唐豪通过多年的访查研究，接触众多名家，算是经多见广，还是慧眼识拳的，他通过对陈家沟、赵堡、王圪垱三地拳家的访问以及对他们各自所练拳架的观摩比较，发现了同为陈清平传人的赵堡村拳家与王圪垱村拳家所练拳架的风格特点有明显的差异。于是，就将陈清平所传下的太极拳认定为两套，即“赵堡新架一套”与“赵堡新架二套”。唐豪认为，第一套拳架的特点是动作圈少、较为简单，称为“略”架，与陈家沟的小架即新架较为相似，应该是陈清平继承陈有本而传下的陈氏小架，这主要指他当年在赵堡村见到的赵堡拳家所习练的拳架；第二套拳架的特点是圈多、练功层次多、较为复杂，称为“圈”架，为陈家沟、赵堡所无，流传于王圪垱村，这主要指他当年在王圪垱村见到的杨虎后人杨绍舜等拳家所习练的拳架，即现在所称的“忽雷架”。但唐豪却个人判断第二套拳架为陈清平创编，这实际上是与史不符的。王圪垱拳家所习练的拳架在民间及传人中最早被称为“忽雷架”“忽灵架”“圪颤架”或“李盾架”（因创编人李景延乳名为李盾），并非为陈清平所创，而为陈清平著名弟子李景延在

师传拳架基础上所编创。忽雷架自诞生起，从未在赵堡村流传过，而是最早在创始人李景延所居住的陈新庄及与之紧相邻的忽雷架名家杨虎、杨绍舜所居住的王圪垱村流传。所以，唐豪称为“赵堡新架二套”名不副实，创编人也不对。唐豪当年访问王圪垱时，这些被访的拳家还并未完全认可或习惯于被武林界所取的“忽雷架”等名称，而对于一个素昧平生的外地突访者，他们可能也并未告诉他该拳更多的形成信息，以及还有一个奇异的俗名“忽雷架”，故唐豪也只能自认为是陈清平所创并称其为“赵堡新架二套”了。然而，唐豪也不会想到，被他称为“赵堡新架二套”的拳架，日后会被当地政府与传人及拳界认可并统称为“忽雷太极拳”或俗称为“忽雷架”。

忽雷架是一个特色鲜明的太极拳，有太极奇葩之称，其精华内容和形成标志则为秘传的“十一层功夫”，即“一略、二圈、三身转、四分、五劲、六圪节、七起、八落、九自尊、十朝、十一哲”。唐豪所写的“略”“圈”架，其实是忽雷太极拳十一层功夫体系中最基础的前两层。而他却把赵堡陈清平其他弟子所传练的拳架即“赵堡新架一套”统称为“略”架，而把王圪垱拳家所练的所谓“赵堡新架二套”统称为“圈”架，这也是唐豪的主观误判误写。赵堡架各系传人至今也无人将所练拳架称为“略”架。倒是陈家沟近些年一些人，为迎合唐豪书中所写内容，欣然将陈有本所传小架即新架也称为“略”架，将陈清平所传赵堡架统称为“圈”架。而查陈氏小架前辈陈鑫与陈子明所著书中从未有过“略”架的名称记载，所以这是其后人、传人仅凭唐豪书中的不准确记载而随意添加的而已。

忽雷太极拳第一层称为“略”架或“联”架，是省“略”掉拳架中的圆圈，先由简单的直线动作“联”起来的拳架套路之意，是相对于第二层“圈”架的删繁就简，是暂时“略”去圆圈后的一种简单套路。这是一种对初学者来说易记、易学、快速入门、速成初级套路的简捷方法。“略”架并不是一种可以用来练功夫的成熟拳架套路，只有在第二层加了“圈”成为“圈”架后，方为骨肉丰满、圆活完善的练功拳架。所以，若将陈清平其他传人所练或陈家沟的小架皆称为“略”架的话，那是对这些拳架的误解和贬低，太极拳架中可有圈多圈少之别，而若完全“略”去“圈”少了弧线，那就不是太极拳了，应该又回到了以直线为多的古长拳套路上了。忽雷架的第二层“圈”架也是在第一层“略”架的基础上，每个动作由直线变为弧线，并在每个动作之间加上一个个圆圈，以圆圈相连接拳式动作，形成一个无处不圈、无处不圆、有骨有肉的完整“圈架”套路。但这也仅是第二层才称为“圈”架，并非整个拳架系统练法都称为“圈”架，其他各层次有各自的拳架名称与练法，如三层的“身转”架、四层的“分”架、五层的“劲”架、六层的“圪节”架等。可以说，先“略”而后加“圈”，逐层加深这种渐进式完善丰富太极拳套路的方法与手段，实为李景延所创忽雷架太极拳中所独有，别无二家。

十一层功夫拳架是忽雷太极拳的不外传之秘，当年唐豪在王圪垱可能只是听到了无关紧要的“略”“圈”前两层名称及介绍，而后九层之名称及奥妙并未被告知，否则唐豪应在其书中有所记载体现。因此，唐豪就仅将所知的忽雷架前两层“略”“圈”架，进行分析、研究、臆测、判断，然后对号入座，难免会出现错误。

顾留馨与唐豪两位先生既为志同道合的好友，又皆是我国太极拳历史方面的研究专家。在对于陈清平的太极拳师承及所传太极拳的研究方面，萧规曹随，顾留馨多继承了唐豪的研究观点，仍未能重视有关陈清平师从张彦这一问题的考察研究，还是认定陈清平的太极拳老师仅有陈家沟陈有本一人，完全将陈清平所传太极拳认定为系陈氏太极拳小架拳的一个分支。而且还将忽雷太极拳的分层练习拳架特点，认定为陈清平所传赵堡系太极拳的共有特点。如顾留馨在所著《太极拳术》一书中写道：“新架据说是陈有本所创，架势与老架一样宽大，逐渐扬弃了某些高难度的动作。陈家沟人称为‘略’。有本门徒族侄青平，也创造了一套架势，小巧紧凑，动作缓慢，练会后逐步加圈，在不改变原套路的原则下，由简到繁，以至极为复杂，逐步提高拳艺的技巧难度。陈家沟人称之为‘圈’。因为青平赘婿于赵堡镇，遂在那里教拳，所以又称赵堡架。”在这段话里，顾留馨已不像唐豪那样，通过考察而将赵堡架分为有所区别的“赵堡新架一套”与“赵堡新架二套”两套拳架了，而是不知何因地将二者视为风格特点一样的拳架，统称为赵堡架，还首次提到陈清平是赘婿于赵堡镇；又将唐豪所说的赵堡村传人所练的“赵堡新架一套”即原称为“略”架的，也改其为与王圪垱传人所练的“赵堡新架二套”即“圈”架一样的拳架，扩大了“圈”架的范围，也混为一谈地统称为“圈”架。而仅将陈家沟陈有本传下的小架（即新架）统称为所谓的“略”架等。不但未能纠正唐豪之失误，而且还错上加错，导致人们对当地几种拳架的称谓及各自特色产生种种误解。顾留馨在这里所写的所谓“逐步加圈”（实则是第二层“圈架”的一次性加圈），“在不改变原套路的原则下，由简到繁，以至极为复杂”（指忽雷架的十一层功夫），其实是对忽雷太极拳十一层功夫拳架与练法的大概介绍与描述，属于忽雷架所独有的拳法特色。现在陈氏拳家与赵堡拳家已相继公开出版发行了一系列书籍、音像视频等，大家可以观看对比研究，除了忽雷太极拳外，陈氏大、小架与赵堡架等绝无以上特点的介绍与展示体现。

（五）有关“和式太极拳”的称谓

“和式太极拳”，顾名思义，应该是指陈清平著名弟子和兆元在师传赵堡太极拳基础上所创编的，或是由其传下的，以和姓命名的太极拳。而人们所称的“赵堡太极拳”，是指在赵堡村历代流传下来的太极拳，一般主要指陈清平在赵堡村原来所传太极拳基础上，吸取创新发展传下的以赵堡村命名的太极拳。二者单从名称称谓来看，其内涵与概念是不同的。

根据笔者所访问的赵堡太极拳传人及查阅相关书刊资料来看，对于二者的关系，人们大概有以下几种观点与说法：

一种认为二者是从属关系。认为所谓和式太极拳实质上就是赵堡太极拳的一种，算是赵堡太极拳的一个支系。因为和兆元所传下的太极拳，在拳架套路、技术特点、拳理拳法等方面，与陈清平在赵堡本村及外村其他弟子所传练的赵堡太极拳，并没有太大差异，看不出有多少创新突破，即便是有些区别也不足以支撑一个新流派的诞生。和兆元只是传承弘扬有功，而创新立派无据，难以形成和式太极拳流派。武史家唐豪于20世纪30年代在陈家沟、王圪垱及赵堡三处访问时，也并未听说有“和式太极拳”之称，只有“赵堡架”和其所称的“赵堡新架”等称呼。而“赵堡太极拳”与“赵堡架”之名称，在和兆元之前就已出现，也并非始于和兆元。所以即便是称为“和式太极拳”，也应该指和兆元传承下来的赵堡太极拳，属于陈清平所传赵堡太极拳的一种或一支。

另一种认为二者是并列关系。认为与国家认定推广的陈、杨、吴、武、孙五大流派一样，和式太极拳是以姓氏命名的又一个太极拳流派，是陈清平弟子和兆元创新发展的另一新太极拳派。还认为赵堡太极拳只是和式太极拳的创拳基础，是其母拳，二者已不是同一拳派，不可画等号，就像源于赵堡太极拳的武氏太极拳一样，二者是并列关系，不可以说和式太极拳就是赵堡太极拳等。但此种观点也引起了一些专家与拳家的质疑。认为和兆元创拳是否证据确凿，立派条件是否充分具备，与母拳赵堡架相比是否有显著区别和流派特征等，有待众专家学者及相关部门考察研究认定。

还有一种认为二者是对等关系。认为赵堡太极拳就是和式太极拳，二者可以画等号。

对于以上几种说法，在此不多加评论。只是个人认为，若将“赵堡太极拳”称为“和式太极拳”，或将二者画上等号，甚至试图以“和式太极拳”取代“赵堡太极拳”，绝非明智之举，于情理于史实也实难相符，难免会引起人们的非议与不满，更不利于太极拳的全面传承与和谐发展。

（六）以何种称谓为宜

通过以上对有关陈清平所传太极拳各种称谓的比较分析，可以看出，只有将陈清平所传太极拳称为“赵堡太极拳”或俗称“赵堡架”是比较合适恰当的选择。其理由如下：

一是符合历史事实，突出地域特色，尊重传统习俗。这支太极拳在赵堡村流传数百年已是不争的事实，经过了数代数姓村民相传，传承有序。以地域之名，称拳派之名，自古有之，“赵堡太极拳”或“赵堡架”，早已成为该拳在民间长期流传、约定俗成、具有一定影响的名称。这样的称谓既符合村史拳史，又彰显地域特色，还保持了传统名称的连续性，体现了对赵堡村传统太极拳历史文化的认可和对该村该系历代传人所作贡献的肯定与尊重。

二是民心所向，有利于团结，有利于发展。据查阅赵堡系太极拳传人这些年所出版的书刊中，大多冠以“赵堡太极拳”之名。在与该拳系传人接触交流中，以赞同“赵堡太极拳”这一传统名称居多。这一名称无论在门内还是武术界、太极圈都已形成了较大影响和知名度。有的省已经以“赵堡太极拳”之名成功申报为省级文化遗产，且还正在申报国家级文化遗产。因此不应该以任何理由、任何姓氏取代这一名称，这一名称符合民心民意，有利于该拳的全面传承发展。

第三节
陈清平武功轶事略说

陈清平作为清末太极拳一代宗师，不但在太极拳技理的继承、研创、弘扬发展等方面的贡献为人们津津乐道，而其神奇的武功故事也在当地民间广为流传。下边可略举几例，从中领略一下这位大师当年高超传奇的武功事迹，进一步认识和学习其技理相合、德艺双馨、无私授徒、奉献太极的精神。

一、手端豆腐制烈马，超凡神技难解谜

据说有一天，陈清平在赵堡大街上买了两大块豆腐，当两手各端着豆腐回家时，突然，拴在街边的一匹烈马向他踢来。飞来之祸，危在旦夕，定会凶多吉少，难避其险。可令人意想不到的是，人安马蹄伤，有惊亦无险。只见烈马拐着蹄子，痛得连声嘶叫，好像认输求饶一样老实了许多。而陈清平却照样手端豆腐，毫发无损，安然从容地返回家中，未耽误一顿豆腐美餐。在场的几位旁观者无不目瞪口呆、咋舌称奇。于是，陈清平手端豆腐制烈马之事便在村民及众弟子中传开，成为村中奇闻。他们既钦佩陈清平神奇的武功，而又百思不得其解，双手都端着豆腐是如何制服烈马的呢？每当弟子们问起此事，陈清平要么笑而不答，要么总是一句“功到自然成，好好练吧”。祖师爷当年未讲明，而在历代传人中就有了各种猜测议论。一种认为，可能是当烈马抬腿上踢时，陈师就顺势一手上抛豆腐于空中，然后翻掌砍击马蹄，紧接着又顺势旋掌手接豆腐，化险为夷，人与物无伤无损，此乃太极阴阳功夫之妙用，令人叫绝；另一种认为是，当

烈马上踢时，陈师两手中的豆腐并未脱离手掌，而是一手顺势速用掌背，挫旋发功拦击马蹄，既制服了烈马又保住了豆腐。若果真如此，则功夫之精绝，神乎其技也。究竟何种为真或接近于事实，争论已有百余年，至今仍在继续，也可能本来就是一个没有确切谜底的传奇故事吧。

二、山东访客巧坐椅，来者是客不失礼

陈清平功夫高超，声名远扬，河北、山东等邻省武林，常有欲交手试技求艺者来访，但平生交手无数从无败绩，即便是到了年迈老暮之年，仍有武林高手前来试技交流。一次，一位山东武林好汉慕名来访，此时陈清平因年老且又患有腿疾已不便与人交手，就想让弟子代师出手试技。谁知来者直言相告："在家乡久闻陈先生大名，故特从山东远道来访，只求与老先生本人一试身手，请不吝赐教，莫失所望。"陈清平一看实难推辞，况又是远道访客，只是其求艺试技心切并无恶意，就不顾家人及弟子劝阻决定应战，以遂人愿。因腿脚不便，就相约坐在椅子上让山东访客随便进攻无妨。能与仰慕已久的武林大家交手，来访者自然求之不得，便毫不客气地使出全身功夫和拿手绝技，接连进攻三次均被弹发而出，且每次都不偏不倚地跌坐在屋内的一把椅子上。真是不试不知道，一试被惊倒，访客被陈清平精绝的武功与武德深深折服，遂跪拜于地说道："多谢先生手下留情，太极神功果然名不虚传，晚辈真是大开眼界，不虚此行。"送走访客后，一些在场的弟子说出"陈师出手太善太客气了，既然他不顾老师年迈体衰执意交手，就不该让他体面轻松地跌坐在椅子上，太便宜他了，应该将其远跌至门外的院地上，让他量量咱家的院子有多宽多长，方知天高地厚，这样岂不更解气、更让他服气"等话。陈清平听后只是哈哈一笑说道："远道而来，交流拳艺，无过不及，点到为止，不伤和气为好。"接着又风趣幽默地解释道："我因腿疾坐在椅子上与远道而来的客人交手，已有失礼之举，故让客人跌坐在椅子上

也算是主客拉平，还能分出高低，又不伤人，两全其美，何乐而不为呢？这就叫‘来的都是客，同坐椅子不失礼’。”这就是陈清平大师的真正高明之处，既能恰到好处地让来访者心服口服，又不失待客之礼。故能以技服人，以礼待人，以德赢人者，方为真正大师也。

三、以技服人收徒子，以理服人塞虎嘴

陈清平有一著名徒弟牛发虎，为赵堡村人，其身材高大魁梧，性情刚烈好斗。在投师陈清平前已练过太极拳等武术，很是有些功夫，由于年轻气盛，又自觉功夫了得，便总想找机会与陈清平一试身手。一天，陈清平手托百灵鸟笼，悠闲地走在赵堡大街上，正好与牛发虎迎头相遇，便被牛发虎拦下要求比试技艺。陈清平推辞不下，只好一手托鸟笼一手与牛两手相搭进行交手，只见牛发虎在众目睽睽之下，进也进不去、离也离不开，想打也打不上、想逃也逃不脱，脚下如踩棒槌，摇摇晃晃、东斜西歪，总是难逃出陈清平的掌心，好不狼狈。牛看占不了便宜，便连声求饶“陈老师放了我吧，我算是服了”。陈清平松了手后说道：“我既没有打你，更没有打翻你，你服个啥？”牛说：“你用这不打不放软刀制人之法，要比打我、放翻我还丢人还难受哩。”此事后，牛发虎虽然对陈清平敬畏三分，也有了拜师学艺的念头，但一向心高气傲的他，还是心有不服，总想再体会一下陈清平打人发放人的功夫如何，好像不妥妥实实挨次打心里痒痒似的。于是，一次在陈清平家里，趁其不备，牛便突然从后边紧紧将其抱住，只见陈清平略一抖动，牛便被抖出丈余，将屋里的隔扇（木质屏墙）撞翻后，倒在上边久久难起。陈清平此时严斥道：“你这是找死哩，出了事咋办！”牛发虎起身后便跪拜在陈清平面前说道：“晚辈莽撞无礼，只想求见真东西，请先生见谅！这次算是真心诚服了，愿拜在先生门下深造拳艺。”陈清平不但以宽容之心原谅了牛的一时鲁莽无礼，还认为牛是一个有个性的难得之才，若能用心调教培育，走上正路，必成大器。便正式收于门下，精心栽培。

牛发虎两次试技被镇服，拜在陈清平门下后，练功更加勤奋刻苦，经常在赵堡永安寺陈清平所开设的拳场内，日夜操练，时时思悟，达到了废寝忘食、如痴如迷的地步，再加上有了名师的传授，其功夫自然有了长足的进步。但其在练功成长过程中，也时有发生一些急于求成，迷茫迷信，甚至走火入魔、误入歧途的趣事。那么，陈清平又是如何指点迷津，调教指导这位有着突出个性的爱徒的呢？

据说，一天牛发虎在永安寺练功至深夜后，由于过于劳累，干脆就地而寝，睡在寺内大殿神像前的空地上。可能是日有所练所思，夜有所梦的原因吧，他刚一睡着就做了一个神奇的梦，梦见一位叫“哼”和一位叫“哈”的两位神人在传授自己武功，“哼大神”说：“你以后练功时可发‘哼’声就会上功快，与人交手时发‘哼’声准能赢人。”而“哈大神”也几乎说出与“哼大神”同样的话，说练功发“哈”声与人交手发“哈”声如何功效好，如何神奇等话。牛发虎梦醒后，惊喜万分，信以为真，认为有了神人相助，得到了“哼”“哈”练功之法与打人之奥妙。受此影响启发，牛发虎从此练功多用“哼”“哈”发声练劲练功，与人推手交手也常用“哼”“哈”二声二劲放人发人。说来也巧，果然效果显著，屡试不爽，屡战屡胜。牛发虎也颇为得意，认为这是神人指点的结果，对外也经常炫耀自己深得神人秘授，所练的是“神拳”，已成为“神手”。很长一段时间也不再去陈师处学拳，而是经常到寺庙内烧香拜佛，感谢神灵相助。陈清平获悉此事后便摇头说道：“不知层次不知理，不走正路走斜路；不是神手是病手，不治此病难成手”，就想找适当机会，对牛进行敲打点拨一下，以免他误入歧途，半途而废，难以成手。

一天，牛发虎正在赵堡大街边的一块空地上，与几位拳友展示卖弄自己的“哼哈”神技时，恰巧陈清平从此路过，有好事者就趁机对牛说道：“你的神技这么厉害，敢不敢与你陈老师试试，看看是真管用还是假管用。”牛倒是出于礼节和对师之敬畏，不敢言战，说道：“老师在此岂敢。”但陈清平认为今天正是训导点拨牛的大好机会，就趁机说道：“多日不见，喜闻弟子另得神传秘技，可喜可贺，你可在老夫身上尽试无妨，也正好让众乡亲开开眼界。”言毕，撩袍上场摆出防守的架子，只待弟子出手。牛看到无法再推辞也只好上前搭手相推。但两人连转数圈，不见牛发声动劲出招。陈清平便停下手说道：“在自家门口试技，何必顾忌师徒之礼，你尽管使出你的神授绝技，若弟子胜于师，我求之不得，岂会怪罪于你。”老师话已至此，牛便再无顾忌，也正想在老师面前露上一手“梦来神技”。双方再次搭手后，半圈未转牛便微一吸气欲发“哼”声用劲，当正在发声动劲之时却被陈师抖跌于丈外的大街上。牛发虎被人拉起后，摇了下头，仍心有不甘地再次与老师搭上了手，可能是认为“哼”劲无效果，这次便变为“哈”声“哈”劲了，但还是“哈”声微起，“哈”劲未出之际，又是一个丈外的五体投地。再次被人扶起后，头摇得像拨浪鼓一样，又羞愧又不解地走到老师面前问道：“老师，为啥我的梦授哼哈神技在别人身上屡试不爽，战无不胜，而在老师身上却一败涂地，一点儿也用不上了？”陈老师就半开玩笑地说道：“牛发虎、牛发虎，你是只很厉害的老虎，老虎一发威就要叫唤张嘴咬人，所以，我一听老虎叫唤，一看老虎张嘴就要赶快捂住其嘴，将其打跑。”接着又说：“此一势就叫塞老虎嘴，专破哼哈神技。”牛听后颇后悔自己的年少轻狂与迷信无知。在场的众人无不被陈大师精绝的技艺与风趣幽默而又蕴含太极搏击之理的经典言论所折服。随后，陈清平又将牛发虎叫至家中，语重心长地对其说：“你用功刻苦，天赋好、进步快，老师我也很看好你，但要想功达上乘，练至成手妙手，一定要遵师传、重研悟、苦练功，决不可投机取巧，迷信神传之技。哼哈打法并非梦中所有，亦系我门本来就有的低层技法，此技易犯显声露形之病，对付低手尚可，于高手无用。高手打人以不出声、不露形，发人于无迹、放人于不知，于无声处见高低方为神妙。”接着又进一步嘱托道：“你近年虽然下苦功有所得，但还未尽得太极拳之理法精髓，若能继续虚心求教、思悟、苦练，定能成为太极成手妙手。”恩师一席话，胜练十年功，牛发虎听后如梦初醒，悔不该迷信神灵，误入歧途。再次感谢师父的及时纠错与教诲。从此，牛尊师重道，走上正路，深研拳理，发奋练功，终成为陈清平门下一代名家高手。

四、小肚打人显神奇，临终秘授爱徒技

在陈清平众弟子中，有这样一位较为特殊的徒弟，论家境数他最穷、论练功数他最刻苦、论功夫有口皆碑、论师徒关系数他最孝敬老师也最受老师喜爱，他就是陈清平最著名的入室高徒，晚年创编忽雷架、江湖人称“铁胳膊镖师”的李景延。

李景延的成功除了个人天赋、勤奋努力外，很大程度上与其恩师陈清平的精心栽培是密不可分的。

李景延出生于陈家沟东邻陈辛庄村，自幼丧父，家境贫寒，但受家乡习武之风影响，从小痴迷太极拳，曾先后从学于邻村几位拳师却难得真传。后慕名投拜开明无私、德艺俱佳的陈清平大师后，才算走上了拳艺正道。陈清平授徒从不看家境贫寒贵贱，唯才唯德是举，能尊师吃苦下功夫者最受疼爱，李景延就得到了陈师的额外赏识与器重，师徒情同父子。学拳之初，陈师就将生活无着落、常以牲口饲料充饥而刻苦练功的李景延，留在他家中免费吃住学拳。师父的大恩大德与无私传授，更是感化和激励着李景延百倍努力练功，尊师如父。他在练功之余还经常到师父家的粮棉商店帮忙干活，时刻不忘恩师的养育栽培之恩。当师父不幸染上严重的“大家病”（传染病）时，李景延就主动到病床前伺候数月，不弃不离，直至病愈康复。患难之时见真情，尊师爱徒情义重。对于这样德才兼备、难得的爱徒，陈师更是重点培育，精心打造，李景延很快就成为弟子中的佼佼者。

李景延艺成出师后，陈师仍然对其关怀备至，担心他家穷生活无着落，就热心帮他寻找工作，介绍到当地一富足大户人家做拳师和保镖工作，以维持生计。其间，当有人前去找事踢拳场时，陈清平就仗义执言，怒斥他人的不义之举，极力维护李景延的安危与尊严，成为当地的美谈。

陈清平即便是在临终之际，还在关心惦记这位心爱之徒的拳艺进步。陈师晚年染病卧床数月，他自知时日已不多，就让家人将李景延叫至床前，还是一贯的风趣幽默传拳风格，言称自己小肚子疼痛，让李景延给他揉按肚

子以缓解疼痛。李景延信以为真，也正想孝敬服侍恩师，忙上前为师揉按肚子，谁知两手刚一触到肚皮，便被弹出数步之远，撞在墙上。李景延愕然一惊，茫然不解地望着师父，陈师却说道："你知道是咋出去的吗？"此时李景延方恍然大悟，原来师父在病危之际还在向自己传授拳艺。于是，出于对老师身体的心疼和关怀，就连忙说："老师，我知道了，全都体悟到了，你快休息吧。"可是陈师还是不放心地说道："你知道个啥，再来摸一下试试。"虽然不忍心让年迈有病的师父再动，但恭敬不如从命，看到老师执着的样子，只好顺从师父之意，再次上前轻按肚子，结果又是被老师惊弹出去。李景延起身后赶快又来到床前，对师父说道："师父，我这次是真知道了，请您老人家多保重身体，不要再动了，快休息吧。"而陈师还是不放心地问道："你说说你知道了个啥。"李景延就说："谁要敢动我摸我肚子，我就用肚子打人。"陈师说道："光会用肚打人，人家要是动你胳膊动你腿、动你腰胯动你背，你就不会打人了吗？"接着，就语重心长地对李景延说："小盾（李景延乳名），你切记，这就叫凡小肚丹田一动，周身必动，一动百动，周身皆动，挨哪处哪处打，就地生阴阳，无处不阴阳，无处不太极，无处不打人，方为成手妙手，你若功练到此等境界，南京打到北京，老师我死也放心了。"这是恩师的最后一次授技与临终嘱托及期望。李景延感动得热泪盈眶，双膝跪在老师床前，立志继承弘扬师传技艺精华，继续研悟苦练，不辱师门，勇攀拳艺高峰，以报恩师知遇栽培之恩。据说，陈清平大师当日夜里便与世长辞了。

恩师陈清平去世后，李景延严遵师命，更加发奋研拳练功，终于不负师之厚望，技艺大成，功达妙手，成为清末威震河南、山东、河北数省的著名"铁胳膊镖师"，被陈家沟著名拳家陈子明评价为"陈清平弟子中以李景延为最"。李景延晚年，在陈清平老师所传赵堡太极拳的基础上，结合多年保镖实战经验，理技上多参悟清代科技书籍《灵台仪像志》书中的杠杆、方圆、三角及力学原理，创编了风格独特、上功快、实战性强，善于以小腹丹田为核心，领动周身俱动的"忽雷劲""忽灵劲"为主要拳法特色的"忽雷太极拳"，为我国太极拳的传承发展、门派繁荣作出了重要贡献。

第二章

陈清平与王宗岳《太极拳谱》

清代王宗岳所编著的《太极拳谱》，是太极拳重要的理论著作。该拳谱包括《太极拳论》《打手歌》《十三势行功歌》及《太极拳释名》四篇内容，对太极拳理论的总结、传承及推动太极拳的传播发展有着极其深刻的影响。尤其是其中的《太极拳论》，更是受到太极拳各流派及传人的推崇与重视，一向被公认为太极拳所有理论著作中价值最高的经典之作。

然而，这部如此重要的太极拳理论精品拳谱，其来源、出处、早期流传和作者，以及是否与陈清平的传授有关等，长期以来却一直颇具争议，存在不同的看法。

第一节
《太极拳谱》的出处

一、武禹襄究竟得《太极拳谱》于何处

(一)武氏得谱于舞阳盐店之说的真实性值得怀疑

清代王宗岳编著《太极拳谱》后，该谱一直在少数太极拳传人中传抄秘存，外界知者甚少，后经武氏太极拳传人公之于世，方得以广为流传。但对于武氏太极拳创编者武禹襄当年是在何处、得于何人、如何获得拳谱等历来被说得蹊跷偶然，使人难以置信。如武氏太极拳第二代主要传人李亦畬在其《王宗岳太极拳谱跋》中写道："此谱得于舞阳县盐店。"这是武氏传人有关该谱来源的最早说法，此说后被一些太极拳史学研究者所认同与引用。又如太极拳史学专家徐哲东先生在其所著《太极拳考信录》书中，曾引用李亦畬再传弟子郝月如的话写道："澄清官舞阳县时，闻盐店有王宗岳拳谱，求索得之。"再如太极拳研究专家顾留馨先生在其所著《太极拳术》一书中也曾记载："王宗岳生于乾隆年间，所作《太极拳论》（《太极拳论》为《太极拳谱》中最精华内容，此处可代指《太极拳谱》）在那时有何传播，其影响如何，其传授源流如何，已不得而知，到了咸丰二年，武禹襄的哥哥考取进士，后任河南舞阳县知县，就在舞阳县盐店中得到了王宗岳的《太极拳论》，禹襄赴兄任所读王氏拳论，颇有发悟，遂发挥其义……"这是有关《太极拳谱》来源更为详细的介绍。而著名武史专家唐豪先生在其所著《廉让堂太极拳谱考释》书中也说："武禹襄在盐店所得太极拳谱……当为宗岳原文。"由于以上这些收藏拳谱的重要传人及研究专家对舞阳盐店得拳谱的一致认同与宣传介绍，因此武氏得

谱于舞阳盐店之说似乎已成定论，许多人对此深信不疑。然而，近年来不少人对此提出异议，笔者也是质疑者之一，愿就此谈一下个人看法，其疑点有三：

1 .所述盐店得拳谱的原因、经过，粗简含糊，难以使人相信

假如武禹襄之兄武澄清果真是在舞阳某盐店得到了《太极拳谱》（据查，舞阳县并没有“盐店”这个地名，所以“盐店”应指出售食盐的商店），武禹襄也是初次在其兄处见到这本珍贵的《太极拳谱》，那么武氏兄弟一定会把异乡偶获太极秘谱这一神奇有趣的经历，像讲故事一样，经常详述于其亲友及传人。因为拳谱的获得，对于酷爱太极拳的武禹襄及其兄长来说，无疑是一个非常重要而又久久难以忘怀的事情。然而，至今包括武氏传人在内，对于武澄清是如何发现盐店存有《太极拳谱》，得于盐店何人，赠谱者是否会太极拳，其师承及传人又如何等，皆扑朔迷离，无人能说清。这种不正常现象不能不使人生疑。

2 .一个没有太极拳传播过的地方，不太可能传存如此珍稀的拳谱

清代太极拳在全国的传播还不太广泛，直至清代中后期，即便是太极圣地河南省除了豫北温县所处的怀庆府诸县有流传外，其他地方极少。从现在所有的太极拳史料及传闻中，从未发现河南省舞阳县在清代有过太极拳的流传。王宗岳本为山西人，曾在河南的洛阳、开封等地有过生活、经营活动，而从未听说他曾到过舞阳县，或与舞阳县有什么瓜葛。况且，舞阳又距离王宗岳曾到过的开封、洛阳等地较远，人们也难以有过多的联系与交往，更没有武术方面交流的传闻，武氏兄弟之前也没有其他太极拳名家及传人到过舞阳县。因此，在一个从来没有太极拳传播，拳谱作者与传人均未到过的地方，不太可能有如此珍稀的《太极拳谱》的传存。

3.得谱于盐店之说有违常规常理，难圆其说

首先，在封建社会，武术各流派对于拳经、拳谱之类的拳术理论资料，

一向视为珍宝，秘不外传。因此，即便是因某种特殊原因，舞阳县某盐店确实藏存有《太极拳谱》，也决不会随便轻易示人与送人。其次，武澄清是咸丰二年即1852年中进士后，便于当年被任命为河南舞阳知县，而说武澄清也是当年就在舞阳一盐店得到了拳谱。那么盐店店主或店员怎么会如此之快就得知新任知县大人有太极拳爱好和对太极拳谱之类感兴趣；武澄清又是如何很快就能得知辖区一盐店内有自家兄弟所喜欢的太极拳谱呢？就是盐店人员能迅速获悉新任知县大人深爱武道，欲博得他的欢心，何不投其所好，亲登县衙献宝，岂能让县官大人屈驾亲往盐店，方才获取拳谱呢？再次，像武澄清这样一个新科进士，又刚刚荣任知县之职，新官上任，公务繁忙，定会事必躬亲，勤于政事，专心工作，决不会疏于政务，经常游逛于街市、出入于商铺盐店，与平民商贩谈拳论艺而偶获拳谱的。因此，盐店得拳谱之说，不符常规常理，经不起分析推敲，难以自圆其说。

(二)武氏得谱于温县赵堡陈清平，应该符合历史

1.赵堡学拳，舞阳得谱绝非巧合

从时间上看，所谓武澄清于舞阳县盐店得拳谱和武禹襄在其兄处初次见到拳谱，与武禹襄在赵堡陈清平处学拳都是在同一年发生，即咸丰二年（1852年）。武氏兄弟之前在家乡已向杨露禅请教学习过太极拳，热爱太极拳已有数年，为何不先不后偏偏武禹襄在陈清平处学拳之时，其兄武澄清才在舞阳一盐店中莫名其妙地得到了《太极拳谱》，而武禹襄偏巧也是此时在其兄处见到《太极拳谱》呢？这不仅仅是一种巧合，拳谱的获得一定与武禹襄在陈清平处学拳有关。

2.武氏之语，引人深思

据太极拳家顾留馨在《太极拳术》中所写，武禹襄当年从陈清平学拳回去后曾“语其兄曰，陈氏拳理法今已深悉，全在我们下苦功夫了”。这

充分说明当年武禹襄在赵堡向陈清平学拳月余，除了学习太极拳架套路及技击方法外，带给他的最大收获便是“深悉”了“陈氏拳理法”，深刻全面地得到了陈清平或口传，或文字相传的太极拳理论精华。那么，武禹襄从陈清平所“深悉”的“理法”指的是哪些理论资料呢？是不是主要指《太极拳谱》上包括王宗岳《太极拳论》以及在当地拳界广为流传的《打手歌》《十三势行功歌》等在内的拳谱资料呢？

3.陈清平秘存有《太极拳谱》，武禹襄得谱于陈清平有很大可能性

陈清平作为赵堡系太极拳承前启后的一代宗师，定会掌握藏存本门历代所传下的包括《太极拳谱》在内的重要拳理资料。这并非是毫无根据的推测，事实上陈清平之后，《太极拳谱》等拳法资料在赵堡系太极拳主要传人中是有秘密传存的。据了解，有的老拳师甚至到了20世纪五六十年代还不知晓《太极拳谱》早已由河北永年武氏传人公开面世出版，在社会上广为流传，还仍将历代拳师所传抄下的《太极拳谱》等资料珍藏不露，秘不示人。据赵堡太极拳名师陈学忠先生讲，在抗日战争前，村中还有人见过陈清平曾孙陈乃文所藏存的《太极拳谱》等拳术理论资料。另外，据和有禄先生所著的《和式太极拳谱》书中记载，陈清平著名弟子和兆元一系在其家族内部历代也传抄有《太极拳谱》。陈学忠先生虽拳艺独得于陈乃文先生，但学拳时恩师陈乃文既已告知家传拳谱资料痛失于战乱时期。后来，陈学忠先生所收藏的《太极拳谱》资料，则系得之于陈清平关门弟子张敬芝之徒陈应铭之手抄本。以上这些都充分证明陈清平当年是藏存有王宗岳《太极拳谱》的，武禹襄得谱于陈清平是有一定的根据和可能性的。

4.患难相助，馈赠拳谱

陈清平即便是藏存有《太极拳谱》，还不能因此就断定武禹襄得谱于陈清平。因为在一向秘存秘传拳谱，“宁传十手，不传一口”的封建保守社会里，陈清平对于武禹襄这个素不相识、远道而来拜访学拳的外乡人，是决不会无缘无故地在月余时间里，让武氏深悉拳理，轻易得到《太极拳谱》的。武禹襄之所以能在短期内得到陈清平的艺理真传及拳谱资料，除了陈清平开明无私、重义爱才，赏识武氏的文武才德，视其为同道知音外，主要还是与陈清平晚年一场鲜为人知的“官司”分不开的。

陈清平年轻时，一个叫钟大可的白莲教小首领，因参加白莲教起义被官府一路追杀逃至温县赵堡，得到陈清平的保护与照顾。被官府发现后陈清平被捉拿问罪，后在众乡绅与亲友的斡旋担保下，陈清平方被免罪释放。本来此案已平息多年，可是陈清平到了晚年，因与村中一刺头发生买卖土地纠纷，经官府处理判对方输理受到惩罚后，对方认为处理不公，于是就恼羞成怒伺机报复，一怒之下，旧案重提，以陈清平当年贿赂官员，受到袒护，逍遥法外等罪，告至官府，要求重新审问。民不告，官不究，陈清平在年近花甲之年又被官府缉拿查办。正在陈清平官司缠身，难以解脱时，武禹襄正好前来陈清平处拜访求学。得知情况后，出于对陈清平德艺之敬仰和学拳之目的，便利用其两位为官一方的兄长武汝清与武澄清在官场的人脉关系，奔走斡旋，加上陈清平在当地的威望与众亲友及弟子的积极讲情担保，使其最终转危为安，摆脱了这场官司，免遭牢狱之灾。事后，陈清平被武禹襄竭力搭救之举打动，再加上对武氏文武才德的赏识，知其为学拳而来，便毫无保留地授其太极精奥绝技，临走时又将秘存的《太极拳谱》相赠。故《太极拳谱》并非为武禹襄之兄得于舞阳县盐店，而是武禹襄在赵堡学拳期间，直接得于陈清平，之后由武氏传人最早公开面世，传播开来。

(三)武禹襄得谱于陈清平，为何不实话实说

如前所说，中国各传统武术流派都十分重视本门“拳经”“拳谱”之类重要资料的秘密传存，非入室弟子很难窥见与得到。但由于陈清平出于对武禹襄文武才德的赏识和报答患难解救之恩，不但在月余时间内尽授拳艺技理精华，还将门内秘密珍藏，一向不外传的《太极拳谱》赠予武禹襄这个并非入室弟子的外乡人。因此，陈清平在赠谱时会有些思想顾虑。于是为了避免亲友，尤其是众弟子知情后不理解和埋怨，以及出于其他方面的原因，他就

会在赠谱时交代武氏不可说出所得拳谱的真实来源。而武禹襄得到拳谱后，又正好带着拳谱从赵堡去过舞阳县其兄武澄清处，这样他从舞阳县其兄处返回永年家乡后，为掩人耳目，便对亲友声称《太极拳谱》是其兄武澄清得自河南舞阳县的一个小盐店。于是才有了这样一个善意的谎言。

二、 陈清平为何会收藏有王宗岳《太极拳谱》

武禹襄得谱于何处，前文已有考析，认为并非得于舞阳盐店，实为得于赵堡镇陈清平。而若要追根溯源，人们不仅会有以下疑问：陈清平又是得之于何处何人，他为何会收存有王宗岳《太极拳谱》，与王宗岳又是何种关系，二人是否有过交往，王宗岳是否到过温县？这些问题仍需要不断研究探讨。虽然至今缺乏相关翔实的资料，似乎很难清楚明白地说清这些问题，但陈清平不可能无缘无故就得到了一个珍贵的拳谱，凡事必有因，有水必有源。

(一)王宗岳是否到过温县并在此活动过

从太极拳的形成和早期发展传播情况来看，直至清代中后期，即杨露禅、武禹襄赴温县学习太极拳之前，太极拳只是在其发源地河南怀庆府温县一带小范围内流传，并且在当地的数代传承、传播中，已形成了较为全面成熟的拳法技理，这些可以说在国内其他地方绝无仅有。王宗岳若没有到过当时这唯一一处太极拳形成与传播地，并在此学习交流生活过，绝对不可能总结写出技理成熟、内涵丰富全面的《太极拳论》。任何一门文化艺术或技术技能门类，其成熟理论的形成，离不开所处的社会与地理环境，与作者所接触的一定范围内的群体实践活动是密切相关的。理论来自实践，绝不是某人灵机一动的偶然所成。而从王宗岳所编著《太极拳谱》中能辑录有独存于温县太极拳圈内流传的《打手歌》《十三势行功歌》等拳诀，以及在其另外所著的《阴符枪谱》中还记录有陈家沟所独有的《春秋刀诀》等来看，王宗岳当年一定在太极拳最早发源流传地温县一带活动、生活过，与当地陈家沟、赵堡拳家有过较长时间的接触、交流、学习，因为不可能仅靠凭空想象就能写出如此境界高深的太极拳文论大作，也不可能将独传流行于温县的《打手歌》《十三势行功歌》《春秋刀诀》等辑录于其所著拳谱、枪谱中。

另据武史家唐豪考析，温县与王宗岳所频繁活动过的开封、洛阳之间仅相隔一黄河，河南岸为汜水渡口，过黄河北岸便是温县赵堡、陈沟，相距较近，交往便利，武术文化交流非为难事。又据王宗岳拳枪著作中辑录有温县陈沟、赵堡流传的《打手歌》《春秋刀诀》等，也认为王宗岳是到过温县，有过武术交流、学习的。因此，王宗岳到过温县并在此有过太极拳学习交流活动，应该是实际发生过的。

(二)温县是否有过王宗岳相关事迹的流传

以上只是根据《太极拳谱》《阴符枪谱》的相关内容及有记载的王宗岳在河南的活动范围等方面的推测，认为王宗岳应该到过温县，有过武术活动。那么，在温县当地是否有过王宗岳活动事迹流传及其他信息呢？坦言之，至今好像未能找到这方面证据确凿、真实可信的资料信息。即便是个别书籍中确实有名为“王宗岳”的相关事迹记载，也与事实大有出入，是将清代乾隆后期的王宗岳提前至明末，与蒋发的一位山西老师即所谓“王林祯”的对接移植，张冠李戴，跨越时空的另一个冒牌王宗岳，其所言事迹自然与真实的王宗岳毫不相干。那么是王宗岳根本就没有到过温县，以上推测并无可能？还是王宗岳确实到过温县，只是时代久远，一切活动痕迹早已消失殆尽，无可寻觅？抑或是现在仍有流传而被我们所疏忽？能否找到王宗岳当年在温县的一些活动痕迹呢？笔者通过对多年来所收集的赵堡太极拳相关资料，特别是流传的与陈清平有过武术交往的有关人物事迹重新梳理研究后，忽然眼前一亮，发现一个当年与陈清平有过接触的重要人物，那就是被当地人及赵堡太极传人经常提到的山西籍人士，江湖人称“王席片”。他是否就是我们要寻找的、曾去过温县的王宗岳呢？这还要从王席片与陈清平及张彦的武术交往学习谈起。

赵堡镇王圪垱村陈清平近亲后裔陈印新及赵堡太极拳名师陈学忠两位先生曾多次说过，陈清平在青年时期曾结交过一个绰号叫“王席片”的山西武友。此人为一尚武好友的武林中人，因久仰温县太极拳之盛名，便赴温县拜访名家，与张彦、陈清平多有学习交流，关系密切。据说王席片能文善武、能写会算，还擅长法术与轻功，有腾云驾雾与水上漂渡之神功。每当他涉水过河时，只要在河面上放一破席片子，便可坐在上面轻松渡河。因此江湖有“王席片”之绰号。又因其为山西人，故在赵堡传人口中多习惯称之为“山西王席片”，而其真实名字却已不为人知。当时有湖北白莲教徒钟大可者，被官府追杀，逃难于赵堡被陈清平收留、保护，王席片也与其有交往并与陈清平一道介入过白莲教活动。后被官府发现追查，钟大可南逃，王席片也北逃回山西老家。陈清平因此受到牵连，几次被官府缉拿问罪，险遭不测。这是在温县当地，特别是赵堡太极拳传人中数代相传的有关王席片的故事。尽管含有一些夸张、传奇及迷信色彩，但若细加分析，这一口传故事背后可能会隐藏着一些有价值的历史信息。而顺着这条线索与思路来研究王宗岳曾在温县的武术交流学习活动，似乎有了突破口，看到了找到真相的希望。种种迹象表明，这个山西王席片与太极拳史上的山西王宗岳有着千丝万缕的关系，很可能他就是我们要寻找的王宗岳，为什么这样说呢？

(三)王席片与王宗岳是否同为一人

笔者认为王席片很可能就是王宗岳，其理由如下：

1.籍贯、姓氏、爱好皆相同，并非巧合与偶然

有关《太极拳谱》中的《太极拳论》的作者与籍贯，皆直接来自拳谱

中《太极拳论》一文后所标注的作者为“山右王宗岳”。山右者，太行山之右也，习惯上是指太行山之西的山西省，是山西省的又一种雅称。而王宗岳者，姓王名宗岳也。这就是说《太极拳论》为山西省籍一位对太极拳有研究的、姓王名宗岳者所编写。而曾在温县与赵堡拳师张彦、陈清平有过太极拳武术交流学习活动的、人们习惯称之为“山西王席片”者，偏偏也是山西省籍，也系王姓，也热爱太极拳，籍贯、姓氏、爱好，共有“三同”，岂非巧合。这是认为王席片就是王宗岳的证据之一。

2.名字不同疑有因，一人两名雅俗分

二者籍贯、姓氏、爱好相同，只能说二者同为一人有一定的可能性，但这种可能性并不大，因为山西属北方大省，王姓又为中国大姓，旧时该省尚武练武者又较多，故同省籍、同姓氏、同爱好者一定不少，仅凭这三样相同点来认定同为一个人的概率是非常之低的。而名字无疑是辨别一个人身份的最主要符号，要比籍贯、姓氏更具标志性和个性。因此，还需要重点考察二者名称有何关联性和相通性，若名字再相同，则为同一人的可能性大大增加。然而，相比之下二者名字一个是“宗岳”，一个是“席片”，其含义雅俗相差甚远。古人一般有起“名”还要取“字”的习俗，但名与字多有意义上的关联性与相通性，而“宗岳”与“席片”二者丝毫看不出意义上的关联与相通之处，不符合古人取“名”与“字”的习俗，但我们又不可仅凭此就简单否定。实际上“宗岳“这一雅名可能是本人的真实“名”或“字”，而“席片”（指席子的碎片）这个土得掉渣的俗名，前文已说过，只是一个绰号，既不是其正式名也非其字，其真实的名与字在赵堡传人中已不为人知，只能给后人留下一个猜想的空间。那么，这个武艺高强、行走于江湖、在温县从事武术活动的“王席片”的真实名字是什么呢？是否就是“王宗岳”呢？而那个同样文武双全、闯荡河南城乡、留下经典《太极拳论》佳作的王宗岳是否有过“王席片”之江湖绰号呢？这种可能性并非完全不存在，值得我们研究推敲。

3.乾隆年间王宗岳，误为清初王林祯

王宗岳《太极拳谱》，陈清平除了对外赠予武禹襄外，其实一直在陈清平后人及少数传人中相传承。由于是内部秘密相传故知者甚少，加上早期传抄者多注重拳论内容而忽视注明作者姓名等，早年在赵堡有关王宗岳的传闻很少。但也并非完全不为人知，一些人是知有其人的，只是不太真正了解其人其事，也从未与另一个曾在赵堡太极圈交流活动过、同为山西籍王姓的“王席片”相联系在一起，不清楚二者有何关系，未考虑过是否为同一人。然而，倒是被一些人奇思妙想地将这个乾隆年间的王宗岳，追溯至传说中的明末清初蒋发之山西老师，即所谓一个叫王林祯的人。而不无巧合的是，这个明末蒋发之师也偏偏是山西省籍，也是姓王，也是武林高手，于是就出现了“关公战秦琼”般移花接木的情况，将乾隆年间王宗岳嫁接成明末清初的王林祯，将清中期的王宗岳封为明末清初蒋发之师，变成一些人眼中赵堡太极拳的祖师爷之一。进而将王宗岳高升为武当张三丰嫡系相传的弟子，堂而皇之地将赵堡一系太极拳之源追至武当张三丰。这些人还认为王宗岳在明末清初就著有名篇大作《太极拳论》，之后此论文又在赵堡历代传人中相传等。我们知道，明末清初是太极拳的初步形成阶段，还未出现较大范围的传播，无论是拳技还是拳理皆处于雏形，不存在诞生《太极拳论》这样完善技理著作的环境与土壤。因此，在明末清初之际，即便文笔才华再好，文武学养再深，也不可能写出像《太极拳论》这样技理成熟、内容丰富全面、境界高深的太极拳理论佳作。所以，无论从时间还是拳论内容来看，王宗岳绝非明末清初的王林祯，二人风马牛不相及。

4.生活时代相吻合，同为一人成可能

是否同为一人，最重要的还要看二者是否生活在同一时期，否则也就没有继续研究的必要了。

王席片与陈清平相识、相交是在陈清平青年时期，而陈清平生卒时间有出土墓志的准确记载，生于清嘉庆元年（1796年），卒于同治四年

（1865年）。一生先后经历了嘉庆、道光、咸丰与同治四朝。嘉庆朝25年，道光朝30年，两朝共55年。因此，陈清平一生主要生活于嘉庆、道光时期。陈清平向张彦学拳也应主要在嘉庆中后期的青少年时期。王席片当年是慕名张彦等拳家武艺到温县拜访交流学习的，得到了张彦的指点传授，同时也受到了已初露锋芒陈清平的拳艺影响。据说王席片当年是带艺访学，年龄也不算太大，而赵堡传人相传张彦为乾嘉年间人，王席片到赵堡访学时，张彦已到了晚年，王席片来到赵堡的时间应在清代嘉庆晚期，故王席片应为清代乾嘉年间人。

至于王宗岳，据武史家唐豪考证为清代乾隆时期人，他是根据王宗岳所著《阴符枪谱》中，其友人所写的序言里介绍，王宗岳曾于乾隆五十六年在河南的开封、洛阳生活过，经营过事业，在开封办过私塾教过书，因此，唐豪认为王宗岳为乾隆时期人。而对于这个时间推断，笔者认为似乎不太准确，有待商榷。因为在乾隆六十年，其友人为其写《阳符枪谱》序言时，王宗岳仍健在，而在此四年前的乾隆五十六年，他还远离家乡山西，风风火火地游走于河南的开封、洛阳等地，访友、创业、办学。故其当时年龄应为壮年时期，不会到了老年时还在外省奔波，交友、创业。而他的人生轨迹也不可能在正值青壮年的发展时期戛然而止，终于乾隆末年。乾隆之后便为嘉庆时期，王宗岳的中老年应生活于嘉庆时期。因此，认为王宗岳属于乾隆、嘉庆时期人应更准确、更符合历史。所以，王席片与王宗岳应该为清代乾嘉时期的同时代人。这是二者为同一人的又一佐证。

5.温县习艺留拳论，亦证二者同一人

从陈清平能收存有王宗岳《太极拳谱》以及拳谱中的相关内容来看，王宗岳当年一定在温县的赵堡、陈家沟有过较长时间的学习、交流活动，然后有所悟、有所总结，方能有所著述。只有在当时还是极小范围内流传太极拳的温县，有过学习、交流、生活体验，方可写出高境界、高质量的太极拳文论；只有在此生活过、学习过，与当地拳家接触过、研习过，方可或多或少留下民间传说事迹，留下拳论大作并在当地相传。而从目前所

知的信息资料来看，陈清平平生在赵堡所接待、结交时间较长、有名有姓的外省籍人士仅三人而已，一个是来自湖北省的白莲教传教士钟大可，为一狂热教徒，在赵堡只进行过秘密传教活动，有神话宗教法术展示传说，未听说有过武术拳艺活动，所以不可能有太极拳研究著述；另一位则是由河北省慕名前来求艺的武禹襄，从学月余，“拳理深悉”，收获颇丰，之后有拳理记录总结，并承认所谓“舞阳盐店”所得《太极拳谱》为王宗岳所写，并非出自个人之手；再一位就是也因慕名温县太极拳之盛名，在赵堡居住过，并向张彦、陈清平学习交流，留下传奇故事的山西省王席片。因此，唯有这个山西王席片有写作《太极拳论》与编著《太极拳谱》的可能。这是二者同为一人的又一理由。

综上所述，王宗岳与王席片应该为同一人。因此，王宗岳当年不但到过温县，而且至今仍有相关武功事迹流传。他在温县与当地太极拳名家高手的交流、学习的经历和收获，为他研究、总结、著述太极拳论著作打下了坚实的基础。

(四)王宗岳为何会写出《太极拳论》与编著《太极拳谱》

王宗岳当年曾游学、活动于河南的洛阳、开封等地，并在这些地方办过私塾，以经营私塾、教书办学为主业，武术应为其平生所好。虽然并非职业武者，但他在到温县之前已擅长击刺、枪术之类武术，具有较深厚的武术理论基础和积淀。慕名访学温县张彦、陈清平及陈家沟等拳家后，通过学习交流、试技体验及拳理研探，遂被这些大师的“一羽不能加，蝇虫不能落，人不知我，我独知人”“耄耋御众”“四两拨千斤”等高超精绝的太极功夫及高妙精深的太极拳哲理所折服。于是便有感而发，才思涌动，对其在温县所见、所闻、所学、所察、所观、所悟，进行总结整理和发挥，充分利用自身深厚的文化功底、文采手笔和已有的武学修养，挥笔而就，最终形成了太极拳的经典之作——《太极拳论》，并将在温县抄存的《打手歌》《十三势行功歌》等整编成册为《太极拳谱》。故王宗岳能写出《太极拳论》与编著《太极拳谱》，与王宗岳的自身文化修养、武功基础，特别是在太极拳发源地和最早传播地温县的学习、交流、耳闻目睹、资料收集、体悟总结等是分不开的。

他所写的《太极拳论》并非泛泛粗浅之作，亦非无聊、无趣、无实之文，而是一篇文采飞扬、理精技妙、雅俗共赏，集太极阴阳哲理、拳法要领与推手技法于一体的太极精品佳作。读之无不使人赏心悦目、心旷神怡，顿有拳趣大发、跃跃欲试之雅兴，让不少怀揣太极梦者，爱不释手，奉为修行路上的太极宝典。

用任何华美语言赞颂这篇颇受人们喜爱的《太极拳论》似乎都不算过分。而话又说回来，作为一篇著名的经典拳论，若综合考量，确实有不少该赞美的地方，但就拳论中一些用文学化语言对太极拳功法境界夸大其词的描述，决不能完全信以为真，要能客观对待，也不可过于拔高这篇拳论对每个习练者的作用与影响。如有些人在谈到《太极拳论》的重要性时说道："《太极拳论》是成为太极拳高手的必看之文，否则将难成高手，枉费功夫，终难成功。"而《太极拳论》能受到武者广泛喜爱，有几方面的原因：一方面，在对太极阴阳哲理的理解，攻防技理与修炼方法的提高，基本原理与准则的把握等方面确实起到了重要作用；另一方面，拳论生动、文笔华美，功夫境界升华的展述与美好追求，对太极拳习练者是一种很好的激励。从《太极拳论》中可以看出，王宗岳的文化底蕴和对拳理拳技的理解分析等能力都是无可挑剔的。但拳论又多为文学感性认识，缺乏实战经验，王宗岳仅凭"察"看拳诀文字内容和"观"看拳家高手技击对抗，就对推手实战中力量、速度全盘否定，是不符合实际的极端言论。所以要全面正确地认识拳论的实际指导作用与意义，决不可将其认定为习练太极拳登堂入室、成为高手妙手的必看、必修之文。比如，王宗岳《太极拳论》形成于清代乾隆、嘉庆时期，而在此之前，温县陈家沟、赵堡已涌现出了陈王廷、陈敬柏、陈继夏、张宗禹、陈长兴、陈有本、张彦等诸多名家高手。从时间上看，他们皆没机会赏读王宗岳的《太极拳论》，不可能受到《太极拳论》的任何影响，但是个个成为一代大家。

(五)陈清平为何会得到《太极拳论》及《太极拳谱》

王宗岳大概是在清代乾嘉年间到温县学习交流太极拳，此时太极拳的技术与理论已逐渐成熟，习练者众多，高手辈出，出现了温县太极拳的第一次高峰。陈家沟名家陈长兴、陈有本、陈有恒，赵堡名家张彦等，早已名冠中原，威震黄河两岸。稍后又有陈清平、陈耕耘、陈仲甡、陈季甡等后起青年才俊锋芒初露。身为一个在河南经营私塾文化事业，又酷爱武术的王宗岳，一定是在豫省久闻怀庆府温县太极拳之盛名，仰慕不已。但仅是“耳闻”，而不如“眼见”，只有亲往造访，体验、学习、交流，“眼见为实”，方可求证是否名不虚传。所以，对于一向痴迷武术，尽管已年过中年的王宗岳，首次温县之行的主要目的，便是考察、学习、验证、求真。因此，他当时应该与陈家沟、赵堡两村拳家皆有过交流学习。这可从其所著的枪谱、拳谱内容中得到证实。而据赵堡传人相传，王席片（即王宗岳）曾向张彦学过拳。但传闻更多的则是他与陈清平两人的交往故事传说。这可能是当时张彦年事已高，已达耄耋之年，精力所限，便将更多的传授交流活动，交由精力充沛、功夫渐佳，且又文化修养较高的陈清平来代为完成。再加上二人又同时受到白莲教徒钟大可的影响，有入教信教之同好，交往频繁。这样二人研武习教，志同道合，形影不离，无话不谈，亦友亦同学。因此，陈清平无论是对王宗岳太极拳技理的全面了解提升，还是对拳论著作的总结形成等，一定有过至深的影响与帮助。很可能具有较高文武修养的陈清平就是王宗岳《太极拳论》形成的技术指导和顾问，是审阅者和第一读者，又是第一个《太极拳论》获赠者和王宗岳之外的唯一收藏者。所以，陈清平收存有王宗岳《太极拳谱》中的《太极拳论》也就不足为奇了。

王宗岳编著《太极拳谱》及亲作《太极拳论》，是对其温县之行所“学”（主要学于张彦、陈清平及陈家沟拳家的拳术技理），所“见”（见到、体验到诸拳家的太极功夫），所“察”（“察四两拨千斤之句”即看到古拳歌诀《打手歌》里的“牵动四两拨千斤”这句话），所“观”

（“观耄耋御众之形”即亲眼看到当地太极老人借力打人、以巧胜众之情形），所“悟”（通过研悟拳技拳理），所“获”（收获满满，不虚此行）的系统记录、总结、研悟与发挥的文字体现，是受浓厚温县太极拳文化熏陶的结果。

大凡文人习武研武者，总能利用文笔优势和丰富的知识积淀，总结、留下拳术文化理论，这对拳术的传承发展尤为重要，意义非凡。任何一个武术流派，若能有聪明智慧、学识渊博的文人参与，则是本门的一大幸事，王宗岳便为典型一例。无独有偶，访学于陈清平的外省籍人士除王宗岳外，更有开宗立派的河北秀才武禹襄，也是慕名到赵堡向陈清平求教月余后，与王宗岳如出一辙，同样对师传拳法技理进行记录整理，体悟著述，形成并留下武氏太极拳理论。王与武二人皆为文人尚武习武，先后求教陈清平，又皆受益良多，习而有感悟，习而有著述，皆留下了珍贵的太极拳文化遗产，对太极拳的传承与发展作出了重大贡献。所以，这些可再次说明王宗岳曾在温县问道、习拳于陈清平，研习太极拳，并将所著述的《太极拳论》及编著的《太极拳谱》赠予亦师亦友的陈清平，这并非无稽之谈，很可能就是真实存在过的。

第二节
王宗岳是否为《太极拳论》的作者

王宗岳《太极拳谱》由《太极拳论》《打手歌》《十三势行功歌》及《太极拳释名》四部分内容组成。其中《打手歌》《十三势行功歌》两首歌诀，在温县陈家沟、赵堡镇等拳家中早有抄传与口传，虽作者不明但也并非为王宗岳所作，应该是王宗岳收集于温县民间拳家后收录在所编著的《太极拳谱》中。而拳谱中价值最高，被后世称为经典之作的《太极拳论》应为王宗岳亲笔所写。这从武氏传人所传下的拳谱资料中可证实。因此说，《太极拳谱》为王宗岳所编著，《太极拳论》为王宗岳所创作，应该是符合事实的。

王宗岳编著《太极拳谱》，其中的《太极拳论》为王宗岳所创作，这本来是自《太极拳论》面世流传以来，无论是拳谱拳论最早收藏者和其传人，以及不少武史学家皆无争议的事情。然而，近几十年来，却遭到了个别人的不断质疑甚至否定，并异想天开地大胆推测《太极拳论》既不是武禹襄之兄得之于舞阳某盐店，也并非武禹襄得之于赵堡恩师陈清平，而为武禹襄亲笔所写所作等奇谈怪论。笔者对此说，实不敢苟同。理由如下：

其一，白纸黑字有清楚记载，证据确凿毋庸置疑。

关于王宗岳为《太极拳论》的作者这一信息，从目前所有资料来看，最早源自《太极拳谱》中明白无误的作者记载。在武氏二代重要传人李亦畬手抄本中的《太极拳论》一文后，清晰可见、一目了然写有作者是“山右王宗岳”五个字，而其他王宗岳辑录于《太极拳谱》的民间歌诀，如《打手歌》《十三势行功歌》等，并未标明作者为“山右王宗岳”，说明拳谱中对于文论与歌诀作者的记载是比较严谨且准确的。《太极拳论》的作者为“山右王宗岳”，其籍贯、姓名，白纸黑字，清清楚楚，有据可查，是有这样的第一手资料可佐证的，并非出自人们的某种猜测、推论与道听途说。在许多太极拳早期传存下来的拳论、拳诀、拳歌等文字资料中，确实有不少繁杂的文献资料，要么是作者不明，要么是依托、攀附历史名人不可信，使真正的作者难寻其主、难考其人，从而给后人留下了猜测想象的余地，也给武术史的研究带来了许多麻烦，难免会出现一些争议与混乱。然而像《太极拳论》这样的太极拳理论文献，文章保留完整无缺，作者籍贯、姓名又记载得清晰无误，实属难得一见，其可信度相对来说是很高的。

其二，王宗岳并非名人，武氏无须托其名。

有人认为，是武禹襄写出《太极拳论》后，认为自己名声不大，若如实写出自己的姓名，恐怕不利于拳论的宣传发扬，就托名作者为“王宗岳”。此说有违于常理常规，与历来武术资料托名造假的习惯做法实不相符。在武术方面，以及其他文化艺术领域，凡托名造假，皆是依托攀附前代或当代名声资历更大者，借名人效应来提高、扩大无名之辈作品的影响力，或增加作品的神秘感、信服感等。历史上屡见不鲜的托古立言，或托名于帝王将相，如关公长拳、赵太祖拳、宋江拳、岳飞拳等；或攀仙附道，如张三丰太极拳、达摩拳等，皆非平庸无名之人。而王宗岳除了因编著《太极拳谱》及撰写《太极拳论》，早期只是被武术圈内少数人所知外，谁人还知道有其人？也就是说，王宗岳是因写《太极拳论》方出的名，之前少为人知，并非名人，根本不具备被他人托名的条件与必要。而本来就放弃了仕途的功名利禄，谦恭低调，文风严谨，热衷于太极拳文化研习的武禹襄，即便是一时心血来潮，有托名造假之举，岂会托名于一个无名无分、无官无职、非仙非道，无人知晓的王宗岳呢？况且，武禹襄若真为《太极拳论》的作者，根本就没有托名他人的理由与必要。故所谓《太极拳论》为武禹襄所写，托名于王宗岳之说，于情、于理、于史皆不相符，纯属无稽之谈。

其三，托名造伪应该为系列行为，不会有托名有不托名。

若是武禹襄不知出于何种特殊原因，想将本人的作品托名于一个原本无名声的王宗岳，那么他将会一不做二不休，一托到底，应该将他本人的其他作品也托于王宗岳名下，来个托名作伪系列，以便充分宣传、包装、利用这一名称，以扩大作品影响力。然而，武禹襄并没有这样做，他所写的如《四字不传秘诀》《十三势行功心解》等重要拳论，都承认其为本人所作，并无借托王宗岳之名。那么，他为何偏偏独选一篇文笔风格、文章内容境界与其本人作品相异的《太极拳论》而托名呢？

另外，武禹襄所著述的拳理资料，是由其外甥亦为其传人的李亦畬整理、辑录、抄传下来的。武氏于1852年赴赵堡向陈清平学习太极拳时，已40岁，达不惑之年。此时李亦畬20余岁，正是研习拳学的好年龄。因此，武禹襄从陈清平处返乡后，传授拳术，研究拳理，试验拳技的主要对象应该是李亦畬，这在李亦畬所写《太极拳小序》一文中有记载："予自咸丰癸丑年（即1853年，武氏从赵堡返乡后的第二年）二十余，始从母舅学习此技，口授指示，不遗余力，二十余年，仅得皮毛。"所以李亦畬对于其舅父武氏研习拳理的过程、其拳论的形成，应该是再清楚不过的见证者，武氏所写拳论就是由他保留、传抄下来的。那么，在武氏去世后，李亦畬在整理、辑录其舅父所遗留的拳论时，更不会自作主张，也更没必要将其舅父之作品私自托于他人名下。相反，即便是发现其舅父不知出于何种原因，有将自己作品《太极拳论》托名于他人之举，他也决不会草率地将错就错，将舅父如此优秀的呕心力作《太极拳论》继续托于一个名不见经传的王宗岳名下。

假如只是假如，《太极拳论》真真切切地应为王宗岳所作，而真诚开明的李亦畬也是这样如实记载的。这可再从李亦畬晚年，所整理辑录拳谱里，所写的几段序言来证实。如："其精微巧妙，王宗岳论详且尽矣"，承认《太极拳论》为王宗岳所写，并夸赞其"精微巧妙""论详且尽"；又有："此谱得于舞阳盐店，兼积诸家讲论，并参鄙见"，将拳谱内容的组成和来源讲得一清二楚，并将其分为三类，一类为王宗岳所编著的《太极拳谱》，其中包括《太极拳论》在内的内容，称得自舞阳盐店；另一类即"诸家讲论"，应指陈清平所传授于武禹襄的拳理整理记录和武氏所编写的拳理拳论；再一类则为“鄙见”，即李亦畬本人对太极拳技理的体悟、见解与著述。因此，从以上李亦畬对所编著整理拳谱的序言内容介绍来看，绝对看不出有任何托名造假的痕迹与嫌疑，反而让人们看出的是这位武氏一代大师诚实、开明、无私、治学严谨、光明磊落的大家风范。

第三章

太极拳渊源、形成及发展之浅见

太极拳为我国武术中的第一大名拳，其拳理文化之深奥，技击之精妙，健身效果之好，形神之美观等有口皆碑，声名远扬，越来越受到人们的喜爱，已被列入世界文化遗产名录。然而，影响如此广泛而深远之中华名拳，长期以来有关其渊源形成等问题众说纷纭，莫衷一是。

笔者有幸生长并长期生活工作于太极拳圣地——焦作地区，自然耳濡目染家乡太极文化，且近水楼台，又有访学研究、交流探讨之便利，加之自幼喜好太极拳，大学所学又为历史专业和有过历史教学阅历等原因，因此，除了对修炼拳艺、研探太极技理饶有兴趣外，对太极拳的历史渊源、形成与发展等问题也多有关注，不断留心收集各种拳史资料，经常研读专家、名家研究成果，在武术刊物上也发表过一些拳史文论。而近年对多年来的访查研究，也有新的体会，对太极拳的渊源、形成与发展史，除了对一些专家学者观点有所辨别、有所认可外，也有了一些个人看法与判断，故称之为“太极拳渊源、形成及发展之浅见”。浅见者，一是仅为一家之言，纯属个人看法，不强加于任何人，可信可不信，可商榷可探讨，以期找到太极拳之真源；二是本书重在研究陈清平其人其贡献，并非主要研究探讨太极拳渊源、形成与发展史，故对一些问题不做过多的深入展开与详述细评，只做粗浅简要研析而已。

第一节
什么是太极拳？

研究探讨太极拳的渊源、形成，不可盲人摸象，仅限于一技一理、一传说，或一些含糊不清的文字资料等去推测认定，而需要打开思路，综合研究，整体分析，全面研判。首先要搞清什么是太极拳，它的主要组成内容有哪些。然后进行全面梳理分析，理出各自源头，最终找出谁是最早融会贯通集大成者，谁为承前启后传承拓展者，才有可能看到一个清晰有序，比较真实客观的太极拳源流史。

一、太极拳的界定

什么是太极拳？如何界定太极拳这一拳种？古今不乏其论，有各种相关的定义与解释。依笔者之见，太极拳若简言之，就是符合太极阴阳之理的一种拳术。若要解释得具体全面些，那么，太极拳就是以中国传统哲学名词“太极”命名，以传统太极、阴阳哲理为拳理基础与核心思想，以拳架练习的意气导引、柔缓缠圆及刚柔相济、阴阳互变为练功特色，以推手对练形式的转圆绕圈、粘连听劲、柔化刚发、圆化直发为提高技击手段，以以静制动、以柔克刚、后发制人、借力巧打为主要技击原则，以技击和养生为主要练习目的，独具特色的中国传统武术拳种。这样解释太极拳，虽然有些言语冗繁，但概念界定应该是比较全面、清晰的。而之所以这样来定义，是与太极拳的主要组成内容，或者说主要特征分不开的。那么太极拳的主要组成内容有哪些呢？

二、太极拳的主要组成

拳无理法则缺内涵难提高，拳无拳架则功用无依托难上功，拳无对练则少实践难实战。故中国传统拳术非常重视拳理、拳架、对练这三项内容的总结、提高和传承。作为传统拳术的一种，太极拳也概莫能外，而且已经形成独具特色、与众不同的“太极化拳理”“太极化拳架”与“太极化推手对练”，即“太极化”的三大组成内容。这三项太极化内容要素，是构成太极拳的三项硬性特定指标，或叫构成太极拳的三大特征。三者相辅相成，缺一不可，其中尤以太极化拳理、太极化拳架更为重要。没有太极阴阳哲理为核心理论的拳术则不是太极拳；不具备太极拳标志性特定拳架套路和相应的练功原则、方法、身法与技理要求的拳术也不是太极拳；而不存在以太极推手对练形式为提高技击能力的拳术不算是完善的太极拳，或是不合格不圆满的太极拳。太极化三大特定内容，即太极化拳理、太极化拳架与太极化推手对练，相辅相成、缺一不可。这三者完全具备，合而为一，方为合格、标准、完美、真正传统的太极拳。

第二节
太极拳三大组成内容的来源、形成及特点

一、太极拳之理

太极拳，人称“哲拳”，即深含传统哲理的拳术；又称“文化拳”，即文化底蕴深厚，以太极阴阳文化为理论核心的拳术。

“太极”一词，最早见于《易经·系辞上传》中的“易有太极，是生两仪，两仪生四象，四象生八卦”。说明“太极”一词是早期儒学典籍中的一个哲学概念。这段话不但最早提出了“太极”这一哲学名词，还进一步指出了“太极生两仪”之说。两仪即阴阳，太极生两仪就是太极生阴阳，最早提出了太极为阴阳之母说，指明了太极与阴阳的关系，确立了基本的太极阴阳理论观。因此，可以说没有《易经》就不可能出现以“太极”命名、以太极阴阳理论为指导的太极拳术。而在《易经·系辞》中，还有“刚柔相摩，八卦相荡”“刚柔相推，变在其中矣”“动静有常，刚柔断矣”“刚柔相易，不可为典要，唯变所适”以及“一阴一阳之谓道”“阴阳不测之谓神”等内容。这些刚柔、动静、阴阳变化之论述，均被太极拳编创者及继承者不断吸取、采纳，成为太极拳这一拳术，以刚柔相济，阴阳互变，动静开合变化为练用主体理技特征的主要理论之源。因此，中国传统易文化是太极拳的哲理基础和重要理论来源。

再者，太极拳作为一种传统武术拳种，在早期和很长一段时间里，是以搏击实战为主要目的的。而太极拳在技击原则、战略战术安排及具体技法运用等方面，还受到道家《道德经》思想影响。太极拳所要求的“以静制动，以柔克刚，以弱胜强，以小胜大，借力巧打”等皆可在《道德经》里找到其源。如《道德经》最著名的“弱之胜强，柔之胜刚”之句，就是

催发太极拳“以柔克刚，以弱胜强”技击原则与方法的直接来源。而太极拳习练所要求的“自然柔顺，力求自然，无为而练”皆含有道家“无为无不为”“道法自然”的思想。可见道家思想对太极拳技击理论的形成和习练要求等方面的影响之大。

总之，太极拳的基础理论和核心思想均源于中国传统文化，与儒家、道家、道教、中医等皆有一定的渊源关系，它们皆为太极拳的理论基因来源，又皆被太极拳创编者所吸取利用，由此而形成了独特的太极拳化的理论。

二、太极拳之拳架

(一)拳术之拳架

中国武术的一般内容主要由拳术和器械两部分组成。拳术就是徒手搏击之术；器械就是刀术、枪术等持械搏击之术。中国拳术按其风格特点又可分为百余种之多，太极拳为其中之一，也是一种徒手搏击之术。而中国拳术有一个共同特点，就是通过徒手的拳架练习和徒手的对练形式来提高搏击能力和招法运用，太极拳也不例外。“拳架”又称为“架子”“拳套”“拳路”或“套路”等，是由若干个不同或部分相同的拳术攻防、练功动作联合而成的动作组合，是中国武术的独特形式和基本特征。其主要功能不外有三，一是可记录、传承、保留下拳种的技击招法与练功动作、方法；二是套路练习可增长身法、步法、劲法的综合技击功夫，熟练招法技巧，也可以说是一种练功夫的工具、载体与依托；三是拳架练习既可防身、修心、健体，又可观赏、表演、娱乐。因此，对于中国武术的拳术来说，拳架套路尤为重要，是区分拳术种类的一个重要标志。太极拳的流派之分，也主要是以拳架动作套路作为基本衡量标准的。

(二)太极拳的拳架套路源于何处及如何形成

通过查阅多种古拳谱资料，如明代戚继光所著《拳经捷要篇》（《纪效新书》），陈家沟陈氏家传古拳谱，焦作当地传存的古长拳、红拳、通背拳等拳谱，特别是通过对与温县陈家沟、赵堡所共处一地的焦作地区不少村庄世代所传承的长拳、红拳类拳术拳架套路的比较分析，可发现太极拳拳架套路应该属于北方广为流传的长拳、红拳、通背拳类传统武术套路的继承与创新。构成太极拳架套路的主要代表性拳势招法动作，如金刚捣碓、拦插衣、单鞭、白鹤亮翅、斜形、高探马、云手、跌叉、金鸡独立、倒捻猴、七星捶、跨虎、当头炮，以及太极“八脚”，即左擦脚、右擦脚、左蹬脚、右蹬脚、正蹬脚、二起脚、单摆脚、双摆脚，皆普遍存在于北方少林拳、长拳、红拳、通背拳等拳种中，皆是这些拳种中拳架套路常有的基本组合动作。且太极拳与这些拳术拳势动作的组合顺序与名称也是大致一样的，而这些拳术皆早于太极拳，说明在太极拳出现之前这些拳架招式动作与套路在民间已早有流传。所以单从拳架套路动作来看，太极拳拳架由古长拳类拳架演化而来是毫无疑问的，可以说，太极拳的拳架是中国传统武术拳架的全面继承和完美创新。难怪一些老太极拳谱资料中会有“太极拳，一名长拳”的记载，也说明了太极拳与长拳的渊源。

(三)太极拳架的特点及与古长拳的区别

太极拳与古长拳除了拳理和对练形式的不同外，还在拳架演练风格、运行轨迹及身法要求等方面与古长拳有较大的区别。太极拳已形成了独特的“太极化”拳架与运行风格。其特点至少有以下几点：

1.圆圈化

古长拳动作运行多走直线，直来直去，直防硬打，简单直扑；而太极拳的动作运行非圆即弧，旋圈转圆，缠绕滚旋，很少有直线动作。虽然长拳也有些缠绕弧线动作，但还是以直线运行为主，太极拳则更加圆化、弧化、缠滚化。陈氏太极理法大师陈鑫在其著作中便有“一圈一太极”之说，特别点明太极拳“圆圈化”这一重要特征。至于太极拳架为何要练圈练圆，其主要目的就是推手搏击实战中用圆。圆有圆化圆活之用，可化方化直，圆化直发，太极拳的周身旋圆就是为了化去或旋滑掉来自对方的任何进攻蛮力。因此练圆、用圆是太极拳的一大特点。

比较太极拳套路与长拳套路动作，发现凡太极拳架中多出的一些过渡拳势动作，如“开合手”“初收”“再收”等皆为后补的动作之间的圆化动作，可使拳架更加圆活、流畅与协调。特别是温县形成较晚的忽雷架太极拳，更是将拳架高度“圆化”“圈化”，将圆圈、圆弧化改进为一个专门的“加圈”的功法层次。凡拳架动作尽量圆化弧化，要求每个拳势动作之间必须以圆圈来过渡和衔接，成为一种无处不圈无处不圆，极致圆化的忽雷太极拳特色拳架。故圆化弧化是太极拳与长拳的主要区别之一。

2.松柔化

太极拳的动作运行远比长拳更加松柔化，故在焦作民间，相对于当地流传的、有“硬架”之称的长拳、红拳来说，太极拳则有“软架”“软捶”“软十三势”“绵拳”等俗称。中国传统拳术，按照刚柔、软硬的练功方法区分，大概可分为几种情况，一些拳术主要是通过用力使气的刚猛拳架练习来增长力量功夫，即人们常称之为“硬架”“刚架”的外家拳功夫，如少林拳、长拳等；另一种则与之相反，主要是通过松柔轻灵的拳架练习来提高功夫，被称为“软架”“软捶”的太极拳等内功拳便是如此。另外还有一种，便是介于以上二者之间，软硬刚柔皆有皆练，要么先练刚后练柔，要么先练柔后练刚，或一套拳架中有柔有刚，属于刚柔相济型练法。中国不少拳法具有此种风格，一些太极拳也具有此种特色。综观太极拳各流派，以松柔练习为主的居多，如赵堡、杨、武、吴、孙等，而陈氏太极大小架、忽雷架除了以松柔徐缓练习为主，兼有刚猛抖发作为辅助练习，属于以松柔为主的刚柔相济型太极拳。因此，松柔练习是太极拳各派所共有的基本要求和主要特征之一，而刚柔变化是部分太极拳的特色。

3.缓慢化

拳架运行徐缓轻慢，以缓慢练习来增长功夫，这是太极拳的又一重要特点。拳架练习的目的就是增长搏击实战所需的功夫，这里所说的功夫应主要指力量与速度。任何搏击之术，速度与力量都是其基本要求和取胜的必备条件，故民间拳诀常有“唯快不破，力大无解”之说，也说明搏击实战中力量与速度的重要性。而中国传统拳术在追求力量与速度的练习方法和手段上，应有以下几种类型：一种是练快得快，练力得力，即通过快速的拳架练习和用力用劲练习，将人体所原有的速度、本能力量进一步挖掘、强化、提升，长拳类拳术便是如此；另一种则与之相反，另辟蹊径，通过徐缓柔慢的内意、内劲运行练习，提高肌肉与神经反射能力，以此来增长功夫。这种慢练只是手段，求快用快才是目的。太极拳即是靠徐缓慢练增长功夫的拳种。另外还有一种也是介于二者之间，有快架有慢架，快慢皆练，快慢相兼的练功风格，不少拳术有此种练法。太极拳大多以慢练为主，也有个别拳派为提升功效兼有快练之法。而慢练也并非太极拳所独有，也不是太极人所发明，只不过太极拳更擅长更重视，体现得更透彻更典型而已。所以缓慢练习也成为太极拳的又一重要特征和拳派风格标志。

4.意气化

太极拳架练习，非常强调意念导引内气内劲的运行。太极拳是一项比长拳更加注重意念主导作用的“意气运动”。“以意行气，气运周身，用意不用力，重意不重形”是太极拳习练的基本要求之一。通过拳架长期进行意气运动，使人体气血更加通畅，内劲更加饱满充实，神经意识反应更加灵敏，最终达到技击所需的内功、内劲功夫。因此，更加重视意气化运动是太极拳的又一重要特点。

总之，太极拳拳架是在古长拳类拳架基础上逐渐改进、融合、完善，从而形成“圆圈化”“松柔化”“缓慢化”“意气化”即“四化”的主要风格特点。“四化”是太极拳架形成的标志，以长拳拳架为基础的“四化”拳架，方可称为“太极拳架”。因此，是否具有古长拳基本拳架套路和“四化”特点，是鉴别太极拳架的不二标尺。

此外，也有部分太极拳如陈氏太极拳、忽雷太极拳，除了完全具备以上特点外，另具有“刚柔相济、快慢相兼”特色，是别具特色的太极拳，绝不可怀疑其太极拳性质，它们反而更符合和突出了《太极拳论》所要求的“阴阳相济”“忽隐忽现”“急应缓随”等练用原则，也属于正宗的传统太极拳。

三、太极拳之推手

推手，在焦作地区民间原称为“挤手”“搁手”，现多称为推手，是太极拳习练者为提高搏击技术与实战能力的一种徒手对练项目，也是太极拳派门内安全文明地比试技艺高低的一种形式。

中国传统拳术的习练目的，主要是搏击格斗、防身自卫、胜人而不输于人。为达此目的，一方面需要具备实战所需的基本功力，如力量、速度、协调性、灵敏性以及技法运用、攻防意识等，这些基本功力，包括太极拳在内，多是个人通过拳架套路的长期反复练习、下功夫来获得的；另一方面需要具备实战所需的真正搏击技能，包括双方接触性的攻防体验、攻防感觉及技法的实际运用等。也就是要将拳架练习所获所得的基本功力与招法，再经过实战模拟对抗训练，做到练打结合，体用一致。中国传统各派拳术，多是通过编排好的固定对练套路，即称为“对捶”“对势”“对打”“对练”“推捶”等的双人对练形式，来提高搏击实战能力水平。

太极拳虽然源于传统拳术，但在接触性徒手对练形式上，却有了较大的改进提高与新的突破，出现了独特新颖的“推手”对练形式。笔者经考证、研究认为，推手最早应该是在传统长拳类的实战对练形式“对捶”“对打”的基础上，吸取焦作当地民间一种著名枪术——“王堡枪”

对练中的“缠枪”“圈枪”与“粘枪”等技术方法，而形成的一种搏击训练项目。其演变顺序是，先是由原来长拳类拳术的招法、技法对练形式，逐渐演变过渡到一种介于招法与劲法练习的俗称为“三步进”，或叫“小粘连”的对练形式（这种原始的推手形式，在焦作地区少数太极拳传人中仍有依稀流传），之后，又经过进一步吸取、改进、升华为双方旋圆缠圈、粘连相随、听劲变化、借力巧打，科学巧妙的推手对练形式。由原来长拳对练的生接硬拦，直拨横压，时连时断，力大打力小的“重招法”训练形式，改进为“重劲法”“重圈法”的缠粘听劲、借力巧打之方法。在不断实践中总结出了“招招打不如圈圈打”“用力打不如借力打”“先打不如后打”“硬接直打，不如软接旋打”以及“断劲打不如黏劲打”等拳学真诀，进一步丰富和提高了太极拳的实战训练内容与效果。

推手最初只是一种为提高实战能力的双人对练项目，但在长期的传承、发展过程中，又逐渐演变成为太极拳门派内的比试技艺形式，出现了另一种竞技功能。我们知道拳术就是徒手搏击之术，太极拳也莫能例外。而一个拳手的实战搏击水平之高低，不能仅凭拳架演练的呼呼生风、劲力十足和看似老到娴熟的招法套路对练来判定，还要像戚继光所说的“既得艺，必试敌”的比试技艺方可分出胜负，一决高下。而遗憾的是，中国传统武术在长期的传承中并未形成像西方拳击那样的、比较安全有效的方式和赛制。其中，缺乏护具的研制和安全使用、合理科学的竞技规则是制约其发展的主要原因，既影响了拳手实战技能的磨炼、总结、提高，又使拳手之间比试技艺活动很难开展，出现了民间比艺交流自古就是打嘴仗的多，打手仗的少的现象。要么是重武德讲安全文明的“点到为止”式的比技，实难分出真实水平；要么是野蛮粗暴，立下生死状，以死相拼的“擂台式比武”，让人毛骨悚然，易造成伤害，很少人参与。太极拳属于中国传统拳术的一种，在早期拳手之间的比艺交流中也同样出现过以上问题。然而，值得庆幸的是，在太极拳长期发展过程中，原来仅作为技击训练方式与手段的推手，逐渐演变为太极拳内部的一种比艺竞技项目，使太极拳推手又增加了一种新的功能。真正太极拳高手之间的推手，双方可一圈不转搭手即打，亦可礼节性地转上一圈半圈再动劲发招。在长期的传承发展中，民间业已形成一套约定俗成的推手竞技规矩与规则，基本上能做到友好、安全、文明的交流切磋，又不受过多的限制，双方可随意变化，自由发挥，非常接近散手实战。既可通过推手验证提高拳架水平，又可提高搏击实战能力，故人们称这种较技推手为“散推”。太极高手之间，若一方推手负于对方，那么其散手竞技胜于对方的概率也很低，基本上能反映出双方的技击实战水平。故推手较技虽不是散手相搏，确有散手搏击之效果。最重要的是这种散推多用掌法粘劲化打，避免了冷拳、硬捶、散掌击打之害，又善于以柔克刚、以圆化直，减少了直对直、刚对刚必有伤之危，还能巧用顺劲借力，有四两拨千斤之妙，极大地降低了对抗中的伤害风险，是一种无须任何护具而又安全文明、高雅、巧妙、实效的竞技项目。故数百年来，这种推手竞技形式在民间太极圈内经久不衰，是太极门内重要的安全、文明、友好地切磋交流、相互提高的竞技方式，是太极拳先人创造留下的又一文化瑰宝，也是社会进步和时代文明的产物，具有极高的传承价值和广阔的推广前景。

太极推手，无论是其所具有的双重性功能和其形式与内涵，都是太极拳所独有的。现在一些拳派也相继有了类似的双手粘缠形式的推手训练，这些都是对太极拳推手吸取、移植和借鉴的结果。还有一些传统拳术中也有类似的、胸前两手相互攻防、拨挡的技术训练形式，如“黐手”等，虽自有其风格特点，但与太极推手的运行方式、方法、技法、原则、要求等有天壤之别。因此，太极拳推手的出现与完善，标志着太极拳的内涵更加丰富成熟，是太极拳继太极化之拳理、太极化之拳架两大特征之后的又一重要特征，是太极拳不可或缺的重要组成内容之一。

综上所述，太极拳三大组成内容并非凭空而降或神仙相授，而是民间武林智者对传统儒、道、医、武等传统文化在拳术中的实际运用和具体发展，也是中国传统武艺继承、不断创新、提升、完善的结果。太极拳三大内容的形成，标志者一个新的拳种——太极拳的诞生。

第三节
谁是太极拳三大组成内容的编创、融合、集大成者

太极拳所独有的太极化拳理、拳架、推手三大组成内容，是太极拳形成的必备条件和重要标志。而每一项内容的孤立出现不是太极拳，即便是三项内容已零散不一地相继出现，而未能合而为一也不是太极拳，只有将三者合为一体、融为一拳，方为真正太极拳。那么究竟谁是太极拳三大内容的初创和融合者呢？或者说谁是太极拳三大重要组成内容最早研编、形成、融合的最大贡献者呢？

我们以太极拳三大内容为主要评定依据和标准，兼以其他史料分析，将民间传说，或专家观点，或主流认定等，说法较多且具有一定影响的各类所谓太极拳创始人，如春秋战国时期的老子说，唐代许宣平、李道子说，宋元之时张三丰说，清代王宗岳说，以及影响更大的明清之际蒋发、陈王廷说等，一一对号入座，个个纳入评定，分析比对一番，看看其中哪位高人更适合稳坐在太极拳创始人这把金椅子上。

一、 老子、许宣平、李道子及王宗岳创太极拳之说

(一)老子创太极拳之说

老子为我国春秋战国时期的著名思想家和道家学派创始人，所著《道德经》对我国传统文化各领域都产生过较大影响，太极拳也不例外，其中太极拳习练中所要求的自然柔顺、不人为强求、力求自然而然、无为而练

等应该是受到道家的“无为无不为”“道法自然”等思想影响。而太极拳在搏击实战中所提倡推崇和要求的“以柔克刚，以弱制强，以小胜大，借力打人”等技击原则，显然是受到《道德经》中的“弱之胜强，柔之胜刚”思想影响，因此，有人就简单地认为老子是太极拳的创始者，如赵堡陈清平传系中的杜元化在其所著《太极拳正宗》一书中即持此种观点。太极拳是中国武术中的一个拳术技法流派，而道家学说是一种思想理论体系学派，二者不属于同一范畴。太极拳只是在一定程度上受到道家学说思想影响而已，况且太极拳除受此影响外，还受到中国诸多文化如儒、佛、兵、医等传统文化影响。道家文化仅为其理论来源之一，不能因此就要将一个武术拳派的发明权归到古代一个思想家的名下。在太极拳形成的三大内容中，仅是在拳理方面受到一定影响而已，除此之外，老子不可能会宋元之后的武术，更不可能知道太极拳为何物，太极拳中的诸多实际技法内容，其生前肯定闻所未闻，不得而知，岂能成为太极拳之祖呢?

(二)唐代许宣平、李道子创太极拳之说

这种说法最早是民国初期一个爱好太极拳的无聊文人宋书铭及传人等所编造，其声称唐代道士许宣平传下有什么“太极三世七”，由三十七个单势动作组成，并谎称这是一种古老的太极拳。但经唐豪、徐哲东等武术太极拳史专家考证，均认为是造假伪托。如徐哲东在其所著《太极拳谱辨伪》中写道：“观许宣平诸歌诀，多袭用王宗岳拳谱，并袭武禹襄语”，又写有：“其太极三十七名目，几乎全同杨氏谱”等，认为所谓唐代许宣平传下的拳诀、拳势，皆系抄袭拼凑后人拳谱资料和拳架动作而来。另外，这些人还将明朝道士李道子，附会变成了唐朝道士，并说其创有“先天拳”等。

以上这些所谓唐代许宣平、李道子所创什么“太极三世七”“先天拳”等，皆为民国时期宋书铭等人抄袭拼凑的欺世之作，与太极拳的三大内容形成，格格不入，无从谈起，也实在没有再做对比分析研究的价值与意义。况且，唐宋之前，中国绝无太极拳的产生与存在。把此等与中国武

术根本挂不上边的神仙道士堂而皇之地封为太极拳的创始人，甚为荒唐，不值一驳。

(三)王宗岳创太极拳之说

人们之所以知道有王宗岳其人，皆源之于其所著的《太极拳论》，可谓“一论”名天下，因“论”响武林。《太极拳论》是一篇集文学、哲学、拳学价值于一体的太极拳经典之作，备受古今武者赏识。然而，令人遗憾的是，对于作者王宗岳其人，除了姓名、籍贯外，其他如生活时代、习拳经历、功夫程度、师承传承等情况，多无确切记载，很难尽知其人其事。因此，后世对于这个拳论大家的个人情况，就有了各种推测与附会。如在生活时代上，有明万历年间人之说，有清代乾隆年间人之说；在拳术师承与传承方面，有创太极拳之说，有承继武当张三丰太极拳后又传给温县蒋发之说；又有将赵堡太极拳早期传系中传说的蒋发之师王某或所谓的王林祯，移花接木为王宗岳之说；还有将明朝嘉靖年间的内家拳传人陕西人“王宗”，添加一“岳”字，也变成了“王宗岳”等。举不胜举，众说纷纭，皆有意无意在这个太极拳文论大家身上搞猜想、打主意、做文章，都想将其树为祖师爷或本门传人而以其为荣耀。

鉴于王宗岳在太极拳理论方面的重大贡献和历史影响，引起了一些武史专家如唐豪等的重视和研究。唐先生根据所发现的一本“山右王先生”所著的《阴符枪谱》，通过研究对比枪谱与王宗岳《太极拳论》的相关内容，发现二者在拳枪之理方面有诸多相通与相似性，再加上二者籍贯、姓氏又完全一致，“拳论”与“枪谱”又合抄于一本等，故认定《阴符枪谱》作者“山右王先生”应该就是王宗岳。从而根据枪谱中的相关记载，认为王宗岳大概是清代乾隆年间人，曾在河南的开封、洛阳生活、活动过，并曾去过温县的陈家沟、赵堡，与当地拳师有过太极拳的学习交流等。这些比较有理有据的研究成果，得到了不少专家学者及太极拳界的广泛认可。但唐豪并不认为王宗岳就是太极拳的创始人，而认为他只是一个太极拳爱好者和研究者。而笔者前文中对王宗岳其人及其所著拳论也有过研究分析，认为王宗岳应该为清代乾嘉时期人更准确，当年确实到过温县的赵堡与陈家沟，与赵堡当地的张彦、陈清平及陈家沟等诸拳家有过拳术交流学习，并在此总结写下了著名的《太极拳论》，为后世留下了一份宝贵的拳学文化遗产。但我们并不能因为其写了一篇影响深远的《太极拳论》，就要将太极拳的发明权归到王宗岳名下。

另外，从时间上和太极拳的形成发展情况来看，王宗岳主要生活于清代乾隆后期与嘉庆年间，而此时太极拳已在温县一带盛行发展到了一个相对高峰，太极拳的三大组成内容即拳理、拳架、推手更是已达到完善成熟的地步。陈家沟在王宗岳生活的乾嘉时代，早已涌现出了有确切记载的陈敬柏、陈继夏、陈长兴、陈有恒、陈有本等历代名家。赵堡村此时也有张宗禹、张彦、陈清平等太极名家扬名于世。因此在太极拳已经形成多年，并已发展到了名家辈出的时代，当时任何与太极拳有关联的人皆不可能是太极拳的创始人。

再者，王宗岳《太极拳论》中有一经典语句，即“察四两拨千斤之句，显非力胜”。其意为，根据所察看到的“四两拨千斤”这句话，可显然证明太极拳并不是以力量来取得胜利的拳术。那么王宗岳是如何知道“四两拨千斤”之句，又是从哪些拳论或歌诀中察看到“四两拨千斤”这句话的呢？而在温县最早传下的所有太极拳论、拳诀、拳歌中，只有一篇作者不明，但又广传于民间的《打手歌》，即“掤捋挤按须认真，上下相随人难进，任他巨力来打我，牵动四两拨千斤”的歌诀中有此句话。说明王宗岳是根据他在温县所察看到的民间流传的《打手歌》里的“牵动四两拨千斤”这句话，来举例证明太极拳是以借力巧打的拳术，与旁门拳术的以力大欺力小，以壮欺弱，以力量取胜是不一样的。那么，我们若捋一下其中的关系可知，只有先出现了太极拳方可有太极拳《打手歌》的诞生，而只有出现了《打手歌》，王宗岳才能察看到《打手歌》里的“四两拨千斤”之句，才因此有了拳论中的“察四两拨千斤之句”。因此，王宗岳绝不可能是太极拳的创始人。

二、张三丰创太极拳之说

有关张三丰创太极拳之说，民间一向流传甚广，影响颇大，轻信者也多，那么，到底是真是假呢？在此章探讨太极拳源流之处，愿结合太极拳三大内容及相关资料，对所谓武当山张三丰创太极拳之说，做一简要分析研究。

(一)创拳之说经不起考证

张三丰其人、其事、其艺等，无论文字记载，还是民间传说，历来都是众说纷纭，云天雾地，神秘莫测，莫衷一是。张三丰是一个真正的“神化”或“神话”人物，可称为神仙级别中的高级大仙。正因为如此，这般的超凡脱俗、非同寻常、神秘兮兮，方成为一些不明真相或善于玄谈妄说之人盲目向往、崇拜和肆意想象、发挥、利用的理想对象。而张三丰在武术方面，特别是被封为太极拳祖师爷之说，便是典型一例。这完全是忽悠世人已久，经不起考证的神话传说而已。

1.有无其人待考证，虚无缥缈难说清

查阅明清有关张三丰的文献资料，看起来好像记载多多，林林总总，丰富多彩，但若细看细究，则多为一些无聊文人和道教信徒及封建官员，或为制奇猎奇，或为个人私利，或为宣传道教，或为迎合皇家喜好等，胡编乱造、相互抄袭的谎言。这些繁杂的文字记载，若从考查历史的角度去品读、去研究，就会越看越索然乏味，大失所望；越读越使人眼花缭乱，头昏脑涨，如坠云雾中，很难找出丁点儿有学术价值的东西。下面仅举几例便可知晓。如明代最早记载张三丰在明宣德六年由道士任自垣所编写的《太岳太和山志》卷六《集仙记第五》中：“事事皆有先见之理，或三五日一餐，或两三月一食，兴来穿山走石，倦时铺云卧雪，人皆异之，咸以为神仙中人。”又如明代天顺五年李贤等编修的《大明一统志》中，有张

三丰："自言辞世，留颂而逝，民人杨轨山等置棺验讫，监葬发视之三丰复生，后入蜀见蜀王，又入武当山。"另有清乾隆二十九年奉敕修撰的《大清一统志》书中所记载张三丰："所啖升斗辄尽，或数月不食，读书经目不忘，能一日千里"等。仅以上几例，可从这些国编正史、正志中，竟然看到的都是些关于张三丰可以"数月不食""穿山走石""死而复生""一日千里"等荒诞不经的记载。因此，近代不少武史研究者如唐豪、徐哲东等对张三丰的有关武术事迹皆持否定态度，他们有不少有理有据、价值颇高的研究著述面世，可供大家研究参考，在此限于篇幅，不便有更多的详细列举与旁征博引。简而言之，张三丰其人是否确实存在，也有不少的疑问和太多的说不清。例如，其一，名字说不清。有名通，名全一；有字君宝，字君实，至今争论不清。其二，朝代说不清。有记载为宋代人，有记载为元代人，有说是元末明初人，有说是明代人，甚至有的书籍中竟称在清代还有人见过活着的张三丰。何朝何代人，五花八门谁也说不清。其三，籍贯说不清。仅据书籍文献所载，张三丰的籍贯大概就有：宝鸡、义州、辽阳、辽东、懿州、闽县、天目、平阳、黄平、金陵等十多种说法，从南到北，从东到西遍布全国各地。其四，年龄说不清。张三丰若真有其人，很可能是一个修炼道教丹道，追求长生不老术的道士，因此古人对其在世年龄有了太多的高寿、长寿遐想，于是不少文献书籍对其终老年龄就有了超长不凡的记载，有记载为130岁、143岁、175岁等。

因此，从历史文献中很难找到一个真实的张三丰，其人是否存在过，仍有太多的疑点和说不清，有太多待考的地方，更不要说与武术太极拳的渊源关系了。

2.即便确有张三丰，也与武术无牵涉

有无张三丰其人，目前尚无定论。但不少学者认为，即便确有其人，张三丰也很可能是一个修为较高的道教徒，应该是曾在武当山修仙传道的一位道教首领，与中国的武术扯不上任何关系。因为无论从明代道士任自垣所撰最早介绍张三丰的《太岳太和山志》中的记载，还是之后文献《明

史》《大明一统志》《大清一统志》《张三丰全集》以及早期的一些地方史志中，皆是记载介绍张三丰修道炼丹、传教活动的情况，均只字未提张三丰会武术，找不到任何张三丰与武术的相关信息，更不要说创什么太极拳了。

3.即便是创过某种武术，也与太极拳无关系

早期有关张三丰的文献资料皆未有会武术或创武术的记载，只是到了清初，有个叫黄宗羲的学者，在其所撰《王征南墓志铭》中，将一种内家拳附会于张三丰，称张三丰是内家拳的创始人。文中写道："少林以拳勇名天下，然主于搏人，人亦得以乘之。有所谓内家者，以静制动，犯者应手即仆，故别少林为外家，盖起于宋之张三峰，三峰为武当丹士，徽宗召之，道梗不得进，夜梦玄帝授之拳法，厥明，以单丁杀贼百余……"，这是张三丰与武术扯上关系的最早文字记载。但是，明眼人或懂些历史常识者一看便知其真实可信程度如何。文中不但将张三丰的名字写为张三峰，还将大多认为是元末明初的张三丰，提前到几百年前的宋徽宗时期，特别是文中的"夜梦玄帝授之拳法，厥明，以单丁杀贼百余"，意为张三丰晚上做了个梦，在梦中玄帝传授他一套拳法，待天一明他就一人斩杀了一百多贼寇。这样的记载，一点儿也不像在叙写严谨的历史，倒像是在创编武侠传奇故事。然而就是这样一篇荒诞离奇，根本不可信、不靠谱的一段描述，却成为某些人认定张三丰会武术、创拳法的铁证资料。因此，在没有发现黄宗羲之前或同期其他历史资料可佐证张三丰会武术的情况下，仅由此认定张三丰会武术或创过武术是极不可信的。就是再退一步来说，即便是此文真实可信，张三丰不仅精通武术而且还创编了这种内家拳法，但也是与太极拳拉扯不上任何关系的。一方面，从时间上看，不少专家认为太极拳最早应该出现于明末清初，而文中的张三丰是北宋末期人，时间相差数百年，即便是按许多人所认为的张三丰为元末明初人，也与太极拳的出现时间相差200余年。另一方面，所谓张三丰所创的这种内家拳，在黄宗羲之子黄百家所著《内家拳法》中有详细记载，通过对其所记述的各种套路名称、练法、打法以及拳技、拳法理论等，与太极拳的三大组成内容即拳理、拳架、推手及其他特点的对比研究，二者相差悬殊，格格不入，天壤之别。虽然太极拳也是注重内功修炼的内功拳，但与黄氏父子所说的那样一种内家拳根本就不属于同一拳法系统。如太极拳初期称为“长拳”或“十三势”，这是太极拳早期的原始名称，而在《内家拳法》中，找不到任何此类原始名称的痕迹；又如与太极拳相伴而生的训练技击的重要操练形式，即古称“搁手”或“挤手”，现在多称为“推手”的也无任何记载。特别是在拳架的动作名称、练法等方面，二者更是无一相似之处。而在具体的技击原则与要求方面，虽然在以静制动、后发制人方面有些类似，但太极拳的柔化刚发、以圆化直、借力打人等在这种内家拳中并未有体现。况且黄氏父子也从未说过这种内家拳也叫太极拳。

(二)张三丰创太极拳之说出现的原因

1. 源于层累编造，其伪托附会过程清晰可见

如前所说，关于张三丰创太极拳之说，最早是清初黄宗羲将一种内家拳附会于张三丰，之后，清末民初一些人又将这种内家拳附会成太极拳，或直言太极拳为张三丰所创。而作为早期太极拳重要传承地之一的赵堡镇个别近现代传人，受此影响，也将所承练的赵堡太极拳附会归源于张三丰，起到了推波助澜的作用。所以，附会张三丰创太极拳，有一个清晰可见、逐渐移植、层层伪托附会、以讹传讹的过程。而对这些作伪过程有过最早研究与揭露的，便是民国时期两位著名太极拳史专家唐豪和徐哲东先生。如唐豪在其所著的《太极拳与内家拳》中写道：“近人著作，每言太极拳为张三丰所创。若用顾颉刚治古史之法，追溯其本源，则张三丰之历史，完全出于层累地编造而成。今取古今各家所言，按其年代之先后，排比而探索之，一望即知其为假托附会。”徐哲东也曾在其著作《太极拳考信录》中讲到“自顷以来，太极拳大兴于南北，述其史实者，颇多异说，尤以源于张三丰之说为

盛，复有……共为伪托”（限于篇幅，不便详细引用两位专家书中所列举揭露将太极拳层层附会于张三丰之相关内容，读者可查阅原著）。所以，唐、徐两位专家在近百年前的著述中，对这些所谓张三丰创太极拳之说的“层累编造”，附会造假，就已进行过逐层揭穿与驳斥。

2.武氏传人一时误写，纠误之后仍有轻信

据一些专家考证，最早将太极拳直接附会于张三丰的是武氏太极拳第二代传人李亦畬。李为河北永年人，系清末举人，善文喜武，习太极拳于舅父武禹襄，勤于太极拳理论的总结研究，曾将舅父所传授的拳技拳理、文论资料及个人体悟所得，整理成册，名为《太极拳谱》，其拳谱手稿在传人及后人中流传。其中在清同治六年（1867年）初稿本中的《太极拳小序》里写：“太极拳始自宋张三峰”之句。其将“张三丰”写为“张三峰”，同时也称张三峰为宋时人，显然是受清初黄宗羲《王征南墓志铭》等资料和其他一些民间传说的影响。另据武氏太极拳名家姚继祖先生所著《武氏太极拳全书》一书中，记载有李亦畬所写《探太极拳之源》的一篇短文，写道：“予阅聊斋十四卷，李超武技传，浅识此技始末。王涣详云：拳勇之技，少林为外家，武当张三峰为内家，三峰之后又有关中人王宗岳，宗传温州陈州同，州同明嘉靖间人，故今两家之传，盛于浙东。顺治中，王来咸字征南其最著，鄞人也。征南之徒又有僧耳，僧尾者，皆僧也。”从李亦畬这段《探太极拳之源》的文字内容来看，其“太极拳始自宋张三峰”之说，更应该是他受到其所阅读过的“聊斋十四卷，李超武技传”中王涣详所说的“拳勇之技，少林为外家，武当张三峰为内家……”而方“浅识此技始末”，即初步认为太极拳应该是始于宋代张三峰。这种说法只是他个人据此所推测出的结果，而并非是其舅父也是其老师的武禹襄所告知。当时其舅父武禹襄还健在，可能对此说有异议，因为武氏无论从先后学过拳的杨露禅还是陈清平处，皆无太极拳源于张三丰之说，故对于作为其甥其徒李亦畬的太极拳源于张三丰之说，武氏得知后定会质疑，未能认可。亦可能是李亦畬后来也觉得此说证据不足，仅凭所阅读的聊斋

小说中的“武当张三峰为内家”之言，就随意推测太极拳之源“始自宋张三峰”，尤觉不妥，恐怕与史不符，会误导后人等原因，于是便在14年后所定稿的《太极拳谱》的序言中，又正式改定为“太极拳不知始于何人”，并以“亦畬手订”的亲笔落款形式，以示后人，前说有误，以此手订本为准。并将定稿本手书三册传于后人及弟子。可见李亦畬作为清末一文人儒生，其治学认真严谨、勇于纠错之精神和不媚俗之品质。然而，尽管李氏生前做了纠正与修改，但还是有些事与愿违，令李氏想不到的是，载有原旧稿序言“太极拳始于宋张三峰”的初稿本，之前已经在永年武氏与杨氏太极拳传人的太极圈内有所抄传，一些未看到后来李氏定稿本中所写“太极拳不知始于何人”者，则不明真相，仍言之凿凿地以李氏原稿件为依据，作为太极拳始自张三丰的文字实证，既违反了作者李亦畬纠误后的最终意愿，也给太极拳史带来了一定的混乱。

3.承袭托古奉师遗风，以攀仙附道为荣耀

我国由古至今各行各业，皆有攀附、伪托各种各类古代名人为祖师爷的风气。甚至不少宗族姓氏在写家谱溯源时，也多将历史上某个同姓的名人拉为直系祖宗，以此为家族荣耀，出现了历史名人后代多的现象。而在武术方面这种现象也较为普遍。如有号称三国名将关羽所创的“关公长拳”“关公大刀”；有所谓宋代武将宋江、燕青所创的“宋江拳”“燕青拳”；宋代爱国将领岳飞所创的“岳家拳”“心意拳”；宋代皇帝赵匡胤所创的“宋太祖长拳”等。这些历史名人只是在某一领域有过卓越建树和非凡成就，但并非都是多才多艺、一专多能、武艺超群和创造能力特强的武术开山立祖者。这种托古为祖，托古奉师现象的出现，一方面是出于一种拳派宣传、发展、推广之需要。古人也早就注意到了名人效应作用，拉名人为始祖可提高门派的社会地位、公信度和知名度，可增加其神秘感和崇拜感，可带来名利双收之实效；另一方面，说明人们对历史上耳熟能详的历史名人的崇拜与热爱，愿将所喜爱的发明创造权归功托付于所熟悉、所崇拜的历史名人，但这只是一种美好愿望的体现。

4.道、拳同理又同源，愿信神仙轻凡人

太极拳是中国传统文化孕育下的产物，其中儒道学说影响尤深。因此，其拳术技理多符合中国古代如《易经》中的阴阳太极理论，道家中的虚无清静、阴阳互变及柔克刚、弱制强等理论，故被雅称为“太极拳”。而源于中国的道教也基本是这些传统文化理论的继承与发挥，二者有部分理论同源，在理论指导方面有许多相似之处，皆为中国传统文化影响下的产物。道教的出现远早于太极拳，所以人们很容易想象二者有一定的衍生关系。特别是一些武林人士在研究太极拳的历史渊源时，很愿与道教有关的人和事相联系，如早先的唐代道士许宣平、李道子等。加上后来又偏偏在元明之际道教名山武当山，出了个神秘莫测的著名道士张三丰，于是张三丰就顺势而出地成为太极拳创始人。出自名山、名教的名道士张三丰创太极拳符合人们的心理要求，宁愿信其真，不愿信其假。而若说太极拳源于某个偏僻、不起眼的某县、某村某普通人，则会宁愿信其假，不愿信其真。因此，对于一度流行甚广的所谓武当张三丰创太极拳之说，要能实事求是地客观对待，不可盲目轻信。

5.小说影视博眼球，文艺作品信为真

张三丰创太极拳之说在民众中之所以至今仍有一定的影响力的另一原因，还应“归功”于一些武侠小说及相关影视作品的宣传效应。不可否认，武侠小说和影视作品对中华武术的宣传推动可谓功不可没，许多人因此知道了武术、爱上了武术，有的还走上了习武之路。但要知道，这些武侠小说与影视作品所展示的大多并非真正的武术和真实武术历史的呈现，虚构夸张，似有似无，凭空想象，艺术加工为其主要表现形式和特点。因此，这些作品方才称为文艺作品或文学艺术。而对这些文艺作品无须苛求其真假虚实，不必以其是否忠于历史为评判标准，只要能博人眼球，引人入胜，使人激动兴奋，身心愉悦并受到一定的启迪教育，或者读者观者多，票房效益好，便可称之为精品之作。所以，若能知其就里，就绝不会把文艺作品内容视为正史，真正当回事。然而一些人往往不明此理，偏偏

要把文艺影视等作品当真实历史看待，并以此为据，引经据典，信以为真。张三丰创太极拳本来只是清末民初小范围内的一种误说，却被小说家和影视编导借用后又扩大了这个说法在民间的传播范围，错误的信息听多了就会产生错觉。如梁羽生的《萍踪侠影》、金庸的《倚天屠龙记》以及电影《太极张三丰》等推波助澜，将被神话后的张三丰传播到了家喻户晓的地步。

以上有关传说中的所谓太极拳创始人，通过分析研究比较可知，他们与太极拳的三大组成内容及其他形成历史并无关系，皆缺乏相应的创拳证据，只是一些与史不符的传说而已。

三、蒋发和陈王廷创编太极拳之说

在中国武术界很早就有“天下太极出温县”之说，此说并非虚言。若对中国太极拳的流派演变、形成和发展传播史稍有了解，一定更会认同这种说法。因为至今广为流传，凡真正能称为太极拳，也就是说确实具有太极拳之理、太极拳标准性拳架和太极拳推手三大内容特征的传统太极拳各流派，如陈、杨、武、吴、孙、赵堡、忽雷等太极拳，无一不是直接或间接源于河南温县。故国家有关部门前些年也将温县命名为“中国太极拳发源地”。那么太极拳具体又是最早出自温县何地何人？民间说法不一，拳家意见不尽相同，即便是权威专家结论和主流观点也仍有一些异议。但有一个不争的事实就是，在河南省焦作市温县等诸县民间，多少年来，每当谈起有关太极拳早期的历史、人物及传闻故事，人们总会念念不忘，不厌其烦，众口如一地念及两个重要人物——蒋发与陈王廷。无风不起浪，由此看来，这两位前贤大家之所以让人们难以忘怀，一定与太极拳的渊源、形成有着千丝万缕的关系，或者说极有可能是太极拳早期萌芽形成过程中的两个至关重要的历史人物。那么太极拳的形成究竟与二者有着怎样的影响和关系，到底为一人独创还是二人共创？或是共同参与，一人主创另一人有辅助之功呢？谁对太极拳的初步形成起到了举足轻重、无人企及的作用？谁离太极拳创始人这把金交椅最近？谁可以称为太极拳的初创者且当之无愧呢？由于时间久远，留存相关资料信息有限等原因，这又是一个难以黑白立判、非彼即此简单几句话就可以说清的问题，在这里只能首先从蒋、陈二人相关的民间传说及少许的文字记载谈起。

(一)蒋发其人其事的民间传说及相关问题

蒋发是焦作温县一带由古至今广为流传、影响较大的一位武林传奇式人物，谈太极拳的形成发展史，蒋发是一个无论如何也绕不过撇不开的重要人物。对蒋发其人其事其影响的研究意义重大，决不可忽视之。

1.蒋发学艺故事在温县民间的流传

蒋发以武扬名，其个人事迹也多与武术有关。据传，明朝末年，温县赵堡镇小刘村有一叫蒋发的人，自幼喜欢习武。其村南边不远处便是黄河，这里有著名的黄河汜水渡口，南来北往特别是不少山西商人常从这里南下渡河。一天，一位山西旅客王某，前往南方办事路经温县小刘村。当时村中不少青少年正好在村旁一处空麦场地上练拳习武，山西王某本身也是武林中人，见人习武不免驻足观赏。只见一穿花布衫的年轻人，身手麻利，练得有模有样，为群练者中的佼佼者，就随口夸奖道："那个穿花布衫的练得最好，真是一个好苗子，若得名师真传，必成大器。"穿花布衫者正是蒋发。山西王某因要事在身，不便久留，随口夸赞后便继续匆忙赶路南行。但所言正好被一位在一旁观武的村中老者听见，觉得此过客行路间便能看出高低，口出赞赏之言，一定是一位慧眼识才的武林行家高手。便待蒋发练毕休息时将此事告知，蒋发一听遇到高人称赞，便求艺心切，不愿错此学艺良机，就急忙抄近路追赶至村南黄河北岸的渡口处，找到山西王某，说明来意，并长跪不起，要求拜师学艺。山西王某被打动后，顿生爱才传艺之心，便告知若真心求艺，要等其南方办完事回归后的明年今日，在此原地等候，若有缘相见，愿收其为徒。蒋发拜谢送别后，牢记来年约见之期，耐心企盼等待。终于约见之日指日可待，便提前数日，手牵毛驴，顶风冒雪，日日在约见渡口处翘首以待，但直至相约之日当天，也未见到山西老师的踪影。而蒋发仍不灰心放弃，继续天天前去迎候。苦心人天不负，数日后终于见到了企盼已久的山西老师王某。

蒋发将山西老师请至家中后，更是想办法好生招待。听说老师有吃鱼之好，便不顾三九寒冬，到已冰封的黄河上破冰垂钓，让老师吃上了美味可口的黄河大鲤鱼。山西老师见蒋发家里喂了一头膘肥体壮的好牛犊，便无意间夸赞道："这头小牛犊长得好肥壮啊。"蒋发听后便背着老师连夜开刀杀牛，第二天餐桌上就多了一道细嫩鲜美的牛肉大菜。老师一边品尝牛肉佳肴，一边问哪来的这么好的牛肉，蒋发如实相告后，老师自感失言之余，再次被蒋发如此敬师求艺之真诚之心彻底打动，便决定正式收蒋发为徒，并将其带至山西家中亲传精授多年。

蒋发在山西老师家习艺多年，深得师传拳艺精华，终于不负师望，成为一代武功高超的武学大师。艺成后返乡温县授拳，曾传陈家沟、赵堡等村庄的乡亲乡邻，对当地武术的传承、融合、创新发展贡献重大。其传艺扬武之功德，载入史册，令后世念念不忘，代代相传。

蒋发拜师习艺故事，是在温县当地及周边邻县，知者甚广，久传不衰的一个有关师徒巧遇结缘、传艺习艺的美丽传说。我们若能对其细加分析思考，至少可从中捕捉到以下几点信息，或者说可具有以下几点认识。

其一，有关蒋发其人。此故事能在民间相传数百年而至今仍为人们津津乐道，且从不同人口中能听到几乎相同的情节内容，足见其影响力和具有一定真实性的。由此可证明，历史上的蒋发并非虚构人物，应确有其人其事。虽然现在温县已无他的后代和家谱传留，缺乏对其事迹的具体记载，但据民间传说，他应是生活于明清之际，其具体生卒时间已无法可考。而杜元化书中所记载的蒋发"生于大明万历二年"以及"二十二岁学拳于山西""学拳七年"等如此精确的时间，则缺乏来源与旁证资料，仅为一人之言，可信度并不高。故蒋发应是籍贯为温县赵堡镇小刘村，大约生活于明末清初，自幼爱武、习武，谦虚好学，年长后曾偶遇山西名师拜师习艺，终成一代武术大家，后在温县传播武术的一个著名武术历史人物。

其二，不可片面认识蒋发的武术师承。从此传说故事中，可明显证明蒋发并非单一的武术师承。此故事重点讲述了蒋发向山西老师拜师习武学艺的经历与过程，说明蒋发至少有一个山西籍武术老师，而且学艺多年，应该是蒋发的业师即平生最主要老师。但从此故事的一些情节中，又告知人们蒋发并非单一的师承，他在随山西老师习武之前并非白纸一张的武术小白，不但已成年（据说年已22岁），学过武术，而且还练至功夫不凡，能到让山西这个武林高手老师赞赏有加的地步。说明蒋发山西习艺之前应该另有一位武术启蒙老师，山西老师不是蒋发的第一个武术之师，蒋发是带艺向山西老师学艺的。这是人们长期以来对蒋发师承关系所忽视的一个重要环节。因此，探研蒋发的武术师承，无论出于何种目的，若只把陈王廷作为蒋发唯一师承，避而不谈山西师承；或只将山西师承作为蒋发唯一师承避谈其他师承，都是片面且不符合历史的。

其三，蒋发山西老师的师承、传拳内容、籍贯与姓名。有关蒋发山西老师的师承情况，既缺乏相关的传说，更无清楚可信的记载。杜元化在他的《太极拳正宗》一书中也仅写有所谓蒋发之师为山西王林祯，而王学于云游道人，至于是何方道人、何姓、何名、何师承、所传拳内容等也都不清楚。陈鑫也曾在《辨拳论》文中说，蒋发师从山西王某，王某学于云南某人等，而“云南某人”是何姓、何名、何师承也不得而知。因此，蒋发山西老师之前的拳术师承传递关系已不可知。

蒋发山西老师的具体籍贯也是说法不一。有山西阳城之说，有山西晋城之说，有山西太谷之说，还有更为详细的山西汾州府小王庄之说等，众说纷纭。因时代久远，已无法考证，但为山西省籍是无疑问的。至于山西老师的姓氏与名字，经走访温县多名老拳师，虽多能详述大体相同的蒋发山西习艺的故事，但具体到山西老师的姓名则大多已难以说清，部分认为可能是王姓老师。陈鑫在《辨拳论》中也只是写为“山西王某”，并不知其名字。而唯独杜元化书中清楚记载为“王林祯”，但陈清平系其他传人之前则均无此姓名的传说与记载。故杜元化书中如此准确记载蒋发之山西老师为“王林祯”，也仅为一家之言，缺乏旁证，其真实性也值得怀疑。但根据民间传说和杜元化及陈鑫书中所述来看，蒋发山西之师系王姓的可能性是比较大的。

至于一些善于附会之人，根据杜元化书中有关蒋发山西老师“王林祯”，又学于云游道人之说，便随意地将这个明末的所谓“王林祯”，移花接木为清代乾隆年间《太极拳论》的作者王宗岳，胡乱联系加工为什么“王林祯，字宗岳”或“王宗岳，字林祯”，将杜元化书中根本无此等记载的不同时代的两个人牵强附会为一人，并进一步将王宗岳之拳艺上推得之于武当张三丰，下传于蒋发等，更是荒唐不可信。

其四，有趣的蒋发拜师学艺故事。蒋发拜山西拳师学艺的相关事迹，在当地民间流传可谓久而广之。通过数百年的流传，已形成一个颇为完整、有趣的江湖武林收徒拜师学艺的民间传奇故事，用当今时尚语言来说，也算是武术民间口头文化遗产了。

既然是民间武术历史故事，就会像其他武林故事一样，有真有假，有虚有实。为了增加故事的趣味性、神秘性和突出故事主题，难免会有一定的艺术夸张和带有传奇色彩，这也是民间武林故事的共同特点。其中，有三处虚构情节比较明显，但也可以说是故事中的点睛之笔。

一是山西老师与蒋发相约来年再次见面的时间地点上，说是一年后的同月同日同地点，就是在下一年的当天，还得是初次分手离别时的黄河北岸一渡口处。若按常理，既然山西老师被蒋发长跪不起、诚心学艺之精神所打动，愿明年返乡时收蒋发为徒，传其拳艺，他定会问清蒋发所居村庄名字、家庭详细地址和蒋发姓名等，以便寻找。待来年返回时直接到村里找到蒋发即可，不可能相约在离蒋发家数十里之外的荒野河边见面。而山西老师，出门在外，身不由己，其返乡精准时间很难把控，也不可能将返回相见的时间正好约定在一年后的同一天。但这正是民间故事“无巧不成书”的精妙所在。要显得曲折生动，有情趣，有故事性，才能使人们爱听爱讲。这个故事情节一方面可表现出山西老师城府之深，收徒传艺乃门派大事，不可随意轻传于浮浅之人，要层层把关考验其人品德行如何，以体现艺不轻传，得人者尽传的传统门规；另一方面，以此证明蒋发确实是一个人品端正、诚信守时、意志坚定，经得起考验、值得信赖和依托的可造之才。

二是黄河上破冰钓鱼款待老师。蒋发为了招待好老师，不顾天寒地冻，河水冰封，竟然破冰垂钓出黄河大鲤鱼来孝敬师父。

三是杀牛敬师。老师随口称赞蒋家所养之小牛肥壮喜人，蒋发便立即杀牛款待老师。

蒋发想方设法孝敬师父之举，不可能确有其事，应为虚构情节。试想，三九寒天，大河冰封，要破冰钓到鱼谈何容易；而在旧社会农家养牛皆为种田耕地之用，非老弱病残，不会舍得杀食，即便是招待贵客，自有城镇肉铺可购买，岂会宰杀自家正在成长的牛犊待客。所以不必质疑这些故事情节的真实存在性，在这里真假其实已不太重要，历史故事中，个别情节上的虚构夸张才叫传奇，才叫艺术加工，才叫民间故事，才叫艺术源于生活而高于生活。

这个以蒋发拜师学艺事迹为基础而形成于民间的武林故事，虽缺乏更早的文字和具体作者记载，但故事的主人公及基本事实是不容怀疑的。至于这个武林故事的具体作者究竟为谁？大可不必犯难，大家应该可以猜得出来，那就是蒋发之后的温县历代武术传人的据史相传和民众集体智慧、创作的结晶。

这些有趣情节的融入，更加渲染和突出了故事主人公蒋发的尊师重道、人品端正、执着追求、艰难学艺以及心诚志坚必得艺、功夫不负有心人等一个成功武者应具有的形象，并期望成为后人学习的楷模。所以，故事虽短，但内涵丰富，主题突出，充满正能量。

2.蒋发事迹在赵堡系传人中的流传

蒋发山西学艺的故事在温县的许多村庄都曾广为流传，除此之外，蒋发的另外一些轶事，在赵堡村与陈家沟等村也有着不同的说法和流传。据赵堡系一些拳家相传，蒋发在山西学艺多年，艺成返乡后，深藏不露，谦虚低调，也未以武为生，乡邻多不知蒋已为武林高手。为了生存，他在当地做了些贩卖布匹的小生意。据说他与陈家沟一家染布房的老板关系不错，常有代卖布匹等生意上的交往。有一年，陈家沟周边村庄与东邻武陟县一些村庄，因争用黄河水灌田而发生纠纷冲突，布匹老板知道蒋发曾习武有功夫，便相邀蒋发与陈家沟村民一同前往助战。陈家沟村民多会拳脚刀枪功夫，个个持械参战，而蒋发却空手同往，村人让其持械同往，则曰："空手赤拳就中，若持械易伤亡人，轻者坐牢，重者抵命，能将其打跑打怕为好。"果然双方开战后，蒋发一马当先，除了以空手连续抢夺了不少刀枪器械外，还能轻松打倒多人，对方见遇到了武术高手，便吓得落荒而逃。由此，陈家沟等村庄民众方知蒋发是一位深藏不露的武林高手，遂名声传开，不少当地人向其求技问艺。

另据杜元化《太极拳正宗》书中记载，蒋发在赵堡村首传弟子为邢喜怀。邢喜怀听说蒋发武艺高强，慕其技欲求学，于是对蒋发尊敬有加。每当在赵堡村与蒋发相遇便热情款待，蒋被其诚心学艺之举打动后，便将其收入门下，传其精奥，邢喜怀由此成为其在赵堡的传人。

3.蒋发事迹在陈家沟的流传

有关蒋发事迹在陈家沟的流传，多与陈王廷相关联，陈氏拳家凡介绍陈王廷事迹，蒋发一定不会少，成为陈王廷武术人生中不可或缺的一个重要角色，而凡在讲述蒋发事迹时也会有陈王廷的存在。如同样于20世纪30年代出版过陈氏太极拳书籍的陈鑫、陈子明、陈照丕三位拳家，在其各自著作中对蒋发与陈王廷事迹的记载便是如此，都是在其书中介绍陈王廷或为陈王廷立传时，牵涉到了蒋发的事迹。可见蒋、陈二人关系非同一般。据以上三位陈氏拳家书中记载，蒋发和陈王廷皆与明末登封李际遇领导的农民起义有联系。他们书中还介绍了这次起义失败后，二人皆回到了家乡，并说蒋发还在陈王廷处当过"仆人"等。而且据陈家沟历代村民相传及陈鑫的一些文章可证，在陈家沟历来就有蒋发曾传拳于陈家沟，蒋发曾为陈王廷之师之说；而同时，也有与之相反的说法，即陈王廷也曾为蒋发之师等说法。有关蒋陈二人之间的师承关系等问题待后文详述。

(二)陈王廷其人其事有关传说及相关问题

1.陈氏三位拳家的记载

陈王廷的相关事迹，主要在陈家沟陈氏族人中流传较广，在20世纪30年代，陈氏三位拳家相继出版的书籍中皆有陈王廷的记述介绍。陈鑫在其《陈氏太极拳图说》书中的“陈氏家乘”中有这样的记载：“陈奏庭，字王廷。明庠生，清入武庠，精太极拳……公与登封县武举李际遇善，登封因官逼民乱，以际遇为首，公止之。当上山时，山上乱箭如雨，不能伤公。遇一敌手，公追之三周御寨未及。李际遇事败，有蒋姓仆于公，即当日所追者，其人能百步赶兔，亦善拳者也。公际乱世，扫荡群氛，不可胜记，然皆散之。公遗长短句一首，其词云：叹当年，披坚执锐，扫荡群氛，几次颠险。蒙恩赐，罔徒然。到而今，年老残喘，只落得黄庭一卷随身伴。闷来时造拳，忙来时耕田，趁余闲教下些弟子儿孙，成龙成虎任方便……。”而陈子明在所著《陈氏世传太极拳术》一书的“陈氏太极拳家列传”中写道：“陈王廷，字奏庭，崇祯康熙间人。明末天灾人祸相继而起，地方官又罔恤民困，苛征暴敛，无所不至。登封民无力纳粮，官逼之，遂揭竿起事，以武举李际遇为首。公与际遇善，往止之，力劝不听，但约不犯温境。满清定鼎，际遇事败族诛，有蒋姓仆于公。一日公命备马出猎于黄河滩，有一兔起奔，蒋追未及百步获之。公忆及际遇有一部将，能健步如飞，马不能及，询蒋，果即其人。公所遗画像执大刀侍立其侧者即是，或云即是蒋发。公文事武备，皆卓越于时，创太极拳，遗长短句一首，可略窥公之生平。”陈照丕在其《陈氏太极拳汇宗》一书的自序中也对陈王廷有介绍，写道：“……清康熙年间，先世奏庭公，系武举，拳尤高超，曾降服河南登封玉岱山巨寇李际遇，只身入山，众不能敌，一寨敬拜投焉。后在山收孝子蒋发为弟子，授以真传，负名当世。奏庭公年老绘一肖像，以蒋侍立，用示后人，至今像存祠中。”

2.对陈氏三位拳家所记载内容的分析研究

以上是陈家沟三位著名拳家著作中，对陈王廷生平事迹的大概记述，三人所写相关内容事迹虽大同小异且文字不多，但信息量较大，对研究和了解陈王廷其人有较大的帮助。下面，我们可对三位陈氏拳家书中所载内容做进一步的分析研究，力求从中分辨出一些真实有价值的信息，以便对陈王廷有个正确的了解和认识。

（1）陈王廷的生活时代。

陈鑫书中所载：“明庠生，清入武庠”，陈子明书载：“崇祯康熙年间人”，二人皆认为是明末清初人，而陈照丕则独写为“清康熙年间”，好像其与明朝无涉，生活时间与前两位所写稍微偏后了些。但康熙为清朝第二代皇帝，其父顺治在位时间也不是太长，故康熙年间也属于清初时期，与其他两位所写并非有太大出入，又因三位拳家都承认陈王廷曾参与过明末登封李际遇起义，所以说陈王廷为明末清初人是比较准确可信的。

（2）陈王廷长短句诗词记载的价值与意义。

陈鑫和陈子明书中都完整无缺地记录了陈王廷晚年所写的一首有关个人人生阅历和人生抱负的诗歌，为考证陈王廷本人和太极拳历史渊源提供了重要的史料，有很高的研究价值，其二位拳家功不可没。

（3）蒋发和陈王廷初次交往及与义军的关系。

三位拳家书中皆记载了陈王廷和蒋发与明末登封李际遇起义的相关事迹。此事可能是陈王廷平生所经历的最重要、对其影响最大的一件事。因此，三位拳家皆不惜笔墨叙写尤详，成为介绍陈王廷事迹的主要内容。但其中所写蒋、陈二人初识相交的时间、地点，陈王廷与义军的关系以及蒋发的武功境界等，笔者多有质疑之处，恐与实际情况有较大出入，需分析看待。

首先，谈一下蒋、陈初次见面交往的时间、地点及蒋发的武功境界。三位拳家皆认为二人是初次接触于登封义军所占领的玉岱山上。如陈鑫书中记载，陈王廷在山上“遇一敌手，公追之三周御寨未及。李际遇事败，有蒋姓仆于公，即当日所追者，其人能百步赶兔，亦善拳者也”。陈子明与陈照丕书中也有类似记载。据民间流传和一些资料，蒋发为温县赵堡镇小刘村人，与陈家沟陈王廷是近在咫尺的同乡近邻，又皆善武，以武扬名于当地，所以，二人在李际遇起义前，恐怕在他们的家乡早已相识相交，并非初识偶遇于数百里之外的义军所占领的山上。那么为何会有蒋、陈二人相识相交，甚至相斗于远离他们家乡数百里之外的乱军荒山之中呢？蒋发真的像所描写的具有“百步赶兔”“能健步如飞，马不能及”的如此神功吗？显然是不可能的。这是蒋、陈二人传说故事在陈家沟长期流传过程中，已逐渐被演义化、神化、夸张化的结果。和诸多武林故事一样，人们多会把本来简单质朴的事情，逐渐艺术加工得更为传奇、曲折、偶然、动人等。这些有关蒋、陈二人偶遇于义军山上，以二人打斗交技出场及蒋发所具有的超人武功等，皆是为渲染蒋、陈两个明末温县武林主角，在初识时间、地点与方式上的不同凡响，以及着意神化、夸大颇具传奇色彩的一代武术大家蒋发武功之高超、奇妙等目的。所以，虽然这些皆是陈氏拳家书中白纸黑字的明文记载，但并非全是历史事件的真情实录，而是对民间口承武林故事的描述。故不可完全信以为真，要善于分辨出其中的真假虚实成分。而这里所能反映出来的真实有价值的信息便是，蒋、陈二人皆为明末武林高手，私交甚密，有过长期频繁的交往，都与明末登封李际遇起义一事有关。

其次，蒋发和陈王廷二人与登封义军的关系问题。所谓二人与这支义军的关系，主要指蒋与陈是这次农民起义的拥护者、参加者还是与之相反的制止、劝降者或是镇压、降服者。从三位拳家记载中不难看出，蒋发明显是这次起义的拥护者和直接参加者，并日还是义军中武艺高超的一员大将，所以说蒋发是起义的参加者是毫无疑问的。而令人生疑的是三位拳家对陈王廷与这次起义的记载。陈鑫记载是陈王廷与起义首领李际遇是好朋友，当其起义时“公止之”，即陈王廷前去制止，不让再起义造反下去，实质上就是去劝降，让其放弃起义，投降朝廷。陈子明也有与之相类似的记载：“公与际遇善”“往止之，力劝不听”，即陈王廷与李际遇是好朋友，当其起义时，前去制止、劝降，但劝说无效果，对方不听。以上两拳家所写说明陈王廷是这次起义的制止者、劝降者而非参加者。所写起义原因也相同，皆因“官逼民乱”“苛征暴敛”“民无力纳粮”而李际遇带头起义。而陈照丕书中所载则与前两位有些不同，为另一版本、另一说法。先是说陈王廷“系武举，拳尤高超”，然后就举例说“曾降服河南登封玉岱山巨寇李际遇，只身入山，众不能敌，一寨敬拜投焉”。意为陈王廷凭借高超武功，曾一人独自深入大贼寇李际遇所盘踞的玉岱山巢穴内，打败了众人，使全寨人马跪拜投降。并称起义首领李际遇为“巨寇”，即大贼寇。以上三位拳家书中记载可归纳为两种说法，一是劝止未果；一是凭一己之武功打败全寨人马，使其投降。那么，究竟哪种说法属实呢？事实上这两种说法皆与史不太相符，都有可疑之处。

据查阅有关资料，明末李际遇起义，发生于崇祯十一年（1638年）。起因是灾年大旱，县衙下乡逼粮要款，民无力纳粮，李际遇带头抗缴粮税，被官府扣押示众羞辱等。因此，官逼民反，李际遇聚众起义，反抗官府逼粮催税的苛征暴敛，深受民众拥护支持，很快得到数万民众响应，一度占领河南中西部20多个县，杀贪官，济贫民，人数最多时达27万之多，前后经历近十年，后被清军镇压，首领李际遇于清顺治四年（1647年）被斩杀于北京。

这次起义与历史上的许多农民起义一样，源于官逼民反，最终还是被官兵镇压下去了。但这也是一次反抗政府黑暗腐败，为民抗争，值得称道的正义之举，并非为祸害一方，掠夺百姓，以民为敌的“巨寇”“贼寇”等不义之师。陈王廷作为李际遇的武林好友，对这次起义应该理解、同情和支持，不可能在义军受到民众积极响应，规模数万人，官兵屡战屡败，无可奈何之时，不识时务地前去规劝、制止。更不可能出现陈王廷置与李际遇的江湖弟兄之情于不顾，反目成仇，凭借什么一己超凡武功，就可独闯义军营地，使其跪拜投降等神话。另外，陈王廷作为一介平民，非在职正式官员，又无官府委托，是不可能也无责任与义务前去劝降和降服的，而且也不存在有攻打镇压义军的武装力量。所以，三位拳家所写陈王廷前去劝止或以武降服等均为不可能发生的事。

而实际情况应该是，陈王廷既不是这次起义的劝降者，也不是避之不及而冷漠的旁观者，更不是毫无情义的镇压、降服者，而是积极参与者。其埋由是，一方面，好友李际遇为民抗争造反，举旗起义，同为武林高手又为好友的陈王廷，无论是从道义还是友情来说定会积极参与帮扶，共谋大业，方为常理；另一方面，同为温县当地武林高手，又是同乡近邻好友，且一向关系密切的蒋发参加起义，无疑是陈王廷参加这次起义的有力证据，而且蒋发能参加义军，很可能与陈王廷为帮助好友李际遇而推荐、动员、相邀、带领前往有关；再一方面，除了三位陈氏拳家书中令人生疑的两种说法外，据说，在陈家沟村民中，历来还有另一种传说，流传有陈王廷与好友蒋发曾参加登封李际遇起义之说，至今也有这方面的文字资料相传。

那么，三位陈氏拳家为何书中会有那样的说法呢？

因为这次起义最终被政府镇压而失败，俗语道“成者王侯，败者贼寇”，起义首领就会落得像陈照丕书中所写“巨寇”或是什么“匪首”“贼首”之罪名，其他参加者也会冠以“反贼”“乱贼”“乱民”等不光彩的恶名。并且相关残余分子还会遭到官府的追缴而波及连累亲友及后人。于是，陈家沟陈氏族人、后人，就会尽量回避或撇开本族先人与这次起义的关系。所以三位陈氏拳家在著书立说时，就会一如既往地像一些村民一样，回避陈王廷是起义的参加者，并且还将其变通为是前去“止之”的劝降者，或是镇压与降服者。将陈王廷携蒋发积极参加其好友李际遇所领导的反官府腐败黑暗、苛征暴敛的豪迈正义之举，巧妙地转换树立为一个为国家防暴止乱的另一种英雄形象。故三位拳家书中的有关记载与史实是大有出入的，要辩证看待。

（4）蒋、陈二人画像的意义。

陈子明与陈照丕书中在介绍陈王廷事迹时，都提到蒋与陈合画像一事。陈照丕还进一步说明合画像的藏存处即“至今像存祠中”。二人能有合画像并敬存于陈氏祠堂中供后人世代敬仰，可说明以下问题：其一，二人关系特殊，非同寻常；其二，蒋一定在某些方面帮助过陈，对陈氏有过贡献，否则没有资格与陈合画一像并敬存于神圣的祠堂供后人瞻仰敬拜；其三，仅凭此二人合画像，其有关蒋为陈的“仆人”“长工”之说，不攻自破，绝无其事。任何家族里的“仆人”“家奴”“长工”等佣人，绝无资格与族中名人合画一像，并敬存于家庙之内。

（5）陈王廷的武功与文事。

陈鑫在其书里记载陈王廷为“明庠生，清入武庠，精太极拳”。说是陈王廷于明末时先习文，后至清代方修炼武艺，文武双全。但据《陈氏家谱》所载，陈王廷“明末武庠生，清初文庠生，在山东称名手……陈氏拳手刀枪创始之人也”，与陈鑫记载恰好相反，是先武后文。但根据陈王廷诗词中的“叹当年，披坚执锐”内容以及参与过明末农民起义等经历，其习武时间不可能始于清初，应该在明末青壮年时期就已精通武术，而习文也应该始于青少年时期。故陈王廷应该从青少年始就习文练武，文武并修，终成为一代文武秀才大家。

陈子明书中记载“公文事武备，皆卓越于时，创太极拳”，也是说陈王廷当年文化、武功皆卓越不凡。其所载陈王廷创太极拳之说，并未举出相关证据。而陈子明出书之前已与唐豪交往过从，其书中就载有唐豪所写有关陈王廷创太极拳的文章，所以，陈王廷创太极拳之说，陈子明明显是受到了唐豪观点的影响。

陈照丕书中称陈王廷为“武举，拳尤高超”。“武举”之说，陈家沟家谱及陈鑫、陈子明书中均未记载，故不可信，至于“拳尤高超”还是符合事实的。

另据温县县志《吴从诲传》有“乡兵守备陈王廷，于崇祯十六年率乡兵随县长吴从诲，击败攻贼流寇”的记载。又有《陈氏家谱》“在山东称名手，扫荡群匪千余人……陈氏拳手刀枪创始之人也”的记载。说明陈王廷当年确实武艺高强，名冠当时，当过乡兵守备，曾在山东、温县等地参战，击败贼寇多人，保护过一方平安。

（6）有关专家对陈王廷创太极拳研究认定的一些情况。

对于有关专家认定陈王廷创太极拳之说，有必要在此做一简单介绍，以便一些不太关注此事的读者有所了解，知其缘由，心中有数。在20世纪20年代之前，外界并无陈王廷创太极拳之说，还是在20世纪30年代初，经过武史专家唐豪深入温县陈家沟以及赵堡、王圪垱等村庄的详细考察后，方最终认定陈家沟是太极拳的发源地，陈王廷是太极拳的创始人。其主要证据为，一是陈王廷所写诗词中有“闷来时造拳”之句，证明其有创造拳术之举；二是陈氏家谱中记载陈王廷是“陈氏拳手刀枪创始之人”。唐认为家谱里对所练是太极拳的陈长兴注有“拳师”以及其子陈耕耘也注有“拳手”，而这些“拳师”“拳手”皆指的是太极拳师、太极拳手，以此类推，陈王廷在家谱中所注的“拳手”也应该指的是太极拳手，其所创、所传也应该是太极拳；三是陈王廷之后的历代家族后人，即陈家沟陈氏世代相承练的又主要是太极拳及炮捶，很少学外来拳术，也可证陈王廷所创、所传为太极拳，并根据其他方面的综合分析调查研究等，故认定陈王廷为太极拳的创始人。这些研究成果及观点，遂得到了唐豪的好友，同为太极拳研究专家顾留馨的认同和宣传。随后，又有不少专家学者认为，唐豪是经过实地认真考察、研究过的，应该是查之有据，言之有理，多认同唐的考察结果。现在不少官方资料也持此说。因此，陈王廷创太极拳之说已成为影响较大的主流观点。

然而，也有一些专家学者、太极传人、拳家及研究者对此观点质疑，认为证据不够充分，与史可能有些出入等。归纳起来主要疑点有三：一是陈王廷诗词中“闷来时造拳”造的是否太极拳。二是家谱中所写陈王廷为“陈氏拳手刀枪创始之人”，只说到是刀枪创始之人，并未说是太极拳创始之人。而所说的“拳手”不一定是指太极拳手。三是若陈王廷是太极拳创始人，那么，陈家沟、赵堡所流传的蒋发传拳于两村之说该如何解释，蒋发当年传下的是否就是太极拳，相传蒋发为陈王廷之师之说又该如何解释等。因此，陈王廷创太极拳之说成为一个有争议的问题。

总之，通过以上对生活于明清之际两个温县人，即陈王廷与蒋发有关口传或文字记载方面的研究分析，仅大概了解了他们两人的生平事迹及在武术方面的一些情况。还需据此，重点研究他们二人与太极拳形成的关系问题，看看二人中究竟是谁最先创立太极拳。那么，要搞清以上问题，除了首先要弄明白蒋、陈二人的师承关系，还要厘清太极拳与十三势及长拳的关系。

(三)蒋发与陈王廷之间的武术师承关系

根据以上对蒋、陈二人有关民间传说和一些文字记载及合画像等的了解分析，发现其二人既有诸多相似之处，又有着千丝万缕的联系。诸如同为明末清初人，属同时代关系；同为温县人且又近为村邻，属近老乡关系；同为当时名冠当地的武术大家且多有交往，属武功齐名的武林同道好友关系；又同时参加过一场轰轰烈烈的明末农民起义，可称之为同壕战友关系，以及还有相传的所谓主仆关系等，二人关系可谓密切、微妙而又复杂。然而，他们之间还有一种更重要的关系，更需要我们去重点研究，那就是二人之间的武术师承关系，这对于太极拳历史渊源的研究认定具有重要意义。

根据对民间口传及一些文字资料的研究分析，可以这样认为：蒋、陈二人除了分别有各自的主要师承外，在二人之间也具有一定程度上的师承关系。而这种师承关系不外乎有三种可能：一是陈曾为蒋之师；二是蒋也曾为陈之师；三是二人曾互为其师。若前两种仅有一种单独存在，即要么蒋曾为陈之师，要么陈曾为蒋之师，二者只有其一，那么第三种的互为其师则自然不会存在。若前两种同时存在，那么第三种关系一定存在。这并非在玩逻辑推理游戏，笔者认为，第三种关系，即二人互为其师的可能性最大，这应该是具有一定的历史根据和符合历史事实的。

1.先说陈为蒋之师

要说蒋发的武术师承，从民间广为流传及传人相传的“蒋发拜山西王某为师习艺”的口传史料来看，蒋发的主要武术老师应该是山西籍老师王某，这是不少拳家及其传人所认同的。陈氏太极大家陈鑫在其晚年所写的一篇《辨拳论》文中，虽竭力反对和否定陈家太极拳为蒋发所传的说法，但也承认“河南温东刘村蒋姓得其（指山西王某）传”，承认蒋发的拳艺主要得于山西王某。据说蒋发22岁时赴山西随老师习艺7年，艺成后方返乡。所以从习艺时间之久这点可说明这个山西王老师应该是蒋发的业师，即一生中最主要的老师。除此之外，蒋发是否还有其他的受益之师呢？不少古今武术大家，除业师外多有多师、多学现象。如最早领入武术之门、受过启发开蒙的启蒙老师；受过指教，在一种拳架、器械及功法上有所收获的一技之师；或者有过短暂学习，但获益匪浅所称的一日之师等。而从其年轻时的学艺经历来看，他青少年时期的早期武术启蒙老师很可能就是大名鼎鼎的邻村陈家沟的武术名家陈王廷。这并非笔者的主观推测，也并非个人的新观点、新发现，而是早有此说，虽然缺乏更多的相关证明资料，也不断受到质疑，但现在已成为陈氏等拳家有关蒋发师承的主要说法。

经查阅，在陈氏太极拳新老拳家中，最早认为陈王廷为蒋发之师的便是陈氏名家陈照丕。其于20世纪30年代所著《陈氏太极拳汇宗》一书中，在介绍陈王廷时写道：“在山收孝子蒋发为弟子，授以其传。”说是陈王廷在登封玉岱山的义军中收蒋发为弟子，传授其拳术，并在书中的“陈氏拳术系统表”中，将蒋发列在陈王廷名下，再次认定蒋发为陈王廷的徒弟。之后，太极拳专家顾留馨于20世纪80年代初出版了《太极拳术》一书，此书在武术界一度影响较大，书中在转载陈家沟陈森所编列的“陈家沟陈氏拳家世系表”时，将陈森原表系谱中并无记载的蒋发，补列在陈王廷名下，成为蒋发为陈王廷弟子的又一较早谱系记录。但顾留馨在书中也明确标注有“家谱未载”，表明表中所载陈王廷为蒋发之师为顾氏本人补入，非原谱所有。而其补入理由也仅写为“根据调查确实而列入”，具体其有怎样的调查补入理由与确实的根据均未能说明，也未提及民间有关蒋发山西师承说和陈王廷师从蒋发说之事，未对这些问题做任何解释说明，只是简单地认为陈王廷应该是蒋发之师。再之后，现代陈氏太极拳家所出版的各种太极拳著作中，均遵从蒋发师从陈王廷之说，使其成为影响较大的一种说法。

那么，陈王廷是否曾经为蒋发之师呢？若根据民间流传下来的有关蒋发本人的生活环境、成长、习艺经历，以及蒋陈二人长期密切交往的关系等来看，有理由认为这是有一定的可能性和真实存在性的。其理由有二：一是从前文已有分析的相传蒋发习艺的经历可知，蒋发能有缘向山西老师求艺应为偶然巧遇，是路过温县的山西老师看到初露锋芒的蒋发在村边练武且为同伴中的佼佼者，便不由自主地夸赞认可后，方带来了一段师徒结缘的佳话。这说明蒋发在随山西师学艺前，就已学过武术，而且已练至令武术行家高手啧啧称赞的地步，可见其功夫非同一般，已初步达到了超群不俗的程度。而据赵堡系传人杜元化书中所载，蒋发随山西老师学拳时，已是20多岁的成年人，因此说，蒋发在受山西老师传授前，一定另有一位武术老师或启蒙老师。那么这个启蒙老师是何村何人呢？这要从蒋发的居住环境、地理位置说起。蒋发所居住的村庄小刘村，其向南一公里处，便是陈家沟。两村地相连，村相邻，近在咫尺，历来世代姻亲，交往频繁，以至于后来不少陈氏后裔直接迁此定居，关系密切。而据陈家沟拳家记载及村民历代相传，至少从明代中后期始，陈家沟就以武术闻名乡里，成为远近著名的武术村落，周边村庄自古至今受其习武之风影响，习武练拳者众多。近在咫尺的小刘村自然也不例外，更具学习交流的优势和便利条件，村民向陈家沟拳师学武习艺是再正常不过和时常发生的事。而当时陈家沟能文善武、名气最大、功夫最好、资历最深的善教拳者当首属陈王廷。对于自幼爱武的蒋发来说，与村中有武术梦想的同伴，向邻村最著名的拳师陈王廷学习拳艺，也自然在情理之中，应该实有其事。

另外，陈与蒋同时参加登封李际遇农民起义一事，也可说明陈曾为蒋之师的可能性。有关陈、蒋参加这次起义，陈家沟村民及老一代拳家所著书籍皆有相关传说和记载。陈王廷与起义首领李际遇原为武林好友和结盟兄弟，交往颇深，来往密切。据陈家沟村民相传和有关记载分析，当时蒋发与陈王廷实际上都参加了起义军。那么，陈王廷参加起义军的原因可能是受结拜好友李际遇相邀，而出手相助好友的仗义之举。结盟好友为民揭竿起义乃人生大事，不可袖手旁观，更不可能前去“制止”或是“降服”，定会义不容辞，鼎力相助，患难与共，这实属人之常情，可以理解。而与李际遇素昧平生，非亲非故非友的蒋发能参加起义，一定另有原因，显然很可能与陈王廷的积极相邀有关。但对于参加起义造反这种性命攸关的大事，相邀者与受邀者关系如果一般是绝对不会参加的。因为参加起义军非同小可，举兵造反，反抗官府，就是犯下了十恶不赦的谋反造反罪。而从蒋发不计后果，受邀冒险随同陈王廷参加起义军，说明蒋与陈有着非同寻常的关系，也许是陈王廷在某些方面有恩于蒋发，是值得蒋发感恩和回报的人，才可能铤而走险协助陈王廷勇敢地参加义军，并成为起义军中武艺高强的一员猛将。那么，陈王廷究竟在哪些方面有恩于蒋发呢？我们知道，蒋发自幼爱武习武，痴迷武术，先是青少年时期受到当地良师启蒙传授，打下坚实武术基础，后又巧遇山西名师精心培育，不断地提高发展，方成为名震一方的武学大家。所以，是武术成就了蒋发，他也以武术为其最爱，为其荣耀。因此，对于蒋发来说，只有在武术拳艺方面对他有所传授、有所受益的恩师，在有所需要时才会毫不犹豫，不计得失地积极参与其中。所以从蒋发置生死于度外，冒险追随陈王廷参加起义军来看，陈王廷曾为蒋发之师，蒋发在拳艺上曾受过陈王廷的指导传授，二人有一定程度上的师徒之谊，是极有可能的。

再者，一些人从蒋发与陈王廷二人合画像的姿势与位置来分析，认为陈正襟危坐坐主位，而蒋则站立处次位，因此陈应为蒋之师之说，也不无道理。

2.再说蒋发为陈王廷之师

有关陈王廷的武术老师，在陈家沟陈氏家谱及拳谱上并没有明确的记载，只是标其为“陈氏拳手刀枪创始之人”，而在陈照丕所著《陈式太极拳汇宗》一书的“陈氏拳术系统表”中，记载有陈王廷的太极拳老师为其父陈抚民。从陈王廷遗诗和陈家沟历代相传存的家谱、拳谱资料及陈鑫、陈照丕所著书中的相关内容来看，在陈王廷之前，陈氏应该已有家传武术，至陈王廷时已出现中兴发展的局面。所以陈王廷的基本拳艺应该主要得于家父或家族父老相传，而另一部分则来自当时对外来武术如蒋发等拳家的拳艺交流、学习、吸取。因此有关蒋发传拳陈家沟、曾为陈王廷之师的说法也应该实有其事，其根据可有以下几点：

（1）陈鑫拳论可证陈家沟村民历来就有此说法。

在陈家沟，有关蒋发传拳陈家沟，传拳陈王廷之说也是由来已久，这可从陈氏太极大家陈鑫晚年所写的两篇拳论得到证明。

第一篇是陈鑫于1928年9月2日所抄写的一本拳械谱中，写有一篇《辨拳论》，其内容为："前明有父女从云南至山西，住汾州府汾河小王庄，将拳棒传与王氏。河南温东刘村蒋姓得其传，人称仆夫。此事容或有之。至言陈氏拳法，得于蒋氏，非也。陈氏之拳，不知昉自何人，自陈氏迁温带下就有太极拳。后攻此艺者代不乏人。如明之奏廷，清之敬柏、季夏，好手不可胜数。后有赵堡邢西怀、张宗禹，又后有陈清平、牛发虎皆称名手。陈必显不摸原由，谓学于蒋氏，大为背谬。"

关于陈鑫所抄写的这本载有《辨拳论》的拳械谱，最早是由赵堡和式名家和有禄先生于2003年出版的《和式太极拳谱》一书中登载面世。而此前笔者曾目睹过原件，后又收存有影印件。从拳谱的纸质、笔迹及文字内容等来看，拳谱应为陈鑫的真迹，而其中的《辨拳论》也实属陈鑫晚年亲笔所写，并非他人伪作。陈鑫此文虽文字不多，寥寥数语，但内含信息丰富，颇有拳史研究价值，现已被不少拳史文章转载引用。

文中主要驳斥一个叫陈必显的陈氏族人，说其"不摸原由，谓学于蒋氏，大为背谬"，批评陈必显所说陈氏拳术学于蒋发是不了解情况的谬误之说。其目的就是告知陈氏族人要明辨是非，陈氏拳并非蒋发所传，不要被谣传所迷惑。陈鑫指责陈必显所说是"不摸原由"即不了解情况，似乎有一定道理。因为时过境迁，陈必显与蒋发、陈王廷所处的年代至少相差200余年，所说内容并非亲历亲见，陈氏家族在这方面也无确切文字记载，陈必显怎么会知道陈氏拳为蒋发所传呢。因此，认为他说出那样的话是不可信的。但是，陈必显此说也绝非空穴来风、凭空想象出来的，一定是来自陈家沟陈氏族人的世代相传。特别是陈必显身为一个陈氏后裔，若不是村中族人有这样的世代流传，他没必要编造谎言，将陈氏家族世代相传的武术归于一个非亲非故的外姓人蒋发所传，这样对其本人和家族皆没有什么好处的话他是不会随意乱讲的。由此可见，蒋发曾为陈王廷之师之说，在陈家沟村民中历来是有流传的，并非像陈鑫所言“大为背谬”，是具有真实可信性的。

另一篇则为陈鑫写于1928年9月22日的又一篇文章。此文来自于太极拳专家徐哲东所著《太极拳考信录》，其书中第15页写有:“文修堂旧抄本中尚有陈鑫文另一篇。”（“文修堂”是陈家沟一个手抄拳谱的名号，当年，陈家沟拳家陈子明先生曾向徐哲东先生提供过“两仪堂本”和“文修堂本”等拳谱资料。）徐哲东发现这本“文修堂本”拳谱中有陈鑫一篇短文，其主要内容：“要之，陈氏之拳，元朝已有大名，我始祖在明初即有大名，非蒋氏所教，至陈奏廷时，前明成手，不可胜凭，陈奏廷之后，成手亦不可胜数。要之，陈奏廷明时人，蒋把拾乾隆年间人，何得妄为指说陈氏之拳，传于蒋氏，此言大为背谬，且蒋氏实不称与陈奏廷当老夫子，人不同时，道统之深，又不如陈奏廷，何得胡言乱语，启人疑惑，嗣后决不可言陈氏拳法传于蒋氏。吾所明辨，虽不能与陈氏争光，亦不至于败先人宗幸。”下写时间为“民国十七年九月二十二日，岁贡生县丞行年八十岁，陈鑫，字品三号应五，别号安愚谨志”。此文的写作时间与《辨拳论》同年同月，皆写于1928年9月，只是具体日期不同，《辨拳论》写于9月2日，后文写于9月22日，前后只相差20天。但两篇文章主题宗旨是完全相同的，都是意在驳斥在陈家沟流传已久的“陈氏拳为蒋氏传”之说，再次阐述与强调陈氏拳“非蒋氏教”。对于陈氏拳“传于蒋氏”之说，指责为“大为背谬”，并忠告族人“嗣后决不可言陈氏拳法传于蒋氏”。

此文比前文《辨拳论》对“陈氏拳非蒋氏传”的理由似乎讲得更充分

具体，其驳论的论据主要有三点：第一点，说陈氏拳历史悠久，在元代明初时期就有大名，所以晚于元代或明初的蒋发不可能传拳于陈氏。第二点，陈鑫把陈王廷的生活年代完全归于明代，只承认是明时人而不承认也是清初人，而把蒋发说成是清乾隆年间人，并非明末清初人。因此就有了“人不同时”即二人不在同一个朝代，以后朝人不可能为前人之师为理由，否定蒋发为陈王廷之师。第三点，“蒋氏实不称与陈奏廷当老夫子，人不同时，道统之深，又不如陈奏廷”，意为蒋发实在不称当陈王廷的老师。其原因是，除了两人不是同一时代人外，蒋发的武艺水平也没有陈王廷的高深，没有实力和资格当陈王廷的老师。

以上几点驳斥“陈氏拳法为蒋氏所传”或“蒋发曾为陈王廷之师”之说的论据和理由，看似言之有物，讲之有理，论证充分，其结论也似乎是真实可信的。然而，实则相反，其所提供的这些根据和所讲理由，是经不起考证推敲的。

首先，有关陈家沟陈氏一族何时习武、何时出了大名问题，陈鑫认为是“陈氏之拳，元朝已有大名，我始祖在明初即有大名”，故“非蒋氏所教”。陈氏一族从明初方迁至温县，在元代还是生活在山西省，当时族人是否会拳术，无人可知。而陈氏家谱出现更晚，也无明代中期之前的武术事迹记载，所以，陈鑫所写在元代、在明初陈氏就以武术扬名于世来推翻蒋发曾传陈氏拳术是难以成立的。

其次，有关蒋发与陈王廷是否属于同时代人的问题，在这里无须具体多说，答案是肯定的。为何？一是有蒋陈二人合画像曾悬挂于陈家祠堂为证，人不同时何会生前同画一像；二是有陈鑫《陈氏太极拳图说》书中所写“李际遇事败，有蒋姓仆于公”为证，若人不同时为何会相识相交；三是有陈子明《陈氏世传太极拳术》书中写有“世谓蒋发传长兴者实误，盖蒋为九世祖奏廷公同时人也”可证；四是至今广传于陈家沟村民间的有关蒋、陈二人之间的武功轶事也可证。故陈鑫所谓蒋、陈非同时代人，不存在师承关系之说是不可信的。

再次，至于陈鑫有关蒋发“蒋发道统之深，又不如陈奏廷”的说法也难成立。有关蒋发的武功程度，陈鑫在所著《陈氏太极拳图说》书中曾有蒋发“其人能百步赶兔，亦善拳者也”的记载；陈子明在《陈氏世传太极拳术》书中，也有蒋发更为具体的百步赶兔之功夫描述：“公命备马出猎于黄河滩，有一兔起奔，蒋追未及百步获之。”另外，还写蒋发“能健步如飞，马不能及”，也是描写蒋发功夫之高、速度之快达到了出神入化的地步。以上这些皆是陈氏后人对蒋发高超非凡功夫的记录描述，以至达到了神化的地步，反映了对蒋发道统功夫之深的高度认可。况且蒋、陈二人除了在义军的山上相遇，陈追蒋几圈还未能追上外，并无二人艺技比较谁输谁赢的其他具体相关事迹传说，也可能二人在武艺方面各有千秋，不分伯仲，不具有可比性，但不可认为蒋的武艺不如陈。所以，陈鑫以蒋发武艺不如陈王廷，没实力、没资格当陈王廷老师，来否定蒋发曾为陈王廷老师之说，也是经不起推敲的。

以上所列举陈鑫晚年两次著文，找出各种理由来否定蒋曾为陈之师、传拳于陈家沟这一说法来看，虽然陈鑫爱先祖、爱家族、爱陈拳心切，可谓用心良苦，但事与愿违，其举证理由牵强，证据也不够充分，反而由此留下一些文字资料，给后人研究提供了参考与凭证。更使人们相信陈家沟村民世代相传蒋为陈之师，陈氏拳曾受过蒋发传授影响之说的真实存在。

（2）唐豪当年考察有相关记录。

2008年出版的《顾留馨太极拳研究》一书中，编入了唐豪、顾留馨两位专家在太极拳研究方面的交往书信，不少信件内容具有颇高的学习研究价值。其书中载有唐豪于1957年11月21日写给顾留馨的探讨有关太极拳源流的一封信件中写道:“照陈沟的旧传说来看，王廷的老师为蒋失名，这些拳的内容必有蒋氏的传授在内。”而之前于1964年出版的，由唐、顾二人合著的《太极拳研究》，书中也写有：“果如村人所言，蒋为奏廷之师，合于画像，陈鑫言蒋发乾隆时人，反不合于画像。”唐豪于20世纪30年代前后曾几次对陈家沟及周边的赵堡、王圪垱等村庄考察访问，收集记录了大量太极拳方面的珍贵资料。即便是到了几十年后的50年代，仍记忆犹新，重提当年在陈家沟访查时，从一些村民口中所听到的不少有关陈王廷之师为蒋发，陈氏拳为蒋发所传的声音。所以唐豪在信中方得出陈家沟陈王廷所创的拳法“这些拳的内容必有蒋氏的传授”的结论。以上这些可再次证明“蒋发曾为陈王廷老师”是符合历史事实的。

（3）蒋、陈合画像供奉于陈氏家庙也是直接印证。

我们还可再从曾经敬挂于陈家祠堂内的蒋、陈二人合画像，来进一步分析认定蒋曾为陈之师的可信性。若蒋仅为陈之武友，或为陈的弟子，甚至所谓“仆人”，那么凭这些身份均无资格、无条件、无理由，将二人合画一像并敬奉悬挂于家族最神圣的庙堂之内，以供后世子孙永久祭拜。在等级森严，极重视孝祖、尊师、重道的封建社会，不可能随意将一个外姓人与本族有功德之人合画一像，供奉于祠堂。只有对陈氏这个以武术为荣耀的特殊家族，特别是对有创拳之说的陈王廷有重大帮助和特殊贡献者，方能享受如此待遇。而这个帮助与贡献应该是蒋对陈的授拳之情，并对陈创拳有助创之功。所以说，二人合画像是蒋曾为陈之师的又一重要证据。

综观以上所述，蒋、陈二人在武术师承方面，除了各有其业师外，陈为蒋青少年时期的启蒙武术老师，蒋也曾为陈年老创拳时的获益相助之师，二人确实存在互为其师的特殊关系。而且二人又是终生相伴、亲密无间、志同道合的武林挚友。故可称二人为亦师亦友、互师互友关系。

(四)蒋、陈互师，互学内容及与太极拳的关系

1.二人相互学习的拳术内容

陈、蒋二人互为其师，曾相互学习过，那么，都互相学习了些什么武术内容呢？根据前文所述，应该是蒋发先学于陈王廷，陈是蒋的武术启蒙老师，而蒋发成年后的主要武术老师即业师是山西的王姓老师。之后陈王廷又学于蒋发，是陈王廷晚年后的获益之师，一技之师，而陈王廷青少年时代的主要武术业师，应该是陈氏拳家所记载的来自其父等家族前辈。从

陈家沟流传下来的“两仪堂本”“文修堂本”和其他一些手抄古拳谱资料以及世代相传的太极拳套路来看，陈家沟最初的家传武术应该是我国北方普遍流传的，包括红拳、炮拳在内的长拳系拳术，在陈王廷创编拳术之前陈家沟村民以习练这些长拳类拳术为主。因此，蒋发投师山西拳师之前向陈王廷学习的也应是这些长拳类拳术。

至于陈王廷向蒋发学习的拳术内容，从一些拳家所传，和下文对太极拳早期名称演变及陈家沟古拳谱资料内容分析来看，山西老师传于蒋发的应是叫“十三势”的古拳法，而陈王廷向蒋发所学习的也是这种古“十三势”等拳术，并非后来的太极拳。

2.古长拳、古十三势与太极拳的关系

蒋、陈二人相互学习的长拳和十三势，与太极拳是什么关系？

（1）令人费解的一拳多名现象说明了什么？

“太极拳”这个古典高雅哲理化的名称现已风靡世界，而人们似乎已经淡忘了在太极拳的长期传承过程中，还有使用了更长时间的另一名称——“十三势”。至于太极拳还曾被称为“长拳”“头套拳”则更是鲜为人知。这些曾经的名称，除了民间曾长期习惯性地口头使用流传外，也多有文字相记载。如陈家沟“两仪堂本”拳谱中就有：“太极拳，一名头套拳，一名十三势”的记载（徐震《太极拳考信录》）。另有武氏太极拳所传拳谱中也有“太极拳，一名长拳，又名十三势”的记载（顾留馨《太极拳术》）。一种拳术为何会有三四种名称之多？到底是一种拳还是几种拳？若是一种拳即长拳就是十三势，十三势等于长拳，而又都是太极拳，是一种拳术的不同称呼，那么陈王廷与蒋发为何还要相互学习本已会的同一种拳术呢？民间广为流传的长拳怎么会成为太极拳而又等同于十三势？而远多于十三个拳势动作的太极拳偏偏为何又称为十三势呢？诸多疑惑耐人寻思，又令人费解。需要我们细心研究探讨，以便从这些莫名其妙的一拳多名的名称变化中，找出其所隐含的太极拳初期演化过程中的信息和线索，从中捕捉到太极拳早期形成与这些名称变化的关系。

（2）什么是十三势？为何叫十三势？

拳术所称的“十三势”，顾名思义，不难理解，“十三”是数字、数目，“势”这里是指“拳势”即拳势动作，现在多称为“式”，也叫拳式动作。“十三”加上“拳势”，就是拳势动作数目合于十三而因此就叫“十三势”。也就是由十三个拳势动作组成的一个短小拳术套路。这种解释无疑是最直接最符合原意的解释。我们可从陈家沟传下的刀、枪器械套路名称的命名方式为例，来印证这样解释的正确性。一个武术流派通常包括拳术和器械两大部分，二者在取名方式方面也多有相同相似性。根据陈家沟“两仪堂本”拳谱记载及传承下来的长器械有大枪套路的“十三枪”，还有短器械套路的单刀“十三刀”。这一长一短器械套路也皆以“十三”命名，而且无论枪法、刀法的招法动作皆符合“十三”数目，可谓名副其实。如“十三枪”的动作为：①青龙出水；②童子拜观音；③饿虎扑食；④拦路虎；⑤斜披横扫眉；⑥中心入对；⑦俊鸟入巢；⑧面缠背崩；⑨黄龙三搅水；⑩面披；⑪背崩；⑫白猿托枪；⑬面崩怀中抱月。正好由十三个枪术动作组成。在武术中，枪术套路动作技法的多少习惯上以一枪、二枪、三枪……组成，每一个枪式动作叫“一枪”，而陈家沟的“十三枪”也确实是由十三个枪术动作组成的枪术套路。刀术套路动作的多少习惯上以一刀、二刀、三刀……组成，每一个刀式动作叫“一刀”，而陈家沟的“十三刀”也确实是由十三个刀术动作组成的刀术套路。这说明陈家沟的拳械在历史上有以“十三”技法动作组成套路的习惯和以“十三”命名的特点。在拳术套路方面，依拳论势，每一个动作习惯上叫“一势”，拳架套路可由一势、二势、三势……组成，这些“枪”“刀”“势”成为拳械的一种量词。所以，最早的“十三势”一定是指由十三个拳势动作组成的拳术套路。然而，出乎意料的是唯独被称为“十三势”的传统太极拳套路动作，却与“十三”这个数目不相符，与“十三势”对不上号，而且还出入很大，严重不对照，传统太极拳套路的拳势动作数量是这个“十三势”的数倍之多，出现了奇怪的名实不对照现象。而这又是一个为历代拳家所困扰、疑惑、百思不得其解的难题。曾经有不少拳家为此已做过百般努力，试图破解这一难题。于是，就有了百花齐放、思路广开、各抒己见，出现了一题多解、不同答案、不同版本的“十三势”与相关的解释，各家有各家眼中的太极“十三势”。

（3）诸家不同的“十三势”。

其一，武氏一派对“十三势”的解释。

武氏太极拳的拳谱明确记载有：“十三势者，掤、捋、挤、按、采、挒、肘、靠、前进、后退、左顾、右盼、中定也。”（吴文翰《武派太极拳体用全书》）认为“十三势”是由这十三项组成，因此就叫“十三势”。这是武派对“十三势”的解释，也是至今影响最大、流行最广，被许多人深信不疑的一种说法。而且还把这个“十三势”前后分为两组，将前八项即掤、捋、挤、按、采、挒、肘、靠列为前一组，称为“前八法”或叫“前八门”。再分别套上传统八卦即乾、坤、坎、离、巽、震、兑、艮后，又称为“前八卦”。而将后五项即前进、后腿、左顾、右盼、中定列为后一组，称为“后五法”或叫“后五步”。再分别又套上传统的五行即金、木、水、火、土后，又称为“后五行”。这样，“前八法”加上“后五法”或“前八卦”加上“后五行”正好凑数为十三，成为一个另类独特的“十三势”。通过传统八卦五行文化的巧妙包装，俨然上升为一种高雅、古典、内涵丰富、不一般的“十三势”。因此，武派对“十三势”这样的分析解释，自然得到了不少人的欣赏与认可。那么，这种说法与解释是否科学有理，是否符合原始意义上真正的“十三势”呢”？

先谈一下前八法，其中的“掤、捋、挤、按”前四法，是古传太极拳《打手歌》里原有的四种推手技术与手法，也是太极推手常用的主要技法。加上后面的“采、挒”两种，也属于推手技术方法，并不是拳势动作。而太极拳除了这六种传统推手技法外，根据一些古拳谱记载和推手实践应用，应该还有“挫、拨、滚、闪、教”等技术方法。但这些传统推手技法却未能被列入武派太极拳按技法所列的“十三势”中。而前八法中的“肘、靠”是指人体肘部与肩部两个用于技击的部位和技击方法。但人体用于技击的部位和方法，并非只有肘与肩而已，还有更重要的拳与脚以及膝、胯、头，若加上肘、肩，便是传统武术所说的“七星”拳了，即七个可用于攻击打人的人体部位。但这些人体的攻击部位也与拳架中的拳势动作不是一个概念。所以，所谓的“前八法”“前八门”或“前八卦”，若说是在谈太极拳的技击方法，也是讲得丢三落四不全面，若说是在谈太极拳的技击部位，也是说得隔三差五不完整，若说是在讲“十三势”中的前八势拳势动作，更是文不对题。至于将前、后、左、右、中五种方位，即所说的前进、后退、左顾、右盼、中定五种运行形式，定义为太极拳的五种步法，称为“后五步”“后五法”或“后五行”更是不靠谱。哪个武术拳种没有这所谓的五种步法，哪种运动项目包括体操、舞蹈等无此基本步法运行内容呢？普遍存在于任何运动形式的步子、步法，怎能代表太极拳的步法特点，人们就是学练了这五种本就应会的一般步法对太极拳技艺的提高又有哪些帮助呢？再者，武氏太极拳来源于赵堡系陈清平传下的太极拳，而陈清平其他弟子传人，并无像武派这样的十三势内容与解释。另查温县陈家沟、赵堡等在民国之前的所有拳谱中，除了民间古传《打手歌》里仅有“掤、捋、挤、按”外，均无所谓“掤、捋、挤、按、采、挒、肘、靠”的所谓“前八法”的完整记载与说法，也无所谓“后五行”的“前、后、左、右、中”或“进、退、顾、盼、定”等记载，根本不存在武氏所传的八法五行十三势记载与民间口头流传。故武氏之“十三势”之说，要么来自王宗岳拳谱中，是王宗岳为迎合解释“十三势”所编，要么为武氏所编，这已不得而知，反正不是真正意义上的“十三势”。

其二，赵堡太极拳传人眼中的十三势。

陈清平再传弟子杜元化在所著的《太极拳正宗》中，也有他本人所描写的十三势。杜元化将十三势写为“十三式”，其实“拳势”与“拳式”是相同的，民国之前多称为“拳势”，之后也有称为“拳式”的，都是指拳势动作或拳式动作。杜氏版的十三式为“圆、上、下、进、退、开、合、出、入、领、落、迎、抵”。并同样将这样的十三式套用了中国传统太极阴阳八卦学说，成了杜氏书中所写的“一圆即太极，上下分两仪，进退呈四象，开合是乾坤，出入综坎离，领落错震巽，迎抵推艮兑”。虽然也凑够了“十三”这个数字，也有了太极阴阳八卦传统文化的包装，但是这些内容与具体的“拳势”或“拳式”动作并不是一码事，出现这样玄虚神秘的所谓“十三式”，只能使人有云里雾里，不知所云之感。

另外，杜元化在其书中还写有另一种所谓的“十三势”，是将赵堡太极拳架的拳势动作，按顺序分为多少不等，少则三势、多则八势组成一节，共分为十三节，称之为“十三势”。也未讲出这样划分的原因、理由和作用、价值，估计还是在迎合太极拳“十三势”之名，试图表明自己所传承的拳架是名副其实的“十三势”。而这样随意将拳架分为十三节以迎合“十三势”的做法，陈鑫书中早已有之。陈鑫书稿出版前，杜元化在开封就阅读过原稿，所以，不排除杜的这种十三节划分法很可能是受到陈鑫书中内容的影响。

据考察，与杜元化同系的赵堡陈清平其他传系传人中也均无杜氏这两种所谓“十三式”或“十三势”的传承及相关理论。因此，只能说这是杜元化心目中的十三势而已。

其三，陈家沟陈氏拳家的“十三势”。

那么陈家沟陈氏拳家对“十三势”又有怎样的说法呢？陈家沟传下的老拳谱中如“两仪堂本”“文修堂本”，并没有真正意义上关于“十三势”的记载和任何解释，只是在拳谱中将远多于“十三势”的十三个拳势动作的头套拳架称为“十三势”，又称为太极拳，而为何名实不符，将远多于十三个拳势的头套拳称为“十三势”，也未能说明。

陈照丕在其书中未对“十三势”之名及拳架套路做过任何解释说明。而陈鑫在其《陈氏太极拳图说》中对“十三势”有过琢磨研究。陈鑫根据家传的陈氏太极拳小架六十五势套路，按拳势动作顺序、多少不等划分为十三节，少则一个拳势动作为一节，多则十三个拳势动作为一节，有意地正好凑够十三节。虽分为十三节，但却不叫“十三节”，而是称之为“十三势”，用以迎合“十三势”之名，认为此为“十三势”名称的来源，说明陈氏太极拳是真正的太极“十三势”。而且还进一步将每节用太极阴阳八卦及身法之理相联系来自圆其说，以体现出这样所划分并非随意罗列，而是有讲究、有来头、有内涵、有说法的，是符合传统太极阴阳八卦原理的。

另一位陈氏拳家陈子明于1932年出版的《陈氏世传太极拳术》一书中，也并未对太极拳所称“十三势”做过解释说明，但他在之后于1944年出版的另一本《太极拳精义》书中，却对“十三势”有了补充说明，他在书中“太极拳的术名和分节”中，写道：“太极拳除了变招不算外，共有五十八式，分作十三节，因此又称为‘十三势’。”然后他将自己所承练的陈氏太极拳小架（也称为新架）五十八式，少者以每三式分为一节，多者以七式为一节，正好共分为十三节，认为这就是所谓的“十三势”。至于他对这样划分为十三节的根据、理由与作用也皆未说明。虽然，怀疑陈子明这样的“十三势”解释与划分法，可能受到其师陈鑫书中内容的影响，但陈子明所分列的“十三势”与陈鑫书中所划分的“十三势”二者区别甚大。而基本相同的陈氏太极拳小架套路，却各有各的“十三势”划分方法，可见其随意性是很大的。

中国的传统拳术，习惯于将每个拳术动作称为“势”或“式”，叫一势、两势等。几个相关联拳势动作连贯组合起来可分为“节”“段”或“回”，可称为一节、一段、一回。由节、段或回，可组成套路等。而由若干个相关套路可组成一个拳术体系，可称为“门派”“拳派”。所以，“势”与“节”是不可画等号的，而“节”与“路”也是不一样的。“势”就是一个个拳势，“节”就是一节一节的拳段，“路”就是一路一路的拳路。故“十三势”绝不是指“十三节”，拳术的基本术语称谓有约定俗成的概念，不可将其混为一谈，仅凭主观想象就将太极拳套路随意划分、整编为“十三节”，并认为这就是传统意义上的“十三势”，是明显错误的。因此，这只能说是陈鑫与陈子明各自眼中的“十三势”了，与历史上真正的“十三势”是不相符的。

其四，忽雷太极拳家的“十三势”。

由陈清平著名传人李景延所创编的忽雷太极拳，其一些传人也在试图诠释这个“十三势”。他们把推手实战中，对上、下、左、右等不同方位、不同角度的应对战术总结出口诀“十三偏”，即“偏上、偏下、偏左、偏右；微偏上、微偏下、微偏左、微偏右；很偏上、很偏下、很偏左、很偏右；偏中平”，称此“十三偏”又为“十三势”，认为这就是传统上的“十三势”，虽明显有些牵强附会，但也算是忽雷太极传人所理解的另一种“十三势”。

以上是数派拳家将他们所承练的太极拳架套路，为了迎合这一“十三势”名称，所提出的各自不同的所谓“十三势”。而无论是所总结的十三种技法、十三种层次练法或是十三种方位法，还是编排的十三节、十三段，虽都正好迎合了“十三”这个数字，但却与“势”或“式”皆不相符，都不是真正意义上的“十三势”。

其五，焦作地区当地长拳门的“十三势”。

以上几家所说并非真正意义上的太极拳“十三势”，那么真正由十三个拳势动作组成的太极十三势到底是什么，是否还存在？实言相告，笔者也实在难以说清。虽然在多年研究中，翻遍了新老拳书，也查阅过焦作当地多种太极拳手抄古谱，咨询过不少拳家，然而，仍是劳而无功，一无所获，未能寻查到太极拳真正的、名副其实的“十三势”的踪迹。不过，有失也有得，失望之中又有了些依稀的希望，也算是苍天不负苦心人吧，倒是近些年在对焦作地区民间传统武术的考察中，有了意外且异样的收获，那就是发现了同样流传于焦作地区数百年的长拳、红拳类拳术中的“十三势”拳架。

焦作地区古称怀庆府，历来武风盛行，拳类丰富，名家辈出。在焦作市近郊（现已为城中村）的于村、定和村、小庄村等传统武术村落，在少数长拳、红拳传人中，至今仍传承一种名副其实的“老十三势”拳架，其拳谱上的拳名歌诀为：“关公神拳托四平，颠还一步下斜形；吾师留下群仙掌，转身一炮立大功；白鹅亮翅人难进，鹞子翻身下猪龙；拔回一步探马势，打开两腿赛蛟龙；摇开势无穷变化，飞仙脚各显奇能；昭阳杀气冲牛斗，倒插斜形抹眉红；往前冲猛虎拦路，金鸡独立展翅行；麋鹿衔花把涧跳，拉马提枪都相争；二人教场来比武，两家顶手赌输赢。”共18句拳名歌诀，除去中间和结尾几句押韵的虚语及个别重复动作外，基本上由十三个拳势组成。据传人介绍，这些拳术明朝时就已在当地村中流传，但具体来源与早期师承已不为人知。传存有各种手抄拳谱，谱中所载除了“老十三势”外，另有长拳、红拳、炮拳、对练套路以及刀枪器械等内容。其最主要的长拳（又称为关公长拳）套路名称为：“上分下分懒扎衣，猪龙起金刚捣碓；单鞭扎衣间拗步，左撩右撩倒追猴；衔花手白鹅亮翅，晃手踢脚进斜势；撩手群仙鹅亮翅，挎虎捶进脚手炮；翻身跨虎进通背，拔回二步探马势；转身倒四大单鞭，高探马左右起脚；晃手炮骑马捕食，群仙转身猪龙飞；劈三踢脚回头看，脚炮演三摸眉红；演手开弓搂鼠拳，踢脚衔花鹅亮翅；摇三飞旋朝阳炮，摆进上逢打虎势；倒捻猴衔花亮翅，花手踢脚回头望；旋风喷地鸡独立，踢脚衔花践拗步；群仙转回底单鞭，高探马十字冲天；踢脚搂膝拗步势，挛掺骑马回捕食。”

据该拳传人冯顺利等拳师所讲，这个“长拳”是在“老十三势”的基础上，逐渐融合丰富发展而形成，相比之下要比原先的“老十三势”拳势多，套路长，内容更加丰富，因此方称为“长拳”。由于长拳架由老十三势拳架所衍生，所以在拳谱上和传人中，也有与太极拳相类似的“长拳就是十三势，十三势就是长拳”的说法。由于长拳架内容更加丰富完善，历代传人以习练长拳架为主为多，相反老十三势架则习练者日少，以致现在几乎失传。而不少传人对外也更愿意称其所练为长拳架，同时把本来较短的“十三势”拳架，也习惯称为“长拳”，认为是长拳的一种。拳谱上有记载为“长拳”，也有写为“十三势”或“老十三势”等。但由于这个“老十三势”仅为十三个拳势，确实不“长”，称“长拳”名不副实，于是有一些拳谱中就将其写为“常拳”，以“常”取代“长”，认为称为“常拳”更合适。这些拳架无论拳势动作，还是名称演变都与太极拳有着较多的相似之处，不知是一种巧合，还是有一定的历史渊源或是另有其他原因。但是通过对其拳谱的研究和向一些传人的学习交流，可以看出，这些十三势与长拳，并非属于太极拳，尽管一些拳谱上也赫然写有“太极老十三势”等字眼，而笔者更怀疑为后人慕太极拳之名而后加上的。因为通过观看拳师们的拳架演练，其还是保持了刚快质朴的传统长拳风格，与太极拳的柔缓圆活特点有较大区别。其练习技击的对练形式，也是与中国大多数外家拳一样，以招法对打对练套路为主，以历代传承的“十五回推捶”为其主要散手练习内容，未见有与太极拳推手类似的对练形式。在拳理方面，也是少而简单，缺乏太极哲理内涵和理论的提升。所以，这些民间拳术还应该属于北方长拳、红拳类的外家拳术，与太极拳有着本质的区别。由于这些拳术流派与陈家沟的太极拳十三势同在古怀庆府（即现在的焦作地区）共存流传，因此，为相互区别，当地人及长拳传人就把他们所习练的“十三势架”，习惯上称为“硬十三势架”“硬架”“硬手”“硬十三”“老十三硬架”或“太极老十三”等。而把温县陈家沟、赵堡等一带村庄流传的太极拳十三势架则称为“软十三势架”“软架”“软捶”“软手”“太极软十三”“十三势软架”等。

这些至今有谱记有传承的“老十三势”“硬十三势”及“长拳”，究竟与太极拳有着怎样的关系，是否与当年蒋发所传有关系，有待进一步研究探讨，故在此暂不过多评述。但在这里举此新发现的长拳门的“十三势”事例，也算是借花献佛来证明太极拳门原来所称的“十三势”，最初也是会像长拳门的“十三势”一样，一定是指“十三”个拳势动作组成的一个古老简短且内涵丰富的拳术套路，可进一步印证真正由十三个拳势动作组成的太极十三势的曾经存在。太极拳的形成与这个“十三势”及长拳一定有着不可分割的渊源关系。

（4）真正太极门古“十三势”消失的疑惑。

这些在焦作地区世代相传的长拳、红拳门的“十三势”，有谱载、有传承，名副其实，名实相对照，是真实存在的。那么我们还要再次追问，同样流传于焦作地区数百年的太极门中的原始“十三势”是否还真实存在，究竟去了哪里呢？为何会有各家不同版本的“十三势”呢？为何历代先贤屡屡探寻，苦苦寻找，千呼万唤而难见名副其实的、真正的“十三势”真形现身呢？

笔者认为，究其原因，这很可能是真正与太极拳有渊源关系的传统古“十三势”已名存实亡，早已被融化消失有关。对于一个已经不复存在的东西，再煞费苦心、五花八门地想象、追寻、猜测也是徒劳的。而让这个古“十三势”消失无存、难见其形的这个惹“祸”之人，究竟应该是谁呢?

四、陈王廷与太极拳的形成

(一)古“十三势”和家传长拳的融合产生太极拳

这个曾经的古“十三势”拳法神秘消失的原因，极有可能与陈家沟的陈王廷有关。应该是陈王廷晚年在整理家传拳术、编创拳术过程中，早已将从蒋发处所学的古“十三势”拳法，无论从拳架动作，还是拳理拳法拳技等，已完全融合于家传拳术“长拳”或叫“头套拳”之中，形成了一种新的拳术雏形，即被后人逐渐完善后所称的“太极拳”。也就是说，原有的“十三势”，已被一种改进后更加完善丰满，而又远超于“十三”个拳势动作的新的拳术，即原始的太极拳所融化取代。而太极拳出现后，由于比原来的古“十三势”更具传承发展优势，因此，这个古“十三势”就不再受重视以致逐渐消亡，甚至就连原始的十三个拳势动作名称，也未能在拳谱中完整地记载、保留和传承下来，已消失得踪迹难辨，寻而不见，成为只闻其名，难见其形的一个虚名而已。然而，由于这个新的拳术即太极拳产生之初，并未及时地正式命名为“太极拳”等某种新拳名，于是，人们根据这个拳术套路动作，主要来源于陈家沟长拳套路的头套拳架，与头套架长拳多有相似，所以，还是依旧习惯于称为“长拳”或“头套架”。而又因为这个新形成的拳术，从拳技、拳理、拳法等方面深受蒋发传下的“十三势”拳法影响，融入了大量“十三势”技法技理内容，与“十三势”有密切的渊源关系，因此，就又同时习惯于称之为“十三势”，也误认为是蒋发所传。之后这个新拳术即太极拳在完善发展过程中，又多由陈家沟陈氏历代后裔传人等传承发展，并进一步融合了更多的传统太极阴阳哲理因素，完成了古长拳与古“十三势”的进一步太极化融合转换，故最终除了在当地有“陈沟捶”“陈沟软捶”“陈沟软架”“陈沟软十三”等民间俗称外，更是有了响亮、高雅、至今享誉世界的“太极拳”这一美称。也就因此有了拳谱所载或传人口传的“太极拳，一名十三势，一名长拳，又叫头套拳”等一拳多名现象。实际上这个新的太极拳雏形产生后，原来的“十三势”“长拳”已成为该拳的母拳，已经不适合再称为“十三势”“长拳”或“头套捶”，已经不可与这个新的拳术太极拳画等号。但前人还是不经意间习惯性地有了这些不恰当、不准确、不严谨的称呼与记载，以致出现了新拳与母拳同名共称，导致名不副实的混乱现象，也给后人带来了诸多疑惑与不解。这就是出现各种猜测、各种版本、各种解释所谓“十三势”的根本原因。然而，我们也通过对这些名称演变原因的分析，捕捉到了太极拳最初形成的一些信息，对太极拳源流史的研究具有一定意义。

通过对太极拳名称演变原因的分析，从中可发现太极拳最初演变组合形成的一些重要线索与信息，可以说从另一个角度初步探索认识到了一个较为清晰明朗的太极拳形成源流史。但这仅是从一个角度、一个方面的研究，可谓管中窥豹，难免还有些片面。对于陈王廷创太极拳之说，虽然唐豪等老一代拳史专家早有认定，但人们在这里还会疑惑不解地问：既然当年陈王廷与蒋发都是明末清初温县武林两个响当当的重量级人物，都有着创传太极拳的广泛民间传说，为何仅认为是陈王廷融合十三势拳法于家传长拳而初创太极拳，而非蒋发呢？陈王延比蒋发更具备哪些创拳条件和优势呢？陈王廷是如何创编太极拳等问题，仍需综合研究，全面分析探讨。

(二)陈王廷初创太极拳所具备的优势条件

1.陈王廷具有家传拳术的优势条件，为创拳之基础和源泉

据陈家沟一些古拳谱记载和历代拳家及族人相传，陈家沟至少在明朝中后期便有了武术流传，至明末清初开始盛行起来，成为当地以武显名的望族和武术村庄。村中不但有长拳、红拳、炮捶及各种武术器械的单练和对练套路等流传，还代代相传有这些拳械拳谱的各种文字记载资料。这些家传武术与拳械资料，都为陈王廷重新创编拳械提供了便利条件，是创编改进拳械的基础和源泉。特别是陈氏族人世代传下的长拳系列拳术，成为太极拳形成的母拳之一。这些长拳、红拳在焦作地区古怀庆府一带民间很早就有流传。所以，太极拳架所承传的长拳套路动作，并不一定像一些专家所认为的是取自明代戚继光所著《纪效新书·拳经捷要篇》（以下简称《拳经》）里的长拳内容。因为戚继光《拳经》里所载的长拳等拳术内容包括一些拳术歌诀，并非戚氏所原创，也全是取自民间拳术，这些拳术也一直在民间世代流传，只是由戚继光收集整理、记录成册、出版而已。而《拳经》中对这些民间拳术只是有定势的动作画图和拳势名称歌诀的介绍，并没有拳势动作运行路线的具体解说，所以后人根本不可能按《拳经》所述内容就还原这些拳术动作套路。况且，《拳经》里所载的32个拳势，据对比至少有20个与太极拳套路动作的名称及定势动作是不一样的。所以太极拳套路动作不可能是陈王廷取自戚继光《拳经》中。而相比之下，太极拳的套路动作，与广传于焦作地区民间的长拳、红拳等的套路动作及动作名称等有更多的相似、相同之处。虽然这些民间相传的长拳、红拳与《拳经》里的一些拳势也有一定的相似，但这些文化程度不高的村民也并非按拳书拳图仿学于戚继光的《拳经》，而应该是得益于世代的口口相传。很可能在《拳经》出版面世之前，这些长拳类拳术已在本地区的陈家沟等一些村庄有着较广泛的流传，成为陈王廷编创太极拳的源泉之一。

而蒋发虽自幼习武，武功高强，但其所居住的村庄及家族并未有习武

传统，缺乏深厚的家传武术积淀。学于山西的古十三势拳法也并非太极拳。历代相传蒋发主要有传拳之功，并无创拳之说。

2.陈王廷更具有创编太极拳的文化优势

太极拳不但技击方法巧妙，更重要的是拳理深奥，文化内涵丰富，被称为文化拳、文人拳、哲理拳等。太极拳的初创者，若只是一个武功高深的武夫，而不具备较高的文化修养则很难有创文化拳之为，难胜编文化拳之任。据陈氏家乘所载，陈王廷为“明文庠生，清初武庠生”，是一个文通武备的文武全才。而陈王廷这个文庠生（即文秀才）并非一个名不副实的虚名，自然是自幼饱读经书所考取的文化学历。那么其是否具有真才实学，更有遗留诗词为证，能提笔写诗言志者大多是文化水平不一般。这是编创文化拳所必须具备的基本素质，若没有文化是无论如何也编创不出文化拳的。

蒋发自幼习拳，成年后又远赴山西习艺多年，虽功夫出众，但传说其并没有什么文化，也没有拳术理论等留世，缺乏创编太极拳的基本文化素质。

至于前些年一些无聊之人，杜撰些神奇故事，编造出赵堡系历代传人都是文武双全，皆有经典拳论遗世，个个都成了拳论理法大家，蒋发也有拳论大作传世等，皆为经不起考证、胡编乱造的欺世之作，断不可相信。

3.陈王廷创新意识强，革新拳械有文字可证

有关陈王廷的创新之举，在陈氏家谱中写有陈王延为“陈氏拳手刀枪创始之人”。明确记载陈王廷对陈家沟武术中的刀、枪器械有过整理创编。说明其不仅具有创新意识，还切实有过创新实践行为，有编创陈氏刀枪之贡献。而陈王廷在对家传武术的改革创新方面，应该不仅仅局限于刀枪器械，还应涉及了拳法方面。通常在我国民间武术中，无论是一个武术门派或是武术家族及武术村社团体，其武术内容，大都由拳术拳架套路类和器械套路类两大部分组成。拳术拳架是器械及散手的基础与基本功；器

械及散手则是拳术拳架的提高。练好拳架可提高速度、力量、协调性等基本功，可提高拳械的攻防效果。而练好器械既可影响、促进拳架的进步提升，又可持器械应敌扩大攻击范围和技击功效，弥补空手搏击之不足。因此拳术与器械是一个武术流派相辅相成，相互促进提高，不可分割的两个重要内容。一般门内传人，二者皆要全学全练才算得上是“全活”的好把式。所以陈王廷晚年，除了对刀、枪等器械做整理创新外，不可能对更重要的家传拳术不屑一顾，无所作为，他一定会对家传拳术与器械这两大部分同时做全面的梳理整编，纳新创新。这不是一种简单的主观推理或毫无根据的猜测，实际上陈王廷本人当年就已经给出了明确的答案，其诗文中的“闷来时造拳”就是在抒发其创拳之志和创拳之举。这是他改革创新拳术的有力证据。在封建落后、思想保守的明清时代，能有如此创新意识和实际行动，实在是难能可贵，值得后人称赞学习。

至于其诗词中只讲到其“造拳”即创编拳术，而未写创刀枪，而家谱中所载的“刀枪创始之人”却又是仅写其创编刀枪未写创编拳术，应该有几方面的原因。一方面，是因为诗词受语言、格式、字韵、字数等局限影响，不便将创拳、创刀枪之事全面讲出；另一方面，诗词里所说的“造拳”，广义上也应包含本门派的刀枪等拳械内容，民间的武术拳派虽习惯上称为“拳派”，实际上除了“拳路”外也是包括本门的各种器械；再一方面，也说明陈王廷对拳术的创编改造要比对刀枪器械更加重视；还有就是，既然陈王廷本人在诗词中写有“造拳”之举，为何后人在家谱中只写创刀枪，并未记载他的创拳之事呢？笔者认为，这是因为陈王廷所谓的“造拳”，并非另起炉灶的完全新创，而是在家传长拳等拳术基础上，结合蒋发所传十三势而有所改编成的一种拳术，而这种拳术改进之初，并未及时取有什么“太极拳”之类响亮的新名字，还是沿用母拳长拳或十三势之名称，因此，即便是陈王廷诗词上写有“造拳”，而其后人也并未认为是陈王廷创出了新的拳术，认为只是家传拳术和蒋发所传拳术的继承者，故称陈王廷是“拳手”，是刀枪创始之人，而不说是造拳者，甚至认为这些拳术为蒋发所传，愿称蒋发为祖师爷。这说明早期陈家沟陈氏后人，在缺乏对家传拳术系统研究与了解的情况下，对陈王廷是否创新了拳术，还是持比较谨慎甚至否认态度，并非为了提高前人声誉，随意给陈王廷贴上拳术“创始人”的标签。

4.陈王廷武术阅历丰富，善于学习总结，勇于实践，有明确的人生目标

从陈王廷晚年诗文中，不但可以了解其青壮年时期“披坚执锐，扫荡群氛”，持武奋斗当年勇的人生武功阅历，还透露出了陈王廷老暮之年的人生态度和终极人生规划目标，也进一步看到了陈王廷为实现这一人生目标，活到老，学到老，终身学习进取和敢于创新的精神。

诗文中“闷来时造拳”“趁余闲教下些弟子儿孙，成龙成虎任方便”，这就是陈王廷晚年的终极人生目标。简言之，其目标就是，造好拳、传好拳、教好拳。“造好拳”就是编造出好的拳术，是为了整体提升家传武术的质量与功夫境界；“传好拳”就是传承好拳术，是为了更好的世代传承，发扬光大，即“教下些儿孙弟子”，代有传人，不至于湮没失传；“教好拳”就是要传授好拳术，提高教拳质量与效果，达到高手辈出，代代英贤，将弟子儿孙个个培养成“成龙成虎”，威武勇猛的龙虎英才，才算是教好了拳。“成龙成虎”是陈王廷对弟子儿孙武术成就所寄予的殷切希望和成才标准。陈王廷在诗文中所描写的人生目标并非只是纸上谈兵，随意写写诗畅谈一下而已。事实证明他说到做到，身体力行，落实于行动、付诸实践之中。最终实现了所规划的人生目标，即造了好拳、传了好拳、教好了拳、传好了拳，确实使所创之拳，弟子儿孙世代相传，高手辈出，代代出英贤，名震四方，至今波及全球，造福了人类。

总之，陈王廷无论从家传武术之积淀，个人武术之阅历、经验之丰富，文化底蕴之深厚，创新践行意识之强，创拳规划目标之明确等方面，均为当时包括蒋发在内的武林同道所不可及。再加上另有相关编创拳械的清晰文字记载可证。故陈王廷具备了创拳所必需的主观意愿和必备的客观条件。其之所以能创出优秀的太极拳事出有因，不足为奇。其诗词自述“造拳”及家谱所载“创刀枪”应确有其事。因此陈王廷初创太极拳之说是有据可查、有迹可考的事实存在。

(三)陈王廷是如何编创太极拳的

创新是人类进步的灵魂，然而，但凡创新又非易事，太极拳也是如此。习武者皆知，若是学拳、练拳或教拳，这些相对来说还较容易，因为只要能好好地学，踏踏实实地练，规规矩矩地教便可。而要创编革新一套好的拳法则绝非易事，不是人人皆可为之。如前所述，陈王廷具备了常人所不能及的创拳必备条件和基础，方使太极拳应运而生。那么陈王廷具体又是如何创编太极拳的呢？虽前文一些内容已有所涉及，而在此可从太极拳三大组成内容及其他成分的形成等方面，再做进一步的分析说明。

1.在拳架套路方面，对当地和家传长拳类拳架套路的推陈出新与丰富完善，成为太极拳拳架套路的主要来源和基础拳架

太极拳架出自长拳类拳架套路是有充分证据的。一可从太极拳之名称早期被称为长拳来看，太极拳与长拳必有一定的渊源关系，故名称的历史演变可为其证据之一；再从陈家沟古拳谱《两仪堂本》所载“太极拳，一名头套拳，一名十三势”来看，太极拳架就是由陈氏家传长拳中的头套拳演变而来；另外，从陈氏家传古拳谱所记载的头套拳套路动作名称，与陈氏所传下太极拳架套路的一致性来看，完全证实当今流传下来的太极拳架套路，就是由陈家沟陈氏家传长拳类五个套路中的头套拳架演变而来。而这个头套拳架，经考察，至少在明代中后期就已在焦作地区包括陈家沟在内的一些乡村流传。通过与至今仍有传承的当地一些长拳习练者的拳架练法对比，即可看出长拳与太极拳在动作名称、顺序、成招定型姿势等方面的诸多相似性，而又可看出二者在身法要求、具体练法上的本质区别。至今在陈家沟，已无法看到这个头套拳的原始长拳风格的拳架练法，因为它已由陈王廷推陈出新、注入新的血液，丰富完善为新的拳种——太极拳。如今这个古长拳及练法在陈家沟已不复存在，已被更科学优质的太极拳所

取代。二者的主要区别，除了太极阴阳理念及对练形式、身法要求的不同外，在拳架练法上，太极拳还有了动作运行上的更加柔软化、徐缓化、圆弧化、意念化以及刚柔相济化等特征。当地武术界很早就将太极拳俗称为“软架”“陈沟软捶”“慢架”“陈沟圈架”等，就是对陈王廷所创拳术“太极化”的认可。陈王廷当年所革新的拳术虽然还不尽完善，但已初具太极拳的基本特征。因此，若说古长拳架为太极拳架之母，那么陈王廷则为古长拳架演变为太极拳架之父。

2.在拳法、拳技方面，对蒋发所传古十三势拳法拳技精华的吸取融合，成为太极拳技法技理形成的主要来源和重要组成

毫无疑问，太极拳的基础拳架来自古长拳，但也不是长拳拳架的简单继承复制，而是在长拳拳架基础上的改进和更多新内容的注入与融合，方成为一种新颖独特、与众不同的新拳术——太极拳。这些新融入的最主要拳术内容之一，应该是蒋发传下的古十三势拳法。因此说，陈王廷最初编创的拳术，主要是在家传长拳的拳架套路和蒋传古十三势拳法拳技的基础上融会贯通而形成的。正因为有了二者的重要融通相合，方才有了陈家拳谱里的“太极拳，一名头套拳，一名十三势”和武派拳谱里的“太极拳，一名长拳，一名十三势”之说，也就有了之后的太极拳已不是长拳的“长拳”之名和已不为十三势的“十三势”之名传世。

古长拳与古十三势这两种拳术能在民间长期传承下来，自然有其独到的拳术价值，特别是这个在太极门看似已消失的古十三势拳法，一定是一个拳势简单而拳法技理、内涵丰富、精妙的拳术，才能引起陈王廷的重视与研究学习。太极拳技击上所擅长的以静制动、后发制人、借力巧取等这些长拳所不主要具备的技法，应该多出自古十三势拳法。但这两种各成系统的拳术也并非完美无缺，一定有其各自的欠缺和需要改进提高的地方，否则陈王廷只需将二者全面继承便可，不必劳神费心重新融合、创新拳术。陈王廷造拳的目的就是提高与优化家传拳术的功夫质量。陈王廷的融合、创新之举，有可能是因家传长拳类拳术有套路杂、势多、技繁而欠内涵精密之弊，而古十三势却又相反，有势简陋而稍缺丰满之不足。故各有利弊长短，互补性强，这正好给精通拳术、经验老到、志在创拳的陈王廷提供了改革、融通创新拳术的空间与机会。因此陈王廷便将其融二为一，取长补短，丰富完善，加之有其他文化理论和拳术技理方面的综合融会提升，方有了太极拳雏形的诞生。所以说蒋发所传古十三势拳法，也是太极拳形成的重要母拳之一，陈王廷也不愧是继承发展古十三势，融古长拳与古十三势为一体的太极拳之集大成者。

3.在拳功修炼、功理功法方面，陈王廷对道教典籍《黄庭经》中功理功法的研习借鉴，成为太极拳内功修炼、功理形成的基础

《黄庭经》为我国道教中的重要经典著作，而陈王廷并非道教信徒，为何到了老暮之年，还要“黄庭一卷随身伴”，形影不离随身携带，如此珍爱这部道教典籍呢？这恐怕与其晚年的“造拳”计划息息相关。因为这是一部有关道教思想、道教修炼和古医学相结合的修道修真书籍。书中的存思观念、吐纳行气、调养真气、意念导引、静思默想、虚无自然及丹田理论、中医经络理论等内容，无不为陈王廷创拳所求所需。对陈王廷要进行的家传拳术改革，提升拳术功法、功理质量，提高练功效果与功夫境界等，都有很大的学习、吸取、借鉴、启迪作用，是具有较高参研价值的重要典籍著作。因此陈王廷才会书不离身，爱不释手，日日苦读，时时研悟，逐渐融入拳术之中，方有了太极拳功理俱佳的精妙所在。正因为此典籍对陈王廷创拳影响如此之大，故诗以言志，借诗吐露心声，便有了诗词中的“黄庭一卷随身伴”之句。这并非是诗词中的随意平平之笔，也非以此彰显常读经书之文雅不凡，而是从中可以看出这部道教典籍对陈王廷创拳的重要程度和在其心中的位置。我们若将太极拳中的不少练功理论、修炼方法，如意念导引、以意行气、气沉丹田等，与《黄庭经》相关功理、功法内容做一比对，不难看出有太多的相同相通之处，可见《黄庭经》对太极拳早期形成影响之深。所以说《黄庭经》是太极拳功法修炼、功理形成的重要来源之一，而陈王廷也就成为最早将《黄庭经》功理功法融入太极拳的第一人。这也正是陈王廷为何当年“黄庭一卷随身伴”的原因和结果。

4.在技击对练形式方面，以家传长拳招法对练为基础和对当地枪术粘缠枪法对练的借鉴吸取融合，形成了独特新颖的太极拳推手

太极拳的技击对练训练方式，主要是双人推手。推手是以双方两手相接，粘随缠圆，掤捋挤按，柔化刚发，听劲变化为主的技击训练形式。是对传统长拳类拳术中招法对打套路训练方法的改进与提升。推手练习更有利于提高身体的协调性、灵敏性和实战应变能力。变招法攻防训练为更高一筹的无招胜有招，挨何处何处击的体感自然反应训练，可提高搏击实战效果和功夫境界。故至今仍为太极拳的主要技击训练方式与手段，深受太极拳习练者的喜爱。

然而，对于太极拳推手具体是如何形成、受过哪些武术影响等问题，很少看到令人信服的解释说明。笔者对传统太极推手有过较长时间的研练，又学练过在当地一向与太极拳齐名的博爱县王堡大枪的粘缠枪法，从中发现二者有诸多惊人的相似之处。经过进一步的比较研究，认为推手的最早形成，极有可能是在长拳类传统徒手招法对练基础上，吸取当地王堡枪法中的粘缠枪对练技法而形成的。

王堡枪为河南武术名枪，据其枪谱记载，最早于明代前期就已在河南焦作博爱县王堡村流传。由该村王氏后人世代相传，并不断与当地武术融合发展而逐渐形成一种独具特色的传统大枪术，在当地被俗称为“王堡大枪”或“王堡大杆”。由于王堡村与陈家沟同属古怀庆府地区，且又相距较近，两村历代传人互慕其技，不断拳枪互学互换，相互交流提高，以至于成为拳枪齐名、远近皆知的两个著名武术村落。所以，当地民间很早就有“陈沟捶，王堡枪，怀府内外响当当”的谚语流传。夸赞陈家沟的太极拳与王堡村的大枪是当地最有名的两大武术精品，成为中原大地武术沃土中争奇斗艳、长盛不衰的两朵武术奇葩。

通过对这两种武术的不断研练体悟与考析，发现二者在枪技枪理与拳

技拳理方面有诸多相同相通之处。如王堡枪术中的缠枪、圈枪、滚进旋回枪与太极拳的缠丝劲、旋圆划弧；王堡枪中的“软制硬”“他枪不动休妄动”与太极拳的“以柔克刚、以静制动、后发制人”；王堡枪对扎枪中的“八法”即“扎、打、崩、缠，劈、捌、挂、捂”与太极拳推手中的“八法”即“掤、捋、挤、按，采、挒、肘、靠”等练用方法与技击原则均高度吻合，差异极小。王堡枪系实战枪法，单练少，对练多，非常注重双人对扎对缠的实战练习，特别是枪法中的二人粘缠枪对练——“推枪”或称“挤枪”，两枪相搭相缠、粘随不脱，以软克硬、以硬制软，守中扎中，一进一退或进三退三，粘缠滚圆，不丢不顶、随势而变等。这些枪法对练的方式、方法和内容要求，与太极拳中的二人“推手”“挤手”练习如出一辙，惊人地相似，有异曲同工之妙。若丢下枪两人赤手相接而练，便可成为太极“推手”；若两人持枪而练，相扎相粘缠，就是王堡枪中的缠粘枪对练“推枪”“挤枪”，其区别仅在于一个是持械缠扎，一个是空手缠推，以及攻防距离上的远近不同而已。二者这些太多的相同相似之处，绝非偶然巧合，一定是拳与枪两家长期交流、互学互融的结果。而王堡枪在当地出现和形成以及成名的时间要更早于陈家沟的太极拳。陈王廷在明末清初编创太极拳之时，王堡枪则成名已久，并已广传于怀庆府诸县。那么平生钟爱武术，有过“披坚执锐、扫荡群氛”经历，晚年志在研武创拳的陈王廷，对近在咫尺的邻县同乡、大名鼎鼎的王堡枪，定会慕名学习吸取，融入所创拳术之中。所以，这种拳枪同理同技，特别是搏击对练中的王堡枪粘缠枪对练推枪与陈家沟粘缠圈推手，所存在的太多相同之处也就不足为奇了。因此，可以说当年陈王廷创编太极拳推手是在家传长拳对练基础上，吸取、融合当地王堡枪技理而形成。

这并非一种凭空想象的臆测，而应是真实存在。事实上，这两种同存一地的名拳名枪，不仅在陈王廷时期有过交流学习，在之后的岁月里，两家也一直没断过互访互学，形成拳枪互学、互换，相互吸取提高的历史传统。据两家相关的记载与传闻，先后有：清乾隆后期陈家沟的陈继夏、晚清时期陈家沟小架传人陈同及忽雷架创编人李景延，清末民国时期陈家沟著名小架传人陈子明等，皆曾前往王堡村学习过枪法。而王堡村也很早就有陈家沟太极拳的流传。王堡村从明末始就世代传存有系统全面、内容丰富的王堡枪谱，而据查至少在清前期这些枪谱就已在陈家沟传抄。陈氏太极理法大家陈鑫，在临去世的前一年（1928年），仍不顾年老体弱，老眼昏花，还在孜孜不倦抄录王堡枪谱于家传拳谱之中，以供后人学练参用。陈鑫的这些拳枪拳谱手迹现在仍被人们追捧、影印、收藏。这些都可证明王堡枪法对太极拳形成、发展、完善影响之大和拳枪互换互学的事实。

另外，有的专家在其著作中，认为陈王廷除了创编了双人推手外，还另创有双人粘枪之术。对于此说查无实据，实不敢苟同，在此可稍做探讨。一是查陈家沟各种老拳谱资料从无陈王廷创双人粘枪的记载，村民与传人也无此传说；二是陈家沟至今没有所谓陈王廷所创出的双人粘枪的任何传承；三是陈氏家谱上所载陈王廷是“刀枪创始之人”也是指传承下来的单刀、单枪的单练套路和枪术中的四枪、八枪的简单对扎对打练习等，并非真正的双人粘枪术；四是若陈王廷当年创传有与王堡枪相似的双人对练粘枪之术，那么陈家沟也不会前后几代人前去王堡村学习王堡枪术了。故不知此说从何而来，有何根据。这很可能是对早年王堡枪双人粘枪法曾在陈家沟有过流传的误解。因为如前所说，陈家沟前后有几代人学练过王堡枪，村中曾有过王堡枪时断时续的承练也很正常，虽然未能完全传承下来，但一些专家可能据此误认为是陈王廷创编了与推手颇为相似的双人粘枪术。

王堡枪为一种技法独特、实战性极强的枪术精品，但易学难练，技高难成。故陈家沟数代拳家包括忽雷太极拳创始人李景延等在学习王堡枪后，均未能系统传承下来。然而，有趣的是，大多却能将所学王堡枪法中的精华，融于他们更为钟爱的太极拳之中，更加提升了拳术的质量与功夫境界。据查，现在无论陈家沟还是温县其他地方，王堡枪仅有枪谱的传抄，具体实际的练法早已失传，仅在拳法及推手中可看出一些蛛丝马迹。

5.在哲理文化、太极理念方面，对儒道传统文化的研修渗融，成为太极拳哲理文化、太极阴阳理论形成的主要因素

太极拳虽原为民间的一个小拳技，但随着拳理拳技的不断丰富升华，特别是太极之理的融入与“太极拳”之名的出现，尤显文雅高端，名实不凡。拳中深含传统太极阴阳文化哲理，故又有文化拳、文人拳、哲拳之称，是名副其实的“太极”之拳。

太极拳在成拳之初，虽然多习惯俗称为“长拳”“头套拳”“十三势”“软十三”“软架”“软捶”“陈沟软架”等，“太极拳”这一雅名并未同时出现，但拳中并非没有太极阴阳之理的存在。无论从历代传承下来的太极拳练功所要求的阴阳、动静、虚实、开合、起落、旋转、蓄发等基本变化准则，还是推手实战中必须遵循的以柔克刚、以弱胜强、以圆化直、虚引实进、阳进阴退等技击原则，无不包含古老淳朴的太极阴阳变化之理。所以，太极拳从其诞生之日起，就已包含有足够的太极阴阳哲理。即便是起初暂没有“太极”之名的命名标志与包装，也不可因此而否认拳中所具有的“太极”内涵之实。

但是，话又说回来，要远追太极拳的哲理文化之源，依然不可忘记陈王廷在其中的重要贡献。其武术家学深厚，功夫高超，又有文庠生学历和写诗作文的文化专长，且终生谦虚好学，文通武备。从文庠生来看，肯定是自幼入私塾，系科班出身，儒家文化经典四书五经为必读之书，而作为五经之首对太极哲理文化影响至深的《易经》，陈王廷自然是熟烂于心，不然很难考取庠生即秀才学历。在其创拳过程中，这些传统文化自然会潜移默化融入创拳的思维之中，成为太极拳技理的重要组成部分。太极拳练习和技击中普遍存在的阴阳、刚柔、动静、开合、虚实等太极阴阳之理在陈王廷创拳之初已或多或少存在于拳术之中。因此说，其所创之拳已经包含部分太极哲理文化，初具太极化之拳特征，尽管未有太极之名，而已具太极拳之实。

再从陈王廷诗文中还可知其至年老时，还在随身常带常读《黄庭经》道教典籍来看，陈王廷平生对道教思想是有研究、有兴趣的人，一定有过长期精修研悟，这些都为太极拳这一文化拳、哲拳的最初形成打下了坚实的基础。因此太极拳中所包含的儒道传统哲理文化，无疑与陈王廷当年参研、融合、吸取有重要关系，否则就成了无源之水。总之，陈王廷对太极拳在哲理文化、太极核心理念方面的最初形成也是有一定贡献的。

6.在具体拳法编创过程中，对蒋发的知人善用、信赖合作，成为得力助手，也是太极拳得以顺利创编的一个重要因素

陈王廷和蒋发是太极拳初期形成史上的两个极为重要的人物。两人近为乡邻，以武结缘，名冠当时。既有互师挚友之情分，又有助友谋事共同参战之义举。二人兵败返乡后，隐居乡野，避谈时政，重在总结平生武功经验，研探武学真谛。陈王廷利用家传武学和个人武功积累，志在革新造拳，便研读儒道诸书，参访各家之拳，特别是对互师挚友、同为武学大家的蒋发信赖重用，实为广纳百川，慧眼识才，知人善用的明智之举。不但融蒋传古十三势于新创拳术之中，还视蒋为志同道合的重要谋士和帮手，诚心诚意将蒋发邀至家中，共研拳艺，相互切磋交流，提高了拳术的实战水平和技击境界。二人时时相见，形影不离，情同手足。蒋发重情重义，视陈王廷为知己好友，尽力相助，成为陈家常来常往的常客；陈王廷诚恳待友，视蒋为难得人才和得力助手，使蒋成为其家里的座上嘉宾。此等为研创拳术的亲密无间关系，还曾被后人误认为是陈尊蒋卑的“主仆”关系，以及又将武功卓绝、英名一世，有武林界“蒋把式”美称的蒋发，误传为是为陈王廷打工干活做奴仆的“把式工”等有趣之事。而陈王廷也终于在个人努力、积极准备、苦心研悟以及蒋发的鼎力帮扶与助推下，得以顺利实现了创拳之志，给后人留下了一份厚重的文化遗产——陈氏太极拳。为感谢陈王廷创拳之功和蒋发助创之举，陈氏后人便将二人合画像供奉于家庙之中，以供后世瞻仰纪念。

五、陈王廷当年所编创的究竟是太极拳还是炮拳

陈王廷是否编创过拳术，前文已有论述，答案是肯定的，而且所创之拳也应该是其历代后人世传的拳中精品太极拳，这一说法至今也得到了广泛的认可。然而，另有一些人节外生枝，又出现了另外一种论调。虽在大量资料可证的事实面前不得不承认陈王廷有创拳之举，但却否认其所创为太极拳，而认为其所创的是在陈家沟同样有流传的陈氏炮捶，真是这样的吗？

有关陈王廷所创是否为太极拳以及他是如何创编的，在前文已有较详细的阐述说明，在此不再赘述，仅侧重有关武术中炮捶，以及陈氏炮捶与陈氏太极拳的关系等问题，谈一下个人看法。

(一)炮捶与陈氏炮捶

炮捶，也称炮拳，是我国武术拳术类中的一种拳法，也是一些武术拳派中的一种特色拳架。因为炮捶这种拳法拳架，在练或用法上多以拳法、肘法为主，拳架风格犹如其名，拳如钢炮爆发，脚震似雷霆乍响，冲拳跺脚、蹿跃蹦跳、惊炸崩弹，以气摧力、以声助威等刚猛火爆特点，故被人们象形而取名为“炮捶”。多为一些拳派中的从属性特色拳架套路，很少独成一派。广传于北方的长拳、红拳拳派中，常见有各种炮捶拳架套路。如焦作地区一些长拳、红拳门派中，除了以长拳、大小红拳为主传、主练的拳架外，多配传有“五花炮”“三进炮”“六回炮”“十五炮”“三十六炮捶”“七十二小炮”等各种炮捶拳架。而同属于焦作地区的陈家沟也毫无例外，从其拳谱记载和历代相传情况来看，也是除了主传、主练的太极拳外，还流传有一个具有典型炮捶风格，且又独具特色的炮捶拳架，应属于炮捶中的一种。因为此炮捶在陈家沟陈氏族人中世代相传，故称为陈氏炮捶。而陈氏传人又习惯于将其与共存共传的陈氏太极拳相排序称名，称陈氏太极拳为陈氏一路拳，称陈氏炮捶为陈氏二路拳等。

(二)陈氏太极拳与陈氏炮捶

陈氏太极拳与陈氏炮捶，都是长期传承于陈家沟陈氏家族的拳术，虽然同出同传于一村一族，但二者又有诸多不同。一是成因不同。陈氏太极拳是由陈氏九世陈王廷在家传长拳类拳术头套拳的基础上，结合蒋发所传古十三势拳术的拳法技理以及传统儒道文化精华等融合改编而成；而陈氏炮捶则是陈家沟陈氏族人历代所传承下来的，并在一定程度上受到太极拳风格影响的一个古老炮捶拳架。具体由谁所创、如何形成，未有记载，不得而知。二是拳架动作与风格特点不同。陈氏太极拳架是以古长拳架为基础的拳架套路，是各式太极拳的标志性基本拳架。陈氏太极拳的运行风格，以松柔徐缓，绕弧缠圆，主练内劲为主要特点。虽也有刚柔快慢之变，但柔多刚少，慢多快少，以柔慢为主。而陈氏炮捶拳架则属于传统炮捶架子，虽然拳架开头几势移植有几个太极拳动作，但整体还属于炮捶动作套路。其拳架运行风格正好与太极拳相反，动作刚猛急促，直抖快发，刚多柔少，快多慢少，劲长而外露明显，以快刚为主。二者风格迥异，互补性强。三是传承地位与重视程度不同。陈氏太极拳是陈氏历代主要传承的核心拳法，是陈氏拳法的精华所在和品牌标志。为陈氏历代传人必修必练之拳。无论陈氏大架和小架名家高手，均以习练太极拳而功成名就。而陈氏炮捶则属于陈家沟非主流小众化传承的拳架，处于次要从属地位，不是一个自成体系的拳法。它是陈氏太极拳习练中的一种辅助性、补充性练功拳架，是陈氏太极拳传人可练可不练、可有可无的一种附属性拳架。武史家唐豪先生于1931年在陈家沟考察时就发现“炮捶一套，因其刚而不柔，村人有学有不学者”（唐豪《戚继光拳经》）。炮捶主要在陈家沟陈氏大架系中多有习练流传，小架系少有练者。而赵堡系及由温县外传的杨、武、吴、孙等皆极少有炮捶的传练。

因此，无论从拳架风格特点、技理要求，还是拳架形成及传承地位等来看，二者差异甚大，不可相比，严格来说陈氏炮捶并不属于真正的太极拳。20世纪30年代，陈家沟相继出版陈氏太极拳著作的陈鑫、陈子明、陈照丕三位拳家，在其各自书籍中均未提及和载入陈氏炮捶。由此可见，陈氏炮捶的非太极拳属性和在陈氏拳法中的次要地位。在焦作地区民间很早就俗称陈家沟拳术为“陈沟捶”“陈沟软架”“陈沟软捶”“软十三”等，皆是指陈家沟代表性的具有柔缓风格的太极拳。有关陈王廷创拳之说，也是指所创的陈氏太极拳，绝非陈氏炮捶。

(三)陈氏炮捶的传承价值与得失利弊

据陈家沟陈氏传下的“两仪堂本”“文修堂本”等老拳谱记载，陈氏先祖曾承练过长拳、红拳及炮捶等多种拳架拳法。而至今陈家沟拳术已由博返约，除太极拳外，仅有炮捶一拳传承了下来。这或许也是优胜劣汰的原因吧。拳谱上记载的长拳系列拳架即头套拳、二套拳、三套拳、四套拳、五套拳等五种拳架，只有头套拳被利用、提高、融合、演变为太极拳，得以传承下来，其余四套拳路及另外的一些长拳类拳架，仅从其拳架动作名称来看，多与头套拳架即太极拳架有较多重复雷同，或因套路冗长平淡无奇，对太极拳无所补益等原因而被淘汰无传。只有无论从独特的拳架动作还是刚猛抖弹的运行特点，都与太极拳风格迥异，对太极拳练习有所补益作用的炮捶被继承了下来。因此，存在即合理，就是需要，能与太极拳相伴数百年而流传至今，自有其传承的价值所在。

当然，对于陈氏炮捶的习练作用与传承存在价值，历来说法不同，贬褒不一。

一种认为，在习练太极拳的同时，特别是有一定太极拳基础，周身筋骨松活开后，穿插练一下陈氏炮捶，冲冲拳、抖抖劲、发发力，可起到以外催内，促进内劲增长，强化内劲的刚猛质量，提高功效等有益作用；其次，炮捶所具有的蹿跃蹦跳、腾挪闪战、步活脚灵等特点，对于提高太极拳的活步推手和散打实战的身法、步法能力也有一定的补益作用；再次，太极拳发展到了今天，其搏击实战功能价值已退其次，而养生健身和观赏娱乐表演功能价值则更受到人们重视和喜爱，已成为不少人习练太极拳的主要原因。陈氏炮捶可以说是不可多得的具有典型传统炮捶特色，而又一定程度上被太极化的一个独特的炮捶精品。除了其所具有的技击与养生效果外，该炮捶的观赏美感价值也不可小觑。其演练时的拳肘如炮，裹抖如雷，腾挪蹿跳，气势如虹、威猛霸气、洒脱自如的拳姿之帅，劲力之美，无不成为陈氏炮捶称霸拳场，出尽风头的一道靓丽的风景线。在人人都在追求健康幸福、美好生活的当今社会，炮捶的养生与美感欣赏价值不可低估。凡能带来美的享受与健康快乐的传统技艺，都有其存在的价值，应该得到传承保护。

以上是一些人对陈氏炮捶褒奖认可的观点。然而，任何事情皆有两面性，有利就有弊，因此另有一种观点认为，陈氏炮捶虽然在松柔圆活等方面受到太极拳的一定影响，有区别于其他炮捶的太极化特征，但严格来说毕竟还不属于太极拳，与太极拳的拳理、拳架、练法要求等皆有较大区别。炮捶拳架势大路线长，其大开大合、大裹大分、长蓄长发、直冲横打等练法与正统太极拳的练法与劲法相悖。久练炮捶易习惯性地将这些非太极拳的东西不自觉地带入太极拳中，异化太极拳的特征，导致蓄发劲外露且过长，外劲看似刚猛，其实外强中干，内劲不足又难以实用，有失太极拳固有的小巧轻灵，圈小劲短，打人不露形之妙和纯正太极拳风格等负面影响。不少人的这些认识和看法不无一定道理。这恐怕也正是一些太极流派及传人对陈氏炮捶不学、不传、不练、不屑一顾的主要原因。

在中国武术的传承中，历来就有一个武者可同时或先后学练几家或几种拳术的现象。民间也有“拳比三家理通，拳学三家善变”之说。太极拳界也不例外，不少太极习练者或太极名家有过学练外家拳的经历。有的一经习练一门太极拳后，感觉良好，兴趣大增，被太极拳所特有的魅力吸引，欲罢不能，遂尽弃前学，独练独精太极一家，未受前学之影响，终成一家一派太极拳名家高手。而也有的太极拳家之前习练过其他拳术，且已功夫上身，学练太极拳后仍同时坚持习练旧学，新旧两不丢，同练难免会有互融现象，所练太极拳容易有些异样风格。而且有的拳家还有意而为之，执意互融、互通，竟也能出功夫，长功效，甚至还可催生新的太极拳流派。如早先以形意、八卦成名，后又习练武氏太极拳的武术名家孙禄堂所编创的具有形意、八卦技法的孙式太极拳；后有习练过心意拳，后又习练陈氏太极拳的太极名家冯志强，所创立形成的具有心意内涵的混元心意太极拳等。这说明专一练或混合练各有长短优劣，事在人为，拳在人练。若混练运用结合得恰到好处，则可锦上添花；否则，适得其反，非驴非马，皆失其彩。而陈氏太极拳与陈氏炮捶同存、同传于一村一族数百年，相互影响，互通、互融自然在所难免，以至于出现太极拳化的陈氏炮捶即所称的“陈氏太极拳二路炮捶”和一些多少有些炮捶化风格的太极拳。

时至今日，这种陈氏太极拳与陈氏炮捶的混搭、混练、混演似乎也愈演愈烈，似乎也越来越受到练者喜爱和观者欢迎，几乎成为拳坛、拳场、赛场的一大亮点。不少名家与拳手，在各种赛场和表演平台上，热衷于太极与炮捶的一二路大串演串烧，常常在观者如潮的赛场或表演场上可看到此等情景：演练者上场立稳后，先是平心静气，柔缓而行；进而渐入佳境略显刚柔相济、快慢相间；最后狂风巨浪，翻江倒海，蹿跃蹦跳，刚猛无比，高潮迭起。将一路太极与二路炮捶混演得天衣无缝、恰到好处，把太极拳与炮捶的刚柔快慢忽变之美展示得淋漓尽致，自然会迎来观众雷鸣般的掌声、叫好声和裁判的一致高分。而此中得失利弊，仁者见仁，智者见智，难以评说。依笔者之见，可能更愿意看到更太极化的陈氏炮捶，而不愿意看到更炮捶化的陈氏太极拳。一是担心会渐失陈王廷所创太极拳原汁原味的太极拳本色；二是担心会引起一些人趁机对陈氏太极拳性质的无端猜疑。因此，有一些有识之士认为，无论练太极拳还是炮捶，抑或其他拳术，并非不可同习同练，若能各守其规，各遵其矩，各走其道，练啥像啥，学谁像谁，力求坚持各自纯正本色，方为正道，也是最好的传承。不可以炮捶没练好反将太极拳也带偏带歪，带进坑里，那就得不偿失了。

(四)不可喧宾夺主，借炮捶之名否定创太极拳之实

通过以上对陈氏炮捶历史渊源、风格特点、传承价值以及与陈氏太极拳的关系等问题的初步分析研究，可帮助大家了解和认识一个真实的陈氏

炮捶。但下面还是重点回到陈王廷所创是否为炮捶这一主题上来，进一步揭示“陈王廷所创为陈氏炮捶”之说的真伪和此说出现的原因与动机。

1.到底什么是陈氏炮捶？为谁所创？

陈氏炮捶是陈家沟陈氏家传古拳法的一种，是唯一与陈氏太极拳风格相异又相伴而传的陈氏家传拳架。与相传的代表性拳架陈氏太极拳相比，陈氏炮捶属于小众化的次要从属地位，是陈氏太极拳的一种辅助性拳架，对陈氏太极拳的功法练习提高有一定的补益作用，严格来说并不属于太极拳，只是具有一定太极化风格的特殊炮捶。

在炮捶的渊源、形成方面，从拳谱记载和拳架动作、功法特点等来看，应属于来自民间并长期在陈家沟相传的一种古老炮捶。也是长期与陈氏太极拳相伴而传过程中，受到陈氏太极拳一定影响而形成的一个独特的陈氏炮捶。从陈家沟传存下来的各种家谱、拳谱资料来看，没有可证明陈氏炮捶为陈王廷所创编的记载。其太极化风格，应为陈王廷编创太极拳之后的陈氏后人不断融化所致。退一步来说，即便是陈氏炮捶也确为陈王廷所创，但其也仅为次要的、从属于陈氏太极拳的一个非主流拳架，绝不可喧宾夺主，一叶障目，以次带主，以炮捶之名否定陈王廷创太极拳之实。

2.为何会有“陈王廷所创为炮捶并非太极拳”之说？

应有以下原因：

（1）别有用心，有意而为之。

一些持此说者，其所承练的太极拳，若追根寻源，明明来自温县陈家沟。然而，不可思议的是，却对陈家沟陈氏偏见极深，不惜找出各种理由极力否定陈王廷创太极拳。所谓陈王廷所创为陈氏炮捶，并非太极拳之说就是其中一例。这些人对于陈氏炮捶与陈氏太极拳的区别不是真正不知，而是心知肚明，明知陈氏炮捶非陈氏拳法主流和精华，明知陈氏炮捶绝非真正意义上的太极拳和不一定为陈王廷所创。却别有用心，以此为借口，故意置陈家沟主传品牌拳法——陈氏太极拳于不顾，喧宾夺主，有意将不完全属于太极拳的炮捶发明权扣在陈王廷头上，而将太极拳的创始者，或远追至唐宋得道仙人，或近加于自己祖师爷的身上，以陈王廷创陈氏炮捶之名，否定其创太极拳之实。其用心昭然若揭，路人皆知。

（2）误解误判，无意或有意而为之。

陈氏炮捶作为陈氏太极拳的一个配搭拳架，长期以来一直在陈家沟陈氏家族内部的部分传人中传练，早年外界少有人知。就是当年三下陈家沟的杨露禅，也仅学得了陈氏拳法的精品代表太极拳，并未得传陈氏炮捶。并非陈家老师藏秘不教，也不是弟子学不会，自然是师徒有共识，认为学练价值不大，才专攻陈氏拳法精华太极拳。至于杨露禅同乡武禹襄在赵堡镇陈清平处也未能学得炮捶的原因则更简单，那就是赵堡系历代拳师皆无炮捶的传承。所以，陈氏炮捶的重要性、影响性和知名度，不可与陈氏太极拳同日而语。

据查，陈氏炮捶最早被外界所知，应该始于20世纪20年代末陈家沟名师陈发科入京授拳时的公开演练和传授。陈氏炮捶的刚猛暴烈、腾跳弹抖风格，使京城太极界大开眼界，惊叹不已，连在京诗人也有感写下了“不意陈君标异帜，缠丝劲势特刚强”之赞叹诗句。同时也使不少人在赞叹之余也产生了些疑惑与不解，为何与他们所练有如此大的区别。于是，误解、猜测多由此产生，在缺乏对陈氏炮捶基本属性、在陈氏拳法中的地位以及与陈氏太极拳的关系等全面了解的情况下，一些人片面武断地认为，炮捶的风格与练法，就是陈氏太极拳所具有的基本特征，过于放大陈氏炮捶刚猛一面的代表性，而忽视陈氏太极拳仍一贯坚守的松柔徐缓特点，以区区一炮捶，不仅代表了陈发科先生所承练的整个陈氏大架系太极拳，甚至还扩大延伸至陈氏小架系及赵堡系太极拳等，似乎认为焦作地区各系太极拳都是陈氏炮捶这种刚猛暴烈的风格特点，好像整个温县从来就没有真正松柔徐缓风格的太极拳，遍地都是炮捶一样。进而由误解到误判，再到误定，陷入陈氏太极拳并非真正的太极拳，而是陈氏炮捶；陈王廷所创也一定不是太极拳，而是陈氏炮捶等一错再错、奇谈怪论的怪圈之中。而这些人中的个别人不仅仅是议论议论，嘴上随便说说而已，还敢于付诸行动。据说新中国成立初期，一次在北京召开的太极拳各派名家会议上，竟然有人公然要求将陈氏太极大家陈发科拒之门外，不让参加。其理由便是陈发科先生所练为炮捶而非太极拳，故无资格参加太极拳会议等。此举完全忘记了各派太极拳均源自陈氏太极拳，陈氏太极拳为各派之祖这一基本事实。因此，孤陋寡闻、不尊重历史、不求甚解、无知无畏和门派偏见，是造成以上言行问题的根本原因。这些对太极拳的健康、和谐发展百害而无一利。

六、荒诞的太极拳新源说

近些年来，还有那么一些人罔顾事实，不但继续以陈氏炮捶来歪曲非议陈氏太极拳，还别有用心地针对陈氏太极拳所具有的刚柔、快慢变化风格特点，大做文章，以此来进一步怀疑甚至攻击陈氏太极拳及整个温县太极拳的属性，试图否认陈王廷创太极拳和温县为太极拳发源地这一事实。而且还挖空心思、标新立异地对太极拳的形成史有了新的高论。时不时会听到什么“温县原本无太极拳”或“杨露禅之前无太极拳”的声音。

大家应该知道一个有据可查的事实，那就是至今所流传的各派太极拳，皆是直接或间接源于温县陈家沟与赵堡镇，因此民间便有“天下太极出温县”或“天下太极出陈沟”之说，这是对温县之外各派太极拳之源通俗化的高度概括，也是任何人难以否认与回避的一个不争的事实。若温县所创传的皆非太极拳，而像一些人认为的那样，要么是陈氏炮捶不是太极拳，要么是因陈氏太极拳具有刚快变化特点也不属于太极拳，那么，由温县传出，而只是有些风格变化的各式太极拳又怎么会是太极拳呢？有其母方有其子，母体非太极拳子系各支又岂能是太极拳乎？这么多太极拳派又是从何而来呢？

于是就有了一些人的奇思妙想和太极拳的新源说，有了另类版本新的太极拳形成史说，同时也逐渐暴露了某些人的司马昭之心。他们不再重提张三丰创太极拳的陈词滥调，而是根据个别专家的误说和个人的曲解，说什么太极拳所具有的柔绵徐缓风格特点，应是源于杨露禅的进京授拳。说杨当年在京城王府教拳时，所教多为王公贵族子弟，其身份高贵特殊，一向养尊处优，身体柔弱娇嫩，又身穿长袍短褂，因此，下不得身、跺不得脚、抖不了劲，又多为健身目的等。所以，杨就因材施教、因人而变，将原来所学的刚猛震跳陈氏拳，改为不纵不跳、不抖不发，柔软徐缓的太极拳风格。因此，就说太极拳所具有的松柔徐缓的基本特征，应始于杨氏，由其改编而成等。或明或暗，以此来说明杨露禅才是太极拳基本特征形成者和太极拳的真正创始人。

至此还不算完，在把太极拳所具有的基本特征完全归功于杨氏后，又恐怕有名不正言不顺之嫌，于是就又在太极拳之名称上打起了主意，编起了故事。说是光绪皇帝与一品大臣、三代帝师翁同龢，一次在皇宫内观看杨露禅演练拳术后，大加赞赏。翁同龢更是赞不绝口，诗兴大发，遂提笔挥毫赠诗两句："文有太极安天下，武有八极定乾坤"（也有说翁所题诗为："手捧太极震寰宇，胸怀绝技压群英"），从此才有了"太极拳"这一高雅的拳名。之前只是称为"绵拳""软拳"或"十三势"等，所以，太极拳之名也是因杨而取，翁同龢便是太极拳取名之人。这样前后联系起来便告诉世人，太极拳绵柔徐缓的风格特征是由杨露禅所改创，太极拳之名也因杨而改定。于是，杨露禅就俨然成为名正言顺的太极拳创始人，"杨露禅之前无太极拳"的论调也由此而产生。果真如此，太极拳的渊源、形成也就没有陈家沟与陈王廷什么事了，一个新的太极拳发源地与创始人后来居上终于诞生了，太极拳之源地可能要易地易主，陈家沟的拳家们可能会倒过来到先祖外传弟子那里去朝圣拜祖了。

当然，以上所说只是一小部分人的一厢情愿和希望看到的结果而已，而能否实现则是另一回事。鉴于此种观点与高论，现今在一些书刊及网络上时有出现，有一定影响，故不妨再分析研究一番，看看是否符合事实。

有关太极拳的刚柔快慢问题，这也是太极拳界历来有争议的一个话题，也时常会看到一些片面认识和比较极端的观点。虽然一些内容前文有关章节已有所涉及，但在此还有继续探讨的必要。

综观太极拳各流派，在刚柔快慢变化方面，确实不尽相同，存在一定差异，但总体来说可分为两种类型。

一种可称为松柔徐缓性。这一类太极拳不提倡甚至反对有明显的外形抖发劲和过快的动作练习，整个拳架练功过程只是柔缓运行，注重以意行气，用意不用力，意到气到劲自到。即便是有刚也是形不外露隐于内的微微灌劲式的内刚暗劲；有快也是视而不见的神气之快，气势之灵。不少老拳师练一辈子这种风格的太极拳，也难以展示表演一个明显的刚快抖发之劲，但也是内劲浑厚，功夫过人，仍不失为一派之名家高手。属于此类型太极拳的有温县赵堡太极拳一脉的各主要支系，如陈清平传下的和氏系、张敬芝系、李作智系与陈清平家传系等。此外便是由温县外传而后来所形成的杨、武、吴、孙等派太极拳。

另一种则是以松柔徐缓为主要特征和基本要求，而兼有刚柔快慢变化型，也可称为柔缓基础上的刚柔快慢相济型。此类太极拳除了以松柔徐缓为主要练功过程和重要手段方法外，在拳架练至筋骨已开，内气渐足，周身松柔圆活后，可辅以个别拳势动作，如“掩手捶”“青龙出水”“当头炮”等冲拳动作中，有明显的刚柔蓄发与快慢之变；或是在特定练功层次、练功阶段或练功时间内，有鲜明突出的刚猛抖发、刚柔相济、快慢相兼、惊炸闪战崩弹的内外兼修练习，是一种含有内外劲相合，明暗劲俱有的练功风格，以此作为松柔基础上提高功效与功夫质量的一种有益的补充手段与方法。有一个由柔到刚，刚而复柔再到刚的反复搓揉的科学练功过程。此类太极拳自然也是出了不少名家高手。这类太极拳主要有陈氏太极拳大架系与小架系，主要由赵堡太极拳演变而形成的忽雷太极拳更是典型代表。然而，这类太极拳的练法也并非千篇一律、完全相同，是有个性差异的。即便是同一拳派的不同传人，在刚柔快慢变化方面，因师传和个人偏好的不同，也存在或有或无、或多或少的不同。比如陈氏太极大架系一向以刚柔快慢抖发最为突出，现在多数传人擅长此种练法，特别是一些传人在赛场与表演场上，为博眼球和得高分而过分刚猛抖发展现，更是加深了人们对陈氏太极大架系的刚快印象。然而，据了解，也有部分大架传人既不练或很少练二路炮捶，而练一路太极拳也很少有快刚抖发练习。即使有，也是到了一定火候时的短暂补充练习，而主要还是长期专注陶醉于轻柔徐缓，以意导气的练内功的拳架。就连陈氏拳架中的“掩手捶”“青龙出水”“当头炮”三个典型习惯性发力的冲拳动作，也是意到气到，隐而不发，外柔内刚，温柔文雅，与一些人在台面上所极力展示的刚猛威武形象显然是两码事。难怪有人传说，陈氏太极拳内部有“花架”与“练架”，“假架”与“真架”之分，此说法虽不可全信，但又不可不信。又如陈氏小架系更是以轻柔徐缓练习为主，部分传人也是仅到了一定的练功层次方有这种刚快抖发劲练习。而以快如闪电、猛如惊雷著称的忽雷架太极拳，也并不是从开始学练就要抖发“忽雷劲”，也并非整个练功过程都在不间断地忽雷来、忽雷去的长期抖发如雷电。该拳的一个重要特点就是将整个练功阶段细分为十一个层次，但也是仅在“柔架”“行气架”等之后的五层“劲架”与六层“圪节功夫架”中，方有这种外形鲜明的刚快抖发，速闪忽变的忽灵劲练习，在设计的整个练功层次和习练过程中，多以松柔圆活、气血导行的拳架练习为主。

杨氏太极拳，虽一向以松柔徐缓而著称，但近些年从不少网络视频资料中，屡屡看到一些杨氏传人仍保留有这种传统的刚快抖发拳架。据说杨氏传人中第一功夫高手杨班侯，就最擅长太极拳的小寸劲抖发练功拳架。而杨露禅的嫡曾孙，杨氏太极拳四代传人杨振基先生，在其与人合著的《杨澄甫式太极拳》一书中，也写其伯父杨少侯的拳架“架高动作紧小而快慢相间，发劲刚脆，豁然有声”。所以，快刚之练，绝非陈氏一家有和独家“变异”所导致的所谓“非太极拳属性”。不可但凡拳中一有刚快之变、抖劲之形，就大惊小怪怀疑其太极拳属性。殊不知刚柔、快慢之变，本来就是符合太极阴阳之理的练法，怎可以此来否定太极拳的属性，从而别有用心地树立一个太极拳新的创始人与新的源地呢?

通过以上分析探讨，对太极拳的松柔徐缓和刚柔快慢问题可大致总结有以下几点认识：

第一点，松柔徐缓为各类各派太极拳所共有和共同坚守的基本练功方法与原则要求，是太极拳重要的基本特征之一，是衡量太极拳属性的重要标准之一。但是任何事物都同时兼有共性与个性、一般性与特殊性。因此松柔徐缓是太极拳的共性特征或称一般性特征，而快刚练习则是一些太极拳的个性特色和特殊风格。没有太极拳的个性特色和特殊风格，就没有太极拳流派的产生。

第二点，太极拳的松柔徐缓特点，应源于陈王廷创拳之时，是陈王廷研悟、融合、创编太极拳的结果。在温县太极拳外传于杨、武等太极拳流派之前，这些特点及太极拳的三大内容要素均早已形成，是太极拳最初被称为“陈沟软捶”“软架”“软十三”“慢十三势”以及“绵拳”等拳名的根本原因与依据所在。若是陈王廷所创的拳术不松、不软、不慢、不绵，就不会有这些带有“软”“慢”“绵”的拳名出现，也不会称太极拳为内功拳与内家拳。所以，松柔徐缓的风格特点，为温县所有太极拳世代相传的、原来就有的、一贯坚守的太极拳练功精要真传，绝非源于温县太极拳外传他省之后的某派某人所发明创造，而陈氏太极与忽雷太极等所具有的刚快练法只是在松柔徐缓基础上的一种补益，一种特色而已。

第三点，太极拳按综合风格特点及传承传播、影响力等，经官方认定已分为数家数派，不管所分是否科学合理，是否符合流派形成应该具有的特征与标准，现在官民业已认可，既成事实，无须再多评说。而太极拳的种类划分，若撇开其他特点，仅按松柔徐缓和有无刚柔快慢之变特征来分，实际上又可分为松柔徐缓型和松柔徐缓基础上的刚柔快慢变化型，即刚柔相济型两大类型。二者皆为太极拳，都属于传统太极拳的一种，只是特色类型不同而已。松柔徐缓型的太极拳属性不容置疑，因为此类太极拳除了主要具有和突显了松柔徐缓太极拳“阴柔”这一基本特征外，并非不具备太极拳“阳刚”的一面与特征，只是表现的形式不同。这类太极拳是隐于内的内意、内气、内劲的开合、松紧、阴阳、刚柔变化，是藏于内里的，形不外露的，积柔成刚的一种阴阳刚柔变化。无论以什么形式，若没有阴阳刚柔的变化，仅为纯阴或纯阳的拳法，绝不是真正的“太极”之拳。因此，此类太极拳也理当属于太极拳。

而柔缓并兼有明显刚快之变型的太极拳，毫无疑问也是属于传统太极拳的一种。因为其既具有太极拳松柔徐缓“阴柔”的一面和基本特征，而其鲜明的刚快特点更是突出和彰显了太极拳重要的另一面“阳刚”的特点。此类太极拳鲜明突出、淋漓尽致地显现出了太极拳本该具有的阴阳相济，刚柔互变，快慢相间，忽隐忽现，急应缓随的拳法特色。因此更是毋庸置疑的地道太极拳。事实证明，这类太极拳无论从其功效性、技击实战性、健身性及观赏性等方面皆有一定的优势和独到之处。

太极拳无论从其拳名还是拳法性质内容来看，都不可偏离阴阳相济、刚柔互变、快慢相间这一基本太极阴阳核心哲理和运行规律。王宗岳《太极拳论》早有“太极者，阴阳之母”和“阴不离阳，阳不离阴，阴阳相济方为懂劲”的对太极拳本质属性的定调定论。刚快之变并非太极拳的绝对禁忌和其属性的衡量标准。太极拳并不是一柔到底越柔越好，更不是一刚到底越刚越好；既无纯柔无刚、纯阴无阳的太极拳，也无纯刚无柔、纯阳无阴的太极拳。陈氏古拳论对此早有明确的“纯阴无阳为软手，纯阳无阴为硬手，阴阳不偏为妙手，五阴五阳为正宗”的定论，偏阴偏阳皆为病手，唯阴阳不偏、刚柔相济方为太极正道。因此太极拳归根到底，最终练习与追求的就是阴阳、刚柔互变的太极阴阳平衡之术。绝不可片面地拿其阳刚的一面做文章，否定太极拳的性质，进而改变太极拳的形成史。

至于一些人所说的太极拳名称是出自晚清重臣翁同龢所赠杨露禅“文有太极安天下，武有八极定乾坤”诗句，太极拳因此而得名，更是不可信。一方面作为比较勤政、日理万机的清代光绪皇帝与一品大臣翁同龢，不太可能忙里偷闲有雅兴在皇宫里君臣共赏一位民间拳师展演拳术；另一方面，作为不懂武术，身为文臣的翁同龢，也不可能在皇帝面前，不等皇帝赏赐表态，就会大笔一挥题赠什么“太极”“八极”“安天下”“定乾坤”之类的豪迈诗句；再一方面，任凭太极拳、八极拳练得再好，也不会有“安天下”“定乾坤”神威功效。在冷兵器时代，驰骋沙场，保家卫国安天下，赤手空拳上战场应该是远不如刀枪器械杀敌效果更好，翁大臣就是再欣赏太极与八极两大拳术，也不至于这样夸大区区民间拳艺的功能价值。

民间很早就有流传“文能提笔安天下，武能上马定乾坤”或“文人执笔安天下，武人骑马定乾坤”以及“文官提笔安天下，武将上马定乾坤”等相类似的诗句。根据这些反映古人对文武全才的向往与追求，或对文武官员职责期望的诗句，不难看出，与武术界流传已广的“文有太极安天下，武有八极定乾坤”之句，二者所具有明显的移植修改痕迹。不排除是个别习练太极拳或八极拳者，为提高所练拳术的名声与地位，灵机一动，只修改寥寥数字，就有了新内涵的惊天杰作，成就了太极与八极两拳的无上荣耀。之后，又被一些人编在故事中，将作者安在晚清著名大臣翁同龢头上，而故事的主角定为杨露禅，借此来争夺太极拳名称的发明权。

有关太极拳名称来源在此不再赘述，但至少知道在清代乾隆时期的王宗岳之前就已出现，否则，王宗岳不会以“太极拳”之名作为文论之名而写下著名的《太极拳论》。

总之，无论在太极拳刚柔快慢风格特征方面做文章，还是在太极拳名称上如何编故事，动心思，都是孤陋寡闻、荒唐幼稚之举，终将难以改变中国太极拳真正的形成发展史。

七、论蒋发对太极拳形成的影响与贡献

蒋发对太极拳最初形成的成就与贡献虽不及陈王廷，但也功不可没，同样是太极拳发展史上的一个重要人物。其对太极拳最初形成的影响和助推作用，应该得到后世的认可与尊重。

(一)传授古十三势拳法成为太极拳形成的母拳之一

蒋发自幼随村邻陈家沟陈王廷等武师习武练拳，功底扎实，初有所成。后偶遇名师，赴山西习得古十三势等拳法功法，遂功夫出众，闻名乡

里，得到启蒙之师陈王廷的赏识认可。两人在武术方面，互习、互赏、互敬，互为良师益友，长期广泛交流，情深义重，终生相伴。陈王廷晚年隐退家乡，立志造拳传拳，除对家传武术总结整编外，还广采博纳，经常研习道教典籍《黄庭经》等传统文化经典，充实拳术功法理论和修炼方法，又不断研究、学习、吸取民间传统武术精华。其中，蒋发受山西师传的古十三势拳法，便是陈王廷在编创拳术时重点借鉴采纳的拳法内容之一。这个古十三势拳法，虽然从拳架套路、拳技拳理、技击训练形式等，还不具备太极拳的三大组成内容和其他综合特征，还不属于太极拳，但决不可小觑和低估其在陈王廷创编太极拳中的重要作用，也不可简单认为仅是由十三个拳势组成的一个粗陋拳术套路。而这个古十三势，一定是一个短小精悍、内涵丰富、拳法独特、技法较为科学的拳术浓缩精品。否则不可能造就出一代武术大家蒋发，也不可能得到另一武术大家陈王廷的重视与青睐。当然陈王廷在晚年对十三势拳法的格外看重和研习，其目的并非个人练功和提升自身功夫，主要是研究其中奥妙，以便借鉴吸取，为创拳之需，为编拳之用。而最终使这个古十三势拳法成为太极拳形成的母拳之一。

那么，太极拳中的哪些技法内容受到了古十三势拳法影响呢？我们从太极拳的组成内容来看，拳架套路方面，有陈家沟古拳谱“两仪堂本”“文修堂本”等为证，主要是来自陈氏家传的北方流传较为普遍的长拳、红拳类拳架套路。陈家沟数本古拳谱中所记载的拳架套路多达数十种，拳式动作可达数百种。因此，陈王廷编创拳术，最不缺少的就是拳架套路与拳式动作，而陈王廷只是把家传各种拳架套路中，更有继承和利用价值的“头套拳”，作为所创之拳的基础主体拳架。所以，陈王廷所创之拳在拳架套路方面，应该受古十三势拳法的影响不大。而太极拳的一大特点便是注重意气运行，强调以意导气的练功方法。这一特点内容应该主要是得益于陈王廷晚年研习《黄庭经》等道教传统修炼功法理论的结果，但也不排除部分来自对古十三势拳法的吸取。除此之外，太极拳所具有的另外一些重要内容与特点，如拳架的柔缓运行，技击中的以柔克刚、以静制动、后发制人、借力巧打等很可能是陈王廷借鉴吸取于蒋发所传古十三势拳法。因为这些特点与方法是陈王廷创拳之前其家传长拳类外家拳“硬架”所不具备，也非道教典籍《黄庭经》等非专业拳术类书中所有。陈王廷要编创拳法，肯定想在家传长拳类外家武术拳架练习与技击方法上有所提升、突破和创新。而古十三势拳法别具特色的练功方法和精妙的技击之术，正是陈王廷求之不得的。于是陈王廷便学而化之，将这些科学实用的拳术内容，有效地融入太极拳之中，成为太极拳的重要特点之一。这就是陈王廷在晚年那么重视研习蒋传古十三势拳法，不惜将蒋发邀请至家中，视为座上宾，成为家中常客的原因。由此也可说明蒋发所传古十三势拳法等内容对太极拳形成所起的重要作用。

(二)助创之功，功不可没

蒋发不仅仅是为陈王廷创拳提供了古十三势等拳法技理的帮助，使之成为陈王廷创拳的重要源泉之一，还有更重要且又往往被人们所忽视的一点，那就是蒋发对陈王廷创编拳术还有助创之功。虽然对于此事，之前并没有具体、明确、直接的文字记载，但是，我们若静下心来，细细思索分析那些流传下来的有限文字资料及相关的传说，还是可以从中推测和发现一些比较真实可信，可以佐证这种可能性与应该存在的一些信息。

1.从二人的亲密关系上看这种可能性

前面一些章节已讲过，蒋、陈二人有着同乡、同道、互为师友的多种亲密关系。因此，在陈王廷晚年立下创拳之志后的整个创拳过程中，身为与陈王廷一向交往密切、关系非同寻常、身怀武功绝技且又近在咫尺的蒋发来说，决不会对陈王廷的创拳之举袖手旁观，冷漠对待，不予以帮扶相助。而陈王廷的革新创拳又非易事，要编创出一门好的拳法，除了总结平生积累，吸取家传拳法精华，虚心学习求教以及经常研读《黄庭经》等儒道理论经典外，更需要一位志同道合、情深义重，同样武功卓绝、实战经验丰富的好帮手。所以，陈王廷积极邀请蒋发参与到自己的创拳大业之中，是再正常不过的事了。因此，蒋发便成为陈王廷创拳过程中不可或缺的进行拳艺研究、探讨、切磋、试验技术的好对手、好助手，最终成为志同道合、一主一副、研创太极拳的最佳搭档和被后人称道的武林挚友。

2.从蒋发传拳陈王廷、传拳陈家沟之说来看这种可能性

陈家沟历来就有蒋发传拳陈王廷、传拳陈家沟之说。无风不起浪，此说能长时间在陈家沟世代流传必有其原因和一定的真实性。但关于蒋发所传拳内容，据前文考析，认为应该是蒋发学于山西师传的古十三势等拳法，并不是之后的太极拳。而太极拳是经过陈王廷吸取了蒋传十三势拳法的部分技法和融合了家传长拳类等拳法技理后，方形成了太极拳雏形。这应该是符合太极拳形成史的。但是，再从陈家沟历代村民和传人对蒋发其人的念念不忘及尊崇情况来看，恐怕蒋发对陈王廷的造拳及陈家沟的贡献不会仅仅只是一种拳法的传授、提供，很可能还有其他方面的特殊作为与贡献。

3.长工之说，事出有因

据陈家沟拳家陈鑫、陈子明书中记载和一些村民传说的分析，蒋发当年曾随同陈王廷参加过陈王廷好友登封李际遇领导的农民起义，兵败后共同返乡，陈王廷隐居陈家沟以创拳传拳为己任。而蒋发却被写为“有蒋姓仆于公”，即蒋发被陈王廷收留，成为其家中一个打工糊口的长工仆人。这个“长工”“仆人”之说，显然于情于理皆不相符，是违反常理而不可能发生的事。论蒋发的武艺、江湖名声和与陈王廷多年的友好关系，以及据说当年蒋发还有经营布匹生意的经历来看，蒋发无论如何也不会沦落到给好友陈王廷当“长工”做“仆人”的地步。陈王廷也不会如此不重情义地狠心或忍心让蒋发成为“家奴”。那么既然不可能，为何会有如此之说呢？这要从蒋发的一个绰号“蒋把式”说起，很可能与此有关。

“把式”一词，可有两种解释，一种是指长工、短工、仆工之意，即给他人当把式工、打工干活，在富人家做工、当把式、做佣人如“车把式”“扛把式”等的称呼；另一种则是指对武术、文艺等圈内人员习惯

性的江湖称呼，如“武把式”“捶把式”“好把式”“李把式”“张把式”等对武功高强者的尊称。又有如“耍把式”“打把式卖艺”“假把式”“嘴把式”等则是指表演武艺，以武艺谋生或指一些会花拳绣腿，只会耍嘴皮子，没有真功夫的习武之人。而人们称蒋发为“蒋把式”显然是指蒋发是一个武艺高强的武术好手之意。然而，包括陈家沟拳家陈鑫、陈子明等在内的一些人，却把这个“蒋把式”误解为蒋发是一位“把式工”“佣工”。而且还把蒋发所打工干活的主家，说成是二人一向关系密切亲近、互师挚友的陈王廷，其可信程度可想而知。

另外，蒋发被陈家沟人称为“把式工”“长工”“仆人”等，很可能还另有隐情，或者说另有原因，或是另一种误解。可能是由于二人参加登封义军失败返乡后，隐居于乡间，并对此事一直心有余悸，不敢高调做事，怕官府追责，招惹麻烦，只能较为隐蔽低调地交往处事。陈王廷隐居家中，研武创拳，蒋发也会时常到陈王廷家里默默切磋，试技交流，二人形影不离，蒋发便成为陈王廷家中的“常客”，而并非打工干活的“长工”。而不明真相者看到蒋发经常在陈王廷家里，便误认为蒋发是在陈家帮忙干活的佣工。也有可能是陈王廷当年对创编拳术之事比较低调保密，不愿对外说出二人频繁交往的真实原因，便声称蒋发经常去他家是在打工、帮忙干活等。于是就有了蒋发为陈王廷的“仆人”之说，将一个武林高手“蒋把式”帮助陈王廷编创拳术之举，变成了地位低下的在陈家做“仆人”、帮忙干活的“把式工”。

虽然“仆人”“把式工”之说实不可信，但也可从另一侧面反映出陈王廷晚年在创拳过程中，与蒋发二人关系之密切，交往之频繁，友情之深厚。这也进一步证明蒋发曾帮助陈王廷研创拳术的真实性。

4.陈氏家庙敬奉蒋发像，此为又一物证

蒋发是否有过助创太极拳之举，仅凭以上文字罗列推理，恐怕还是难以完全使人信服，若能稍有些物证可据，就更能说明问题了。当然，答案是肯定的，那就是至今人们仍可听到或看得到的蒋发与陈王廷二人的合画像，以及合画像还曾敬奉于陈氏家族祠堂一事。这可作为蒋发助创拳的最有力的物证。

祠堂，又称家庙，是我国宗族祖先崇拜的产物，是民间家族姓氏供奉与祭祀历代先祖神灵的地方。那么，对于世代以太极拳为家族荣耀的陈家沟陈氏家族来说，何人才有资格与家族中的武术名人陈王廷合画一像，并被供奉于家族最神圣的家庙之内呢？一个外姓人凭什么打破常规与族中以武显名创编太极拳的陈王廷不但合画一像，而且还要共同被敬奉于祠堂之中呢？是否与蒋发协助陈王廷创拳有关呢？若蒋与陈仅为乡邻关系、师徒关系、好友关系、战友关系、互师关系等诸多关系，其画像皆不足或没资格被敬奉于祠堂内。若为所说的主仆关系，为陈家的“把式工”，那么蒋发与陈王廷合画一像的资格与可能性都不会有，更不要说还被供奉于祠堂之内了。因此，不言而喻，能与陈氏这个武术家族中承前启后、有开拓创新之功的陈王廷合画一像，被供奉于家庙之内的，必定是对陈家武术有过重大建树，对陈王廷编创太极拳有过重要帮助与贡献的人。只有这样的人，才能使陈氏后人敬于家庙，世代尊拜，念念不忘，其武功轶事方能流传至今。这应该是对蒋发助创太极拳的感恩、怀念与褒奖。所以说将蒋、陈合画像供于家庙中，使蒋助陈创编太极拳有了证据。而画像中二人所处的位置及坐与立之情形，也是解读说明在太极拳的创立方面谁主谁副的关系。

(三)传下赵堡一脉古拳法，经融合提升后，成为太极拳又一支

蒋发的拳艺，不但在陈家沟有继承、有发展，对陈王廷创拳有较大贡献和有助创之功；而且据传其早年还将学于山西拳师的古十三势拳法，传于赵堡村民。

据说首传于邢喜怀，邢又传张楚臣，张又传由陈家沟迁居赵堡的陈氏十二世后裔陈敬柏。陈敬柏在继承陈家沟陈王廷所创太极拳基础上，又进

一步吸取蒋发所传的拳法精华奥妙，融通于陈氏太极拳之中，使太极拳得到了充实提高，不但丰富了陈氏太极拳法技理，还使赵堡村几代单传几乎湮没的蒋传古拳法有了质的飞跃，被注入了新的血液，有了更大的活力和传承价值，初步形成和出现了花开又一枝的赵堡太极拳。之后，经过赵堡与陈家沟历代拳家相互交融，特别是又一位由陈家沟迁居赵堡的陈氏后裔陈清平再次将两家拳法融会贯通，使赵堡一支太极拳更加完善成熟，成为陈氏太极拳之外又一较早形成的太极拳。因此，若要追根溯源，两家太极拳无论从拳法的萌芽、部分基因来源和初步形成等，或多或少都与蒋发当年的无私传授与奉献不无关系。所以说，蒋发是太极拳形成发展史上贡献较大、功不可没、不可遗忘的一位先贤大家。蒋发现今虽已无后代和遗物留下，但所传留下的拳术技理文化及对太极拳形成所作出的贡献，值得后人尊敬与怀念。任何人若要谈及太极拳的形成历史，是无论如何不可随意抛开和忽视蒋发的。

第四节
太极拳形成后的发展与完善

任何一个传承下来的优秀武术拳种，皆不可能在初成之时就会是完美无缺的，都要有一个由粗略到精致，由幼稚到成熟，逐渐发展完善的过程，太极拳也概莫能外。

陈王廷当年初编创的只是一个原始粗简的太极拳雏形，不可能从诞生就尽善尽美，定有不少技理内容等有待于后人在传承习练的实践过程中，做进一步的改进提升。而担负与完成这一历史使命的，则主要还是陈家沟陈王廷的历代家族后人及赵堡镇等地的一些传人。他们在太极拳发展完善过程中扮演了重要角色，作出了有据可查的较大贡献。

太极拳初步形成后，便开始在人杰地灵、武风盛行的古怀庆府即现在的焦作地区传播发展开来，除了发源地陈家沟外，又迅速传入邻村赵堡，逐渐有了赵堡系太极拳。这样，以陈家沟为主的两村拳家在太极拳的早期传播中，不断相互交流融合，促进了太极拳的日臻完善成熟。纵观拳史可知，陈家沟陈氏家族的历代杰出拳家对两家太极拳所作贡献尤为突出，而赵堡村历代拳家对拳术的孜孜以求与坚守、传承、弘扬之功也应得到后人的认可与尊重。可以说，太极拳的早期发展、演变、完善是焦作温县拳家逐步参与和不断努力的结果。

一、陈家沟陈氏历代主要拳家

1.陈继夏

陈继夏，字炳南，陈氏十二世，清乾隆时期人。为陈氏太极拳早期著名拳家。他是陈王廷创太极拳之后的前几代传人中，名气较大，有武功事迹可考的一位重要传人。

据陈家沟著名拳家陈子明《陈氏世传太极拳》一书记载，其人多才多艺，尤精于太极拳，以肘法著称，又擅长丹青绘画，赵堡镇关帝庙与陈家沟村古圣寺中的著名神像彩绘，均为其所绘，可见其画术之精。素喜结交武友，谦虚好学，与一河之隔的黄河南岸的汜水武术名家苌乃周多有交往，互访互学，研探拳学，将所获益充实于家传太极拳之中，为陈家太极拳的优化发展作出一定贡献。

另据陈家沟拳家及族人相传，陈继夏当年还曾慕名学练过在怀庆府当地与陈家沟太极拳齐名的枪术——王堡枪。并学而化之，进一步将枪术中的粘缠之法融入太极拳架与推手之中，提高了太极拳的练功效果与质量。因此，陈继夏是陈家沟继陈王廷、陈敬柏之后有记载、有武功事迹可考的又一位具有开拓性的著名传人和代表性拳家。

2.陈长兴

陈长兴（1771—1853），字云亭，陈家沟陈氏十四世。其拳艺得于父亲陈秉旺家传。其传人以子陈耕耘及河北永年杨露禅为最。现在陈家沟太极拳大架一系皆其所传，为陈氏太极拳大架系的代表性人物，对陈氏太极拳大架的整编传承发展作出了重大贡献。

陈长兴的另一重要贡献，就是将家传太极拳成功传于外省籍弟子河北杨露禅。而杨学成返乡后，不负师之厚望，将太极拳又广传于河北及京城等地，又经其后代及传人的不断传播发展，波及全国并逐渐形成杨、吴等太极拳流派。同时也带动和促进了河南温县太极拳在全国的传播发展。因此，陈长兴对太极拳贡献巨大，是陈家沟太极拳中兴发展和具有开拓性的太极拳大家。

3. 陈有本

陈有本，字道生，陈家沟陈氏十四世，清代中晚期人。其师承一说是其父陈公兆与叔父陈耀兆，另一说是陈廷武。其主要传人为侄子陈仲甡、陈季甡，另有陈清平、陈有纶、陈奉章、陈三德均有所得。现在所有陈氏太极拳小架传人，均源于陈有本所传。他是陈家沟太极拳小架的一代宗师和代表人物。为陈家沟小架拳的整编、传承、发展以及对赵堡太极拳的丰富提高作了重要贡献。

4.陈鑫

陈鑫，字品三，陈家沟陈氏十六世，生于1849年，卒于1929 年，清代岁贡生。系陈家沟小架代表人物陈有本侄孙，拳艺承于其父陈仲甡，传人主要有陈椿元、陈克忠等人，陈氏名家陈子明、陈照丕也曾受其指点传授。为陈家沟著名太极拳大师和理法大家，著有《陈氏太极拳图说》一书，于1933 年由其后人整理出版。该书是至今所有陈氏太极拳著作中，内容最为丰富、全面、系统，图文并茂，技理精详，文、史、理价值颇高的一部陈氏太极拳经典之作，是对陈氏家族数百年来家传拳法积淀的刨根挖底式的梳理总结与展现。陈鑫是全面系统总结、诠释陈氏太极拳的第一人，是陈氏太极拳理论的集大成者。

陈鑫不但精于家传太极拳理法，拳艺拳技也能全面掌握继承。虽自幼其父安排主攻文化兼习太极，之后以教书为业，艺不及父与兄，但也称得上是一位文武兼修、文通武备的儒拳师。而并非像一些恶意攻击者所言，是个只会纸上谈兵，连个三拳两脚也不会的空头理论家。其理论除了来自父祖传承外，也有他个人练功与实践的总结，行家里手一观其书，便知陈鑫究竟懂不懂、会不会、精不精于太极拳术。

陈鑫晚年呕心沥血著书之余，还精心培养出陈春元、陈克忠等著名传人。现在陈家沟正宗小架拳皆为陈鑫传人所传，是陈氏各系小架拳中，最重要、最正统的一支，被称为陈氏太极“看门架”。因此，陈鑫对陈氏太极拳的拳理拳技的继承、总结、宣传、传播、发展作出了巨大贡献，是陈家沟陈氏太极拳文武双全的一代武术大家。

5. 陈发科

陈发科，字福生，生于1887年，卒于1957年。系陈家沟陈氏太极拳大架宗师陈长兴曾孙，拳艺承于其父陈延熙，为陈家沟太极拳大架系嫡系传人和代表性人物。1928年迁居北京，广传陈氏太极拳。现在国内外陈氏大架传人几乎皆出其门。是陈家沟最早走出家门，进入大都市授拳且传人与成名弟子最多、教拳成绩最好的一位陈氏太极拳大师。其主要传人有其子陈照旭、陈照奎以及洪均生、冯志强、田秀臣等人。其中，弟子洪均生、冯志强等在师传拳法基础上有所改进创新，形成了各自的拳法风格，影响较大。

陈发科晚年，总结平生武功积累，对家传拳架进行改进提升，使拳架劲法更加细腻精巧，具有缠丝突出、刚柔相济、技击性强的独特风格，形成了被人们称为陈氏太极拳大架中的“新架”，丰富了陈氏太极拳的拳法内容，提高了陈氏太极拳技击性、健身性与观赏性功能，成为深受人们喜爱的一种陈氏太极拳架。因此，陈发科可称得上是陈氏太极拳承上启下，具有开创精神的又一位太极宗师，为陈氏太极拳的推广、提高、传播发展作出了重大贡献。

二、 赵堡太极拳的形成、发展与完善

(一) 几种形成之说

有关赵堡太极拳的来源与形成，这又是一个历来说法不一、争议不断

的问题。对于该拳的来源，大致有以下几种说法：源于武当山张三丰，始于王宗岳，首传于蒋发，首传于陈清平等。孰真孰假，何对何错，目前武术界包括不少专家学者意见尚难一致，即便曾有过权威专家认定，虽也曾得到相关部门认可，但也很难使人信服，遭到不少质疑。那么赵堡一系太极拳究竟来源于何时，形成于何人呢？下面略谈一下个人之见。

1.源于武当山张三丰之说

太极拳与武当张三丰之关系，前文已有所谈及，认为武当张三丰与太极拳无涉，并非太极拳的创始人。而陈清平所传下的赵堡太极拳，一些人也认为应该来源于武当张三丰，因此，这些人凡在向人们讲述赵堡太极拳的历史渊源时，总要以张三丰为鼻祖；或在著书立说时也要冠以“武当”二字。那么这些说法是言之有据、确有其事的历史事实，还是一种毫无根据、攀仙附道的妄说呢？愿在此进一步谈谈有关赵堡太极拳与武当山张三丰的关系。

为了查证有关赵堡太极拳来源于武当张三丰之说出现的来龙去脉，多年来，笔者对陈清平所传赵堡太极拳的历史渊源及传承脉络进行了一系列考证研究。特别是对该拳是何时出现、为何会出现、与武当山张三丰的相关传说等问题，也是考察研究的重点之一。为此，除了多次走访焦作当地陈清平各系主要传人外，还查阅了大量有关太极拳史料及张三丰相关资料。最终发现，有关陈清平所传赵堡太极拳源于武当山张三丰之说，最早出自民国时期一个人所写的一本太极拳著作，那就是1935年杜元化所著的《太极拳正宗》一书。也就是说，在当地此说的最早源头出自《太极拳正宗》这本书的作者杜元化。那么，杜元化书中所说是否经得起考证而属实呢？我们首先在此还得从杜元化其人以及其所著《太极拳正宗》中的有关内容谈起，然后，再重点就其书中有关张三丰与赵堡太极拳等问题，做简要分析研究，以证其真伪。

（1）杜元化其人与其书。

杜元化是陈清平温县弟子任长春的传人。他于20世纪30年代的民国时期，能够走出家门，积极响应国家所提倡的弘扬国术、强国强种号召，执教于河南省国术馆，传播、推广太极拳，并编写首部介绍赵堡太极拳的书籍《太极拳正宗》，这些无疑都为陈清平所传赵堡太极拳的宣传、传承、推广作出了一定的贡献，其功劳是不可埋没的。而就其所著的《太极拳正宗》这本书来看，既不可视其一无是处完全否定，也不可视其完美无瑕奉为经典。其书中一些对拳架、拳理、拳史的记载还是有一定的学习、借鉴、参考与研究价值的。但又不可否认的是，书中也存在有不少明显的谬误与不足之处。

记得20世纪90年代初，赵堡村一位朋友送笔者一本杜元化所著《太极拳正宗》的复印件，而这本书中所载正是笔者关注已久的赵堡系太极拳相关的拳理拳史等内容，因此，自然是如获至宝，感激不尽。初阅后，大有相读恨晚、耳目一新之感，确实看到了在陈清平其他传系传人中难得一见、绝无仅有的"秘法""秘诀""秘史"等拳理拳史内容资料。于是，便视该书为难得的经典之作，除个人精心收藏外还欣喜地将此书复印件加印数册，分送几位武友共赏。之后，又从一些书刊上看到了个别学者及拳家对该书近乎完美的高度认可与极高赞评，更增加了对该书作者杜元化的敬仰与崇拜，还曾与武友一同亲往作者杜元化先生的祖籍地沁阳义庄村做过访查调研。然而，随着时间的推移和对该书的数次细心品读、思索以及看到另外一些学者拳家的质疑之声后，也确实发现该书中明显存在有失严谨、与史不符，甚至托伪、玄虚、神化等弊端。这些虽在此不便过多讲述，但也有略做举例分析说明的必要。

其一，有关蒋发出生之年。

杜书中明确记载蒋发"生于大明万历二年"，即1574年。蒋发既无后代，更未发现家谱或墓志等对其生平的口述与记载，在杜之前赵堡系也从未发现有任何拳谱史料，况且杜元化与蒋发所生活的时代又相差300多年，那么，杜元化是怎样如此精确地知道蒋发出生于"大明万历二年"的呢？蒋发是否就是真的出生于这一年呢？据陈家沟拳家记载及民间相传，在蒋发的人生中曾做过一件轰轰烈烈的大事，那就是参加过明末河南登封李际遇领导的农民起义。而这次起义发生的时间官方史书有明确的记载，发生于明崇祯十一年，即1638年。若蒋发出生于明万历二年即1574年，那么，其参加登封起义时，年龄应是64岁。一个年过花甲的老人怎么还会远赴登封上山参加起义，这显然是不可能的。因此，若不是起义时间记载有误或有其他史料旁证，那么杜书中所记载的蒋发出生之年，绝非真实可信，至少将蒋发的出生时间前推几十年。故不得不怀疑蒋发的这个所谓出生于“明万历二年”之说，很可能为杜元化随意推测杜撰的结果。

其二，有关杜书中所载“总歌兼体用连联解”也叫“七层功夫”等秘歌、秘诀及秘图的来源。

其主要内容为：“一圆即太极，上下分两仪，进退呈四象，开合是乾坤，出入综坎离，领落错震巽，迎抵推艮兑”，以及还有相应的注解与秘图。在这里，我们对其书中这些将上下、进退、出入、领落、开合、迎抵等太极拳基本阴阳变化形式，与传统八卦名称相罗列套合所形成的所谓秘歌秘诀是否科学合理；是否按其层次说法，就能切实可行地具体对应操作练习；是否对提高太极功夫确有实效等问题暂且不说，而单就这些神秘的歌诀、秘法、秘图的出处与来源做一探讨。

据杜元化书中记载这些皆为蒋发所传，由其师任长春亲授予他，而任长春又师从陈清平。但遍考陈清平其他各系传人如：陈河阳、和兆元、李景延、李作智、武禹襄等，皆不见关于这些秘法、秘诀、秘图的任何文字记载与流传。若为陈清平所传下，决不会不传于其直系后人与本村传人以及其他主要弟子，而偏偏独传于非本村、非后人、非得意弟子的任长春一人。

杜元化在其书中，还过于夸大这些秘法、秘诀、秘图的神奇功效，称：“秘莫秘于此矣，万万勿轻施……切无滥授。”并借其师任长春之口讲出，练太极拳若不知这些秘法秘诀，要想成为高手妙手，“吾谓妄想耳，可以为之下一断语”，意为要想成为太极功夫高手可以断定就是痴心妄想，绝不可能。然而，事实并非如此，在陈清平的主要弟子中，偏偏是独得此等所谓秘法秘诀的任长春一系的成名高手最少，影响也最小。而陈清平其他几位著名传人却是代有名家，高手辈出，为任系所不能比。而太极拳的其他门派也多不知这些神秘拳诀，但也是高手云集，代不乏人。可见其言语之极端与不实。

据说杜师任长春家境贫寒并无什么文化，所以他本人也不可能会写出这些文绉绉的太极阴阳八卦歌诀和难得一见的“七层练法”以及绘出稀有的“十三式起源图”。故不能不怀疑杜书中这些神秘歌诀及绘图内容，为会写书著文的杜元化本人的托古之作。

若说以上两例只是对杜元化有托伪造假之嫌疑，那么下面可举两例有据可查的托古作伪事例。

一是杜书中所记载有关作者为“河南怀郡温邑赵堡镇陈清平”所著《太极拳总论（附歌）》之伪。

其歌为：“举步轻灵神内敛，莫教断续一气研；左宜右有虚实处，意上寓下后天还。”然后逐句释论为“一举动周身俱要轻灵，尤须贯串，气宜鼓盈，神宜内敛。歌云：举步轻灵神内敛。勿使有凸凹出，勿使有断续处，其根在脚、发于腿、主宰于腰、形于手指。由脚而腿而腰，总须完整一气。向前退后乃得机得势，有不得机得势其病必于腰腿间求之。歌诀云：莫教断续一气研。虚实宜分清楚，一处自有一处虚实，总此一虚实，上下、前后、左右皆然。歌云：左宜右有虚实处。凡此皆是意不在外面，有上即有下、有前即有后、有左即有右，如意要向上即寓下意，若将物掀起而加以挫之之力斯其根自断，乃坏之速而无疑。总须周身节节贯串，勿令丝毫间断耳。歌云：意上寓下后天还。据查，这些歌诀及相应文论内容，当最早出自杨氏太极拳传人传抄的所谓杨氏“乾隆旧抄本《太极拳经》”中的部分歌诀与文论内容。对于这些歌诀及拳论，我国两位著名武术太极拳史专家唐豪与徐哲东先生早有考证，均认定是杨氏太极一些传人，根据武禹襄所写拳论而缩编成韵语歌诀的托古之作。凡细读细研过武禹襄拳论者，也不难发现这些歌诀中的相应拳论内容完全出自武氏之手。然而，杜元化却将这部分内容抄袭于书中，托名为陈清平所写。而在杜自己出书之前两年，他已将这部分歌诀与拳论内容，不知采用什么手段，以

“杜育万述蒋发受山西师传歌诀”，补入陈鑫编著、其后人编辑于1933年出版的《陈氏太极拳图说》一书中，将这些歌诀来源写为“蒋发受山西师传歌诀”，称是蒋发得自山西老师所传，而不是之后自己书中所写的作者为陈清平。两年之差，其来源前后说法不一，出入如此之大，令人不可思议。而太极拳史学家徐哲东先生，早就在其所著《太极拳考信录》的“正杜武之误第十八节”一节中，对杜元化书中的这种托伪造假之举有过评析：“此文明明为武禹襄所撰，吾前既备列证据矣，谓蒋发受山西师传，显然诬妄。”（《太极拳考信录》）徐先生指明这些拳论他早有考证，分明为武禹襄所写，而杜元化所称的为蒋发受山西老师所传，显然是一种与史不符的妄说。

二是杜书《太极拳溯始》一文中有关蒋发山西老师传下的赵堡太极拳源流歌诀之伪。

杜元化在《太极拳正宗》一书中，开篇便为《太极拳溯始》一节。先追溯太极拳之源，追源报本，理所应当。那么，杜是怎样介绍他所承练的赵堡太极拳之渊源的呢？

先是讲述了在温县流传已久的蒋发向山西老师学艺的事迹，他还清楚地记得蒋发这个山西老师名叫“王林祯”，又讲了王林祯学艺于云游道人，而云游道人又学于谁则不清楚，只知道云游道人曾告知：“此拳之来历久矣，此拳何自来乎，有歌为证。”其歌诀为：“太极之先，天地根源，老君设教，宓子真传，玉皇上帝，正坐当延，帝君真武，列在两边，三界内外，亿万神仙，传于拳术，教成神仙。”用此歌诀来证明，赵堡太极拳之源，可追加至“老子”“宓子”“玉皇”“真武”甚至“亿万神仙”。接着又道出了这些歌诀的来历及传授歌诀时的郑重交代：“今将此歌此道以及诸秘诀传于汝，汝必择人而传，不可不慎。”说这是云游道人在授秘诀时对山西老师王林祯的叮嘱，让其择人而传，不可不小心。说明此歌诀及之后书中的诸秘诀皆是蒋发得之于其山西老师王林祯。

以上为杜元化在《太极拳溯始》中介绍赵堡太极拳先期的传承历史。所谓“先期”即指蒋发之前的师承。有关蒋发之前的师承情况，在温县民间及太极拳传人中，只是有蒋发曾学拳于山西省的一个老师，或一个有人称为王某的老师的传说。而山西老师以上的师承，无论陈家沟还是赵堡历代拳家，均无任何口传或记载等信息可寻。可是杜元化却在其书中有了如此这般的讲述。然而，除了其中的蒋发山西学艺之事外，其他诸如蒋发山西老师姓名为“王林祯”、王林祯之师为云游道人、云游道人又传下的那些神秘的歌诀秘诀以及传授秘诀歌诀时活灵活现、语重心长地特别交代、叮咛的话语等，皆为杜元化一人独知、一家之言，在陈清平其他系传人中未曾听说有记载与流传。故不知道杜元化究竟是从哪里获得这些详细信息和资料的。特别是所谓蒋发受山西之师传下的数句溯源歌诀，竟然把太极拳之源远追至老子、宓子、玉皇大帝、真武大帝、亿万神仙等天上地下、各路神仙参与共创和传下的神创产物。

对于杜书中这个独有的所谓赵堡太极拳溯源歌诀，长期以来，不少人包括一些赵堡系传人不明真相，信以为真，奉为拳史真传。而部分人虽有质疑，但又难以找到证其伪的依据，只好半信半疑。而近年终于有人发现杜元化书中《太极拳溯始》所谓云游道人传下的赵堡太极拳源流歌诀，即“太极之先，天地根源；老君设教，宓子真传；玉皇上帝，正坐当延；帝君真武，列在两边；三界内外，亿万神仙；传于拳术，教成神仙。”这首歌诀是大有来头的，是出自道教道人施法咒语本《增补秘传万法归宗》第二卷内的内容，后经杜元化删改编造而成。相传这本道教典籍为唐代李淳风和袁天罡所作，后在民间长期传抄流传。其原歌诀内容为：“太极之先，天地根元；老君立教，密旨真传；玉皇上帝，正坐当延；帝君真武，列在两边；三界内外，亿万神仙；九天玄女，速现吾前；六丁六甲，急赴坛筵；二十八宿，九曜星官；三十六将，天将无边；金木水火，土神当先；五方神将，各显威权；上帝有令，不敢迟延；不听法旨，贬汝阴山……”（图3-1）。全歌诀有60余句。杜元化摘录抄袭了其中的前十句原文后，又巧妙地加上了其自编的“传于拳术，教成神仙”两句，使其与“拳术”联系起来，终于将一首道教《念总咒》歌诀，留首去尾地修改演变为一个太极拳溯源歌诀，成为杜元化书中《太极拳溯始》所谓云游道人传下的赵堡太极拳源流歌诀。而原文首句“太极之先”中的“太极”其原意也并非指“太极拳”，但经与杜所删改增加的最后一句“传于拳术”以及杜所谓的《太极拳溯始》相联系，这个“太极”也自然变为“太极拳”之意了。还将原歌诀中的“密旨真传”改为“宓子真传”，将宓子移接为太极拳的另一位早期传人。一首多年来使不少人确信无疑的所谓秘传赵堡太极拳“溯始”的神秘歌诀就是这样产生的。由此可见，杜元化书中作伪造假之多。故对其书中有关史料记载要能慎重客观对待，不可一概信以为真。

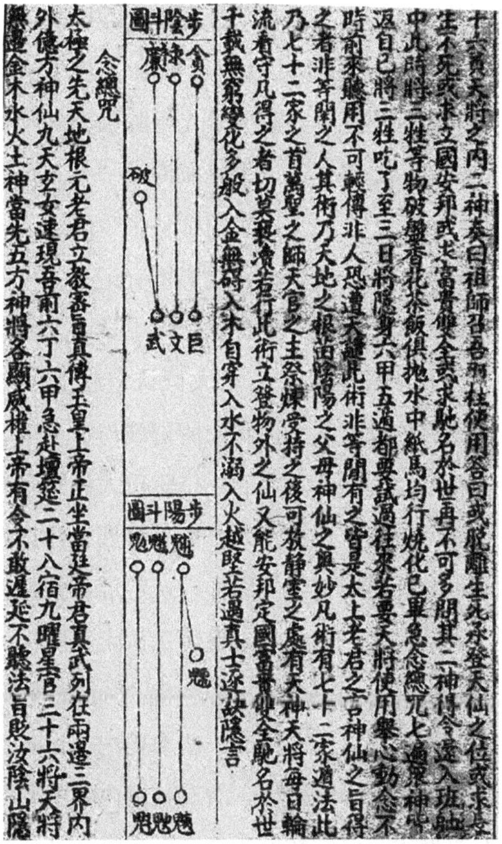
十六員天將之內二神奏曰祖師召吾輩柱使用答曰或脫離生死飛登天仙之位或求長
生不死或求立國安邦或求富貴俱全或求馳名於世再不可多問其二神得令遂入班紬
中此時將三牲等物破盤香花茶飯俱抛水中紙馬均行燒化已畢急念總咒七遍眾神此
返自己將三牲吃了至三日將隱身六甲五遁都要試過往來若要天將使用舉心動念不
時前來聽用不可輕傳非人恐遭天譴此術非等閒有之皆是太上老君之古神仙之旨得
之者非等閒之人其術乃天地之根由陰陽之父母神仙之奥妙凡術有七十二家適法此
乃七十二家之首萬聖之師天官之主祭煉受持之後可救靜室之處有天神天將每日輪
流看守凡得之者切莫輕演若行此術立登物外之仙又能安邦定國富貴俱全馳名於世
千載無窮變化多般入金無碍入木自穿入水不溺入火越堅若遇真士逐訣隱言

步陰斗圖

貪 祿 廉 破 巨 文 武

步陽斗圖

念總咒

太極之先天地根元老君立教密旨真傳玉皇上帝正坐當廷大帝君真武列在兩邊三界內
外億方神仙九天玄女速現吾前六丁六甲急赴壇延二十八宿九曜星官三十六將天將
無邊金木水火土神當先五方神將各顯威權上帝有令不敢遲延不聽法旨貶汝陰山隱

图3-1 《念总咒》 歌诀

另外，杜元化在书中还讲述了蒋发之后赵堡太极拳的历代传承史，其顺序为，蒋发—邢喜怀—张楚臣—陈敬柏—张宗禹—张彦—陈清平及诸弟子。

对于杜书中所记载的这个所谓赵堡太极拳传承关系链，由于传承时间跨度大，人数与辈分多，而又缺乏其他旁证资料以及作者书中多处出现的托古作伪现象等，因此，我们对其既不可毫无理由地完全否定，也不可确信无疑地作为信史，需要考察研究，去伪存真，客观对待。据笔者所访查了解，对于陈敬柏—张宗禹—张彦—陈清平的后期几代传承关系，陈清平其他各系传人多有口耳相传，是比较认同的。而对于蒋发首传邢喜怀，邢又传张楚臣，张又传陈敬柏，这个已经相隔数代、数百年前的早期传承之说，则缺乏其他赵堡系传人的口传或文字等旁证资料，应为杜元化一人书中之言。其他陈清平传系传人要么是受杜书中记载影响而方知有其事，要么因时代久远而不太清楚。赵堡太极拳名家陈学忠先生系陈敬柏七世嫡孙，笔者向其访学拳艺理史多年，有关其先祖陈敬柏的师承，先生多次说过，据其家里老人相传，是得艺于老家陈家沟的“大天神”陈申如与“二天神”陈洵如兄弟。而对于杜元化书中的师从张楚臣之说，陈先生则说，以前没有听说过，但又认为，既然杜元化书里有记载，可能也学过。作为陈敬柏后人的这些口传师说，也应具有一定的史学参考价值。

另据陈鑫所写《辨拳论》文中，虽大概认定赵堡系的邢喜怀、张宗禹、陈清平、牛发虎等传承关系，但其中所记载与杜书也有明显不同。一是将陈敬柏认定为陈家沟陈王廷之后的一位陈氏太极拳主要传人，并不是与陈家沟传系无关的另一系主要传承人；二是将邢喜怀认定为陈敬柏之后的赵堡系传人，并非像杜书中记载的那样，认定邢喜怀是高于陈敬柏两代的师爷辈的一位赵堡系传人；三是将赵堡传系认定为陈氏太极拳在继陈王廷、陈敬柏之后在赵堡的另一传系。

杜元化所著《太极拳正宗》书中的一些拳史内容，现已被不少拳史著作、文论作为史料所引用，影响较大。故对杜书内容的真伪辨别研究尤为重要。笔者在此不便赘述，仅举数例略谈个人粗见，还望有关专家学者有所研究重视，澄清有关拳史真伪，以利太极拳传承发展。

（2）杜元化书中的赵堡太极拳与武当张三丰。

杜元化在书中《太极拳溯始》一文的赵堡太极拳之源追溯中，先是以所谓云游道人所传的源流歌诀，来说明赵堡太极拳早期传承是由老子、宓子、玉皇、真武等一脉相传，然后，又讲述了蒋发的山西老师及蒋发以后赵堡太极拳的历代传承史。至此，仍只字未提张三丰其人其事。若“溯始”就此搁笔打住，那么赵堡太极拳也就没有张三丰的事了。然而，杜元化远不甘心赵堡太极拳历史的中空断代，还是联想起了大名鼎鼎的武当道士张三丰，终于把赵堡太极拳与张三丰对接起来了。于是，就有了下文：“世皆谓是三丰祖师所传，余亦特信”，意为根据当今世上的传闻，人们都说是张三丰传下的太极拳，他对此也特别相信。从这句话来看，说明杜元化书中所写太极拳由张三丰所传之事，并非来自其家乡怀庆府下辖的温县、沁阳等诸县一带民间，也并非得之于其师任长春或赵堡诸拳家，而是来自当时外面社会上的一些流行说法。那么这个“据世皆谓”即“根据世面上皆说”或“根据社会上都说”主要是指哪里的“世面上”与“社会上”所说呢？应该主要指杜元化当时任职的河南省国术馆与写书出书所在地——开封。这里是河南省府所在地和政治、经济、文化中心，交通便利，通信相对发达，各种信息与奇闻逸事等要远比偏僻闭塞的怀庆府诸县丰富多彩。杜元化在这里自然是见了世面、开了眼界，获悉了包括有关张三丰与太极拳在内的不少新知识、新信息。

我们知道，20世纪30年代前后的民国时期，国家与不少有识之士为了继承发扬民族传统文化武术，强国强种，曾一度大力提倡“国术”，促进武术发展，一时间各省各地纷纷成立武馆，各种武术书籍也时有出版，武术进入了一个短暂的兴盛时期。而当时出版的一些太极拳等武术书籍，作者往往缺乏严谨的考证研究，仅凭道听途说和主观臆测及一些无据无考的片面文字资料，就将一个神秘莫测，根本就与太极拳挂不上边的武当道士张三丰，说成是太极拳的祖师爷或传承者。于是社会上的一些人受此影响，不明真相，人云亦云，以讹传讹，以至于张三丰创传太极拳之说在社会上大行其道，相继在一些较大的城市流传开来。这种混乱现象遂引起一些专家学者的关注与研究，其中武史学家唐豪与徐哲东等鉴于此，便开始对太极拳的源流史进行考查研究，拨乱反正，最后得出的结论是，所谓张三丰创太极拳之说完全是查无实据的“层累编造”。而杜元化也正是因为善太极拳，机缘巧合下，从当时一个与温县相邻的沁阳县农村农民而一跃成为省城国术馆的教练。且杜又懂些文墨能提笔著文，可谓能文善武，经多见广，在省城开封等一些城市听说过或见到过一些有关张三丰与太极拳的传说及书刊资料。而这些所谓名山道士、神仙创拳、传拳之传闻，又颇具诱惑力，可有利于增加所练太极拳的神秘感与声誉地位，也正合杜元化之意，于是就有了杜书中的“世皆谓三丰祖师所传，余亦特信”之句。而且对于这种并无实据的街头巷尾传闻，杜甚至还到了“特别相信”的地步。但这只是杜本人宁愿信其有的主观愿望而已，对这种缺乏实据实证的传闻，实际上他是既愿意相信确有其事，而又有些不自信或害怕别人不相信，似乎底气不足。所以，在下文中，又写道：“余不过谨据所闻如此，亦未敢确实决定。今世皆说是三丰所传，亦犹余敝处多说蒋老夫子所传，又犹现在余敝处说是清平老师所传，然均非无稽之言……”这段话一方面反映了杜元化对社会上张三丰传下太极拳传闻的既“特信”，而又“仅据传闻如此，亦未敢确实决定”，又不敢确信，时信时不信、半信半疑的纠结矛盾心理；另外，可以看出，杜元化是在实在找不出使人使己真正信服的有力证据情况下，就只能比方说圆，以自己家乡有关蒋发、陈清平传拳之说的真实存在性，来相互推理、联系，试图以此证明，家乡之外有关张三丰传太极拳之说，也应该是“均非无稽之言”，都是真实存在的。

我们知道，陈清平为清末一代太极拳大家，艺精传广，弟子众多，开启至今几大太极流派。与杜元化也仅一代相隔，师承关系甚近，因此，陈清平其人、其艺、其太极拳贡献肯定是无任何虚假和异议。而蒋发虽然时间较远，但其学拳、传拳的事迹在怀庆府温县一带也是流传久而广之，应该确有其事，并非空穴来风。但决不能以此类推、由此及彼，以真推假，将一个在太极拳流传盛行数百年的地方，从未有过相关张三丰或创或传太极拳，而只是外界的一种毫无根据的传说之事，竟也要与家乡确有其事的蒋发、陈清平相提并论，一并认定为“均非无稽之谈”，让人们同样要信以为真。这是一种十分荒诞的逻辑推理。凡民间传说和一些故事的流传，不可一概而论，既有其真也有其假，非全真也非全假，但并非有根有据的甲为真，而无根无据的乙也应该为真，甲为假乙也一定为假，这是逻辑上的错误。

杜元化在“溯始”一文中，认为张三丰只是太极拳的传承者，是一个中间环节，并非首创者，只是流而非源，他还要找到太极拳的真正源头，那么究竟谁是太极拳的原创者呢？文中又写道：“曰三丰传，然究其根则此拳之发源不自此始，何则？余师所闻云此拳乃系老子所传，惜余师等皆早仙逝，余言无处可证……”此段意为，人们说太极拳为张三丰所传，然而追究其根源则此拳的发源并不是始于张三丰，为什么这样说呢？他的老师（任长春）听说这个拳是由老子传下的，可惜他的老师等人都早已去世，他说的这些话也无人证明了。杜元化无论是否真的听过他老师说也好，还是自己说的也好，反正他认为老子才是太极拳的创始者，所以在“溯始”一文的最后，总结道：“总一归本于老子所传方可谓之真源。”还是坚定地认为太极拳最早由老子所创传，老子创传太极拳方是太极拳的真正根源。

对于“溯始”一文中，杜元化所谓是其师任长春所言太极拳由老子所初创之语是否真实，是令人怀疑的。虽说其师任长春早已去世，已死无对证，但赵堡系其他传人是否可还有旁证呢？据了解，陈清平其他各系传人及当地民间，在20世纪30年代之前，不但没有张三丰或创或传太极拳之说，更没有太极拳源于道家创始人老子之说。杜之师任长春作为一个没有文化的乡村农民，他既不可能将太极拳的起源与老子联系在一起，也不可能仅他一人听其师陈清平说过太极拳是由老子所创编之类的话。故根据杜元化书中的一贯托伪文风，不能不使人怀疑，这很可能又是杜本人的意愿而假借其师之口的伪托之举。而在其书中还可发现，凡说不清道不明、无根无据的问题，杜元化皆乐于归源于死无对证的他的老师任长春身上。但无论此说是其师任长春所言还是杜本人所说，所谓老子创太极拳之说都是一种牵强附会、想象力丰富、胡乱联系的不实之说。

老子为我国古代著名的思想家和道家学派创始人，道家学说也是我国传统哲学文化的精华之一，被不少传统文化及各种技艺所借鉴和吸取。而不可否认的是，作为深含文化哲理的太极拳，在理论指导和技击原理等方面也毫无例外地受到了道家思想的一定影响。但决不可因此便将凡受过道家思想影响的一切传统文化、技艺等的创始人、创始权都要追溯至老子身上，也决不能将老子奉为太极拳之祖。老子当年所创始的是一种思想体系，而太极拳除了包含拳法理论、指导思想、哲理文化外，更是一种重视实践运用的武术搏击技艺与武术体系。一种思想体系的创始人，决不可取代一个内涵丰富、技法全面的武术太极拳体系的开创者。在这里可以讲句笑话，假如某日老子显灵返世，人们若让他打套太极拳或与他推推手，还真难为他老人家了。

通过以上对杜元化书中《太极拳溯始》一文中有关张三丰与赵堡太极拳源流、传承等内容的分析，我们对所谓陈清平所传赵堡太极拳来源于武当山张三丰之说，可再重点概括和强调以下几点认识。

一是在杜元化出书之前即20世纪30年代之前，在太极拳流传数百年的怀庆府一带，从未有过张三丰其人其事的流传，更无张三丰与太极拳的任何传说，这在杜书中有明确记载。另外，武术史学家唐豪于1930年冬在温县访查太极拳历史时也有“每访当地父老绝无张三丰创太极拳，也无太极拳即内家拳之说”（唐豪《内家拳》），也可作为旁证。因此，在太极拳产生、流传、发展数百年的地方，一个早先从未有过任何事迹传说的张三丰，绝不可能是当地太极拳的创始人或传承者。

二是杜元化是陈清平在当地弟子和再传弟子中，将张三丰与陈清平所传赵堡太极拳扯上关系的第一人和唯一一人。由此也给该系太极拳的历史传承带来了一定的误导与混乱。而杜元化持此说的根据与来源并非怀庆府当地，而是外地社会上的一些道听途说，既无实证也无实据，不足为信。

三是杜元化书中仅认为张三丰是太极拳的传承者，虽然此说也系无稽之谈，但他并未认为张三丰是太极拳的创始者。而现在包括陈清平系的一些传人，又将杜书中的张三丰传太极拳篡改为创太极拳，与杜元化相比有过之而无不及。而且还动辄言之凿凿说是杜元化书中就记载有张三丰创太极拳等，实在是冤枉了杜元化，也更有违于历史事实。

四是杜元化当年对张三丰传太极拳之说，本来就是在道听途说，缺乏真凭实据情况下的半信半疑、似是而非的一种牵强暧昧态度，是连他本人都疑惑不定的一个传说，现在一些人却盲从盲信。

因此，所谓陈清平所传赵堡太极拳源于或传于武当山张三丰之说，完全是一个毫无根据、攀仙附道、实不可信的荒谬之说。

2.首传于蒋发之说

蒋发为温县赵堡镇小刘村人，自幼爱武习武，曾受到家乡邻村陈家沟武术的熏陶启蒙，后带艺赴山西学艺习武，艺成返乡后，曾在当地传拳授艺。这些习艺、传艺经历事迹，在民间有大量的口耳相传和部分记载，应该有一定的真实性。但多年来人们对于蒋发受山西老师所传和蒋发在温县所传授的具体拳术内容，缺乏应有的考证研究。不少人只是简单地认为，蒋发所学所传应该就是后来的太极拳。比如杜元化所著《太极拳正宗》书中就持此观点，所谓赵堡太极拳首传于蒋发之说也是最早源于该书。对此，笔者实不敢苟同，虽这些问题前文已有所提及与简单说明，但在此可做进一步补充，分析探讨。

其一，蒋发虽有传拳陈家沟陈王廷之说，但陈王廷也实有家谱、诗词为证，有创拳械之举。说明陈王廷在陈家沟所传拳术并非蒋发所传拳术原汁原味地继承，而是其创编后的拳术——太极拳。故不能简单认为蒋发曾传拳陈家沟陈王廷，而陈王廷传下的又是太极拳，那么蒋发所学、所传就一定是太极拳。

其二，若蒋发所传为比较科学先进的太极拳，那么，陈王廷可能也就没必要到晚年再改拳创拳、“造拳”了。

其三，蒋发传拳赵堡之说，多出自杜元化之书，缺乏其他旁证资料，此说证据不足仍有质疑。

其四，蒋发曾学拳于山西拳师之说，虽有民间口传故事相传可证，应确有其事，但却没有任何口传或文字资料可证山西拳师所传为太极拳，蒋发所学就是太极拳。至今也未发现山西或其他地方有与蒋发并行传下的太极拳。没有任何资料可证在蒋发之前太极拳已出现，也未发现有非源于温县的真正太极拳的传存。而有人认为蒋发有师从曾著作《太极拳论》的王宗岳之说，可证蒋发所学为太极拳，但据专家考证，蒋先王后，二人不属于同时代人，更不可能存在师承关系。王宗岳为蒋发之师缺乏真实证据，实不可信。

其五，笔者前文对太极拳又称为长拳、头套拳、十三势的名称演变及太极拳拳架、技理内容形成等已有考析，认为蒋发受山西老师所传和在温县当地传下的拳术应为古十三势等拳法内容，并非日后的太极拳。太极拳是由与蒋发亦师亦友、互为师友的陈家沟陈王廷，晚年在家传长拳类拳术基础上，吸取蒋发所传十三势等拳法，并融入《黄庭经》等儒道理论而形成的。因此，虽说蒋发当年在陈家沟、赵堡传授过拳术，对陈王廷创拳也曾有过帮助，有过贡献，但其原先具体所传并非太极拳，应为太极拳母拳内容之一，他并没有直接主创过太极拳。故赵堡太极拳并非蒋发首创或首传。

3.始于王宗岳之说

人们能知道甚至还有些崇拜王宗岳其人，皆是由其所著的一篇文采飞扬、脍炙人口、赞颂太极拳的《太极拳论》引起的。但具体其人其事、武功程度及拳艺师承等，均鲜有记载与传说。经唐豪等专家考证，也只是仅知其为清代乾隆时期的山西人，曾在河南省开封、洛阳一些城市办过私塾，教书创业，也曾到过温县，有过太极拳的学习、交流等大概情况。并未发现与赵堡太极拳的形成、发展有何关系。之前赵堡历代传人也无王宗岳创拳与传拳的传说。只是近些年来，个别人无根无据地随意将传说中明末时的蒋发山西老师王某，或出自杜元化一人之口的所谓山西之师“王林祯”，移花接木为清代乾隆时期的“山右王宗岳”，将清代的王宗岳，附会为明末时期蒋发的山西之师，并认为其是赵堡太极拳的传承者或创立者。可见此说的荒谬与不实。王宗岳只是太极拳发展史上的一个经历者和参与者，是对太极拳理论有过总结、发挥、宣传与贡献者。但绝非赵堡太极拳的创立者和首传者。

4.陈清平首创首传之说

毫无疑问，一代宗师陈清平对赵堡太极拳的继承、传播、发展、完善，可谓贡献巨大，功勋卓著。但实事求是地说，陈清平并非赵堡太极拳的首创首传者，在其之前，赵堡太极拳已有了数代的传承发展，这是有大量资料证明、不可推翻的事实。因此，对于赵堡太极拳，陈清平可谓有承前启后、继往开来之功，但无首创首传之实。

由此可见，以上四种说法皆经不起考证，无一是真实可信的。然而，赵堡太极拳也不可能是无根无源地从天而降，它的形成与首传者定会另有其人。

(二) 陈敬柏与赵堡太极拳

在温县太极拳早期传承史上，有这样一位神秘传奇而又非常特殊的人物。他武功高强，名震武林，被陈家沟、赵堡两村传人尊捧之至；他的武功事迹、传奇故事又同时被两村拳家及当地百姓津津乐道，世代相传；而他的身世籍贯和武术师承则又被两家拳家长期争论不休。他就是至今仍被拳史专家学者所忽视，缺乏研究重视的清代太极拳大家陈敬柏。他不但对陈氏太极拳传承发展作出了一定贡献，而且对赵堡系太极拳的形成发展和影响更是不可低估，他应该是我们要寻找的赵堡太极拳形成发展史上的主角和关键人物。那么，何据之有呢?

1.身世籍贯如何定，新家老家两村人

谈陈敬柏与太极拳，还是要先从其身世籍贯说起。笔者对此考察了解已久，并利用向赵堡太极拳名家、陈敬柏七世孙陈学忠先生多年学拳之机，经常询问探讨这些问题。据陈先生口述和所提供的家谱可知，陈敬柏，名琪，字敬柏，号长青。陈家沟陈氏十二世，约生于清康熙初期，卒于乾隆前期，享年80余岁。其祖父陈文举，父亲陈来朝，于康熙前期，祖孙三代举家由陈家沟同迁赵堡经商定居。陈敬柏弟兄四人，据

家谱上所记载，弟兄四人之名皆为单字，其依次为堪、瑶、瓒、瓆。陈敬柏名堪为长兄。兄弟四人后代均生活居住于赵堡。另外，陈先生还告知，数年前赵堡村民在拆迁村中陈敬柏家族留下的一座老房子时，发现房梁上写有“乾隆十年荣春、生春、万春”。而“荣春、生春、万春”弟兄三人实为陈敬柏三弟陈瓒的三个儿子，即为陈敬柏的三个亲侄子，与陈敬柏的两个儿子“得春、玉春”是同为“春”字辈的堂兄弟。而陈万春之子“陈鹏”，则精于太极拳，拳艺师从其大爷爷陈敬柏，并精于医术，为嘉庆时期名医。陈氏名家陈子明在其书《陈氏世传太极拳术》中的陈氏太极拳名家列传中记载其“于太极拳通神入妙，人皆莫测其端倪”，评价极高。以上资料可证明，陈敬柏陈氏一系，至少是从陈敬柏之父陈来朝时已迁入赵堡定居。

那么到底陈敬柏的身份籍贯该如何界定呢？虽然其父祖辈已迁入赵堡定居，但还要看陈敬柏是在其父迁居赵堡后出生，还是出生于陈家沟，后随父一同迁入赵堡。若为其父迁居赵堡后所生，即生于赵堡又长于赵堡、成家立业于赵堡、终老于赵堡，那么其身份籍贯完全可定为“祖籍陈家沟的赵堡人”。但是，据其后人陈学忠先生明确告知，他们家族世代相传当年是“三代同迁赵堡”的，这一重要信息可证，陈敬柏并非出生于赵堡，应该是出生于陈家沟，之后随父祖辈一同迁居赵堡。这种情况下，若还说陈敬柏是“祖籍陈家沟的赵堡人”，似乎又有些不太恰当了，称其籍贯为陈家沟也说得过去。况且，古今皆有这样一种情况，就是一些世代耕种务农的农村人，初迁居进入当地较近的城镇经商时，往往在原籍老家仍保留有土地与房产，两地皆有经营，农商两不误。而陈敬柏父祖辈初迁居赵堡经商时，也不排除有这种可能。因此，若细分析起来情况就有些复杂，头绪也有点乱，要想给争论已久的陈敬柏的身份籍贯来个精准定位，恐怕很难做到。所以，我们可以说其为陈家沟人，因为祖籍为陈家沟，又生于陈家沟并在此学过艺传过艺，其武功事迹在陈家沟的流传与记载，尤盛于赵堡，说明其早年与陈家沟亲族交往之多，影响之盛；而也可以说其是赵堡人，因为，即便是生于陈家沟，但其平生大部分时间生活、经营于赵堡，又在此得过艺和传过艺，又终老于赵堡，子孙后代也留居于赵堡。另外，清代也有户籍制度，陈敬柏迁居赵堡久居后最终肯定户籍也迁落于赵堡，属于赵堡村民。因此，以上两种说法皆言之有理，很难二选一。所以，只有说陈敬柏既是陈家沟人又是赵堡人，是具有双重籍贯身份，又深受两村拳家崇拜、爱戴，念念不忘的一位武学大家，是两村的荣耀与骄傲。这样的评述应该算是比较真实和公正吧。

2.双重身份之便，成就双重师承之实

有关陈敬柏的拳艺师承与传人，陈家沟与赵堡两家拳家也历来说法不同，看法不一，有较大争议。

（1）赵堡拳家的师从赵堡张楚臣说。

此说最早出自赵堡系传人杜元化《太极拳正宗》一书。对于杜书中有关赵堡太极历代传人的记载，前文已有研析，认为不可全然信以为真，特别是对于年代已久的陈敬柏之前的几代传承人物与传承关系的具体记载，是令人生疑的。而杜书中所记载的所谓陈敬柏之师张楚臣其人其事，不少人更是有较大质疑。认为张楚臣一无后人存在和提供信息；二无家谱墓志记载可考；三无赵堡系古拳谱资料与陈清平其他传系资料可证；四无其任何武功事迹流传可考。且张楚臣与杜元化又相隔数代、数百年，即便是现在任何一个人的家族世系，若没有家谱、墓志等文字记载，上推六、七代先人的名字与辈分，其后人也是很难讲清的。那么杜元化是从何处获得张楚臣的这些个人信息与师承关系的呢？陈清平其他传系传人为何多不知道这些信息呢？所以，对于陈敬柏师从张楚臣之说，虽有杜元化书中记载，但仅为一家之言，疑点颇多，且其书中又多有作伪现象等。因此，在没有确凿证据、缺乏旁证可证其真伪情况下，既不可完全信其真，而又不可完全信其假，只能是信其有而存疑了。

有关陈敬柏的太极拳传人，杜元化《太极拳正宗》一书所载，陈敬柏“广收门徒八百余，能得其一技之长者十六人，能得其大概者八人，能统其道者唯张宗禹先生一人”。称陈敬柏广传太极，门徒众多而唯张宗禹为其衣钵传人。根据笔者对赵堡拳家及仍居住于赵堡的张宗禹后人的调查了解，张宗禹确有其人其事，其主要传人为张彦也是事实。而据赵堡张宗禹八代嫡孙张全德先生所提供的家谱可知，张彦则为张宗禹之兄张宗顺之孙，是张宗禹的侄孙，并非杜书所载为其亲孙子。至于陈敬柏在当时社会环境与条件下，能否像杜书所说，传徒“八百余”人，其所传弟子是否有过按所得技术成分多少，评选出如此精准的“十六人”“八人”“一人”，以及这“十六人”“八人”是否确有其人和有任何武功事迹流传可考可证等，也只能存疑待考了。

（2）陈家沟拳家的师从陈申如、陈洵如及陈正如说。

30年代三位20世纪老一代拳家出版的拳书中，陈鑫、陈子明二人在其著作中虽没有陈敬柏具体师承的记载，但陈鑫在“陈氏家乘”、陈子明在“陈氏太极拳家列传”中，皆是将陈敬柏列为陈家沟继陈王廷之后的陈氏著名拳家而立传介绍，记载其生平及武功事迹，认定陈敬柏是陈氏太极拳早期的一位重要传人。而陈照丕所著《陈氏太极拳汇宗》书中记载陈敬柏之师为陈家沟十一世陈洵如，并写陈敬柏在陈家沟的主要传人为陈廷武。经查阅现代陈氏太极拳一些名家所著书籍，对陈敬柏的师承有的记载为陈申如，也有写为陈正如。据陈氏家谱记载，陈申如、陈正如与陈照丕书中所写的陈洵如皆为陈氏十一世，而陈申如与陈洵如还是孪生兄弟，两人与陈正如为堂兄弟。陈敬柏为陈氏十二世，正好比此三人低一辈。若从家族辈分来看，族叔传授族侄太极拳艺也在情理之中，但究竟是哪位族叔或以哪位族叔为主传拳于陈敬柏，可能因时间久远已很难说清。而据陈敬柏后人赵堡太极名家陈学忠先生所讲，家里相传有陈敬柏师从陈家沟“大天神”陈申如与“二天神”陈洵如的传说。据陈氏家谱所载和族人相传，陈申如、陈洵如兄弟俩太极拳艺高超，青年时即已成名，有“大天神”“二天神”之美称。还记载有弟兄二人为邻村村民仗义解围，以精绝武功击败山东土匪，解救乡民，后被编为“双英破敌”戏剧故事世代传唱的可考武功事迹。所以，从武功事迹方面来看，陈申如、陈洵如兄弟二人为陈敬柏老师的可能性会更大些。

另外，据陈家沟陈氏家谱记载，陈敬柏虽年轻时已随父移居赵堡，但其留在陈家沟的一支近亲族中，有一陈敬柏的堂兄叫陈世欣，家谱上明显标其为“拳中豪士”。而陈世欣之子陈大兴在家谱上也特别标有“拳中豪士，不家（即此人已外迁）”。这些说明当时陈敬柏的陈家沟近亲家族，原本就是一个高手辈出的武术世家，陈敬柏在迁居赵堡前自然从小就会受到耳濡目染，而迁居赵堡后，仍然会受到近在咫尺老家陈家沟的这些远近亲族父老长辈高手的太极技艺传授熏陶。故一代太极宗师陈敬柏的太极拳技艺与师承，应主要来自陈家沟陈氏家族。

综上所述，可见有关陈敬柏的师承及传人，陈家沟与赵堡两家拳家说法有别、出入较大。但从陈敬柏与两村共存的乡情、亲情关系及武功事迹在两村的长传不衰等情况来看，双方的记载与传说应该都有一定的可能性，陈敬柏曾向两村拳师求艺，且两边皆有过传人的情况并非不可能。因为陈敬柏特殊的双重籍贯身份，形成了与陈家沟、赵堡两村非同一般的亲密关系。一边是其祖上世代生活过的祖籍地和出生之地，是人亲血缘近的老家——陈家沟；一边是平生谋生发展之地，是街坊邻亲乡亲的新家——赵堡。由此给他的武术人生追求发展提供了常人所不具备的诸多方便和良机。向两边武术大家高手习武学艺应该是既容易又便利。因此，拳学两家，得两家相传，左右逢源，终于成就了一位受到两家尊崇，又皆以其为荣的武学大家。所以，陈家沟与赵堡两家相传或记载的陈敬柏各自师承说，应该是事出有因，皆具有一定的真实性。在没有充分史料可考、可证一方为假的情况下，双方不可武断地相互完全否定对方的师承说。

3. 双师双学双融合，形成赵堡太极拳

说陈敬柏具有双重师承，曾向赵堡、陈家沟两家拳师学习过拳艺，那么分别学习的是什么拳术内容呢？自明末清初陈家沟陈氏第九世陈王廷编创太极拳，到了陈氏十二世陈敬柏一代，已传承三代，所以陈敬柏向陈家沟家族长辈中的太极好手陈申如、陈洵如、陈正如等所学的肯定是陈氏太极拳。而他向赵堡拳师张楚臣所学的拳术内容，前文已有考析，应该是由

蒋发传下的学于山西拳师所传的古十三势拳法。至于先学的哪一种现已很难说清。我们知道陈氏太极拳是由陈王廷在家传长拳类拳术基础上，融合吸取了蒋发所传古十三势拳法精华等内容而形成，其所传拳法内容已融合包含有蒋传古十三势拳法内容，那么，陈敬柏还有必要再向赵堡拳师学习蒋传拳法吗？这里可能有两种情况与原因，一种情况可能是陈敬柏随父迁居赵堡时年龄尚小，未曾学过陈氏太极拳，到赵堡后就近先学习了古十三势拳法，打下一定基础后又倾慕老家的拳术，便又向陈家沟长辈拳师学习陈氏太极拳；另一种情况可能是随父迁居赵堡时年龄已大，在陈家沟生活时已向长辈拳师学习了陈氏太极拳，迁居赵堡后，看到村里传下的古十三势拳术仍有诸多可学可取之处，便又向村里张楚臣等请教学习了古十三势拳法，丰富了自身的拳学内容。

在这里可再说一下蒋发所传的古十三势拳法，决不可等闲视之，一定是一个短小精悍，内涵丰富，重内意、内气、内功修炼的拳术精华之拳法，很可能与源于山西的重内意、内气、内功修炼的“心意拳”有一定的关联性，是一个很有研究价值的古拳法。不然的话，难以造就出蒋发这样的武术大家，也不会引起晚年要创拳的陈王廷的重视学习。而陈王廷在晚年向蒋发学习研究该拳的主要用意，并非为了个人练功和长功之用，而是为了革新、丰富、充实家传拳术内容，达到创编一套好拳传于后世的目的。因此陈王廷出于年龄所限和学拳目的的不同，不可能对古十三势拳法有完全系统练习和彻底体悟，只是有选择地将部分拳法拳技吸取利用于所创拳术之中，提高所创拳法质量而已。而对于执着追求功夫、热爱拳术的陈敬柏来说，无论是在赵堡先学习了这个古十三势拳法，还是在陈家沟随族人长辈学练陈氏太极拳有所成就，迁居赵堡后又受赵堡拳师影响，发现古十三势拳法的学习与借鉴价值，然后又学练了古十三势拳法。皆可能是学而化之，将获益与感悟到的技理奥妙再次融入陈氏太极拳之中，使原传的陈氏太极拳有所发展与提高，促成了赵堡一脉太极拳的真正形成。

武术的传承与发展，有一较为普遍的现象，即凡是一些天赋高、悟性好、毅力又坚定的拳家，往往在拳学两家或多家后容易融合编创出新的拳法，陈敬柏也应该是得两家真传而创下赵堡太极拳的一例，是赵堡太极拳的真正开拓创立者。

4. 艺高传广非偶然，革新拳术优势显

据杜元化书中记载，赵堡系拳术早期传承为：蒋发—邢喜怀—张楚臣—陈敬柏。撇开人们对于陈敬柏之前这个赵堡系早期师承说的质疑，权当此说真实无疑确实存在，那么赵堡系前三代也是传人极少，系单传，影响甚微，似乎没啥起色。而为何偏偏传至陈敬柏时，才出现了这样出类拔萃的超前高手，且其又能广传弟子数百人，达到了空前发展和鼎盛时期呢？究其原因，一方面，可能是由于早期所传承蒋发传下的古十三势拳法，虽是一个简洁而内涵丰富，尤重内功修炼的好拳，但也存在形式单一、拳势过简、难以吸引更多人学习等问题，很难发展壮大，只能平平而传；另一方面，据说邢、张二人学拳较晚，邢喜怀不惑之年始学拳，张楚臣向盟兄邢喜怀学拳时已年近半百，而且二人各自又有生意等事务在身，无太多闲暇时间练功与传徒，其功夫程度也很是一般，在当地也没有任何武功事迹流传，名声与影响力不大，只是盟兄弟之间的共同爱好，两人相互研习，单独相传，别无传人，以致到了几乎失传的地步。这些可能是赵堡系拳术早期传承不昌的主要原因。同时也说明陈敬柏若仅凭功夫一般的赵堡拳师张楚臣平平而传，难以成为一代耀眼的太极大家，必有陈家沟其他高手大家的传授。而之所以到了陈敬柏一代不但其功夫精绝出众，使太极拳达到了空前的广泛传播发展，主要还是得益于陈敬柏所具有的双重身份之便，能得两家之真传，经融合整编后，使拳法拳风大变。所新融创之拳，是在陈王廷所编创太极拳架基础上，再次融会蒋传古十三势拳法中的更多拳理拳技，形成拳势更加丰富多彩，技法更加新颖全面的另一种风格的太极拳，即赵堡太极拳。遂受到更多人的喜爱与热心学习。再加上人们对陈敬柏超常武功和“盖山东”威名的仰慕与崇拜，一时间学者日众，传人颇多，影响温县赵堡、陈家沟等诸多村庄，使太极拳自陈王廷开创后达到了一个高峰。这不能不说是陈敬柏改编形成的赵堡太极拳的优势体现，

也是至今两村拳家念念不忘、尊崇备至陈敬柏的真实原因。

因此说，没有陈敬柏对赵堡拳术早期传承的介入与发展，就难以出现较为完善成熟的赵堡太极拳；没有陈敬柏将陈王廷所创太极拳与蒋发在赵堡传下的古十三势拳法的再次融通相合，也不可能产生与陈氏太极拳有所继承、有所发展、有所区别的赵堡太极拳。虽然赵堡村有拳术流传史并非始于陈敬柏，但赵堡真正意义上的太极拳传承史，应该始于陈敬柏。所以，赵堡一脉太极拳很难撇开与陈氏太极拳的传承关系，陈敬柏应该是赵堡太极拳的真正开拓创立者。

陈敬柏不但是赵堡太极拳的开创者，而且他对陈氏太极拳的传承发展，既有学习继承之实，又有传承推动之功，是有过较大贡献的。试想，对于一向尚武、好武、练武，业已成为家风的陈氏家族，当时能有这样一位刚外迁邻村不久，且武功高超，威震武林的陈氏名家，其同族晚辈尚武者，岂有不仰慕、不前往请教学习之理。按陈照丕《陈氏太极拳汇宗》一书中的“陈氏拳术系统表”记载，陈廷武再往下传人则为陈有恒、陈有本弟兄二人，这两人则大有来头，名气不一般，皆为陈家沟陈氏小架的代表人物。而这两人的师承，不少陈氏拳家的书中或家谱，多是记载为他们的父亲陈公兆。而陈公兆据说也是有武功事迹可考的太极大家，所以陈有本、陈有恒兄弟二人，可能其拳艺除受父传外，也曾得到过陈廷武的传授提高，否则，陈照丕不可能有那样的记载。另外，从陈氏小架与赵堡架的诸多相似性来看，不排除陈氏小架与陈敬柏之间所具有的传承原因和关系。

所以说，陈敬柏不但开创了赵堡太极拳，而且对陈氏太极拳的继承、提高、传播、发展也是有一定贡献的，是继陈王廷之后的又一位开创性陈氏拳家。他无论对赵堡太极拳还是陈氏太极拳，都是一位承前启后、深受两家拳家传人敬重的一代太极拳大家，其在太极拳方面的贡献不可磨灭与忽视。

(三) 概述赵堡历代拳家对赵堡太极拳的贡献

综观赵堡太极拳的形成、传承、发展、完善、壮大历程，可概括为，启蒙于蒋发、邢喜怀、张楚臣前三代，融合形成于陈敬柏一代，承传于张宗禹、张彦爷孙两代，最终完善、定型、拓展、盛行于陈清平时代。因此，启蒙之为不可否定，开创之功不要抹灭，承传延续之绩不能忽视，完善壮大之贡献不可忘记，皆应得到后人的认可与尊重。若没有蒋发山西学艺，拳传两家，就不可能有陈氏太极拳全面丰富的技理内涵，也不可能有赵堡拳家邢喜怀、张楚臣的早期拳法相传和赵堡村习拳史的出现；若没有陈敬柏迁居赵堡，执着拳艺，拳学两家，融合创新发展，也不会形成真正的赵堡太极拳；而若没有张宗禹、张彦爷孙两代薪火相传及张彦对陈清平的无私接纳、传授，恐怕也难以造就出一代宗师陈清平。独承独传拳艺绝技之功，一定程度上不亚于独创之贡献。没有继承就是失传，再精妙美好的创造，一旦后继无人就是毫无价值的前功尽弃。而最终若没有陈清平对赵堡太极拳的丰富完善与发扬光大，就不会呈现出一个更加特色鲜明、深受世人喜爱的赵堡太极拳和太极拳流派纷呈、繁荣发展的局面。

因此，赵堡太极拳的形成、发展、完善，世代不绝，传承至今，主要还是历代先师执着相守和共同努力的结果。而其中尤以迁居赵堡的两位陈家沟陈氏后裔——陈敬柏、陈清平贡献最为突出。二人在赵堡太极拳的形成、完善、发展壮大过程中，起到了继往开来、承前启后、缺一不可的重要作用，是赵堡太极拳整个传承链中最为重要、最为关键的两环。这既是赵堡太极拳的荣幸，也是陈家沟陈氏家族的荣耀。

那么，说到陈家沟陈氏族裔对赵堡太极拳的影响，在这里，还想再多言数语，谈一个耐人寻味而又往往会被人质疑的问题，那就是在赵堡太极拳的数代、数人、数姓传承人中，为何偏偏说是两位陈家沟陈氏后裔，即陈敬柏、陈清平的贡献与影响最大呢？是故意抬高？是一种巧合？还是另有原因呢？是否其他陈家沟陈氏后裔学练赵堡太极拳后，也更易在技艺上取得较高成就？通过对赵堡太极拳近现代传人的列举比对，还真发现这并非偶然与巧合，而是一种较为普遍的有趣现象，具有一定的探讨研究价值。除已说过的陈敬柏与陈清平外，比如还有陈敬柏侄孙赵堡的陈鹏，不但是清代嘉庆时期的名医，而且是名冠当时的太极名家，《陈氏太极拳图说》中“陈氏家乘”记载其“太极拳入妙，人莫测其端倪”。又如，由陈家沟外迁于东邻辛堂村的陈氏十六世陈应铭，曾先学练过陈氏大架数十年，中年后又从学于赵堡村陈清平著名弟子张敬芝，遂成为赵堡太极一代名家。赵堡村的张洪道、郜连成、王庆升、陈学忠等曾从其学，多有获益。其中王庆升为其著名传人和赵堡太极名家，弟子众多。又如，由陈家沟外迁于东邻村陈辛庄的陈氏十九世陈奉山，曾习练陈家沟陈氏小架，又向赵堡太极名家陈应铭、郝玉朝、郑悟清等习拳，也成为当地太极名师，传拳多人，并有太极拳理论的编写、总结、传世。又如，赵堡村陈氏十九世后裔陈学忠，得赵堡陈清平家传太极拳真传，成为赵堡太极拳同代传人中佼佼者，公认为推手实战名家高手。另外，由赵堡太极拳发展衍生出的忽雷太极拳，在其数位著名传人中，竟有两位为陈氏后裔，一位是迁居陈家沟东邻王圪垱村的陈氏十七世陈铭标，另一位是迁居陈家沟北邻小刘村的陈氏十七世陈应德。两位皆是先习练陈氏太极，后习忽雷太极拳，皆成为忽雷太极拳大家杨虎的五大得意弟子与著名传人。其二人弟子传人遍及国内外。

以上所举六例再加之陈敬柏、陈清平可达八例之多，说明此种现象并非个例，有一定的共性存在。但这也并不意味是陈家沟陈氏一族所具有的武术血统基因所导致，其真实的原因大概有以下几点：

第一，特殊身份具优势，拳学两家成便利。

以上所举赵堡太极拳系所成名的陈氏后裔，皆有一个共同点，即祖籍陈家沟，但均已外迁于周边村庄多年，属于陈家沟陈氏家族后裔中的外村人，与陈家沟有着较为特殊的关系与身份。而这种特殊关系与身份，给他们学拳求艺、拳学两家带来了外姓人不具备的方便与优势。一方面，他们陈氏后裔的身份，更容易得到与之同宗同祖一家亲的陈氏拳家的信赖与传授，成为他们能够学习陈氏家传太极拳的优势与便利条件。这并不是毫无根据的推测，事实上以上所列诸位赵堡太极拳中的成名陈氏后裔，皆有程度不同的向陈家沟名师学拳求教的经历。如前已有所说的陈敬柏有师从陈家沟陈申如、陈洵如等之说；陈清平有曾师从陈家沟陈有本之记载；陈应铭曾习过陈氏大架；陈奉山曾习陈氏小架于陈克忠；陈应德曾习练过陈氏小架；陈铭标曾习陈氏大架于陈延熙等。还有陈学忠虽不曾向陈家沟拳师具体学练过拳架，但据其说，他与陈家沟老一代多位拳家如陈宝璩、陈照旭、陈照丕、陈克忠等同族长辈，交情深厚，均讨教研究过拳艺。所以这些赵堡太极陈姓名家，要么先习练过陈氏太极拳，打下坚实基础，后习赵堡太极拳更得心应手，进步快，成效高；要么善于将陈氏太极拳理法融入赵堡太极拳架中，两家通融吸取，更易成手成功。另外，这些陈氏后裔迁居外村后，便已成为所迁居村庄的村民，且多数已外迁数代，年代已久，与当地村民形成同居一村的亲近邻里关系，已取得原居村民及村里拳家的认可和信赖，并不把他们视为外人对待，容易得到所在村庄拳家的拳艺传授；此外，他们既然已迁出祖籍地陈家沟这个传统武术村落，在某些方面，可以摆脱陈家沟陈氏家族在传授拳术方面的一些故步自封、盲目自信、封闭保守以及家规、拳规等清规戒律的束缚与影响，有了更多开拓进取、兼收并蓄的自由空间。因此这些赵堡拳陈氏拳家，所具有的原籍现籍双重身份的优势条件，是他们拳学两家，两全其美，左右逢源，易成手成名的原因之一。

第二，尚武家风之延续，习武为荣之驱使。

陈家沟陈氏一族，世代习武，高手辈出，绵延数百年。先是在古怀庆府地区渐有名气，后又波及黄河两岸北方数省乃至全国各地，至今更是誉满全球。故陈家沟陈氏族人，无论本村外村后裔，皆以尚武习武为荣耀与自豪。继承家学，习武学太极练功夫，已成为传承数百年的传统与家族情怀。若能练就一身好功夫，成为名家高手，则被视为家族的骄傲与英雄，不但备受族人敬重，还将载入家族家谱史册，世代留名，光宗耀祖。再加上陈氏历代名家大师各种武功传奇故事代代传颂，无不激励、鼓舞与鞭策每位陈氏后裔的执着习武热情，以致出现了全村全族、男女老幼齐参与的练武景象，形成了陈家沟陈氏一族习武练太极的家族传统风尚。练家传太极拳，力争成为太极功夫高手，是许多陈氏后人的人生梦想与追求。太极拳已成为每位陈氏族裔入骨入髓的精神支柱和家族特征。因此，即使一些家族人员已外迁他村他处，离开了祖籍地，但祖上留下的习武遗风，仍然如影相伴，世代相随相承。外族外姓人不屑一顾，视为可学可不学的拳艺，对于陈氏后人则倍加珍惜与重视，一旦有条件有机会能学得一套好拳法，就决不会错失良机。并且他们还会较容易地利用年年回陈家沟祖庙拜祖等机会，时常向祖籍地同族拳师请教学习，得到无私相传。所以，陈氏习武家风使然，让这些外迁族裔既能就地择优而学，还能受到原籍地家传拳法的双重滋养获益，使他们更易优秀与成功。这可能是赵堡太极拳陈氏后裔高手名家成功的又一主要原因。

通过以上列举分析，也可进一步说明陈敬柏、陈清平两位陈氏后裔之所以能成为赵堡太极拳形成、发展、完善过程中贡献突出、继往开来的至关重要人物，能起到主导性关键作用，并非偶然与巧合，而是事出有因，不足为奇。因此，对其二人的评价与定位是有理有据可查、可证且属实的。

当然，如前所说，赵堡太极拳传承至今，肯定也是每位历代先师共同努力的结果。尽管他们在其中所起的作用和地位不同，但每一代传承，每一环节的连续都是十分重要而不可或缺的。虽然没必要分出个三、六、九等和大、小、多、少，但适当地理顺一下他们在其中的关系和地位，并无不妥。众人拾柴火焰高，星星之火可以燎原。总的来说，赵堡太极拳是陈家沟、赵堡两村拳家共同研传努力的结果和众人智慧的结晶。既不可一概否定或轻视陈氏太极拳与陈氏拳家及赵堡陈氏后裔在赵堡太极拳形成发展中的作用与地位，也不可断然否认陈清平之前历代赵堡拳家的存在和对赵堡太极拳的应有贡献。陈家沟、赵堡两村近在咫尺，世代为邻，历代多有姻缘姻亲，人亲拳近，拳家素有友好往来，相互吸取融合自然难免。赵堡拳家对陈敬柏、陈清平的无私接纳传授和陈敬柏、陈清平二人将祖上家传拳艺充实、融入赵堡拳架中就是最好的例证。陈家沟最早诞生了太极拳，又世代相传至今，故无愧于太极拳圣地之称；而赵堡村则紧随其后，很快就受到陈家沟太极拳的影响，演变为赵堡太极拳，是仅次于陈家沟之外的另一个最早发展传播太极拳的村庄，所以称其为太极拳亚圣地也不为过。

因此，在欣逢盛世、百业兴旺、民族团结和谐、国富民强之新时代，每位热衷于传统太极拳文化研练、传播、弘扬者，都应有一个大太极观的博大胸怀与格局，不被谎言所迷惑，不为泄私愤和个人偏见而乱言。

三、焦作地区之外的太极拳家

太极拳于明末清初形成于河南焦作温县陈家沟后，便逐渐在周边的赵堡、王圪垱等当地一些村镇流传开来。但由于早期拳师的保守藏秘以及太极拳功效缓慢等，在很长一段时间里，也仅局限于焦作地区范围内流传。直至清代晚期方走出了古怀庆府即今天的焦作地区一隅之地，而最先是在北部邻省——河北省的永年县等地有了传播。这一方面要归功于两位陈家沟陈氏后裔太极大家的最早对外积极传授；另一方面还要归功于两位河北永年人对太极拳的积极改革、传播、发展与完善。

1.杨露禅

当年，陈家沟一代太极大师陈长兴居村开办武馆，主传于后代及村中族人。正好有深爱武术的河北永年人杨露禅，在陈家沟为一大户人家做帮工，工作闲暇学练太极拳，并有缘受到陈长兴的器重和亲传，功成返乡后，遂在家乡永年授徒传拳，渐入京城王府等地授拳，声名远扬，扩大了太极拳在京城及北方的传播与影响。后经杨家三代传承，不断对拳架改编创新，形成了杨氏太极拳派，后又衍生出了吴氏太极拳。至民国初期已传至南方诸省渐至全国。故杨家祖孙率先广传太极拳之功，深受后人称赞。

2.武禹襄

陈清平曾在赵堡镇开馆授徒，广传太极，门徒众多。适逢受过同乡杨露禅启蒙开悟，痴迷钟爱太极拳的河北永年人武禹襄，慕名前来向陈清平访求太极拳技。陈清平一向心胸坦荡，重贤爱才，喜遇武禹襄后，观其德才兼备，诚心学艺，便毫不保留地传其拳术精华，授予拳理奥妙。武返乡后，潜心研练，艺理俱进，有继承、有发展创新，遂形成武氏太极拳，之后又衍生出孙氏太极拳。

武禹襄及其传人李亦畲皆文人出身，有秀才、举人之学历，有拳术文理继承、研究、总结之文化优势，不但记录并传下了在陈清平处所得到的拳诀拳理之秘，还对太极拳的理法多有研悟、总结创新。故武氏一脉对太极拳的理论之继承、总结、丰富、提升方面功不可没。

总之，太极拳若按地域流传来看，除河南焦作温县一地最早源起太极拳之外，杨、武、吴、孙等均形成于河北省域，故我们也可统称之为“河北派太极拳”。河北派太极拳为后起之秀，对其母拳的发源地，即河南焦作温县太极拳的传承发展、技理提高等起到了一定的助推作用。人们在追根求源过程中，无疑提升了太极拳发源地焦作温县太极拳的知名度和拳术地位，促进了焦作地区太极拳向更大空间的传播发展，从而为我国太极拳的推广传播、门派繁荣、理论提升作出了重大贡献。

第五节
太极拳之源推演如是说

一说太极拳初创开源之人。

太极拳为明末清初河南温县陈家沟陈王廷所编创，这是目前无论是专家、拳家与学界，还是官方主流与民间，都认同度最高、最广泛、最符合历史的一种观点。因此说，陈王廷为太极拳之祖，是太极拳开源第一人。

二说太极拳发源之地。

拳有创始之人，人有居家之地。太极拳为陈王廷所创，陈王廷为陈家沟之人。因此说，陈家沟为太极拳祖庭之处，发源之地。而发源之地，可有地域大小概念之分，又可有行政区划上的上下层级之别。或小至一乡一村，或大到一省一国，若要由小到大、由下而上推而述之，则有以下如是说：

1.太极拳发源之村——陈家沟

太极拳创始人陈王廷，为陈家沟陈氏九世人，生长于陈家沟，创拳于陈家沟，传拳于陈家沟，终老入土于陈家沟。之后，陈家沟村民世代传练太极拳数百年，习武练太极成为传统村俗民风。故村以拳名，拳以村显；全村全民齐参与，陈姓异姓共太极；代代出高手，辈辈多名家。以至于留下“会不会金刚大捣碓”“喝喝陈沟水，都会翘翘腿”的世传谚语，可证明陈家沟太极拳普及率之高和经久不衰、繁荣发展的景象，使陈家沟在清代就已成为远近闻名的、名副其实的“太极村”。而陈家沟太极拳又衍生出了赵堡、杨、武、吴、孙等各派太极拳，坊间便有“天下太极出陈沟”

之说，可证陈家沟确为太极拳的祖源之地。

太极拳创传之早、村中传承坚守时间之长、村民参与度之高、人数之多、影响之广、对整个太极拳传播发展贡献之大，为全国所有村庄之最者，非陈家沟莫属。故称陈家沟为“太极拳发源村”“太极拳之村”“太极拳圣地”或“天下太极第一村”等皆名副其实，受之无愧。

2.太极拳发源之镇——赵堡镇

赵堡镇为中原千年古镇，历史悠久，传统文化积淀深厚，现已被国家认定为河南名镇。天下太极第一村陈家沟便为其镇下辖村庄。因此，赵堡镇及下辖各村村民自古多受陈家沟太极文化熏陶影响，皆有习练太极拳的历史传统。其中赵堡本村传承太极拳也较早，已有数百年历史，代有传人，不乏名家高手，早已形成赵堡太极拳一脉，并且还先后由此衍生出了武氏太极、赵堡和氏太极、忽雷太极、孙氏太极等。因此，可以说赵堡镇无论是作为一个村庄，形成赵堡太极，并由此所衍生出数派太极拳；还是作为一乡镇，所下辖的陈家沟、王圪垱、陈新庄等著名太极村落，皆是全国乡镇级机构中，太极拳最早、传播时间最长、全镇传播村庄及人数最多、普及最广、演变衍生太极拳流派最多、太极文化最为厚重的镇所。故赵堡镇当之无愧为太极拳发源之镇，天下太极第一镇。

3.太极拳发源之县——温县

太极发源之村陈家沟，太极发源之镇赵堡镇，皆为温县所下辖的村镇。而温县其他乡镇村庄，与陈家沟、赵堡镇，地近、乡邻、人亲，近水楼台先得月，具有学练太极拳的便利条件，皆不断受到太极村陈家沟与太极镇赵堡镇尚武练太极之传统风尚影响和引领，促进了整个温县太极拳的蓬勃发展。新中国成立后特别是改革开放以来，响应国家号召，太极拳在全县得到了推广、普及、发展，多次举全县之力，举办各种国内外重大太极拳观摩、交流与赛事活动，提高了太极拳之县——温县的国际知名度。终在数年前，温县被国家有关部门命名为“太极拳发源地”，成为名副其实的太极拳发源之县。

4.太极拳发源之市——焦作市

焦作市，旧称怀庆府，是地处山（太行山）河（黄河）之间的一块风水宝地，可谓山川秀丽，人杰地灵，有豫北太行明珠之美称。在武术方面，南取少林武术之长，北受山东、山西、河北等地武术影响，自古便是武风昌盛之地。除了各种北方长拳、红拳及少林拳广传于乡村外，最为出类拔萃、名震四方的武术精品，便是温县赵堡镇陈家沟的太极拳。此外，这里还有稀有独特的武术器械中的瑰宝——“王堡枪”，与太极拳共领怀庆府武林风骚数百年，形成了尚武、习太极、练枪棒之传统风气，延传至今仍兴盛不衰。多年来焦作市政府更是高度重视太极拳的传播发展，高瞻远瞩，面向世界，制定战略发展目标，成功规划并实施打造出“一拳（太极拳）一山（云台山）”的太极与山水城市发展品牌，使焦作市真正成为山清水秀的“中原养生地，世界太极城”。并成功连续40余年举办十多次“焦作国际太极拳交流大赛”，成为世界层级的规模最大、水准最高的国际太极拳交流平台，使焦作市成为享誉世界的太极拳之城。现在每当提到焦作，人们不会再想到以煤兴城的煤炭资源，而是举世闻名的焦作太极拳。故焦作市被世人称为“太极拳发源之市”“太极拳之市”“太极拳之城”，名不虚传，当之无愧。

若再以此类推，继续向上推演太极拳之发源地，那么太极拳发源市之上还有太极拳发源之省——河南省。河南省地处中原大地，是少林拳与太极拳两大武术名宗的发源地，故有“天下功夫出少林，天下太极出中原”之说。因此，河南省被称为太极拳之省，实至名归，受之无愧。

而以世界各国论，中国无疑是太极拳发源之国，中国是名副其实的太极拳之国。2020年12月17日，太极拳已成功列入联合国教科文组织人类非物质文化遗产代表名录，使中国的太极拳真正成为“源于中国，属于世界，造福人类”的世界文化遗产，成为中华民族的文化符号和真正的“国术”。太极拳为中华民族扬了名、争了光、添了彩，这是国人的骄傲与自豪。

三说太极拳来源之主要姓氏——陈家沟陈氏一族。

华夏大地，地大物博，人口众多。论民族可有56个，论姓氏更是多达数千。故民族文化丰富多彩，百花齐放、争奇斗艳。而各民族有各自独特的传统民族文化，各姓氏也有各自的家族文化特色。在中国传统上，遍布全国各地的村庄村落，多以同姓同族聚族而居为主体，形成了广大乡村的一个个姓氏家族。而这些家族，自然也各自带有家族烙印的特色文化的传承延续。太极拳作为传统文化，若按姓氏家族推源论功，评述其成就贡献，那么，非河南焦作温县赵堡镇陈家沟陈氏一族一姓莫属。

太极拳为陈家沟陈氏家族九世陈王廷所首创，可谓太极拳出自陈家沟陈姓一族。对于陈家沟陈氏一族来说，太极拳不仅仅是陈王廷一人初创之功劳，更有整个陈家沟陈氏家族世代坚守、传承、发扬光大的贡献。所以说，太极拳是在陈家沟陈王廷首创牵头下的整个陈氏家族共同努力、共同参与、传承发展的结果。在陈王廷编创太极拳雏形之后，又主要在其族内世代相传，绳绳不绝数百年，成为该家族代代独守独传，独此一家的拳艺文化。而且还业已形成了世代尚武、习拳、传拳之家风。练就一身过硬的家传太极功夫，成为每个陈氏家族成员的精神寄托、责任与担当。历代练太极拳者，不计其数，男女老幼，全员参与，高手如林，名家辈出，形成了习拳为荣备受崇敬，载入家谱，彪炳史册的特殊家族风尚。就是这个太极拳大家族为我们创编、传承、贡献了一种优秀的传统文化遗产。可以说，陈家沟陈氏一族的一部家族史，就是一部中国太极拳形成发展史。

太极拳由陈家沟传出后，至民国初年始，出现了按创新者姓氏划分的杨、武、吴、孙等几个流派，但这些姓氏流派多有一个普遍的现象，那就是在一个姓氏家族之内多传不过三四代，其主要传人就易姓换主。而陈家沟陈氏太极拳却例外，竟能数十代、数百年地在整个家族内相传，至今长盛不衰，且已成为一个全村、全族、全民皆武的家族文化产业。这种特有现象，不能不与陈家沟厚重的太极文化积淀，肥沃的太极文化沃土，尚武、习武、尊武的家风，以及有滋养太极拳生长的人文、自然环境等条件密切相关。

我们可再做些列举证明，陈家沟陈氏仅有武功事迹可考的历代主要成名成家者便有陈王廷、陈申如、陈洵如、陈正如、陈继夏、陈公兆、陈秉旺、陈有恒、陈有本、陈长兴、陈耕耘、陈仲甡、陈季甡、陈三德、陈五典、陈有纶、陈垚、陈鑫、陈延熙、陈复元、陈子明、陈发科、陈春元、陈照丕、陈照旭、陈克忠、陈金鳌、陈宝璩、陈省三、陈照奎、陈立清、陈立宪等。而且陈氏后裔对温县另一支太极拳即赵堡太极拳的形成、发展、完善、光大，也有重大贡献。该系太极拳的陈氏后裔就主要有陈敬柏、陈鹏、陈清平、陈泾阳、陈河阳、陈玺、陈乃文、陈应铭、陈奉山、陈学忠等。另外，陈氏后裔对温县另一种别具特色的忽雷太极拳的传承发展，也有重要贡献，其主要有陈铭标、陈应德等。

以上所列举，使人一目了然，可知陈家沟陈氏历代有事迹可考、有据可查的主要名家好手竟有40余人之多。这一独有的武林奇迹，不能不令人拍案叫绝；又不得不让人对陈家沟陈氏一族刮目相看，敬佩之至。他们其中一些拳家对太极拳的形成发展、流派形成与门派繁荣还起到了至关重要的作用。

一个村庄，一个姓氏，一个家族，一种太极拳。由其创立，由其传承坚守发展，由其衍生众多太极拳流派，全国独一无二，绝无仅有。

一个村庄，一个姓氏，一个家族，一种太极拳。创传时间之早，族内传承时间之长，参与人数之众，出现高手名家之多，对外发展贡献之大，传播影响之广，举世无双，独此一家。

在中国有这样的一个太极村——陈家沟，村中有这样的一个世代太极大家族——陈氏家族，若其不能称为天下太极之源地，不能称为天下太极第一村，不能称为天下太极第一姓、第一家族，那么有谁敢取而代之享有以上称谓和荣誉呢?

最后，有必要再总评、再认识、再说明陈家沟太极拳发源地的问题。

要说陈家沟陈氏对太极拳的贡献应分为两部分，一是首创；二是传承、完善、发展，开启众流派。二者缺一不可，同等重要。

陈王廷首创太极拳，现在虽然还有些不同的声音，但如果与数位传说中的所谓太极拳创始人相比，陈王廷无疑是证据最充分、材料最翔实、可信度最高、更接近历史、更具真实性的一位。这也是被官方主流和多数专家学者及众多民间武者认可的主要原因。

而太极拳创始人的认定固然重要，但若从太极拳的形成发展历程来看，并非一次性完善成熟、完美无缺，而是在有一个雏形后的不断充实、丰富、优化、完善、发展、传承的过程，这个过程不仅仅是一两人的参与其中，应是一个群体。而有据可查、确切鲜明的是，这个群体的成员主要是来自陈家沟陈氏数代后裔。比如，若没有陈敬柏就很难有早期赵堡太极拳的形成发展；若没有陈继夏就没有陈氏太极拳的早期传承、发展、完善；若没有陈长兴就没有现今的陈氏大架、杨氏太极拳及吴氏太极拳；若没有陈有本就没有今天的陈氏小架太极拳和更完善的赵堡太极拳；若没有陈清平就不会有今天更加完善的赵堡太极拳以及武氏、忽雷、和氏、孙氏等太极拳的出现。所以，在太极拳早期传承、发展、完善及流派演变的关键时期的主要关键性人物，皆为陈家沟陈氏后裔。这样的家族群体对于太极拳传承发展之贡献，不亚于某个人的雏形创编。若有创无传，出现断传、绝传，那么创编再美好的拳艺也白搭，毫无价值可言。

因此，在没有找到比陈王廷创拳证据更加确凿、可靠、可信度更高的另外某个创始人之前（根据目前的所有线索和相关资料来看不可能找到另有其人），陈王廷为太极拳创始人，是比较实在可信的，陈家沟是太极拳发源地也是符合历史的。退一步来说，即便是因时代久远，陈王廷创拳还缺乏更多的翔实证明资料，还有些含糊不清和可疑之处，还不能说是确定无疑，甚至再退一万步来说与陈家沟陈王廷就是没有多大关系，那么仅凭陈王廷之后，陈氏历代众拳家在太极拳的传承、发展、完善、创新、优化，和促进太极拳众流派形成与繁荣等所起到的重要作用与群体贡献；或仅按目前广为流传的陈、杨、赵堡、忽雷、和、武、吴、孙等诸大流派的直接与间接起源地来评定，那么陈家沟也是当之无愧，不可动摇，无法推翻，无法争夺，无法否定，名正言顺，货真价实，名副其实的中国太极拳发源地和真正的太极拳圣地。决不可仅以个别人对陈王廷创编太极拳的质疑，来否定陈家沟太极拳发源地的地位。况且陈王廷编创太极拳还是有据可查、可证，并得到国家及众专家学者、太极同道的认可、认定。故陈家沟，特别是陈家沟陈氏家族对中国太极拳的多种贡献都是绝无仅有、不可低估、不可忽视、不可抹灭的，是完全可以撑得起“太极拳发源地”、扛得起“太极拳圣地”这一金字招牌的。

第四章

陈清平家传太极拳

第一节
陈清平家传太极拳概述

一、陈清平家传太极拳源流传承简介

陈清平作为太极拳一代宗师，仅其一人所传下且演变、开启的太极拳派拳系就有赵堡、武、孙、和、忽雷、李等数种之多。而除了以上多为人们所熟知的太极拳诸拳派、拳系外，在温县赵堡镇陈清平的家族后代中，还承有一支鲜为人知的家族门内嫡传太极拳，那就是被当地拳界所称的赵堡陈清平家传太极拳。

陈清平家传太极拳的源流与历代传承为，由陈清平传其子陈河阳与其侄陈泾阳，后由陈河阳传其子陈鋆，陈鋆又传其子陈乃文。至此该拳系在陈清平的直系后代传至四代后，陈乃文无子，几个侄子或年幼或移居外省，在无法直系近亲相传的情况下，陈乃文便继传于同村同族的晚辈族侄陈学忠。而陈学忠则亦为太极名家之后，系清代赵堡太极拳大家陈敬柏七世嫡孙，自幼随父习练祖传太极拳，打下坚实基础。在陈清平家传一系太极拳面临青黄不接的传承危机时刻，他不辱使命，接过传递火炬，又独承家传拳艺之秘，传承至今，使陈清平家传太极拳这一弥足珍贵的传统太极拳得以完整继承下来。这是一支渊源有序、传承特殊、正宗嫡传、拳法独到；与太极宗师陈清平关系最为直接、亲密，颇具保护研传价值的一系太极拳。因为该拳系起始于陈清平，又主要在陈清平几代后人及陈氏同族后裔中数代相传，故被当地拳界称为陈清平家传太极拳，也有称为赵堡陈家太极拳。它属于赵堡太极拳中的一个重要支系，是一支名副其实的名门正宗嫡传太极拳。

陈学忠主要传人有，其子陈文杰、陈文龙、陈文鑫、陈文林，以及弟子李金秀、谢正太、褚安仁、张学义、王红运、郭四、谢祖恩、冯福高、张满宏、王沁军等。现在陈清平家传太极拳已在河南温县、焦作、洛阳、郑州、北京及上海等地皆有较广泛的传播发展。

近些年，不少拳友得知笔者对陈清平家传太极拳有多年研练，很希望将家传太极拳拳法技理整理出版，以一睹陈清平家传太极拳特有的拳法风貌。这也是笔者的恩师，一代赵堡太极拳名家陈学忠先生生前所期望的。故不揣浅陋，草成本章技理与图文内容。

二、陈清平家传太极拳的主要特点

陈清平家传太极拳与陈清平其他外姓弟子所传承的各系赵堡太极拳一样，皆是由陈清平当年所传下，属于赵堡太极拳系列。而其特别之处则在于，该系由陈清平后人和同族后裔世代相传。因此，陈氏“家传”便是其特点之一。

陈清平当年授拳一向开明无私，唯才唯德。他并非任人唯亲，内外有别，保守藏秘，将不传之秘独传于后人。在其众弟子中，功夫成就最高的也并非其子侄。因此在拳架与技理方面，“家传”“外传”应该是没有多大差别。但若细研比较，“家传”还是具有与众不同的鲜明特色。究其原因，一方面是各系均已数代相传，难免会有各自的研悟、渐变与侧重，出现一些差异与不同也属正常现象；另一方面是家传一系太极拳，从客观上讲，毕竟当年占有天时、地利、人和等更多得天独厚的传承优势条件。俗语道：“门里出身自会三分”，又有“近水楼台先得月”之说。因此，陈清平的子孙无形中应该比外姓弟子听得多、见得多、家庭环境熏陶多，潜移默化受到的教诲多，还是造就出了陈清平家传太极拳的一些独特性，因此确实是一支颇具研传价值的太极拳。

这些年来，赵堡太极拳各系传人著述颇丰，对该拳派的拳法技理特点等也多有宣传介绍，使人们有了一定的了解与认识。而陈清平家传太极拳在拳法技理方面，除其他赵堡太极拳所具有的一些共同特点外，其独到之处也是显而易见的，特别是对太极拳一些正统的核心理念与要义及传统太极技法等，都有难能可贵的坚守与留存。其主要特点大概有以下几点：

(一)拳架练习技理特点

1.古朴典雅，中正圆满

在拳架动作与练习方面，虽然家传与外传皆出自一师所传，从表面上看多有相似之处，但相比之下，自有其独到特别之处。家传太极拳拳架动作古朴典雅，拳架运行中正圆满。如在拳架名称上还保留下“护心捶”“白鹅亮翅”以及“回头看花”“摘花闻香”“银捶换金捶”等既古朴通俗而又典雅有趣的名称。在拳架动作的运行轨迹上，以走圆划弧为主，突出了太极拳动作圆化、弧化特征。拳势动作之间的转换过渡，多以两手的同向圆或逆向开合圆相连接贯通，使得拳架动作更加圆活顺畅，灵活自然。而在拳架的身法要求与行拳气势上，既注重外形的立身中正，即头领正、身立正、腿顺正、手中正，浑圆饱满以及圆裆圆臂，守中用中，两肘不夹不架等要求，又十分重视拳架运行中整体气势的中正、鼓荡、圆满，处处显圆形、运圆迹、走圆劲、练圆意。体现出拳架的无处不浑圆，无处不中正圆满。走架行拳就像一个鼓荡、空松、圆活的圆球在整体滚动旋转，尤显拳味、拳韵的优雅空灵、圆活流畅。可使习练者具有周身舒适畅快、欲罢不能之感。

2.松柔自然，灵活善变

太极拳原名俗称为“软架”“软捶”“柔拳”“软十三”等。故“软”是太极拳原始的基本特征。而“软”又可称为“柔”，二者意同字不同，合起来为“柔软”一词。焦作温县当地多习惯称之为“软”。那么练拳要想柔软，前提是先要做到“松”，能松自然能软，不松就不会柔软，还会导致紧、硬、僵之病。故能松则空，空则通，通则虚，虚则轻，轻则灵，灵则活。因此，松柔或松软是太极拳的第一要求与特征，任何太极拳若偏离了松软特点，无松柔之练，则不可称为太极拳。而出自名门后人所承练的家传太极拳，自然不会偏离松软这一太极拳的基本特征，而且相比之下其坚守与重视程度可谓有过之而无不及，成为整个修炼功夫的核心内容。太极拳练功过程，就是松柔与气感状态下肢体长期圆形滚动式的磨炼，是由松柔到空通，再到虚灵的功夫提升过程。太极拳本为阴阳刚柔变化之术，松柔练习就是为了实现松与柔的另一面，即紧与刚的阴阳互变质量，是一个由松到紧，由柔到刚，由阴到阳，以达到积柔成刚、刚柔并济、阴阳平衡的最终目的。因此，这种松柔功夫需要长期磨炼，既要有毅力有耐心，又要讲方法会变化。要能通过松柔之练，练出先天自然之力、之刚、之紧、之劲，而非后天僵硬之力。故不可急于求成，不可越层隔级，要分层而练。不可方法单一，一成不变，要会变、善变、巧变，力求提高练功效果。而家传太极拳在这方面既具有正确全面的练功理念，又突出了“灵活善变”分层而练这一特点，其灵活多变性可具体表现在以下几个方面。

一是拳架大、中、小与低、中、高之变。拳架按两腿和两臂屈伸旋转幅度及身体的起落高低可分为大架、中架与小架三种架子。大架则大开大合大旋圈，身法低沉又可称为低架；小架则身高圈小又可称为高架；而介于二者之间居中者皆可称为中架。其练功程序一般是由大架、低架到中架，再至小架、高架（而有的体质不适合先练大架、低架的，可从中架始，继而再练大架、低架，之后再练中架渐变为小架、高架也可）。先练大架、低架，大开大合，大起大落，转大圈走大圆，可起到伸筋拔骨、放长肢体、去僵求柔、以形促意之功效；继之则练中架，适当缩小身、手、腿的开合、起落、旋转幅度，由大圈转变为中圈阶段；最后则进入小架、高架练习阶段，进一步缩小周身外形的动作幅度，由中圈到小圈以至紧小脱化的意圈无圈阶段。家传太极拳的拳架练功之变化，基本上还是坚守与继承了由大到小到无，先低后高的太极拳练功程序与变化规律。家传太极拳的不少练功方法与要求，是有阶段性分层次的，并非一种方法简单地长期使用，在练功过程中要善于不断地灵活变化。

二是三种拳架练法之变。家传太极拳继承了赵堡拳架特有的“腾挪架、领落架、带里架”三种拳架练法。初期多以腾挪架、领落架练习为主，而中后期则更加注重练习重意轻形，重里轻外，以意带形的带里架。虽然有灵活的几种拳架变化，但总体还是以带里架为主，腾挪架、领落架为早期的铺垫与辅助，是主要属于带里架特点的一种拳架。

三是拳架动作灵活之变。家传太极拳在每个拳势动作运行上，也不是独守一种单一的练法，可有几种运行方法与变化，老师可分别演示，供弟子适当选择或建议练习哪种，抑或几种兼而习之，比较体会，择优而久练之等，具有灵活的选择性。但万变不离其宗，“而理惟一贯”，总要以形圆、气通、劲顺、周身相随等为原则。

四是守规矩而出规矩之变。纵观太极拳的传承发展史，是一个不断丰富完善提高的过程，任何技艺若墨守成规，不思其变，僵化不前，都会失去生命力。所以太极拳的习练，也要遵循先守规矩，后出规矩的原则，既不可毫无规矩地自以为是地胡练，也不可被规矩套死不知灵活变化地死练，要师古而不泥古。而作为师者，当弟子练到一定程度，不可限制过多、过死，要鼓励其学而化之，悟练出个性与风格特点；而弟子在守规矩继承师传的基础上，要敢于变善于变，变化出独有的拳风、拳韵、拳法特色。正像一些艺术大家期望自己的弟子“学我者倡，像我者亡”，既要学到老师的技艺精华，又不可墨守成规，一成不变地缺少思悟变化与突破。陈学忠老师常说，先要规规矩矩地学好老师教的东西，但最终还要敢于练出自己的东西，如果一个拳手练了一辈子拳，别人评价说他练得与其师传拳架一模一样，分毫不差，一点也不走样，这并非优点而是缺点，说明是老师把拳架教死了，弟子也把拳架练死了，练僵化了，只是徒有其形，并没有真正练出自己的东西。总之，虽是家传太极拳，传有细腻严谨的各种规矩，但又不失开明、灵活、巧妙多变的特点。

3.开合有序，坚守古法

开合是太极拳运行的基本形式和规律之一，与太极拳的动静、虚实、起落、刚柔等一样，属于太极拳基本的阴阳变化范畴。家传太极拳在开合变化方面，继承传统，坚守古法，形成了开合有序的拳架风格。其主要体现在两个方面：

其一是保留了传统太极拳拳架练习中，形意与内外相合的开合运行方法。太极拳的每一拳式动作，皆有显于外形的开合变化，即开而合，合而开，逢开必合，逢合必开，一开一合贯穿始终。这些仅从外形上就可看得清楚明白，凡太极拳皆有此特点。而对于隐于内的内意或称内气、内劲的开合变化练习方法上，各家太极拳不尽相同，即便是同一家太极拳也是各有区别。一种是要求外形与内意相配合的开合运行变化。其练法就是每个拳势动作外开时，以意行气，将起于脚、行于丹田之气同步配送至梢节，叫作开；然后随着外形的松合，再以意念引导将内气由梢节原路回落于丹田，下沉于脚下，叫作合。有明显的外形与内意相配合下的开合变化。这应该是太极拳所固有的一种练习方法，有的太极拳称这种练习方法为“正身法”，家传太极拳则称为“开扣合”法。具有这种有意开、有意合练习方法的太极拳主要有陈氏太极拳、武氏太极拳等，家传太极拳也同样保留有这种练法。另一种则与此不同，而是在拳架的开合运行中，主要注重意念引导下的外形与内意相配合的开，而不太重视下一步形意相合、意念引导下的梢节劲回合于丹田，再沉于脚下这一过程。也就是说有意开而无意合，无明显有意的梢节劲回落松合练习，应该是一种无意的自然回落。具有此种特点的太极拳主要有杨氏太极拳、吴氏太极拳以及赵堡太极拳除家传一支外的其他各系。两种练法各有特点，难分优劣高低，殊途同归，均出高手名家。不过这种“正身法”“开扣合”练法，应该是对太极拳的前期练习，有利于促进形意内外的协调配合，使意气的开合运行更有形、有迹、有意可依，用意得气较快等。但这种练法应该只是一个阶段性方法，随着功力的提高，练出拳感后还应上升至有形无意，下意识的开合运动。而另一种有意开无意合的练法，实质上是一种层次并不低的无意识地自然松合，虽然掌握不好容易开劲有余而合劲不足，但实践证明也不失为一种高起点的方法。而在此想说明的是，温县赵堡太极拳各系，唯家传一系仍继承传下有这种传统的“开扣合”练法。而两种方法皆为陈清平传下，各有其妙，都有研究传承的价值。

其二是家传太极拳在对人体骨节筋脉的“开”与“合”的修炼方面，也有着不同的方法与见解。

太极拳有拳诀云“先求开展，后求紧凑”，又有“由大圈到小圈再到无圈”之说，皆说明太极拳有一个由开展到紧合收缩，由大到小的修炼过程。为何这样练呢？先大、先开，主要是为了拉开骨节、筋脉、韧带，增强周身肌体的弹性与灵活性；而后小、后合、后紧，是为了追求技击中的圈小、路近、劲整、身灵，实现劲聚一点，寸劲打人的效果。因此，太极拳练习要先开后合，先伸筋拔骨，节节打开，“先求开展”，然后再“节节贯串”，最后“后求紧凑”。这样方可实现由开展到紧凑，由大到小，由开到合的目的。但是一些拳者，对这些先贤留下的传统练功方法，或是未能全面继承，或是片面理解，有的一开始就追求“节节贯串”，求“紧合”，拳架走得紧小拘谨，不敢放开，不懂得伸筋拔节的重要性与方法。认为小身法、小圈架高明无比，以致骨节筋脉难开。而开得不好自然就难以合好，影响练功效果。而有的则只知道重视开，长时间练习大开大合的大圈大身法拳架，来“先求开展”，确实筋骨节打开得很好，但却不知如何适时“后求紧凑”的缩小与“节节贯串”的合住，会开不会合。练一辈子松散的大架子，自认为大架永远是好的精品。而家传太极拳则继承了传统太极拳开合、大小、松紧的变化方法与运行规律，该开展时一定尽情开展，不可提前合紧；该紧凑时一定要紧合缩小，不可长期练开。陈学忠常说，拳架开展不好就紧合不好，节节打开是基础，但还不可以致用，必须会再节节合住“节节贯串”方是提高，才能实用。并传下系统的先开后合的练功方法。

4.浓淡有无, 巧用意念

太极拳是一种用意行气走劲的拳术，强调“以心行气，以气运身”“用意不用力”等，注重内气内劲的修炼与提高，因此，被称为“意气运动”。然而对于太极拳习练中具体的如何用意，各阶段的用意方法、用意程度等，是有科学讲究的，若不能恰到好处地灵活变化，实时调整，则会影响练功效果与功夫质量。该有时而无，则会神散、形散、劲懈；该无时而有，则会出现堵、乱、僵、紧、呆滞不自然等毛病。

而家传太极拳在意念的使用与控制及调整方面有其独到之处，可归纳为：

一是在整个拳术修炼过程中，意念的大致变化可概括为：先由无到有，由淡到浓；再由浓到淡，然后由淡到似有非有，若存若无，以及完全虚无的境界。意念运用不是一成不变的，要分层次适当适时地调控。由无到有，就是初始练拳，首先是要求周身放松，动作大开大合走大圈，其主要目的是伸筋拔骨，去僵求柔。此时，不可有什么意念活动，因为刚入门还缺少练拳的体验与感悟，难以有正确的意念引导与想象，若此时意念重、想得多，则不利于松筋活节和精神的放松。只有松柔灵活地多多习练，方可带来内气的自然萌动，渐有拳感和气感。此为“以形引气，以形促意”阶段。所谓由淡到浓，就是渐有体感与气感后，可由无到有，由淡到浓地逐渐加强意念活动，注重体会意气内劲随着动作变化在周身的运行。按家传太极的方法，此时每一拳式动作皆可有意识地导引丹田气随着动作的开旋运至梢节，微微灌劲后又松合回劲沉合于丹田，落于脚下，进行有序的形开意开、形合意合的形意开合运动。至于下阶段的由浓到淡到无，就是当这种人为的较强较浓的意识导引运行到一定程度后，就会拳感、气感更加明显，手脚等部位会有热麻胀等感觉，拳味、拳韵、拳意也会自然溢出，已无须再多的主观意念活动。此时，便可意念由浓到淡，将意识逐渐适当放松放淡，由全意到半意再到一点点儿意，直至似有似无、可有可无、无意之意或全无意，全凭体感练拳的自然无为、空松虚无练拳境界，进入太极拳无意识的自然本能反应与精神感应状态。至此身心、精神意识也能完全松弛下来，得到充分的休息与放松，会带来更加舒适恬静的感觉与享受。

二是在一次练功阶段中的意念变化。以上所说是从整个练功过程中的大致意念掌控问题，只是泛泛而谈，仅供参考，要因拳、因人、因功而异，不可一概而论。而从小的方面来说，在一定练功阶段，每次练功时间内的意念活动也不是千篇一律的，也需要科学调控与灵活变化。太极拳的不少练功方法大多是阶段性的，并非一种方法固定不变的永久使用，要凭借个人功夫程度与练功时的感觉随机而变。如以一次练功十遍拳为例，不可开始就意重而练，或由始到终仅一种意念活动，可先无意或稍有意地练几遍，可起到热身与自然导气功效。待周身气血涌动鼓荡，渐有拳意拳感与兴致高涨后，可意重地练几遍。可多想象动作的技击用法、劲法含义，面前无人似有人；或想象拳势开时意气的劲灌四梢，然后再松合进行沉落于丹田、脚下的“开扣合”练法等形松意紧的练习。但这样的意重练法也不可过久，大致两三遍即可，多者会导致身心紧张，影响放松与功效。因此，可又一次回到意淡或无意的虚无松空练功状态，不断这样反复地调整练习，会有较好的练功效果。意念的浓淡有无活动，全凭个人感觉进行灵活变化调控，不可强行之。但总要以身心是否舒适为度为标准，若意念过重、过久，练习感到心烦意乱不舒适，则可意念放淡或放无；若意淡或无意，练习时神情恍惚，神气散乱不舒适，则可适当调整加强意念活动。此可概括为两句话，跟着感觉走，舒适是标准。这些有关意念调控、灵活变化的方法与内容，不失为家传太极拳传下的精髓之一，是提高功效与功夫境界，值得传承借鉴的好方法。

(二)家传太极拳推手特点

太极拳为武术的一种，原本也是以追求技击格斗为主要目的和要求的拳术。而家传太极拳更非例外，非常重视推手技击训练，坚守传统推手理念、技法和原则，具有鲜明的特色与传承价值。其特点概括起来可有以下几点：

1.体用结合，重劲法、重圈法，不重招法

太极拳由太极之理、太极之拳架、太极之推手三大部分组成，可称为太极拳的三大基本特征。其中，太极阴阳之理为习练太极拳的准则与指导。而拳架与推手，相对来说，拳架练习为基础，被称为“体”；推手实践是提高，被称为“用”。只有体用结合，方能提高技击实战水平。故二者相辅相成，相互促进，相互提高。在具体的拳架与推手练习中，可以说有什么样的拳架练习就有什么样的推手方法体现，走架如推手，推手如走架。在赵堡太极拳的传承中，有的传系重视拳架招法的练习和在推手中的结合运用，具有招法高、见效快、善于用之优势。而家传太极拳则主要重视拳架的整体劲法、圈法、身法、步法的练习提高和在推手中的综合运用，不讲具体招法的练用。认为凡利用勾绊、采折、招法打人，易犯丢、顶、露形等毛病而被人所制。而且在拳架与推手中，也是以练用“掤、捋、挤、按”，“四正”劲为主；很少练用“采、挒、肘、靠”，“四隅”劲打人。认为练好用好“四正”劲已足矣；否则，方可用“四隅”作为补充。

2.以静制动，以柔克刚

以静制动，后发制人；以柔克刚，借力打人。这些原本就是传统太极拳推手的基本原则与方法，是太极拳搏击实战的重要特征。但在太极拳的传承中，一些传人对此有所变化与违背，在推手中易先动先出手，认为先动先得，先人一步易沾光取胜。然而，家传太极拳仍然坚守传统古法，推手中一贯坚持人动则动，依人而动，以静制动，后发制人以及人刚则柔，以柔克刚，以圆化直，顺人之势，借人之力，尚巧不尚力的太极拳推手技击原则。

3.小圈克大圈，内圈克外圈

太极拳无论拳架练习还是推手运用，都是圆圈化的一种完美体现。其拳架运行，转圈旋圆，练圆劲，练圆活；其推手缠圈划圆，以圆化方，旋

圆化劲，圆化直发。太极拳抛开传统长拳类招法对练，而改进为转圈打轮式的推手，实质上就是圆与圆的智斗与较量。谁的转圈旋圆功夫质量高，谁玩得巧妙，则会技高一筹，就会有圆满的收获。至于如何将圆圈运用至妙处，可有几种圆变之法：一是圆的形迹之变，如全圆、椭圆、半圆、月牙圆、马蹄圆、背丝扣圆等的变用；二是圆的方向与体位状态之变，系指圆的正逆旋转方向与形态的平圆、立圆、斜圆等的变用。除以上两种重要圆的变用外，更有一种不可忽视的圆的大小之变用。家传太极拳不但有拳架练习中的由大圈变小圈之练与大圈不如小圈之说，更是传有小圈克大圈，内圈克外圈之诀。推手中双方两手相接相推相缠，两圆相斗，圆的大小幅度调控变化也是至关重要的，若能灵活掌握以小圈克大圈，内圈克外圈之秘法，则自然胜机更多。而小圈克大圈，内圈克外圈，大圈不如小圈的道理其实很简单，因为小圈、内圈要比大圈、外圈路近，用时短，能更快、更先作用于对方身上，且不易被人化解，对方进攻也更容易走化。当然这不仅仅是一种方法技巧的使用，更得有拳架所练出的小圈功夫所支撑，若没有小圈之功夫，则难有小圈、内圈技法之用。

4.继承古诀古法，雅俗共存共传

家传太极拳推手的技法原理，与正统的古拳论技法是一脉相承、相同相通的，可以说是忠实的继承者和遵循者。不但抄传有王宗岳《太极拳论》等拳论拳诀，并以此作为推手的主要理论指导与要求，而且在历代传承传授过程中，还口传留下了与古拳论拳诀相对应，且更加通俗浅显易懂的口语化拳诀俗语理论。例如，将拳论中的“舍己从人”，又俗称为“要啥给啥”“要哪给哪”；将拳论中的“不丢不顶”，又俗称为“不弃不抗”；将拳论中的“无过不及”，又俗称为“不贪不欠”或“不多不少”；将拳论中的“粘连黏随”，又更准确地称为“粘连依随”等。另外，还有“吃啥还啥”“吃窝还饼”“争米塞豆”“差寸打尺”等推手中各种技法的形象化比喻术语。这些可以帮助进一步理解古拳论拳诀。

这些雅俗共存、共传的推手要诀，都是家传太极拳推手所一贯遵循和重视的基本原则与方法。拳论上所说的“舍己从人”就是在推手中，要顺人之势，随人之劲，借人之力，依人而动，顺势而击。通俗地说就是对方想要啥就给啥，想要哪里就给哪里。这个“给”，就是顺从对方不抵抗，就是舍己从人。否则，就会出现丢、顶等毛病，被人所利用。当然这种给予与顺从只是暂遂人愿，也是一种谋略，是为了给对方造成错觉。一时的给予与顺从是在引诱、挖陷阱，然后可给中有变，引进落空，乘机而击，顺势借力而打；或乘机旋变，改变劲力方向与势态而反击之，达到我所要的结果。而最终并非为了满足对方所愿所要，傻乎乎地帮助对方取胜。因此，要给中有变，随不过度，先给后得，随机应变，方可巧胜。

“不丢不顶”与“不弃不抗”是意思相同的不同表述。丢就是弃，顶就是抗。不丢不顶、不弃不抗，实质上也是推手中所要求“粘连黏随”的另一种说法。能做到不丢不顶、不弃不抗，自然就会“粘连黏随”了，反之亦然。而家传太极拳习惯上所称的“粘连依随”与“粘连黏随”所区别的“依”，就是依从、顺从之意。“粘连黏随”中的“粘”与“黏”则意思完全相同，显得重复啰唆，故称为“粘连依随”意思更准确完整。家传太极拳非常重视这些传统方法在推手中的实际运用，要求推手中，要粘连依随地缠粘住对方，听劲变化，不可出现丢、顶、弃、抗等毛病，而要伺机等待对方出现这些漏洞后而击之。

“吃啥还啥”“吃窝还饼”，是指化解对方的进攻后，再用同样的方法反击之，化打合一，以牙还牙，以其人之道还治其人之身。也指先让人吃进去，然后再让其吐出来，让其沾一时之小光而最终吃大亏。“争米塞豆”“差寸打尺”，二者含义基本相同。“争米塞豆”意为在推手中，若差一小米粒空间，要塞上像豆子大的体积，比喻意要远，劲要长，力要足。“差寸打尺”，意为推手中，若与打击目标距离相差数寸，要有打一尺的想象之力，方能力透人背，出现良好的打击效果。另外，“争米塞豆”还指推手中要粘缠逼迫对方，不让其有回旋逃脱余地，不给对方还手机会。

5.守中取中，吊线旋变

家传太极拳拳架练习所要求的立身中正、心平气正、守中护中、手不过中等，也是推手实践中所遵循的基本原则与方法。二人搭手相推，实质上就是一种平衡力的较量，要想破坏人之平衡而保住己之平衡，其关键就是守护好自己的中心线与重心位置，保持平衡，立于不败之地，而破坏攻击对方的中心线，使其失衡倒地，要时时有守中取中的意识。因此，推手中如何做到守中取中，尤为重要。为此，一方面，两手如门，要常处于人体中心线位置，手不过中，各管半个身，处处注意守好关好自己的门户，而伺机打开、攻取对方的门户；另一方面，要通过人体腰裆中轴的旋转变化来守护中心不失平衡；再一方面，人体中心是在不断变化的，并非永远只在体前中心线位置，要通过观察或粘缠听劲，感知人之中心位置。而当对方攻取我中心线时，可通过旋身吊线，守中旋圆变化，使其偏离中心后化而击之。若我攻取对方中线，其也用吊线之法旋线化解，我则可顺势旋小圈再取中攻之。守中要旋圆转线化而击之，而攻中则既可直线直攻，又可用防止对方旋线变化的以小圈对大圈的曲线进攻。所以推手就是守中取中与旋圆转线的变化。家传太极拳在“线”的练用方法、说法上的术语可达数十种，有挂线、吊线、断线、连线、守线、破线、绕线、缠线、扯线、松线、紧线等，对“线”有特殊的研究与练用。

6.推手打人，家传四法

推手与太极拳架相伴而生，为太极拳的两大重要内容，已传承数百年。其中推手这种集练功、练用与竞技交流于一体的太极拳特有形式，在长期的传承过程中，不断发展完善，已经可以说是理论成熟全面，技法丰富多彩。除了人们所熟悉的“掤、捋、挤、按、采、挒、肘、靠”等常用技法和各种眼花缭乱的奇异招法外，家传太极拳还口耳相传有对推手方法具有规律性总结的“推手打人四秘法”，即“挖坑、吊人、塞虎嘴、牵送羊”的传统技法。

“挖坑”就是在推手中，故意设置陷阱，挖个坑，引诱他人陷入后乘机击之。也可以说是拳诀“引进落空”的另一通俗说法，而若将“引进落空”称为“引进落坑”则会更形象易懂。太极拳文化底蕴厚重，被称为文化拳、哲拳、智慧拳。其在推手技击方面，不仅看结果，也十分看重技击方法的智慧性、巧妙性。其主张以柔克刚而非刚对刚的硬力相拼，注重以圆化直而非直拦横截，提倡借力巧打而非强力蛮取。除此之外，还非常善于使用引、诱、逗、佯输诈败、真假虚实等兵家诡道之法，以谋略智取巧胜。在推手中，有时常故意呈现丢、顶、扁、偏、软、硬等毛病，挖坑设陷阱，诱人入坑上当受骗，被动挨打。当然，这种挖坑诱人之法的成功使用，并非易事，既讲功夫又讲技巧与经验。若坑挖得太小，人进不去会犯顶，达不到预期效果；若坑挖得太大，对方有觉察则引不进，或进去涮一下跑掉，甚至有时会引进未落空而落实，反而弄巧成拙坑了自己。故坑要挖得不大不小，适中正好，量体裁衣，恰到好处方可。

“吊人”就是在二人推手竞技中，为了安全与文明，若既不想让对方倒地难堪，或免受伤害，而又想让对方知道彼此功夫高低深浅时，可放弃跌放之法，而以两手紧紧粘缠挤逼住对方，下与脚步紧密配合，好像将人悬空吊起，使其根基不稳，脚下如踩棒槌一样，摇摇晃晃，前歪后斜，似倒非倒状态，直至对方自愧不如，甘拜下风。所以，吊人之法，既是一种手段与方法，同时也是一方想要的结果。是一种“不杀不放”式的控制取胜法。在不必使人倒地难堪，又不易受到伤害的情况下，可分出胜负，友好切磋，点到为止。不失为一种文明交流切磋的好方式。

“塞虎嘴”顾名思义简单地说，就是当老虎张开嘴咬人时，乘机堵塞虎嘴，不等其合嘴伤人，便制服之。当然这是一种传统推手技法的形象比喻而已。也是传统拳诀“彼不动，已不动；彼微动，已先动”之句更加通俗形象的表述。传统推手原则主要是“以静制动，后发制人”。但在具体推手实践中，这种后发先至的火候与机会的把控尤其重要。同样的以静制动，后发制人，不一样的情景与势态，要用不一样的方法区别对待，会有不一样的效果。而“塞虎嘴”为其方法之一。在推手中，当发现对方有了动的预兆，有动之形意微现，但还未完全形成攻击之势时，要先机夺人，迅速截其势，堵其劲，闷其力，乘机击之，御敌于萌芽状态。这种方法也称为打截劲，打闷劲。

“牵送羊”实质是两种比喻顺劲借力打人的方法。一种是人们熟知的“顺手牵羊”，就是人已向我出手出招，要顺着对方打来之劲，牵动四两拨千斤，顺其劲，借人力合我力，将人捋牵失衡倒地；另一种是反手送羊，也有两种变化，一种是当顺手牵羊未得手，未将人牵捋倒时，往往是对方前冲力不大，为我所借之力不够用，或是对方觉察后，调整速变为向后牵拽之力，以挣扎维持平衡。此时可随机应变，速反手借其后拽之力，辅以我之挤或按、掤之力将其击倒。另一种反力送羊，也是推手中常用的引诱借力打法。就是在推手中，欲向其身后打出，则先向我身后捋带，诱其出现本能的向后回抽力，则乘机借力反手击之，也是顺劲借力取胜之法。故无论是顺手牵羊还是反手送羊，皆是太极拳借力打人之法的具体体现。总之，家传推手四打法，是对传统推手四种技法通俗形象的规律性总结。其言简意赅，形象有趣，通俗易懂，技法全面，各具特色。这些技法特点可分别概括为：挖坑为引诱之法、吊人为黏逼之法、塞虎嘴为堵截之法、牵送羊为借力之法，囊括了太极拳推手技击的主要精华，具有较高的学习传承价值。

三、家传太极拳对身体各部位的要求

1.头部

头：头为周身之主，百脉之宗，起“头领”作用。因此，家传太极要求，头要正直，不可歪斜。要虚领顶劲，即下颚微内收，后颈微鼓撑，头顶百会要虚虚上领，好似一线上提。顶劲能领起，则周身轻利，精神振起。

眼：眼为心之目，要自然松开，既不瞪眼，也不闭目，又不可呆滞失神。目光随主要运行之手脚运动，余光兼顾四方。

口：口要自然闭合，牙齿轻轻合住，舌抵上颚，产生津液要下咽入胃，可助消化，利滋养身体。呼吸要自然深长，以鼻呼吸为主，开呼合吸，本能调整，不可怒气憋气，影响气息通畅。

2.躯干部

胸背：前胸后背，为人体躯干上部的两个重要部位。家传太极拳与其他太极拳一样，也是要求“含胸拔背”。含胸就是胸部微内含，肌肉自然放松，使气沉于丹田。既不可含过成“凹胸”，也不可外挺成“凸胸”，要有虚空之感；拔背就是背部脊骨有向上提拔起之意，要将背部骨肉舒展开。胸与背前后相连相系，故能含好胸即能拔好背，方能力由脊发，要前后协调结合互动，从而真正满足“含胸拔背”这一基本要求，这样既有利于长功、养生，又利于技击中的运用。

腰：腰是上下体转动的枢纽，对全身动作变化、调整重心、推动劲力达到梢节等皆起到重要作用。拳诀所云“主宰于腰”“腰为中轴”等也是说明腰的重要性。因此练功中，腰既要松活又要正直，不松活则在技击中难以灵活旋化与攻击，又不利于长功与养生。中轴不正就会歪斜、软塌、摇晃，既无益于气血通畅运行也不利于养生与技击运用。

腹：腹部也是太极拳练习的一个重要部位，是丹田所在处，古人称腹为“气海”，即内气集聚的地方。家传太极拳对腹部的要求是“松静”“实腹”“提肛收腹”等。“松静”就是腹内内气要圆满腾然，如拳诀所云“腹内松静气腾然”；“实腹”“收腹”就是要腹肌微缩内收，富于弹性，有沉实饱满、气沉丹田之感。

臀：臀部处于躯干的下端，是太极拳习练不可忽视的一个部位。家传太极拳对臀部的大体要求是：臀部松沉下坠，尾闾相应下垂，与头部的上提相呼应，形成身躯脊背的上提下坠、对拉拔长之势。但也有一定的灵活变化性，如在练“松柔功”阶段，臀与尾闾一定要松沉，不可前提与后泛，否则影响放松与功效。而在练“开扣合功”阶段，当势开灌劲时，尾闾可微前卷合，命门微后撑，劲达四梢。然后尾闾再向下松沉，劲归丹田，行于脚下，也要具有开合变化。要求臀与尾闾该向下松沉时要松沉，该向前卷合时要向前卷合，好像射箭一样，只有在射箭时才需弯弓灌劲，不射箭时要弓身放松沉下，要区别对待。家传太极拳的不少身法要求，都是具有这种阶段性的灵活变化，并非一种要求与方法教条化的永久使用，要因功法阶段的不同随机而变，这也是家传太极拳的一个重要特点。

3.上肢部

肩：肩为上肢与身躯连接的部位，为上肢的根节。上边两肩及下边两胯，是人体活动范围最大的四大关节，这四大关节能松开练活，则四肢轻利，周身灵活，非常有利于养生与技击。家传太极拳要求两肩要松活下沉，肩松则臂活，两胳膊要像挂在肩上一样运行自如。不可耸肩、硬肩，导致肩臂僵滞不活、内气阻塞不畅。肩部要保持下与胯合，上下一条线相照，身法中正不偏。

肘：肘为上肢的中节，要松沉下坠，既不内夹贴肋，也不外架亮肘，保持“不夹不架”的姿势。若犯夹肘、亮肘毛病，则不利于手、肘、肩的松活与肘部的屈伸化打。

手：手为上肢的梢节，由指、掌、腕组成。手又可屈握成拳，展开则为掌，勾捏可成勾手等。家传太极拳对握拳的要求是，四指并拢卷握，指尖贴于掌心，拇指卷贴于中指中节上握成拳。既不可握得过紧，也不可过松，要拳内含空，虚虚握住。亦可拳随周身整体的松紧、虚实做相应的变化。对手掌的要求是，五指自然伸直为瓦拢掌，不过直与过曲，掌心含圆，中指领劲，手掌随身而动，适当旋转，不可过于内旋与外翻，常呈半阴半阳的阴阳掌势。练“开扣合”架时，落点手指微分，拇指伸直，虎口撑圆，微微灌劲。两手如线相牵，要练架如有绳牵，不紧不松。紧则易断易僵，松则易拥易堵。要手不过中，守中用中。在手掌的屈伸与手指的领劲变化方面，家传太极拳也有阶段性的调整变化。在初期练松柔活节功阶段，要求是“松肩、坠肘、耷拉手”，提出“耷拉手”这一特别要求，即在练松柔活节功阶段，手掌手指可暂不舒指领劲，暂不要“龙头”，要周身一松到底，手指曲松与手腕松垂成“耷拉手”状。待此松柔功阶段功成后，方可由“耷拉手”转变为手指舒展领劲坐腕的新阶段练法。这也是家传太极拳练功中，一种手法的变化特点。另外，家传太极拳对上肢的屈伸、出入、开合变化也有独特的要求。其口诀便是“出去看手，回来看肘”。就是在拳架练习时，当手向外旋开运行时，要以手为龙头，手指领劲舒指，手领腕，腕领肘，肘领肩，节节伸拉领劲拔长，一气相通。然后，当手向内旋合回劲时，则要以肘为领头，肘拽腕，腕拽指，肘也拽肩，又是节节领带拽拉，反复开合拉伸练习，不失为太极拳伸筋活节的一种传统有效的练功方法。

4.下肢部

大腿根：腿部上端俗称为大腿根，是下肢的根节，与裆胯相连，是腿部与腰胯转关换劲的枢纽。此部位要微微屈松，与腰裆协调一致，松柔灵活运转。两大腿之间为裆，裆要圆、虚、活，不可夹裆、荡裆。

膝：膝为下肢腿部的中节，支撑全身活动的重量，又可以膝法攻防。太极拳动作的运行，大都是在屈膝状态下完成的，故两膝要屈蓄如弓，富有弹性。但屈膝要适度，身体下沉或弓步时，膝盖不可超过脚尖，也不可左右过度拧旋，否则可导致身体前倾，重心不稳，对膝关节也会造成伤害。膝盖要与脚尖方向一致，做到顺腿、顺膝、顺脚，不犯拧膝、跪膝等毛病。

脚：脚为周身之根基，不可不沉稳；又为步法之基础，不可不灵活。因此脚步既要沉稳又要轻灵。家传太极拳要求两脚十趾，既不死抓地面，又不可轻浮失稳。要进退转换，虚实分明，步随身换，手脚相随，脚落手合，脚随手运。

第二节
陈清平家传太极拳拳架

一、拳架动作名称

第一势　起势
第二势　金刚捣碓
第三势　揽插衣
第四势　如封似闭
第五势　单鞭
第六势　上金刚
第七势　白鹅亮翅
第八势　斜行
第九势　收势
第十势　拗步斜行
第十一势　再收势
第十二势　前蹚拗步
第十三势　伏虎
第十四势　下掩手捶
第十五势　肘底看捶
第十六势　倒卷肱
第十七势　白鹅亮翅
第十八势　斜行
第十九势　指地掌
第二十势　闪通背
第二十一势　进步双推掌
第二十二势　单鞭
第二十三势　云手
第二十四势　高探马
第二十五势　右插脚
第二十六势　左插脚
第二十七势　双风贯耳
第二十八势　左分脚
第二十九势　拗步击地捶
第三十势　翻身二起脚
第三十一势　抱膝蹬跟
第三十二势　转身右分脚
第三十三势　转身肋下掌
第三十四势　掩手捶
第三十五势　抱头推山
第三十六势　如封似闭
第三十七势　单鞭
第三十八势　前招
第三十九势　后招
第四十势　勒马势

第四十一势　野马分鬃
第四十二势　回马势
第四十三势　玉女穿梭
第四十四势　搅插衣
第四十五势　如封似闭
第四十六势　单鞭
第四十七势　云手
第四十八势　跌叉
第四十九势　金鸡独立
第五十势　倒卷肱
第五十一势　白鹅亮翅
第五十二势　斜行
第五十三势　指地掌
第五十四势　闪通背
第五十五势　进步双推掌
第五十六势　单鞭
第五十七势　云手
第五十八势　高探马
第五十九势　十字手
第六十势　单摆脚
第六十一势　指裆捶
第六十二势　金刚捣碓
第六十三势　搅插衣
第六十四势　右铺地锦
第六十五势　右七星捶
第六十六势　回头看花
第六十七势　摘花闻香
第六十八势　银捶换金捶
第六十九势　单鞭
第七十势　左铺地锦
第七十一势　左七星捶
第七十二势　跨虎
第七十三势　转身双摆莲
第七十四势　当头炮
第七十五势　金刚捣碓
第七十六势　收势

二、家传太极拳动作图解

第一势　起势

（1）面南，两脚相并自然站立，两臂自然松垂，二目平视。头正直，头顶微上领，下颚微内收，舌尖轻抵上颚。周身放松，心静气定。（图4–1）

（2）左脚向左移落，与肩同宽，两腿微屈，松胯下沉。（图4–2）

（3）两手掌心相对，同时向前上旋领至胸腹前，指尖向前。（图4–3）

图4-1

图4-2

图4-3

（4）两掌同时向下旋按至小腹前外侧，掌心向内下，身体微沉落。（图4–4）

（5）两掌同时向外上、向内弧形旋转至肩高处，掌心向下，身体微上领。（图4–5）

（6）两掌同时向下外弧形旋落于两胯前外侧，身体微向下沉落，面南。（图4–6）

图4-4

图4-5

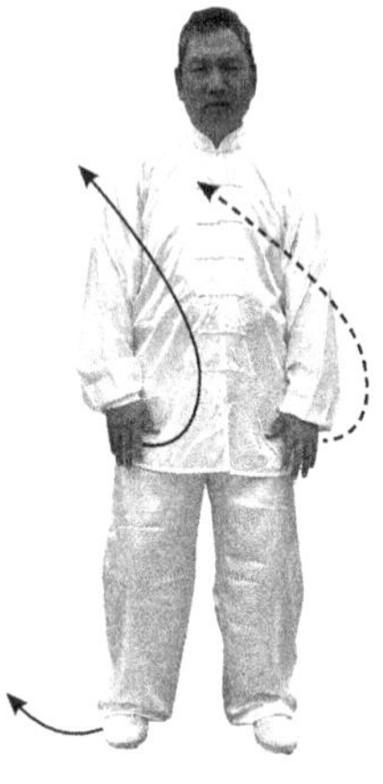

图4-6

说明：赵堡一系太极拳架，开头起势，皆为自然站立，然后，两手同时向身体两侧划立圆后落于小腹前。“起势”看似简单但内涵丰富重要。一方面起手走架就划圆走圈，突出了“圆”“圈”在拳架运转中贯穿始终的重要性；另一方面，一圈之中包含了太极拳起落开合、阴阳旋变翻转及掤、捋、挤、按等基本技法变化。故若起势起得好，有个良好的开头，方可善始善终，提高练功效果。另外，要求两掌两臂的起落开合、阴阳旋转，要与身腿及周身，相随相合协调进行。从练拳初始就要做到松静自然，上下相随，周身相合；一动皆动，一静皆静；虚领顶劲，气沉丹田，行于脚下；含胸拔背，沉肩坠肘，屈膝圆裆，松腰落胯，满足气势饱满，松活自然等太极拳的基本要求，并贯串于每个拳势动作及整个拳架练习过程中。故这些基本要求在以下各式中不再做过多讲述。

第二势　金刚捣碓

（1）两手同时向上、向前、向右旋合至胸前中线处；同时，右脚以脚跟为轴与身体相随向右旋转45°　。（图4–7）

（2）身体重心移右腿，抬左脚向前迈落成左弓步。同时，左掌向前旋伸至胸前，高与肩平，下与左脚齐，指尖向上，掌心向右；右掌旋落于右腹前，掌心向内。（图4–8）

（3）右脚向前提落于左脚内侧。同时，右掌向前下旋行至右小腹前，掌心向内，左掌微上领。（图4–9）

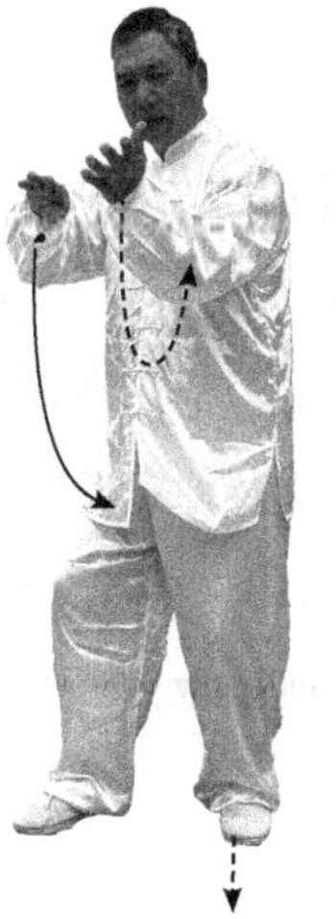

图4-7

图4-8

图4-9

（4）重心左移成左独立步，右腿屈膝上提；同时，右掌变拳向外上旋领至与鼻同高处，左掌向内下旋落至左小腹前侧。（图4–10）

（5）右脚向下沉落于左脚内侧一脚宽处；同时，右拳向下坠落于腹前左掌内，左掌微向内上与右拳迎合成捣碓势，面南。（图4–11）

图4-10

图4-11

说明："金刚捣碓"为北方长拳类拳术中常有的一个拳势动作，太极拳中的金刚捣碓已有了圆化、柔化的太极化特点。家传太极拳的金刚捣碓也叫"护心捶"，两手的上下运行要依中线旋变，既可守护己之心脏中心部位，又可左手掤护，右拳击打对手之中心要害部位，突出了太极拳守中打中之要领。此势又叫"金刚三大对"，即成势成招后，要做到"脚对、手对、心意对"的"三大对"，要上下、内外、形意皆相对、相合，练成金刚太极尊。另外，家传太极拳的拳架练习，主要是为了提高习练者身法、步法的灵敏协调能力和提升人体速度、力量、劲法及神意反应能力的整体功力，并不重视每一拳势的具体原始技击含义，追求的是无招胜有招，挨何处何处击的太极高层技击境界。故在图解拳式动作时，一般不讲具体的技击含义，以免因小失大，本末倒置，误导读者。

第三势　揽插衣

（1）右拳变掌依体前中线向上、向右外划圆弧后置于小腹前，掌心向左，指尖斜向下。同时，左手向下、向外上划圆弧后置于胸前，掌心向右，指尖向上；右脚微内收，脚尖虚点于左脚内侧。（图4–12）

（2）抬右脚向右迈落成右弓步。同时，右掌依体前中线向上、向右外弧形滚出成立掌，掌心向前内，指尖向上，下与右脚相照；左掌向左下旋落至左腰处，掌心向内，拇指向后，其余四指向前下，虎口卡腰，面南。（图4–13）

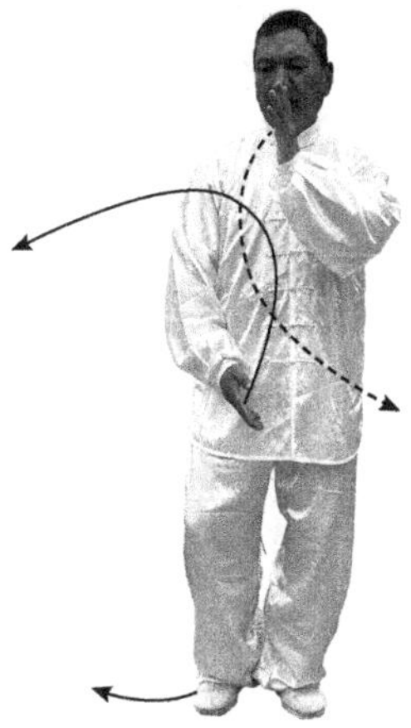

图4-12

图4-13

说明：此势“揽插衣”，也叫“懒扎衣”，为古拳式之一。古人习惯穿宽衣长袍，与人较技时要左手揽袍扎衣于腰间，右手摆势出招应招，故名“揽插衣”。多为拳架起始之势。此势运行，两手身前旋圆划弧，要依体前中线运动，不可过中、离中。成势后要注意周身松合，两臂浑圆饱满，松肩坠肘。

第四势　如封似闭

（1）重心移左脚，右脚内移于左脚内侧，脚尖虚点于地。同时，右掌向左下弧形旋落于小腹前；左掌向左下、向上旋至左胸前。（图4–14）

（2）右脚向右前迈步落实，左脚脚尖虚点于右脚内侧。同时，两掌相随向上、向右前旋弧伸展后，置于胸部右前侧，右手略高，掌心向右前外，指尖向上；左手略低，掌心向右前外，指尖斜向上，面南。（图4–15）

图4-14

图4-15

说明：此势也叫“合势”“合手”等，为上势“揽插衣”与下势“单鞭”之间上接下连的一个过渡动作。成势后，两手要“封闭”扣合起来，并注意两臂的圆撑与松合，要立身中正，不可歪斜。

第五势　单鞭

（1）左脚由虚变实，右脚以脚跟为轴脚尖微右旋；同时，两手向左、向下弧形旋落于左胸腹前。（图4–16）

（2）重心移右脚，左脚向左迈步虚落。同时，左手向下、向内上旋至

胸前，掌心向右，指尖向上；右手向右下旋变成勾手后置于右肋外侧，指尖向下。（图4–17）

图4-16

图4-17

（3）重心渐移至左脚成左弓步。同时，左手向上、向左外弧形旋转成立掌，指尖向上，高与肩平，下与左脚相照；右勾手微向右上旋提，高与肩平，下与右脚相照，指尖向下，面南。（图4–18）

说明："单鞭"也是传统武术套路中的一个常有古拳势，有"左掌如刀，右勾如刁"之说。"勾手"在拳法中有"勾、拿、刁、挂"之用。成招后，要两臂浑圆饱满，不塌不架，沉肩坠肘，松胯圆裆。此势第二动为先出左脚后，左手再向左滚拨而出，左脚与左手并非同步而动而出，而是"脚快手慢"，先脚后手，好像有违太极拳"脚手齐动，上下相随"之要求，但此为家传太极拳有意而为之的"偷上步"之法，包含有上明引、下

图4-18

暗进，然后上下再合劲，合而击之的技击方法。家传太极拳仅有此一势含有脚快手慢的偷上步之法，其余拳势皆为脚手相随的常规性运行动作。偷步之法偶然一用，可有出奇制胜之效果，但不可多用，陈学忠先生在传授此势此法时曾风趣地说道："偷步之法，只可偶然一用尚可，若偷多让人发现，不但不管用，还会被人利用而制之。"

第六势　上金刚

（1）身体微左转，两胯松沉。同时，右勾手变掌向下内旋收至腹前；左掌向内上旋至面前。（图4-19）

（2）重心移右腿成右弓步。同时，右掌变拳向上、向右弧形旋出至右肩外上侧；左掌向右、向下弧形旋至胯前。（图4-20）

（3）重心移左腿，右脚向左前迈落至左脚内侧；同时，左掌向左前、向上旋掤至左胸前；右拳向下、向左前旋至小腹前。（图4-21）

（4）重心移左腿成独立步，右腿屈膝上提；同时，右拳向上旋顶至与鼻同高处；左掌向内下旋落至左腹前。（图4-22）

（5）右脚向下沉落于左脚内侧。同时，右拳向下沉落于腹前，左掌向内上与右拳迎合成捣碓势，面东。（图4-23）

图4-19

图4-20

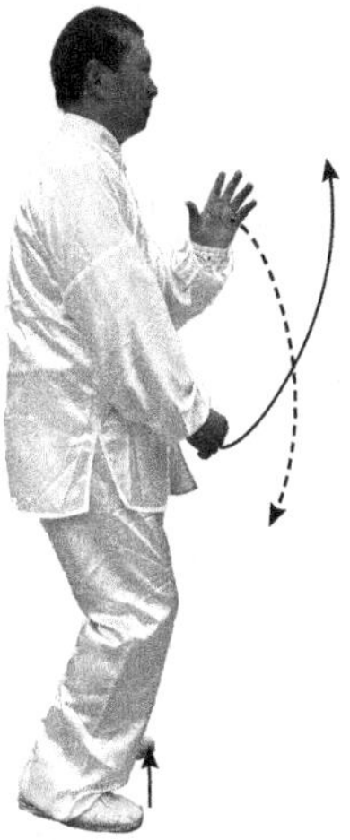

图4-21

图4-22

图4-23

说明：此势“上金刚”因与第一个“金刚捣碓”基本相同，故也叫“二金刚”。又因为是向左转运行变为金刚捣碓势，故又叫“左金刚”。还因在运行变化中，右拳有一向后甩拳的飘逸动作，故家传太极拳又有“甩手金刚”之称。此式与第二式金刚捣碓大同小异，只是在变势转招与方向方面有所不同。

第七势　白鹅亮翅

（1）重心居中不变，右拳变掌依体前中线向上至与鼻同高时再向右外旋于右胸前；同时，左掌向下外、向上弧形旋至左胸前。（图4–24）

（2）左脚左移落实，右脚向左脚跟进后脚尖虚点于左脚内侧；同时，两手相随向下、向左弧形旋落至腹前，掌心向下。（图4–25）

（3）右脚向右前迈落成实脚，左脚向右前跟随后脚尖虚点于右脚内侧；同时，两手相随向上、向右外经面部弧形滚出，右手成立掌置于面部右前侧，指尖向上，高不过眉，掌心向左前；左手成立掌置于胸前中线处，指尖向上，高与唇齐，掌心向右前，面东。（图4–26）

说明：此势家传太极拳所称的“白鹅亮翅”为温县当地传统太极拳的古名旧称，现在外间多称为“白鹤亮翅”，“鹅”与“鹤”皆为飞禽鸟类，皆有“亮翅”之功能，都可象形取意为拳势动作。而“白鹤亮翅”有鹤之仙气，似乎显得更加高雅，但这种白鹤北方农村乡野很是难得一见，故当地拳家更愿意将常能见到的“白鹅”之“亮翅”，形象地用于所练拳术中。当地许多旧拳谱多记载为与家传太极拳一样的“白鹅亮翅”，所以在此仍遵旧习与旧称。故曰：拳练精熟皆入妙，岂在亮翅何鸟乎！

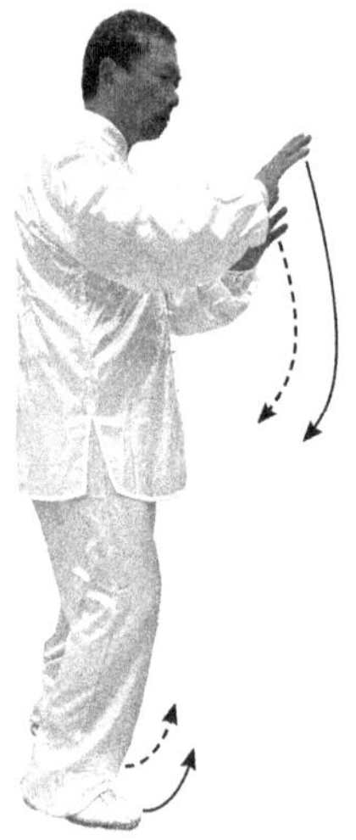
图4-24

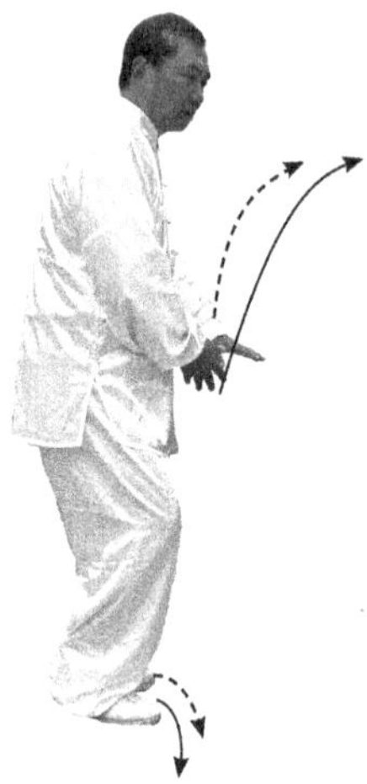
图4-25

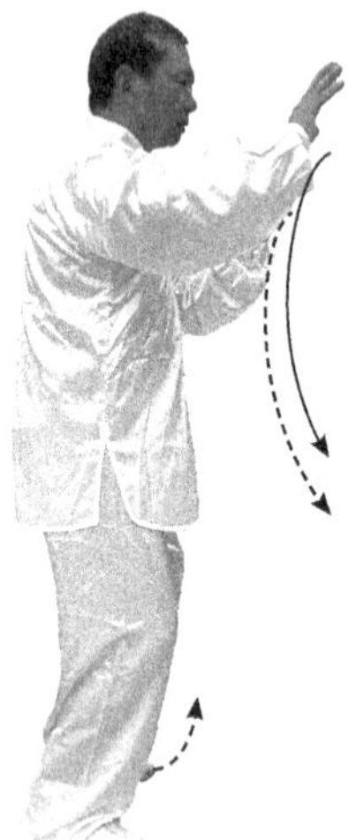
图4-26

第八势　斜行

（1）右胯松沉，右腿屈膝下蹲，左脚向左开步。同时，两手微左旋下落，右手掌心向下置于右膝上侧，左手掌心向下置于左膝上侧。（图4–27）

（2）重心渐移，左腿成弓步并起身左转。同时，两掌向上、向体前中线弧形旋合至胸前，右掌偏上，左掌偏下。（图4–28）

（3）松腰落胯气下沉，左手变勾手旋落至左胯外侧，勾指尖向内；同时，右掌与身体相合向前微旋推出，掌心向左，指尖向上高与口齐，面东。（图4–29）

说明：此势也叫“搂膝拗步”，运行中有“搂膝”动作，成招后左步与右掌分别置前呈“拗步”状，故也名“搂膝拗步”。其用法为左勾手刁拿，右掌出击之势。虽拳名“斜行”，但身法要中正，右手守中用中，不可偏斜。

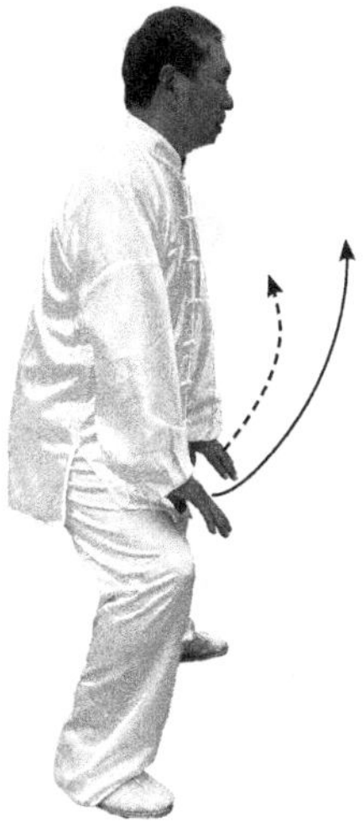

图4-27

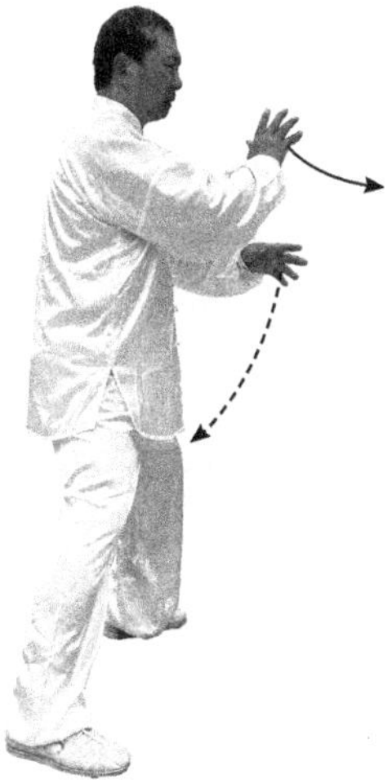

图4-28

图4-29

第九势　收势

（1）重心右移，身步右转成右弓步。同时，右掌向右上旋转至右胸前；左勾手变掌向右上旋转至面前。（图4–30）

（2）重心移左腿，右脚左移虚点于左脚内侧。同时，右掌向下、向内弧形旋至小腹前，指尖向下；左掌向下、向右上弧形旋至胸前，指尖向上。（图4–31）

（3）右腿后提屈膝落实，左脚脚尖虚点于地，松腰落胯。同时，右掌向上、向内下弧形旋落于右腹前外侧，掌心向内，指尖向前；左掌变勾手向内、向下外弧形滚旋至左膝上方，勾手指尖向下，面东。（图4-32）

说明：此势也叫“初收”或“琵琶势”等。属于拳架变势转招的一个过渡性动作，其运用包含前后左右闪化及缠勾刁拿等技击动作。成势后的左勾捏手，要求指尖顺势缠旋至向下为度，不可将勾手过度缠至指尖向左外或向上。家传太极拳其运行中手型或成招手型，皆为半阴半阳即“阴阳手”为准，不可过度里拧外翻为极阴与极阳之手，否则，不利于技击中的阴阳回旋变化。

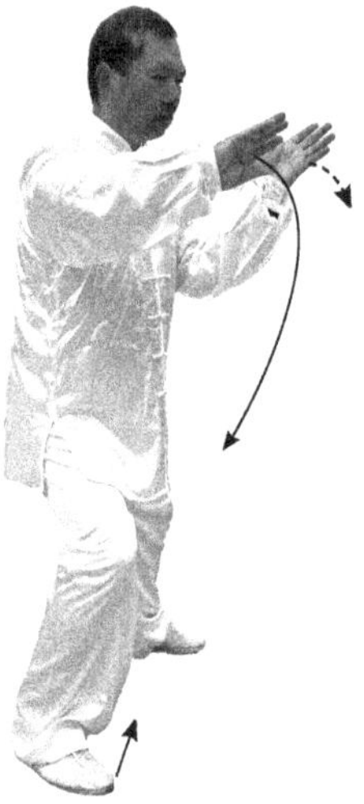

图4-30

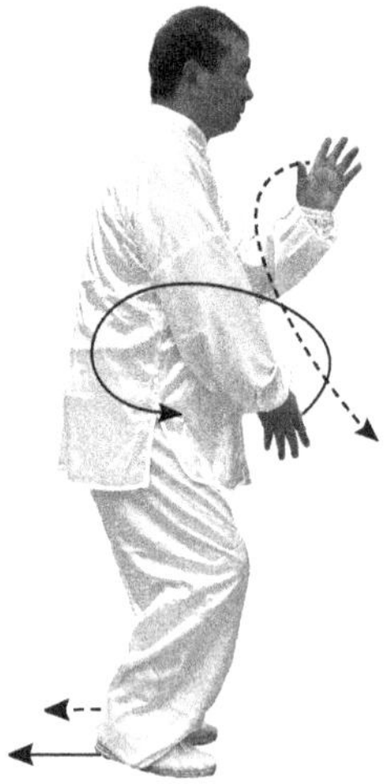

图4-31

图4-32

第十势　拗步斜行

（1）重心移右腿成独立步，左脚向右上提撩至右膝上方。同时，右手向外、向上内旋弧至与鼻同高处；左勾手变掌向内上旋至左膝上方。（图4-33）

（2）左脚向左前移落成独立步，右脚向左前上提至左膝前上方。同

时，左掌向左外、向上内旋至右胸前，掌心向下，右掌向右下、向内上旋至左胸前与左掌相黏合，掌心向上。（图4–34）

（3）右脚外旋45°后向左脚前下屈膝落实后，左脚向左前方迈落。同时，两手一齐向下外旋落至相对应的膝盖上方，掌心向下外。（图4–35）

图4-33

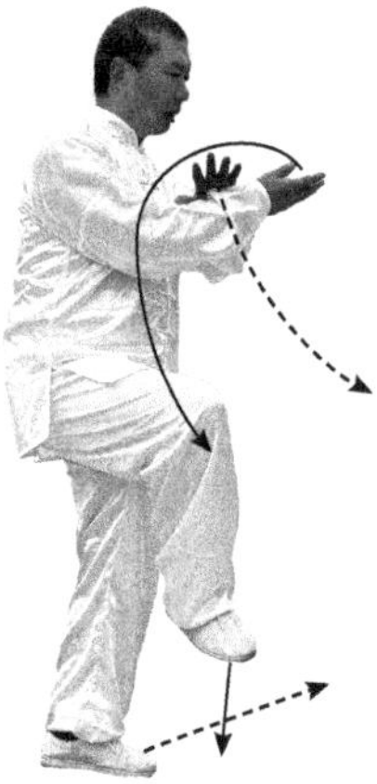

图4-34

图4-35

（4）重心渐移，左腿成左弓步，起身左转；同时，两掌向上、向体前中线弧形旋合于胸前。（图4–36）

（5）松腰落胯，左掌变勾手旋落至左胯外侧；同时，右掌与身体相合，向左前微沉落伸展至脖颈处，掌心向左，指尖向上，面向东南。（图4–37）

说明：此势与第八式“斜行”多有相似，仍包含有“搂膝”与“拗步”两个动作，只是在变招转势时的步法有所不同。另外，此势成招后，面向为斜向，面向东南，为名副其实的“斜行”拳势。

图4-36

图4-37

第十一势　再收势

此势动作与第九式“收势”基本相同，唯最后两动作，右腿向右后提落，身体也随之右转成正方向，面南。（图4–38~图4–40）

图4-38

图4-39

图4-40

第十二势　前蹚拗步

（1）左脚自然上提至右膝前上方，重心右移成右独立步。同时，左勾手变掌向左下按落于左胯外侧，掌心向下，指尖向前；右手向前上穿出，置于右胸前，指尖向前，掌心向上。（图4–41）

（2）左脚向前下落实。同时，右掌向下后旋落至右胯外侧，左掌向前上旋领。（图4–42）

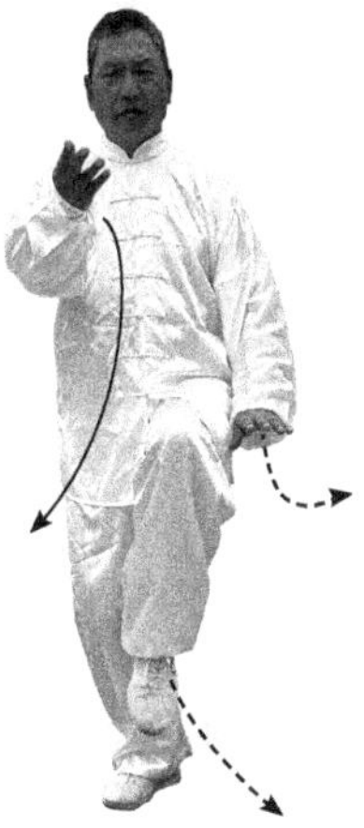

图4-41

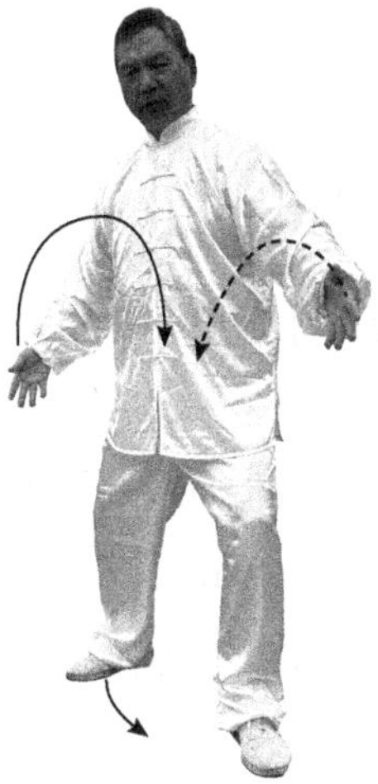

图4-42

（3）右脚向前迈落至左脚右侧，两脚平行，两膝微屈。同时，两掌向前内旋合于胸腹前，成为右掌在上、左掌在下的交叉十字手，掌心皆向下，指尖斜向前。（图4–43）

（4）左脚向前迈落。同时，两手分别向身体两侧旋开。（图4–44）

（5）右脚向前迈落至左脚右侧，两脚平行，两膝微屈。同时，左掌向前内旋合于胸腹前；右掌变拳向外、向前内旋合于胸腹前，与左掌相合贴，拳眼向上，面南。（图4–45）

说明：此势由提腿出脚上拗步、两手旋合变十字手，然后再上步，两手旋合成金刚势组成。下边连续上步，上边两手连续旋合变化，要上步轻灵连贯沉稳，脚手要上下相随，协调一致。

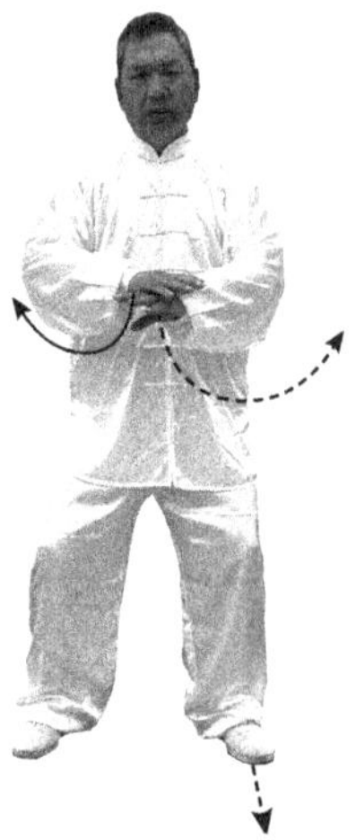
图4-43

图4-44

图4-45

第十三势　伏虎

（1）两腿同时屈膝微下蹲。同时，左掌右拳相合一齐向前、向内下旋落至裆前。（图4–46）

（2）重心移左腿成独立步，右脚上提至左脚内上侧。同时，右拳向外上旋领至面部右侧；左掌变拳向左下微旋至左胯前内侧。（图4–47）

（3）右脚向右下迈落成屈蹲步。同时，右拳右肘向内下、向右旋落至右膝上方；左拳向内下旋至左胯前侧。（图4–48）

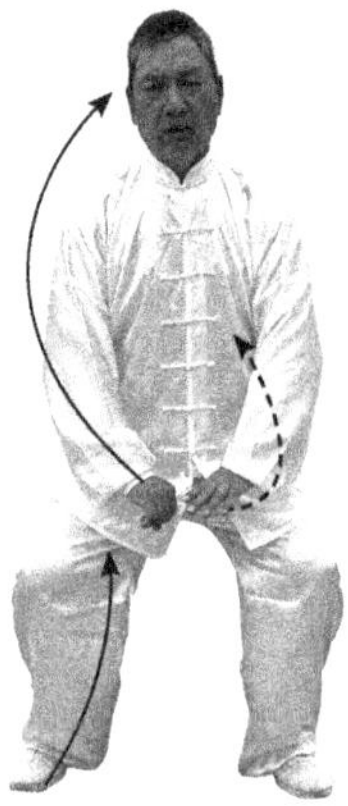
图4-46

图4-47

图4-48

（4）重心左移成左弓步。同时，右拳向右、向内绕膝旋至裆前；左拳向右内旋至胸前。（图4–49）

（5）重心右移成右弓步。同时，右拳向上、向右外弧形旋至头部右上方，拳眼向左下；左拳向下、向左外弧形旋至左胯前外侧，拳眼向内，面南。（图4–50）

说明：此势“伏虎”又名“披身捶”，原始技击特点明显，其中包含解脱搂后腰的“束手解带”与低身肩肘相击的“七寸靠”以及最后长身上击的“背折靠”等技法。但家传太极拳已不重视这些具体传统技法的练用，而主要追求周身整体太极浑圆劲的功夫练习。

图4-49

图4-50

第十四势　下掩手捶

（1）重心移左腿，右脚左收于左脚内侧，脚尖虚点地。同时，右拳变掌回落于胸腹前；左拳变掌向前旋至腹前右掌下方。（图4–51）

（2）向前迈右脚落实后，再左脚前跟落实。同时，右掌向外下翻挤，掌心向下，左掌向前下翻旋于右掌上方，掌心向下。（图4–52）

（3）向前迈右脚屈膝落实后，左脚前跟屈膝虚点于右脚内侧。同时，

两掌一齐旋滚变拳向外、向前下沉落于右腹前，面南微偏西。（图4–53）

说明：此势又叫“串捶”“出手捶”“指阴捶”等。运行中要连续上步，下进上击，上下相随，齐进齐击，粘连不脱，气势逼人。要注意整个动作的连贯、流畅与协调性。

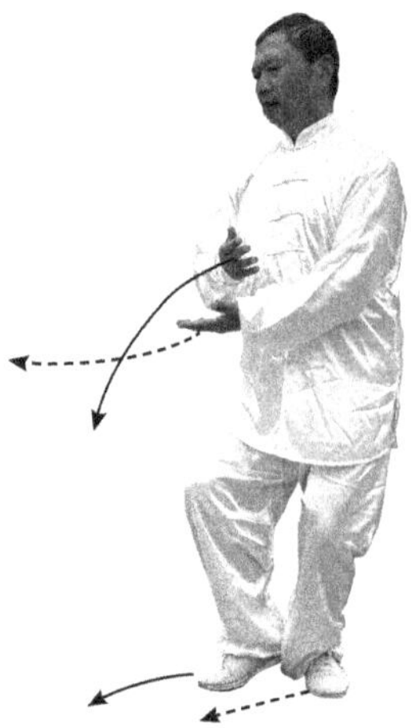

图4-51

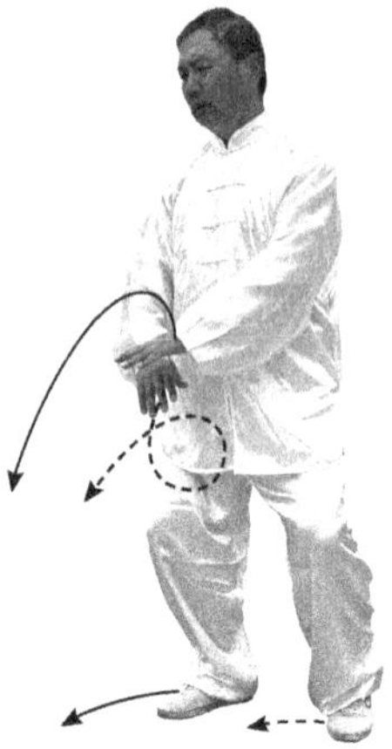

图4-52

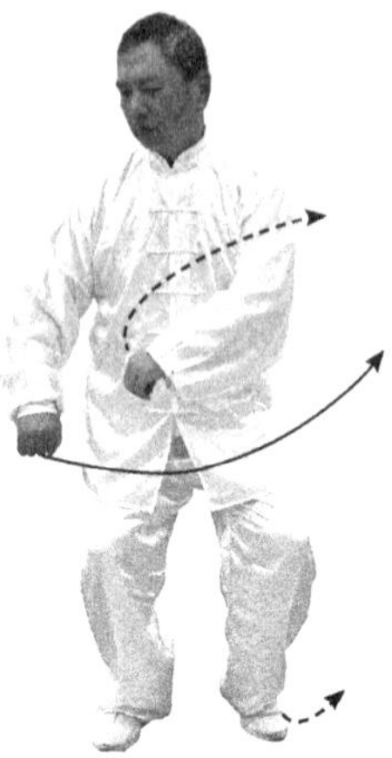

图4-53

第十五势　肘底看捶

（1）右脚以脚跟为轴向左拧转90°，左脚以脚尖为轴向左拧转90°置于右脚左前侧；同时，左拳变掌向左上旋至与口同高处，指尖向上，掌心向右，右拳向左外旋至左肘下方，拳眼向上。（图4–54）

（2）两脚不变，右拳变掌后与左掌一起，向上外、向下弧形旋落于小腹前，掌心向前，指尖向下。（图4–55）

（3）重心右移成独立步，左脚上提至右膝内侧；同时，左掌上提至与鼻同高处，右掌变拳上提至左肘下方。（图4–56）

（4）左脚下落于右脚内前侧，虚点于地；同时，左掌右拳姿势不变一起向下沉落于胸腹前，面东。（图4–57）

说明："肘底看捶"又称"肘底看拳"，因成招后右拳暗藏于左肘下方而得名。其技击含有左掌明打虚晃，右拳肘下暗击之意。成招后要松肩坠肘，虚实分明。

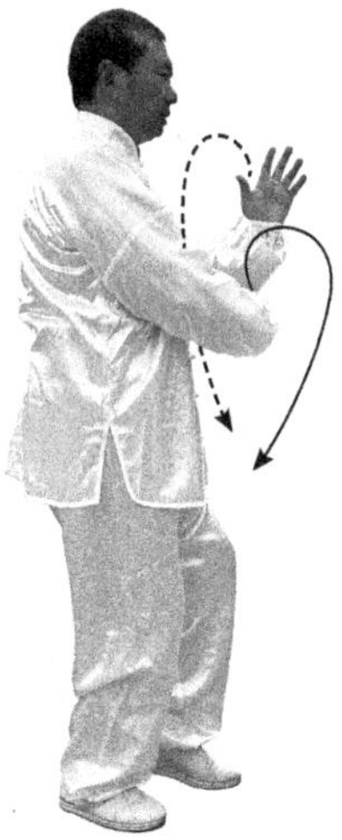

图4-54

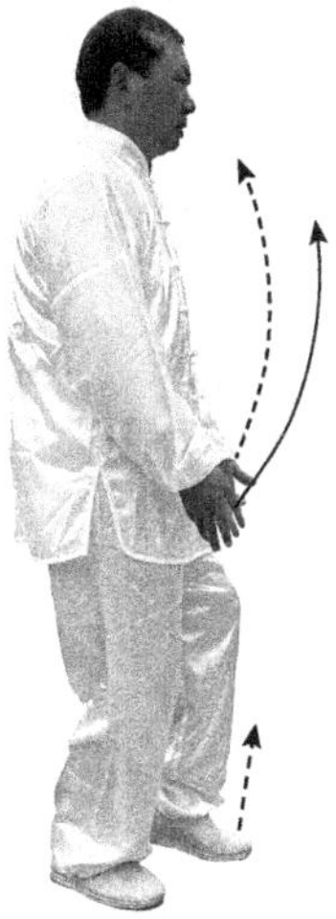

图4-55

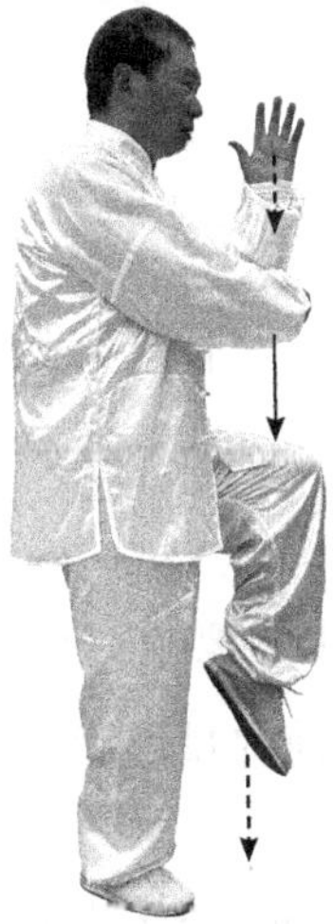

图4-56

图4-57

第十六势 倒卷肱

（1）左虚脚向内、向左外弧形划出落于地，右腿成右弓步。同时，右拳变掌向右下旋落于右胯外侧，左掌微向前运置于胸前。（图4–58）

（2）重心移左腿成左弓步，右脚由虚变实向内、向右外弧形划出落于地。同时，左掌向内、向左外弧形旋至左胯外侧，右掌向前内弧形旋至胸前。（图4–59）

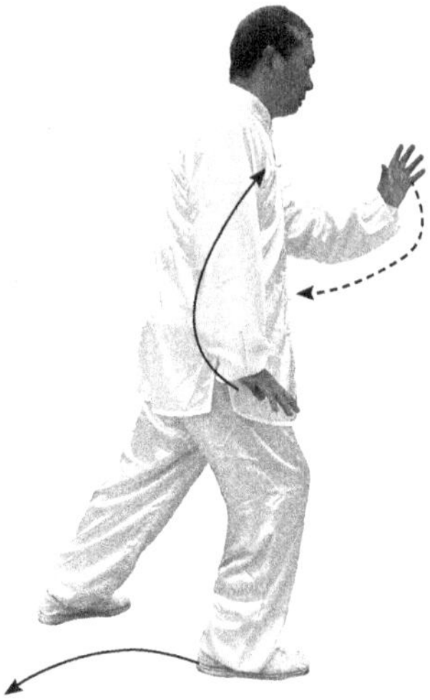

图4-58

图4-59

（3）重心移右腿成弓步，左脚由实变虚向内、向左外弧形划出落于地。同时，右掌向内、向右外弧形旋至右胯外侧；左掌向前内弧形旋至胸前，成立掌。（图4–60）

（4）重心移左腿成弓步，右脚向内、向右外弧形划出落于地。同时，左掌向内、向左外弧形旋至左胯外侧，右掌向前内弧形旋至胸前。（图4–61）

（5）左脚向内、向后旋落于右脚内侧落实，两脚平行；同时，右掌向内下旋落于小腹右前，指尖向下，掌心向后；左掌向外、向内下旋落于小腹左前，指尖向下，掌心向后，面东。（图4–62）

图4-60

图4-61

图4-62

说明：此势又俗称“倒捻猴”，为拳中倒行之法，是太极拳少有的向后退步倒行化打的一种拳法。运动中，两腿的左右虚实退行倒换与两手的上下交错循环运行，要连贯、顺畅，意气相通，一气呵成。

第十七势　白鹅亮翅

（1）两掌分别向外上、向内旋半圆后，落于面前，掌心向前，指尖向上。（图4–63）

（2）其余动作同“第七式　白鹅亮翅”。

图4-63

第十八势　斜行

与“第八势　斜行”相同。

第十九势　指地掌

（1）重心移右脚成右弓步。同时，两手一起向上、向右外旋至胸部右前侧。（图4–64）

（2）重心移左脚，右脚左移至左脚内侧，脚尖虚点于地。同时，左掌向下外、向内上弧形旋至胸前，掌心向右，指尖向上；右掌向右下、向内弧形旋落于小腹前，掌心向左，指尖向下。（图4–65）

（3）向前上右脚落实，左脚前跟虚点于右脚内侧。同时，右掌由内向上、向前下弧形旋插于裆部前下方，指尖向前下，掌心向左；左掌向前下、向左后弧形旋至腰后，变勾手置于命门穴处，指尖贴背向上，面东。（图4–66）

说明：

此势也叫“指地针”“海底针”等，拳式运行包含有左右、上下闪击与低身挑擦等技击技法。左右闪变要轻快自然，身活步灵。

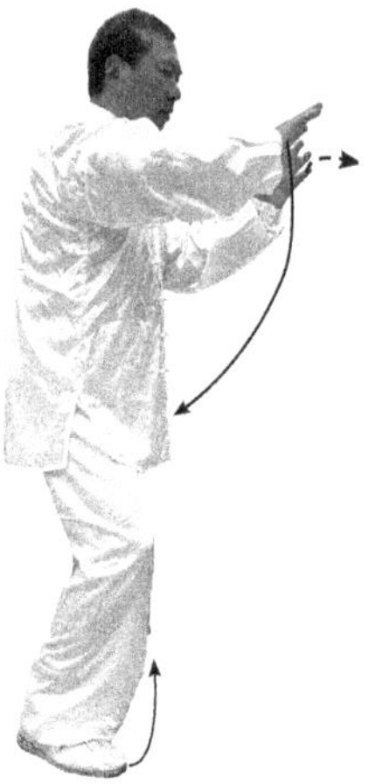

图4-64

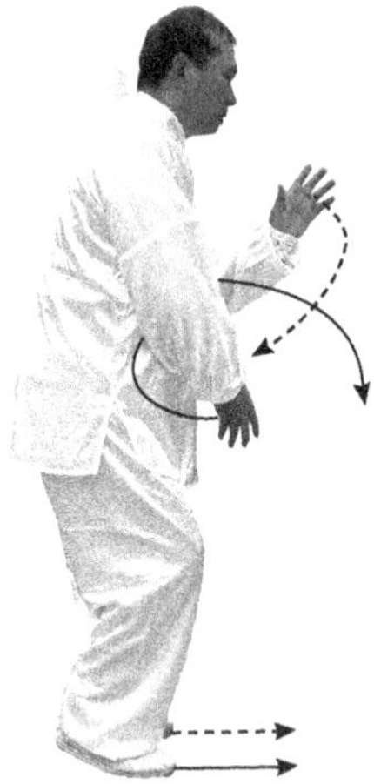

图4-65

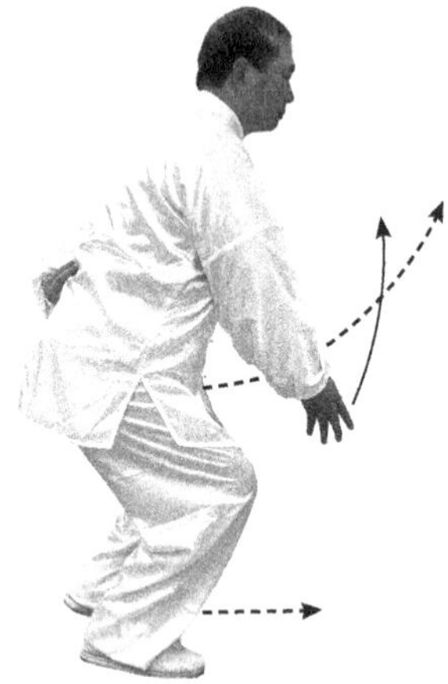

图4-66

第二十势　闪通背

（1）左脚向左前迈落成左弓步。同时，左勾手变掌由后向前上旋提至左膝前上方；右手向前上旋提至面前。（图4–67）

（2）右脚贴地面向右后旋转180° 后落实成弓蹲步；左脚以脚跟为轴原地向右旋转180° 成虚蹬腿。同时，两手与身腿相随同时向上、向右后、向下弧形旋转180° 后，左手呈立掌置于胸前，掌心向右，指尖向上，右手置于右膝前上侧，掌心向左，指尖斜向下，面北偏西。（图4–68）

说明：此势名为“闪通背”，实际上是脚、腿、身、背、手一齐向右后旋转闪变的闪击之法。其中包含进步挑裆背摔与转身闪化后的下捋摔等技法。运行中要上下脚手相随，周身相合，闪转灵敏，气势贯通。

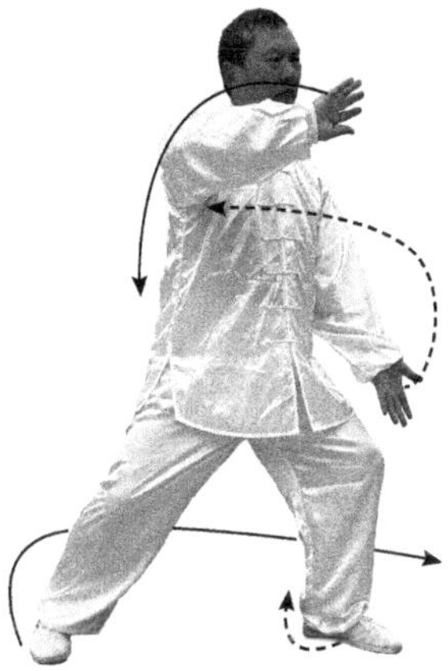

图4-67

图4-68

第二十一势　进步双推掌

（1）左脚向上提悬于右小腿内侧，右腿成独立步；同时，左手向下、向内翻旋于腹前，右手向外上、向内翻旋于胸前。（图4–69）

（2）左脚向前下落实，右脚向左脚前迈步落实；同时，两掌逆时针方向一齐向右前方旋推至胸部右前侧。（图4–70）

（3）左脚向右脚内侧提移后脚尖虚点于地，右腿实腿主要支撑重心，微屈膝蹬沉；同时，两掌向右前方微推挤后成立掌置于胸前，指尖向上，掌心斜向外。面南偏西。（图4–71）

说明：此势为一上下式过渡动作，是双掌逆行旋圈缠圆法，运行中要注意步法、身法上的提脚转身、进步跟步与双手的逆缠旋进等上下相随动作变化的连贯性与协调性。

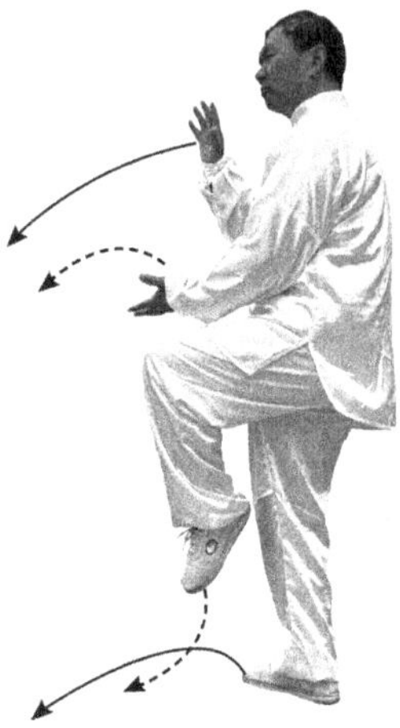

图4-69

图4-70

图4-71

第二十二势　单鞭

与“第五势　单鞭”相同。

第二十三势　云手

（1）左脚左蹬地，重心渐移至右腿成右弓步。同时，左掌向下、向内

弧形旋落至小腹前；右勾手变掌向右上微旋转。（图4–72）

（2）右脚右蹬地，重心渐移至左腿成左弓步。同时，左掌向上、向左弧形旋转至左肩前外侧；右掌向下、向内弧形旋落至小腹前。（图4–73）

图4-72

图4-73

（3）左脚左蹬地，重心渐移至右腿成右弓步。同时，左掌向下、向内弧形旋落至小腹前；右掌向上、向右外弧形旋转至右肩前外侧。（图4–74）

（4）右脚右蹬地，重心渐移至左腿成左弓步。同时，左掌向上、向左外弧形旋至左肩前外侧，掌心斜向前，指尖向上；右掌向下、向内弧形旋落至小腹前，掌心向左下，指尖向前下，面南。（图4–75）

图4-74

图4-75

说明：此势“云手”为太极拳古老而又重要的一个拳式动作。运行中要屈膝松胯，周身相随，两腿要左右蹬弹，虚实互换，旋腰转裆；两手要左右、上下交错划圆旋圈，互不越中线。此式为定步云手介绍，待练之精熟后，也可变为左右活步云手练习。

第二十四势　高探马

（1）重心移至右腿，左脚向右前迈步虚点于右脚左前侧。同时，右掌向上、向右外弧形旋至右肩前外侧；左掌向下、向右内弧形旋至小腹前。（图4–76）

（2）右脚向左前迈落。同时，左掌向上、向左外旋至左胸前，指尖向上；右掌向下、向内旋落于右胯前内侧。（图4–77）

（3）重心移右腿成独立步，左脚向右上勾提至右膝处。同时，两手一起逆时针方向向左下旋翻后，左掌置于左膝上侧，右掌置于面部右前侧。（图4–78）

图4-76

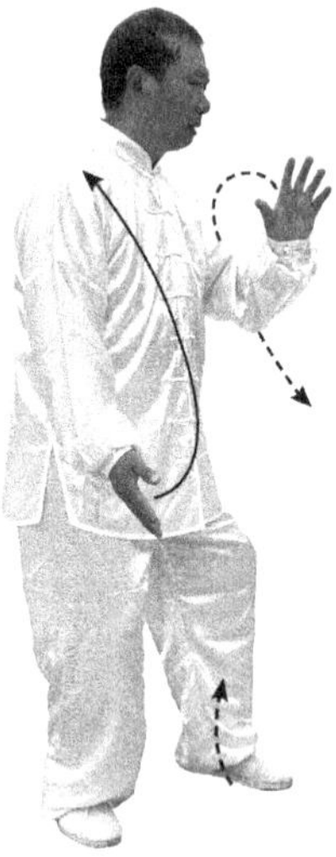

图4-77

图4-78

（4）左脚下落虚点于地。同时，左掌顺势下落于左膝上方，掌心向右上，指尖斜向下；右掌随身自然下落于面部右前侧，掌心向前下，指尖斜向上，面东。（图4–79）

说明：“高探马”为北方传统拳术套路中，常有的一个象形取意的拳架动作，有扶鞍、撩腿、探身上马的形意动作变化。在具体技击方面含有下勾上捌、转身摔等技法。运行中要上下相合相随，步活身灵劲整。

图4-79

第二十五势　右插脚

（1）左脚由虚变实向左拧转90°；提右脚向左前迈旋至左脚前。同时，两手随身向左前旋转至胸腹前。（图4–80、图4–80附）

（2）重心移至左脚，右脚提移至左脚内侧，脚尖虚点于地。同时，两手回落于胸腹前，掌心向内。（图4–81、图4–81附）

图4-80

图4-80附

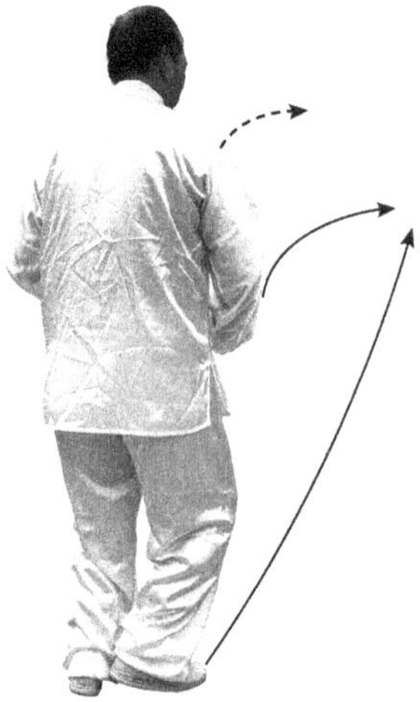

图4-81

图4-81附

（3）提右脚向右前上踢。同时，左手向内上、向右外旋至左胸前，右手向内上、向右外旋转拍击右脚面，面北偏东。（图4–82）

图4-82

说明：传统太极拳拳架，由易到难，皆是从此式开始，方进入连续的踢脚、蹬腿的腿法、脚法动作练习，其中包括“右插脚”“左插脚”“左分脚”“右分脚”“正蹬脚”以及“二起脚”“单摆脚”“双摆脚”等。其腿法、脚法左右皆有，平衡锻炼；其方位包括上下、左右、前后、正斜无所不到，集中体现了太极拳的腿法、脚法特色。本势运行中，左独立步要沉稳，右踢脚要尽量向上高起高踢，右脚、右掌合击要清脆有力。

第二十六势　左插脚

（1）右脚落地踏实，两手向下回落于胸腹前，掌心向下。（图4–83）

（2）以右脚跟为轴向右拧转90°，左脚向右前迈落成小弓步。同时，两掌向下、向右外、向左前逆时针方向旋滚变拳后，置于胸前，左拳偏外右拳偏内，拳眼均向上。（图4–84）

图4-83

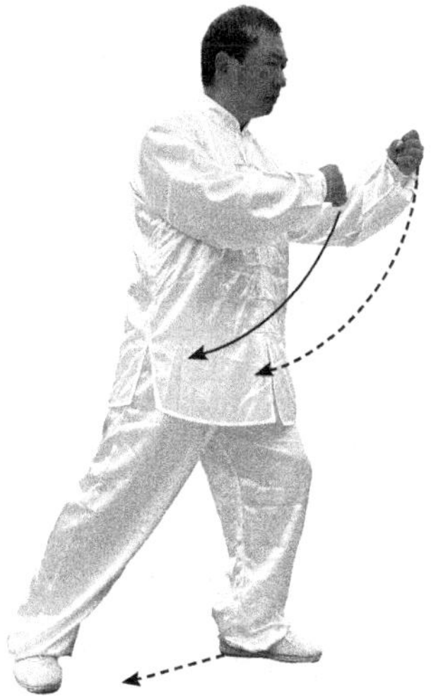

图4-84

（3）重心移右腿，左脚内收虚点于地。同时两拳变掌自然回落于腹前，掌心向内，指尖向下。（图4–85）

（4）重心移右腿成独立步，提左脚向左前上踢。同时，右手向外上、向内弧形旋至左胸前；左手向内上、向左外旋转拍击左脚面，面南偏东。（图4–86）

说明：此势与上势“右插脚”基本相同，唯左右相反。

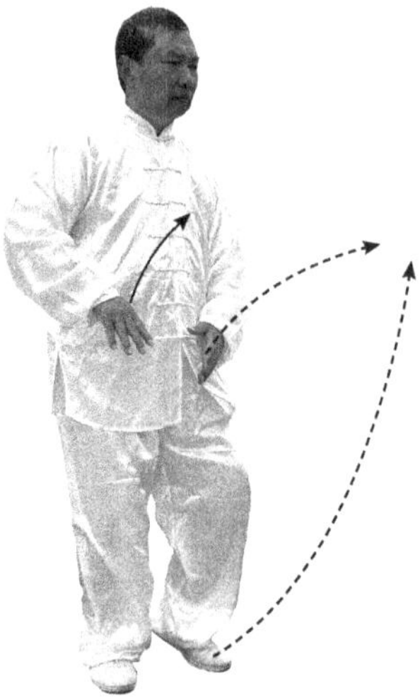

图4-85

图4-86

第二十七势　双风贯耳

（1）以右脚为轴向左后拧转180° ；左脚随右脚拧转，向左后旋落与右脚平行站立。同时，左掌随身腿向左后下落于左胯外侧，右掌随身腿向左下旋落于右胯外侧。（图4–87）

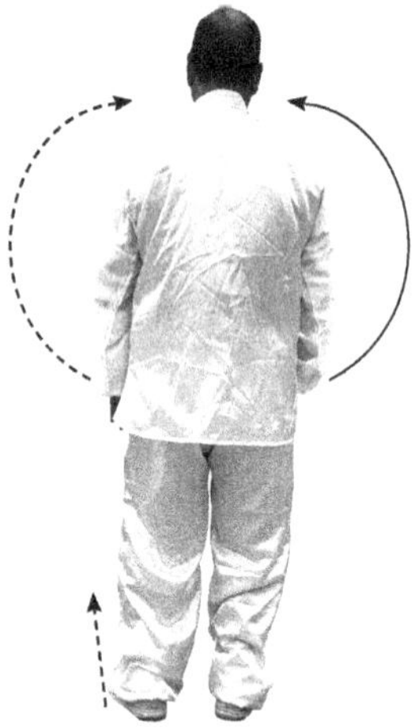

图4-87

（2）重心移至右腿，膝上领提左脚悬于右膝内侧。同时，两掌变拳分别向外上、向内弧形旋合于两耳外前侧，面南。（图4–88、图4–88附）

说明：此势也叫“双捶贯耳”，其用法为双拳同时向上合击对方两耳门，同时下边左膝向上顶击其裆部，上下齐打，击其要害。右独立腿要沉稳有力，左顶膝要力达膝尖。

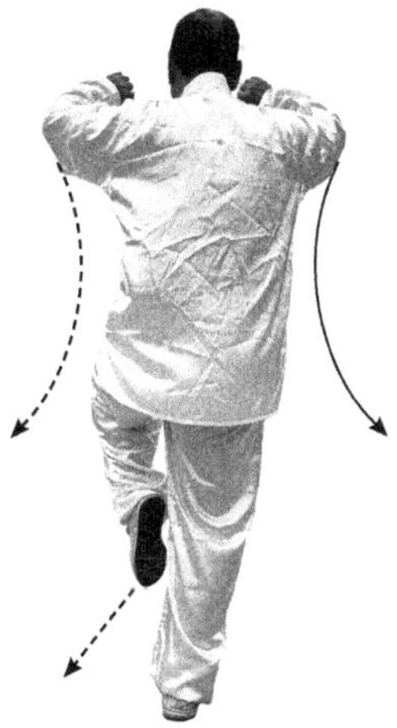

图4-88

图4-88附

第二十八势　左分脚

（1）左脚向下沉落于右脚内侧，脚尖虚点地。同时，两拳一齐向下旋落至两胯内侧。（图4–89）

（2）左脚向左上分蹬而出。同时，两拳一齐向外上旋开，面北。（图4–90）

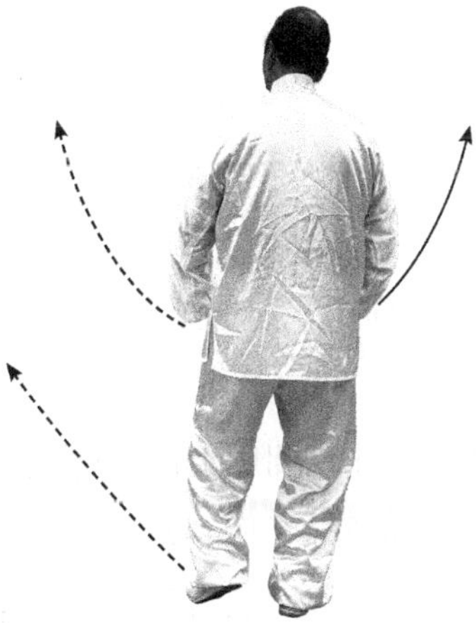

图4-89

图4-90

说明：此势也叫“左蹬脚”，是左脚向外上先分然后再蹬出，右脚支撑重心。立足要沉稳，两拳外开与左蹬脚要同时进行。

第二十九势　拗步击地捶

（1）左脚回落至右脚内侧。同时，两手回收至胯部前外侧。（图4–91）

（2）左脚向左迈步。同时，左拳向左上旋开，右拳相应向外微开旋。（图4–92）

（3）提右脚转身向左脚前迈步落实成小弓步。同时，右拳向左前旋转至右胸前，左拳向左后旋至左胯外侧。（图4–93）

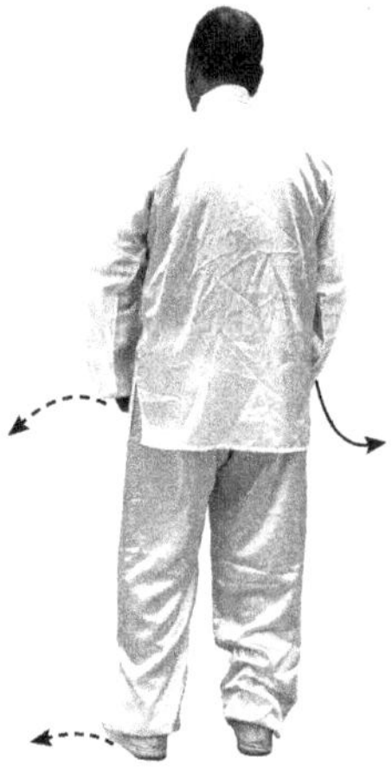

图4-91

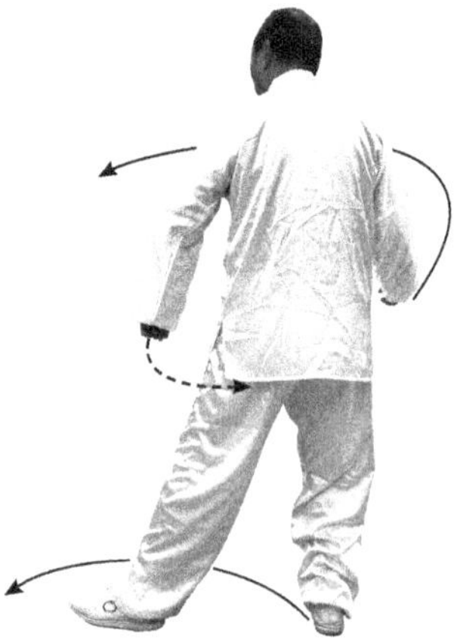

图4-92

图4-93

（4）左脚向前迈落成左弓步。同时，左拳向上、向前弧形旋至左胸前；右拳向右下旋落至右胯外侧。（图4–94）

（5）右拳弧形向上、向前、向下击于地面，身腰相随向左前下伸弯。同时，左拳向内、向左后滚旋至后腰命门处，头向西。（图4–95）

说明：此势也叫“三步捶”，因连续向左前上三步后，再向下打一栽捶而得名。而又称为“拗步击地捶”是因成招后，是左弓步在前而右拳向下打击形成拗步状而得名。从其名称可知，该势主要包括：连续上三步、拗步、击地捶三项内容。练习中要注意步法、身法与拳法的有机结合与协调变化，要做到步活、身灵、拳法浑厚、气势流畅。

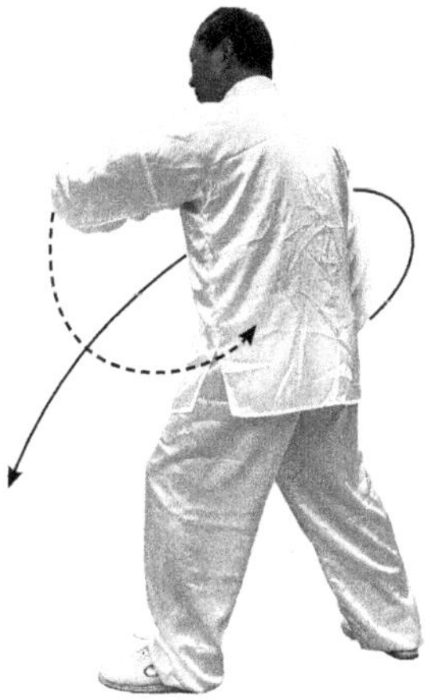

图4-94

图4-95

第三十势　翻身二起脚

（1）两脚以脚跟为轴，向右后拧转180° 成右弓步。同时，两拳变掌与身体同行向右后、右上旋转180° 后成立掌置于胸前。（图4–96）

（2）左脚前迈与右脚并齐。同时，两手顺势向前微推。（图4–97）

（3）左脚上踢提悬，准备高踢右脚。（图4–98）

（4）左脚下落，在下落未着地时，右脚腾空起跳，向上高踢至与头同高处。同时，两手向内、向上外旋弧后，右掌迎合拍击右脚面。（图4–99）

（5）右脚自然下落踏地与左脚并齐；两掌自然下落于小腹前，掌心向内，指尖向下，而东。（图4–100）

说明：此势由“翻身”与“二起脚”两个动作组成，故称“翻身二起脚”。“翻身”为上下招的过渡动作，也有称此“翻身”动作为“黄龙滚柱”，在运行中，其手、脚、身、腰、腿要同时向右后滚动旋转。“二起脚”也称“腾空飞脚”或“双飞脚”等，为传统武术套路中常见的一个腾空弹踢动作。练习时，特别是年轻者，要高标准严要求，既要腾空用力高起猛踢，又要轻快沉稳降落，脚手空中合击要清脆、响亮、有力；而年老体弱者，也可练习不纵不跳、轻踢慢落式的“意气化”太极二起脚。

图4-96

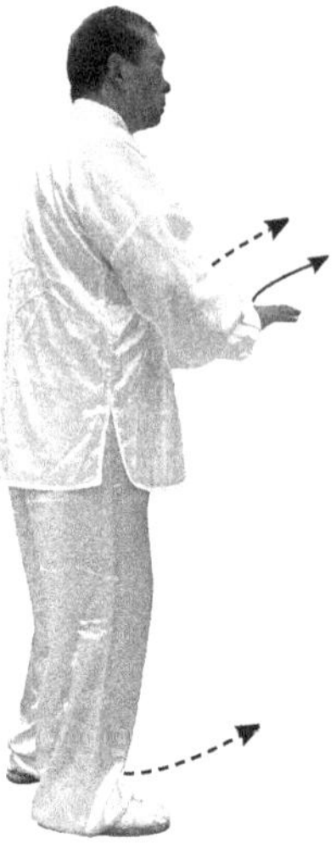
图4-97

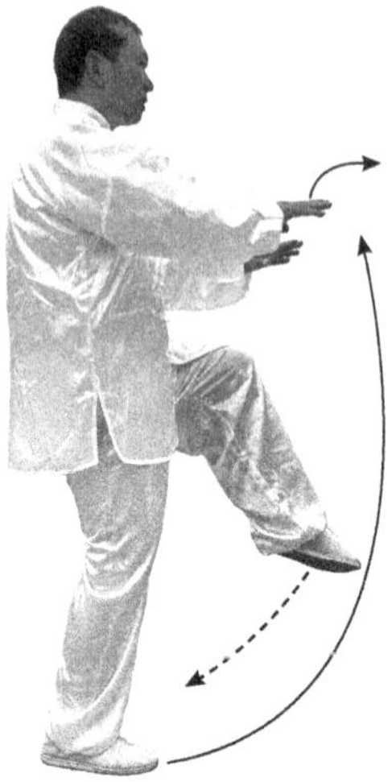
图4-98

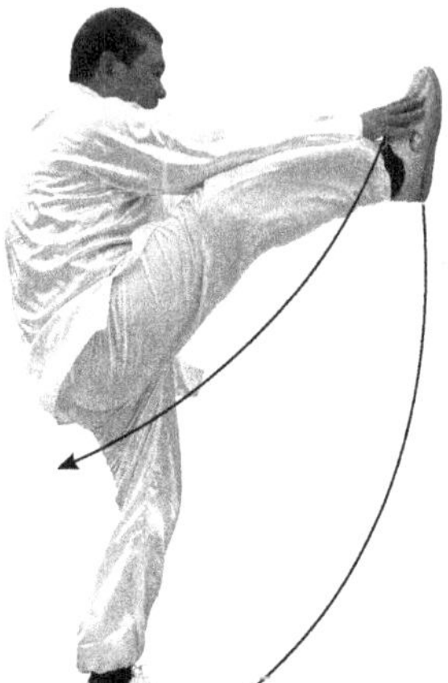
图4-99

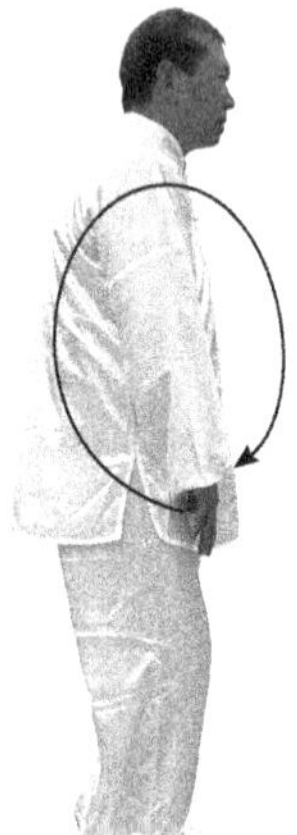
图4-100

第三十一势　抱膝蹬跟

（1）两掌向内上、向外下各自转一立圆后，分别置于胯前侧，掌心向前，指尖向下。（图4-101）

（2）重心移右脚，提左脚向前上、向内跳旋一圈后提悬于右小腿内前侧。同时，两掌向前上、向内弧形旋转后置于胸前，掌心向内，指尖向上。（图4-102）

（3）左脚用力向前蹬出。同时，两掌一齐向前推出，掌心向前下，指尖向前上，面东。（图4-103）

说明：此势是太极拳唯一一个胸前正蹬腿法。先“抱膝”是为了防范对方下抱己腿，防守后再出脚蹬其胸部中门。练习中左蹬脚要脚尖上翘，脚跟用力蹬出。

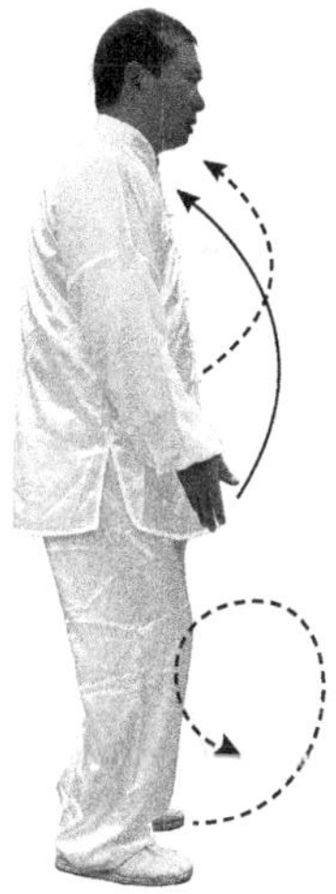

图4-101

图4-102

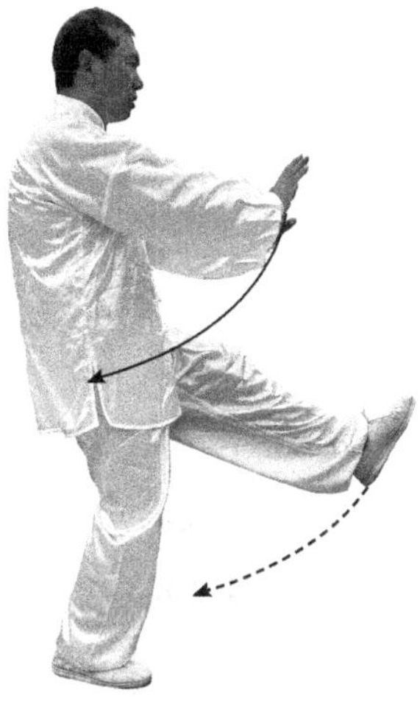

图4-103

第三十二势　转身右分脚

（1）左脚回落于右脚内侧虚点于地。同时，两手回落于小腹前。（图4-104）

（2）以右脚为轴向右后拧转270°；左脚也随身体一齐向右旋转270°后落地与右脚并齐。同时，两手随身腿向右后旋转后落于胯前外侧，面北。（图4–105）

（3）两手向外上、向内下分别旋立圆后置于胯两侧。（图4–106）

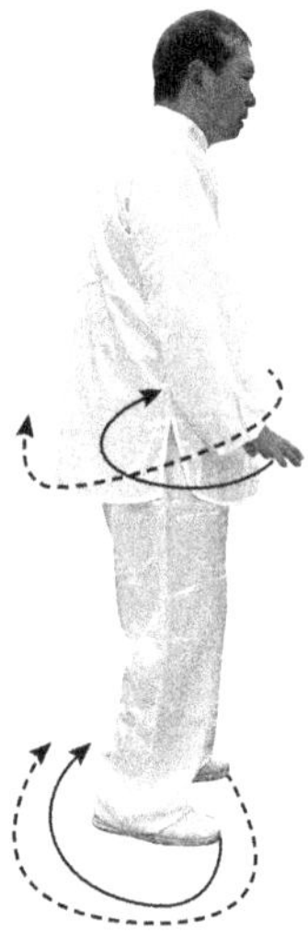

图4-104

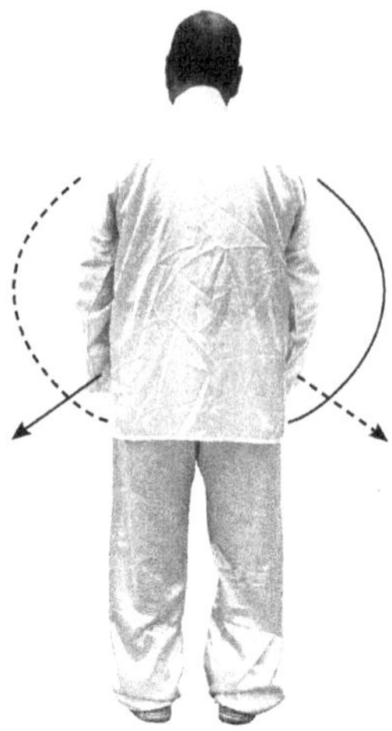

图4-105

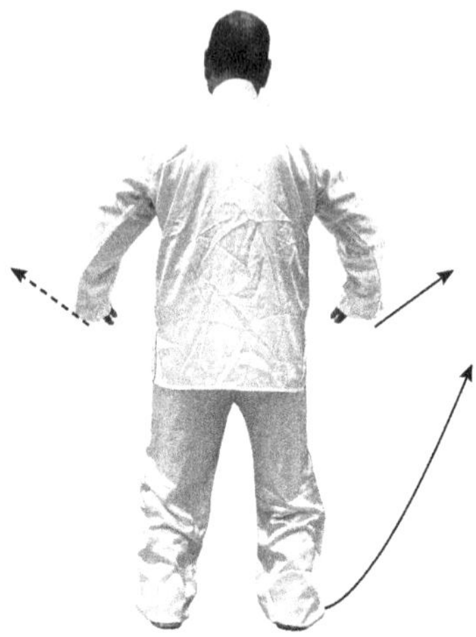

图4-106

（4）重心移左脚成独立腿，右脚向右上分蹬而出。同时，两手一起向外上撩开，面北。（图4–107）

说明：此势“右分脚”也叫“右蹬脚”，是与前文“左分脚”相对应的一个右腿蹬击技法，二者蹬撩腿法相同，唯左右相反。转身旋转时要周身轻灵沉稳，身体不可摇晃歪斜。

图4-107

第三十三势　转身肋下掌

（1）右脚向内下回落后再向右侧开步落实。同时，右掌向内下回旋下落后，再向右侧滚旋出掌，置于右肋外侧，掌心向下，指尖向前；左手自然回落于左胯外侧。（图4–108）

（2）以右脚为轴向右后拧转180°，左脚微提起与身体相随向右旋转180°落实。同时，左掌随身体向右旋转后再向左侧滚旋出掌，置于左肋外侧，掌心向下，指尖向前；右掌随身体旋转后置于右胯外侧，掌心向下，指尖向前，面南。（图4–109）

说明：此式为转身过渡变化中，含有左右两掌攻击对方肋部的技击动作，故称"转身肋下掌"。练习中，"转身"与"肋下掌"要连贯协调，不可停顿和过于露形，要在转身旋圆中含蓄地体现出"肋下掌"的掌法。

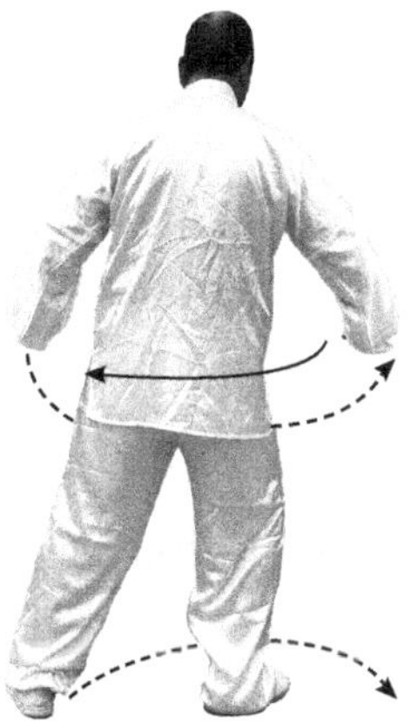

图4-108

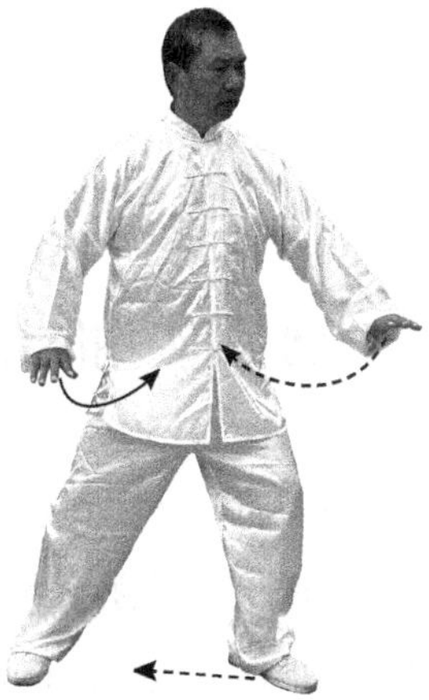

图4-109

第三十四势　掩手捶

（1）左脚右移，脚尖虚点于右脚内侧。同时，左手向内回旋置于左胸腹前，右手变拳向右内微回旋后置于右肋前。（图4–110）

（2）左脚向左迈步成左弓步。同时，左手向左前旋掤出，下与左脚相照，掌心向内，指尖向右；右拳向左前滚打而出后，置于左掌内侧，拳眼向上，面南偏东。（图4–111）

说明：此势为左手掤化掩护，右拳紧跟出击，为左化右打之拳式，故名“掩手捶”。运行中身、手、步及腰腿要周身整体而动，左掌右拳要化打合一，同时出击。

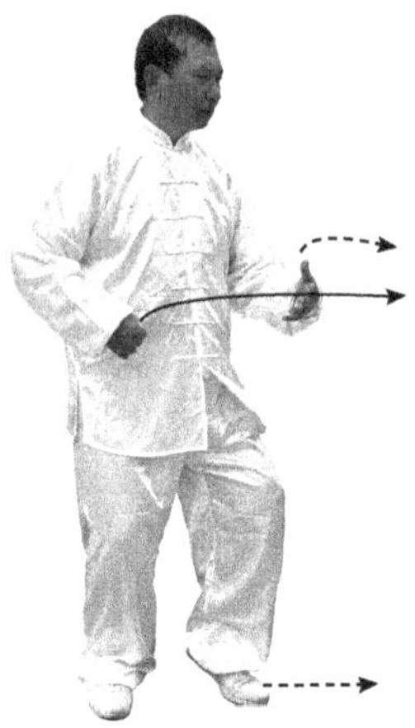

图4-110

图4-111

第三十五势　抱头推山

（1）两脚向右拧旋成右弓步。同时，右拳变掌向下旋至右膝上侧；左掌向内下、向外旋至左胯外侧。（图4–112）

（2）重心移至左腿，右脚向左内提落，脚尖虚点于左脚内侧。同时，两手一起向上内旋合于面部前下侧。（图4–113）

（3）右脚向右前迈步落实成右弓步。同时，两手一齐向右前下、向右上弧形推出，两掌掌心向右前，指尖向上，面南偏西。（图4–114）

说明：此势由“回头转身”“抱头”与“推山”三部分组成。“回头转身”时要注意拧脚倒裆的协调连贯性，“抱头”时要先开后合一气呵成，“推山”时要脚手相随，周身相合，力圆劲整。

图4-112

图4-113

图4-114

第三十六势　如封似闭

与“第四势　如封似闭”相同。

第三十七势　单鞭

与“第五势　单鞭”相同。

第三十八势　前招

（1）重心移至右腿，左脚右移至右脚内侧，脚尖虚点于地。同时，右勾手变掌向右外旋转至右胸前侧；左掌向下内旋至左腹前。（图4–115）

（2）左脚向左前迈步落实成左弓步；左手向左上、向外旋出，高与肩平，下与左脚相照，指尖向上；右掌向下旋落成勾手，高与肩平，下与右脚相照，面南偏西。（图4–116）

说明：此势实际上是由上势“单鞭”，通过调步、旋掌、倒换重心与方位等变化又形成的一个斜方向的“左单鞭”，但习惯上称为“前招”。

图4-115

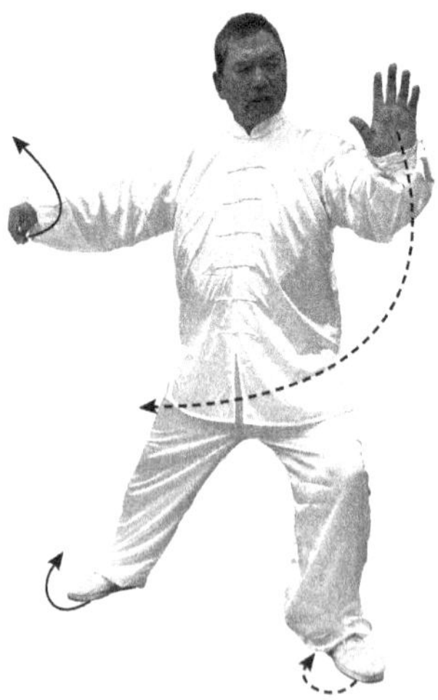

图4-116

第三十九势　后招

（1）重心拧移至右腿成右弓步。同时，左掌向下内旋至左腹前；右勾手变掌向右外微旋开。（图4–117）

（2）重心移至左腿，右脚内收至左脚内侧虚点于地。同时，左手向上、向左外弧形旋至左胸前外侧；右手向下内旋至小腹前。（图4–118）

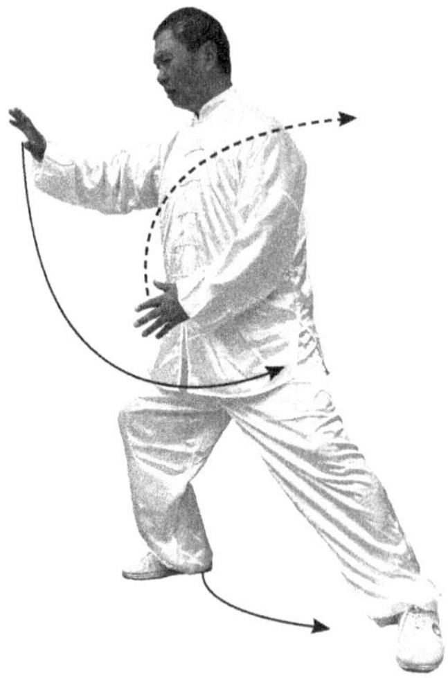

图4-117

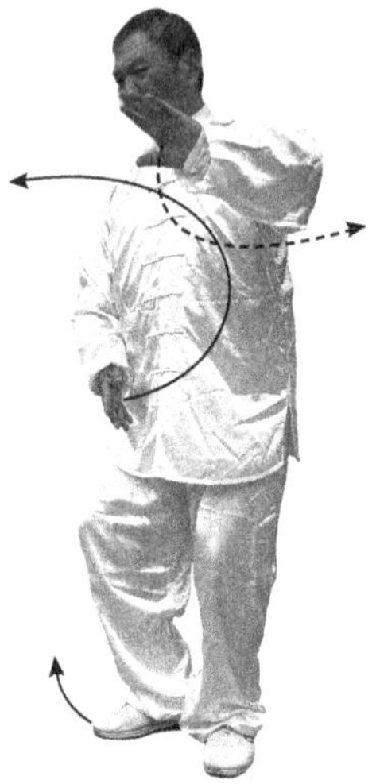

图4-118

（3）右脚向右前方迈落成右弓步。同时，右掌向上、向右外弧形旋开成立掌；左手变勾手向下外旋出，面南偏西。（图4–119）

说明："前招"与"后招"是两个动作相似，前后相反的简单拳式，基本上是由两个左右"斜单鞭"组成，虽然看似区别不大，但有异曲同工之妙。

图4-119

第四十势　勒马势

（1）重心拧移至左脚成左弓步。同时，左勾手变掌与右手一齐向左下旋落。（图4–120）

（2）重心先拧旋至右脚再倒移至左脚后，右脚内移至左脚前外侧，身体微下沉，双腿屈蹲。同时，两手与身体一齐向上、向右前、向下内弧形旋转后，渐变为双拳置于腹前。（图4–121）

图4-120

图4-121

（3）两拳向内上、向前外弧形旋出于胸前，左拳在内，右拳居外，拳眼皆向上，面西。（图4–122）

说明："勒马势"，顾名思义，有提缰绳力勒狂马之形意。运行中，两腿的虚实转换与两手的旋圈划圆，要协调一致，相顺相随。动作（2）两手向下旋落时要有周身向下沉拽之感。

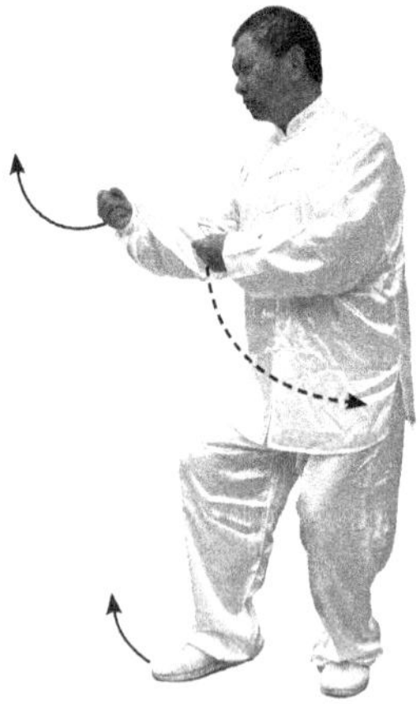

图4-122

第四十一势　野马分鬃

（1）右脚向前、向右外弧形迈落成右弓步。同时，右拳变掌向上、向右前弧形滚出，下与右脚相照；左拳变掌向左下旋落于左胯外侧。（图4–123）

（2）提左脚向内、向左前弧形迈落成左弓步。同时，左手向内上、向前外弧形滚出，下与左脚相照；右掌向右外、向内下旋落于右胯外侧。（图4–124）

图4-123

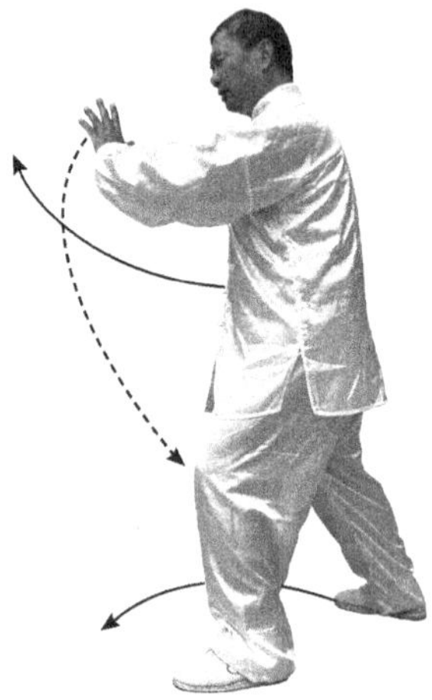

图4-124

（3）右脚向内前、向右外弧形迈落成右弓步。同时，右掌向内上、向前外弧形滚出，下与右脚相照；左掌向内、向左下旋落于左胯外侧。（图4–125）

（4）提左脚向内、向左前弧形迈落成左弓步。同时左手向内上、向前外弧形滚出，下与左脚相照；右掌向右外、向内下旋落于右胯外侧。（图4–126）

（5）右脚向左前迈移落于左脚内侧。同时，左掌微向上旋掤，置于左胸前，指尖向前上；右掌向左前下插于腹前，指尖向左下，掌心向左内，面西。（图4–127）

说明：此势亦为象形取意之拳势，下边左右两腿连续上步，上边左右两手轮番交错分、拨滚出，恰似“野马分鬃”之势。运行中要注意上下相随，脚手相合，周身一家。两手要相吸，相互呼应，不可丢劲，挑、分、拨、滚、旋要一气呵成，不可断续。

图4-125

图4-126

图4-127

第四十二势　回马势

（1）左脚向后退落，然后右脚再向后退落。同时，两手相随向左后

下、向上弧形旋至左胸腹前。（图4–128）

（2）左脚后退落实，右脚微后提后虚点于左脚前侧。同时，两手相随向前上旋落至胸前，右掌偏前，掌心向左，指尖向前上，左掌居后，掌心向右，指尖向前上，面西。（图4–129）

说明：继上势“野马分鬃”的连续上步进攻后，接下来便是此势“回马势”的连环退步防守拳式。退步时脚下要轻灵沉稳，双手的回旋要圆活流畅，脚手上下要相顺相随。

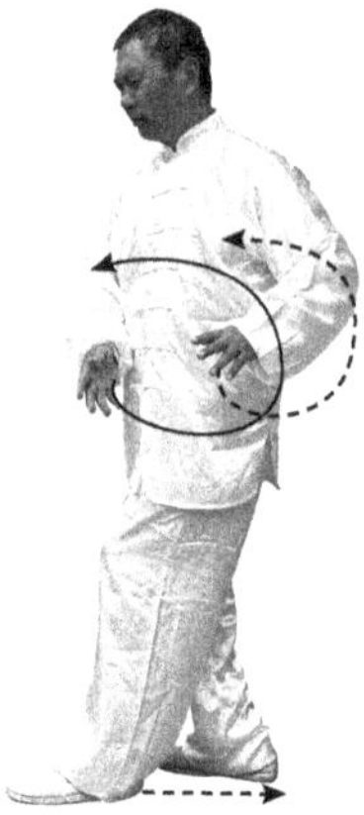

图4-128

图4-129

第四十三势　玉女穿梭

（1）右脚向上提悬于左膝右前侧，左脚踏实成独立步。同时，两手顺势向上微领。（图4–130）

（2）右脚向前下落实，提左脚向前迈落成左弓步。同时，左掌随身向前推出，右掌顺势向后下旋落于右腹前外侧，掌心向里，指尖向左。（图4–131）

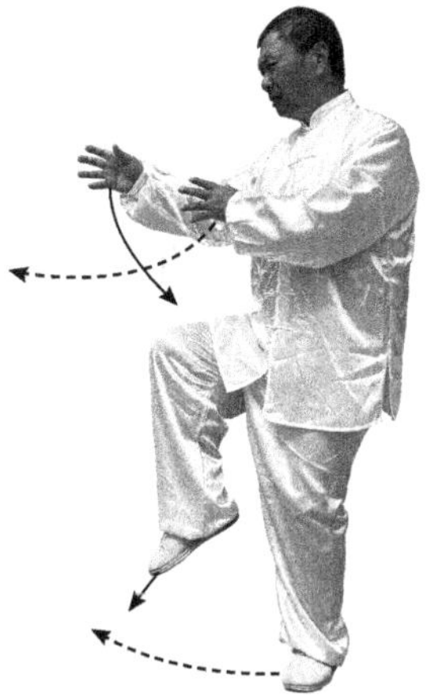

图4-130

图4-131

（3）重心右移成右弓步。同时，左手向右下旋落于小腹前，右手向右上旋领至右胸前外侧。（图4-132）

（4）以左脚为轴，提右脚向右后旋转180° 后落实，与左脚并齐，上与肩同宽，松胯屈膝。同时，两手与身腿相随向右后旋转180° 后，呈立掌置于胸前，掌心相对，指尖向上，面南。（图4-133）

图4-132

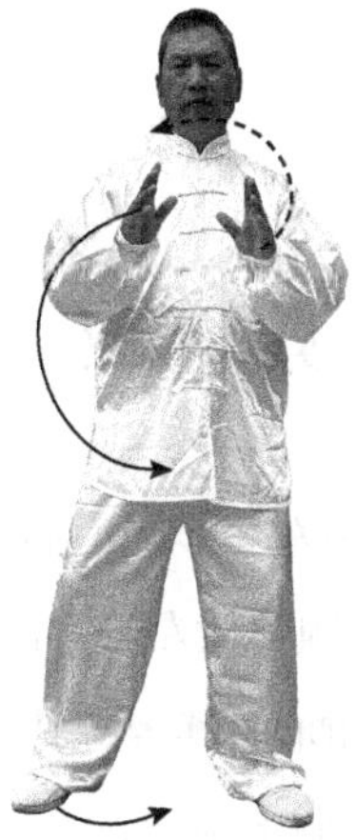

图4-133

说明：此势“玉女穿梭”，为象形取意拳势，比喻拳式运行像玉女织布穿梭一样轻灵、快捷、流利。拳势古练法具有蹿、跳、腾、闪等技法特点，现在各家多改进为不纵不跳，柔化缓慢，主要重视内里意气运行的练习风格，家传太极拳也毫不例外地改进为柔缓型的“太极化”练法。

第四十四势　揽插衣

与“第三势　揽插衣”相同。

第四十五势　如封似闭

与“第四势　如封似闭”相同。

第四十六势　单鞭

与“第五势　单鞭”相同。

第四十七势　云手

与“第二十三势　云手”相同。

第四十八势　跌叉

（1）由左弓步重心右移成居中的马步。同时，右手向上、向右外弧形旋开，左手顺势微左旋，两手高与肩平，指尖向上。（图4–134）

（2）重心移至左腿成独立步，右脚上提至左膝右前侧。同时，两掌一齐向下内、向上弧形旋合至与鼻同高处，两掌对合，指尖向上，形成“拜佛势”。（图4–135）

图4-134

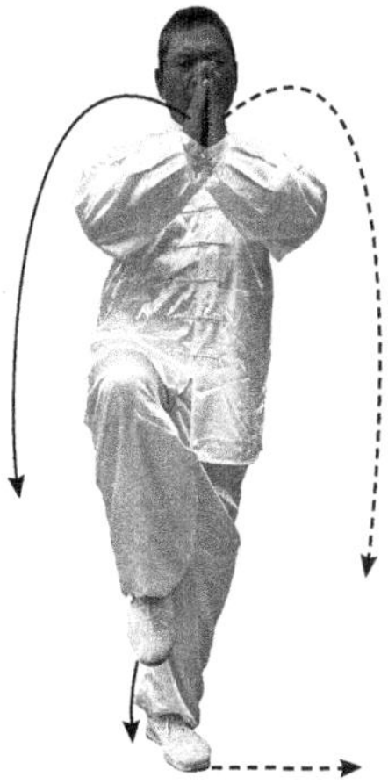

图4-135

（3）右腿向右下屈蹲跌落成屈蹲腿，左脚向左铲出成仆腿。同时，两掌变拳一齐向两侧旋开下落，面南偏东。（图4–136）

图4-136

说明：“跌叉”为传统武术套路中常见的一个低身法动作，有向下闪击之技击含义。年轻习练者可多练下跌时臀部着地的低身法、低仆步“跌叉”之法，有利于伸筋拔节和提高腿部的弹跳能力；而年长者可多练重意轻形的高身法、高仆步的“跌叉”之法。要因人而异，不可勉强而为之。

第四十九势　金鸡独立

（1）重心移至左脚，以左脚为轴向左后旋转180°后踏实，右脚相随贴地面向左提旋180°后落于左脚右侧。同时，两手与身腿相随一齐向左旋

转后置于两胯前外侧，身体起立，松胯屈膝，面北。（图4–137）

（2）重心移左腿成独立步，右腿领膝提脚于左膝前侧。同时，左掌微下按；右掌向上旋领上插至头高处，指尖向上。（图4–138、图4–138附）

图4-137

图4-138

图4-138附

（3）以左脚为轴，带动右脚向右拧转90°后，右脚向下沉落于左脚内侧；同时，右掌向右下旋落于右小腹前。（图4–139）

（4）重心移至右腿成独立步，左腿领膝提脚于右膝前侧；同时，左掌掌心向右，指尖向上，向上旋领上插至头高处，右掌微向下按。（图4–140）

（5）右脚向上弹跳后震落，左脚相随先，上后下震落至右脚内侧；同时，左掌与身腿相随，上领后向下沉落于左胯前外侧，面东。（图4–141）

说明：此势由左右两个对称动作组成，皆为一腿独立，一腿上提；一掌上插，一掌下按，形如雄鸡独立展翅之势，故名“金鸡独立”。在技击方面，有上用掌指插咽喉，下用膝盖顶裆之用，上下齐攻，直击要害。动作（1）的右腿向左旋转180°，原为传统拳架中的一个右“扫堂腿”技法，现在多改进为高身法的有扫腿之意而无扫腿之形的一种练法。

图4-139

图4-140

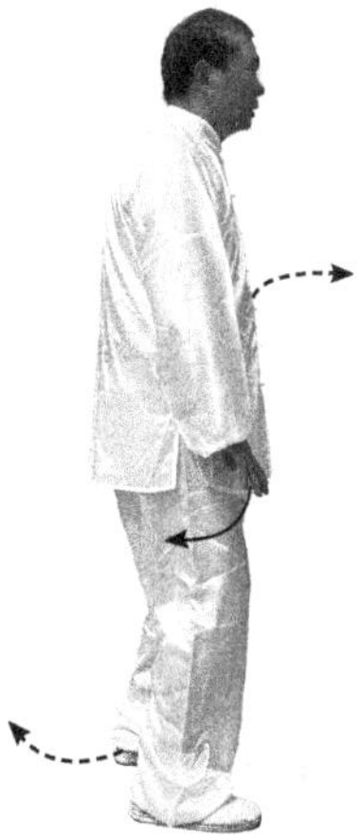

图4-141

第五十势　倒卷肱

与“第十六势　倒卷肱”相同。

第五十一势　白鹅亮翅

与“第十七势　白鹅亮翅”相同。

第五十二势　斜行

与“第十八势　斜行”相同。

第五十三势　指地掌

与“第十九势　指地掌”相同。

第五十四势　闪通背

与“第二十势　闪通背”相同。

第五十五势　进步双推掌

与“第二十一势　进步双推掌”相同。

第五十六势　单鞭

与“第二十二势　单鞭”相同。

第五十七势　云手

与“第二十三势　云手”相同。

第五十八势　高探马

与“第二十四势　高探马”相同。

说明：以上为传统太极拳拳架中，连续 9 个拳势的一段重复动作，凡重复动作，说明在整个拳架套路中有一定的重要性和必要性，故不可轻视之。

第五十九势　十字手

（1）左脚向右前迈步落实为左弓步。同时，左掌向外上、向内旋至胸前方；右掌向外下、向内旋至腹前。（图4–142）

（2）重心拧移至右脚成右弓步。同时，右手向上、向右外旋至右肩前

外侧；左手向下外旋至左胯外侧。（图4–143）

（3）重心拧移至左脚成左弓步。同时，右手向下内、向左上弧形旋至左肩前，掌心向内，指尖向左上；左手向左外、向上内弧形旋至右肩前，掌心向外，指尖向右上，面南。（图4–144）

说明：此势成招时，两掌相合形成“十”字状，故名“十字手”。此式原为上接下连的一个过渡动作，后渐改进演变为具有转腰倒裆和两手交错旋变功用、颇具技击内涵的一个专门拳式。

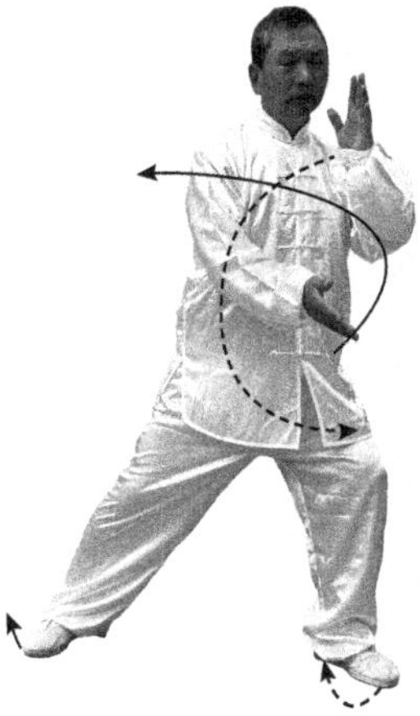

图4-142

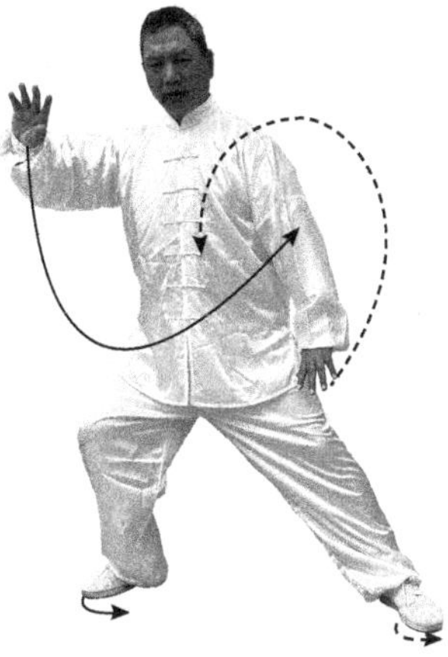

图4-143

图4-144

第六十势　单摆脚

重心完全移左脚成独立步，提右脚向左上、向右外经面部弧形旋扫。同时，左掌向右外再向左下旋转拍击右脚面，右掌向左下旋至左腋下，面南。（图4–145）

说明：此势也叫“十字脚”“单摆莲”或“左手打右脚”等，为太极拳的一个高外摆腿拳式，主要练习右腿的外扫旋击功夫。左掌拍击脚面要脚手相合，清脆有力。

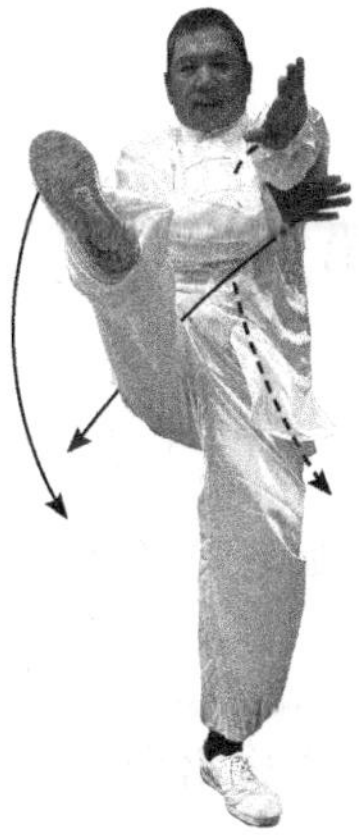

图4-145

第六十一势　指裆捶

（1）右脚顺势向右后旋落踏实。同时，两掌变拳向外下各自落于胯外侧。（图4–146）

（2）重心移至左脚成左弓步。同时，右拳向外上、向内下弧形旋击于裆前，拳眼向内；左拳向内、向左下旋至左胯外侧，拳眼向内，面南。（图4–147）

说明：此势为“指裆捶”，既可以左拳拦截对方踢裆之脚后，以右拳击打对方裆部，也可以右拳直接阻挡或击打对方踢裆之脚，守中有攻、攻中有守，技击性较强。

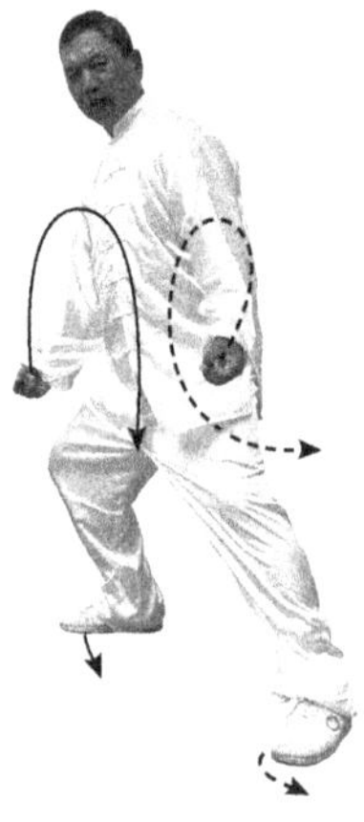

图4-146

图4-147

第六十二势　金刚捣碓

（1）重心后移至右脚成右弓步。同时，两拳变掌随身向上、向后下弧形旋转。（图4–148）

（2）重心前移至左脚成左弓步。同时，左掌前上旋掤至胸前，右掌向前下旋落至右胯外侧。（图4–149）

其余动作与“第二式　金刚捣碓”的动作（3）（4）（5）相同。

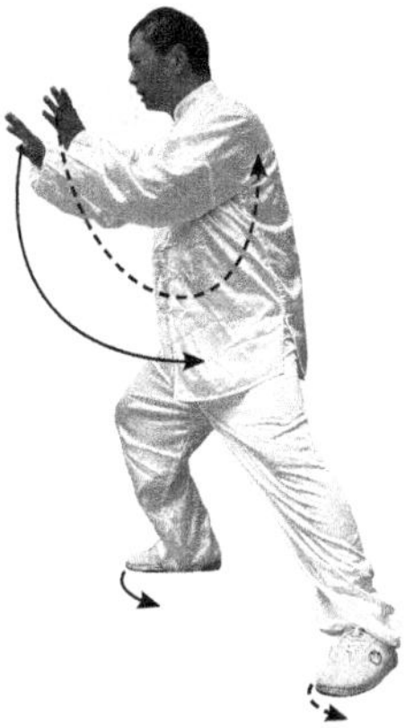

图4-148

图4-149

第六十三势　揽插衣

与“第三势　揽插衣”相同。

第六十四势　右铺地锦

（1）重心左移，左腿向左下屈蹲成弓蹲腿；右腿向左下拉伸成右仆步。同时，两手向左下旋拉后，右手置于右膝前上方，左手置于左胯外上侧。（图4–150）

（2）两腿加大向左下蹲拉幅度，两掌向上、向右、向左下旋转一圈后，右掌仍置于右膝前上方，掌心向左，指尖向前；左掌置于左耳外上侧，指尖向上，面向西南。（图4–151）

说明：此势为左腿向下屈蹲，右腿向下拉伸为仆步的一个低身仆步拳式，久练可拉伸腰腿筋节，充实腰腿功力，用于技击可有上下、领落闪变之功用。

图4-150

图4-151

第六十五势　右七星捶

（1）蹬左脚领起右腿成右弓步。同时，两手向右上掤领至腹前。（图4–152）

（2）重心移左腿，右脚回移虚落于左脚内侧。同时，右手变拳向上内旋至胸前，左掌微前旋至腹前。（图4–153）

（3）右脚向右前上步落实，左脚前跟虚落于右脚内侧。同时，左掌变拳向上内旋至胸前；右拳向下外旋滚至右腹前。（图4–154）

图4-152

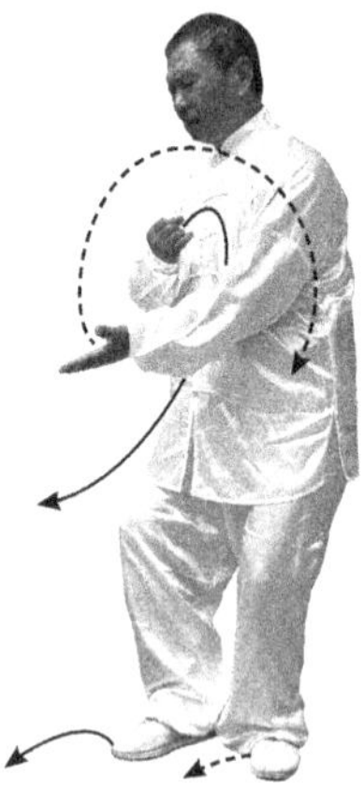

图4-153

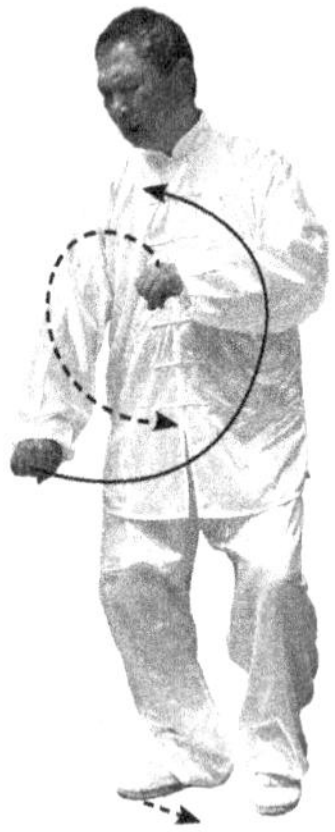

图4-154

（4）左脚落为实脚，右脚微后移，脚尖虚点于左脚内侧。同时，右拳向内上弧形旋至胸前；左拳向前下、向前上旋至腹前。（图4–155）

（5）右脚向右前上步落实，左脚后跟脚尖虚点于右脚内侧。同时，右拳向外下旋滚至右膝前上方；左拳向内上旋至胸前，面南偏西。（图4–156）

说明：此势由上式“右铺地锦”的低身下势，闪过人之攻击后，便立马起身向右边连续进攻，含有七寸靠、击裆、阴阳七星捶等技法，步活身灵，两拳阴阳翻转，上下旋击，有较强的技击性。

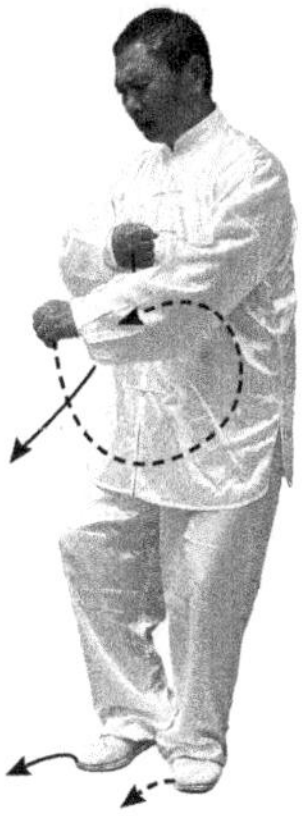

图4-155

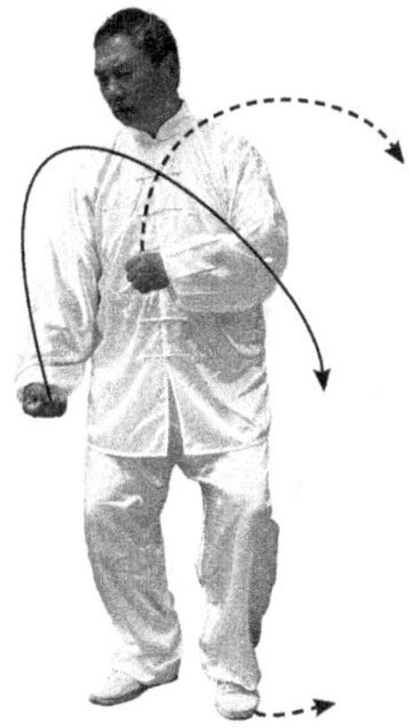

图4-156

第六十六势　回头看花

左脚向左前提落成左弓步。同时，左拳向上外掤旋至左胸前；右拳向右上、向内下弧形旋击于裆前，拳眼向内，面向东南。（图4–157）

说明：此势也俗称为“小指裆捶”。在运行与运用中，提左步回头转身，然后左手向上掤滚防守，右拳或护己裆，或直击人裆，名为“回头看花”，实则是攻防要害部位，式简而实用。

图4-157

第六十七势　摘花闻香

（1）重心后移至右脚。同时，两拳变掌向上外旋至胸部前外侧。（图4–158）

（2）右脚向左前上步落实，左脚前跟脚尖虚点于右脚内侧。同时，两掌变拳向下内、向上前弧形旋至胸颈前，两拳皆拳眼向外、拳心向上为阴拳，面东。（图4–159）

说明：此势虽美其名为“摘花闻香”，其实在运行变化中，包含有双手的采拿滚打的技击运用，练习时要步法灵活，上下相随，两手缠滚自然顺畅。

图4-158

图4-159

第六十八势　银捶换金捶

右脚向左前上步落实，左脚前跟脚尖虚点于右脚内侧。同时，两拳向下外、向上内弧形滚旋至右胸前，两拳拳眼相对、拳心皆向下为阳拳，面向东北。（图4–160、图4–160附）

说明：此势名称“银捶换金捶”颇有意思，这是前代传人根据拳式运行中，两拳的上下、内外阴阳翻转互变所取的一个通俗风趣名称。所谓“银捶”实指拳心拳指向上的“阴捶”的谐音；而所谓“金捶”，实指拳心拳指向下，与“阴捶”相反的“阳捶”，但却不称为“阳捶”，而称为与“银捶”相对的“金捶”，因此，便有了形象、诙谐、风趣的“银捶换金捶”这一有趣拳名。此势运行中，双拳由内向外上、向内下的阴阳翻旋变化，与下边的进跟步相配合，具有较强的技击功能与意义。

图4-160

图4-160附

第六十九势　单鞭

与“第五势　单鞭”相同，唯面向北。

第七十势　左铺地锦

重心右移，右腿向右下屈蹲成右蹲腿，左腿向右下拉伸成仆步。同时，左掌向前、向下内旋落至左膝前上侧，指尖向左前；右勾手变掌向上

左、向下、向外上弧形旋落至右耳外上侧，指尖向上，掌心向左前，面向西北。（图4–161、图4–161附）

说明：此势与“第六十四式　右铺地锦”基本相同，唯左右相反。

图4-161

图4-161附

第七十一势　左七星捶

（1）起身重心左移成左弓步。同时，左手向上内旋至胸前，右手向下、向左上旋至腹前。（图4–162）

（2）右脚向左前移落，左脚后移脚尖虚点于右脚前侧。同时，左手变拳向上内旋落至胸前，拳眼向上；右手向上内、向下旋落于胸前，拳眼向上，粘贴于左腕之上。（图4–163）

（3）左脚前移后脚尖虚点地，右脚前跟落实。同时，两拳一齐向下内、向外上旋滚一圈后，左拳在上，右拳在下，两拳腕部相贴置于胸前，拳眼均向上。（图4–164）

说明：此势动作运行及要求与“第六十五式　右七星捶”大致相同，唯左右相反。

图4-162

图4-163

图4-164

第七十二势　跨虎

（1）以右脚为轴向右旋转90°，左脚微向右提落虚点于右脚内侧。同时，两拳变掌随身旋转后置于胸前，掌心向内，指尖斜向外上。（图4–165、图4–165附）

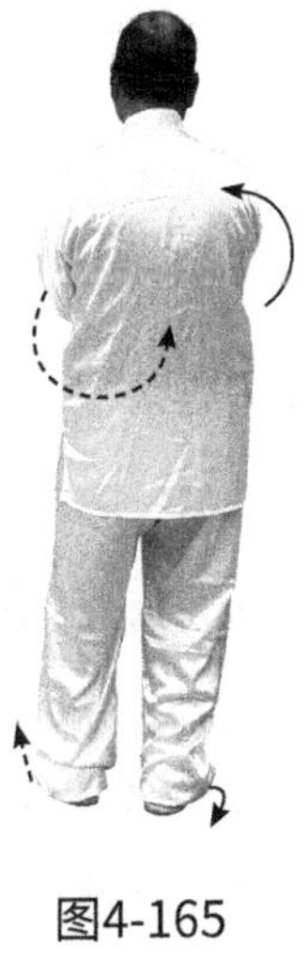

图4-165

图4-165附

（2）右脚后退落实，左脚微上提再下落后，脚尖虚点于右脚左前侧。同时，左手变勾手，向下外、向后上旋至身后命门处，勾尖向上；右手向下外、向上内弧形旋至额头右上方，掌心向前外，指尖向左上，面北。（图4–166、图4–166附）

说明：此势又称“退步跨虎”，往往出现于传统武术套路的收尾部分，有转身、退步、亮相收尾之意。

图4-166

图4-166附

第七十三势 转身双摆莲

（1）以右脚跟为轴，周身相随向右后旋转180°后落成左弓步。同时，两手随身旋转后成立掌置于胸前。（图4–167）

（2）提右脚向左上、向右外，经面部弧形旋摆。同时，两手一齐向左迎合拍击右脚面，面南。（图4–168）

说明：此势“双摆莲”又叫“双摆脚”，是传统太极拳拳架最后一个腿法拳势动作，为高扫外摆腿技法。运行中，右脚要尽量高扫猛摆，两掌与脚的合击要“啪啪”有声，清脆有力，形声俱现。

图4-167

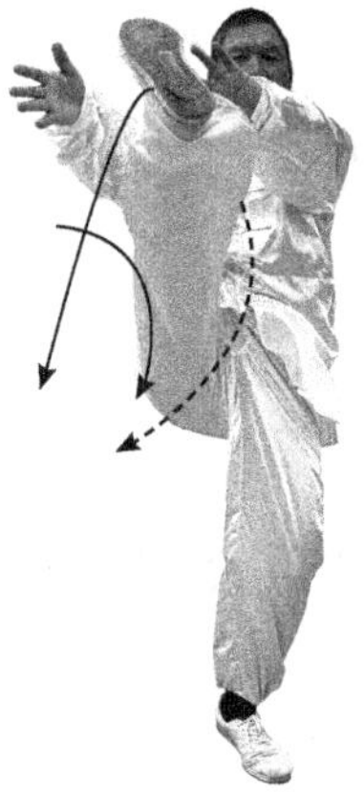

图4-168

第七十四势　当头炮

（1）右脚外摆后顺势向右下旋落成右弓步。同时，两掌变拳一齐向右下旋落至腹前。（图4–169）

（2）重心蹬拧前移成左弓步。同时，两拳一齐向上前滚旋击出于胸前，左拳偏前右拳偏后，拳眼向上，拳心向内，高与肩平，面南。（图4–170）

图4-169

图4-170

说明：此势运行中，两腿的虚实转换要蹬弹有力，两拳的旋变要滚入滚出如雷似炮、浑圆饱满、形神俱备。

第七十五势　金刚捣碓

与“第二势　金刚捣碓”相同。

第七十六势　收势

（1）两手分别向下外、向上内弧形旋至肩高处，掌心向下，身体微上领，腿稍直。（图4–171）

（2）松胯屈膝，两掌向下旋落于胯两侧，掌心向内，指尖向下。（图4–172）

（3）左脚轻轻内收，落于右脚内侧相并齐；两掌掌心相对，指尖向下，置于两胯下侧，身体空松舒泰直立，二目平视，面南。（图4–173）

说明：拳架练完，两臂划圆，舒松垂落，恬静自然，收功收心，无极神态。

图4-171

图4-172

图4-173

附录一

陈清平家传太极拳存传拳论、拳诀选录

一、太极拳论　　作者：王宗岳

太极者，无极而生，阴阳之母也。动之则分，静之则合。无过不及，随屈就伸。人刚我柔谓之走，我顺人背谓之粘。动急则急应，动缓则缓随，虽变化万端，而理唯一贯。由着熟而渐悟懂劲，由懂劲而阶及神明，然非用功之久，不能豁然贯通焉。虚领顶劲，气沉丹田。不偏不倚，忽隐忽现。左重则左虚，右重则右杳；仰之则弥高，俯之则弥深；进之则愈长，退之则愈促。一羽不能加，蝇虫不能落。人不知我，我独知人。英雄所向无敌，盖皆由此而及也。

斯技旁门甚多，虽势有区别，概不外壮欺弱，慢让快耳；有力打无力，手慢让手快，是皆先天自然之能，非关学力而有也。察“四两拨千斤”之句，显非力胜；观耄耋御众之形，快何能为？

立如秤准，活似车轮；偏沉则随，双重则滞。每见数年纯功不能运化者，率皆自为人制，双重之病未悟耳。欲避此病，须知阴阳；粘即是走，走即是粘；阴不离阳，阳不离阴；阴阳相济方为懂劲。懂劲后，愈练愈精，默识揣摩，渐至从心所欲。本是舍已从人，多误舍近求远，所谓“差之毫厘，谬之千里”，学者不可不详辨焉。是为论。

二、十三势行功歌诀

十三总势莫轻视，命意源头在腰隙。

转变虚实须留意，气遍身躯不稍痴。

静中触动动犹静，因敌变化是神奇。

势势存心揆用意，得来不觉费工夫。

刻刻留心在腰间，腹内松静气腾然。

尾闾中正神贯顶，满身轻利顶头悬。

仔细留心向推求，屈伸开合听自由。

入门引路须口授，功用无息法自休。

若言体用何为准，意气君来骨肉臣。

详推用意终何在，益寿延年不老春。

歌兮歌兮百四十，字字真切意无疑。

若不向此推求去，枉费工夫遗叹息。

三、挤手歌

掤捋挤按须认真。

上下相随人难进。

任他巨力来打我。

牵动四两拨千斤。

引进落空合即出。

粘连依随不丢顶。

四、挤手要诀

（1）彼不动，己不动；彼微动，己先动。

（2）粘连依随，舍己从人，不丢不顶，不弃不抗。

（3）要啥给啥，吃啥还啥。争米还豆，差寸打尺。

（4）小圈克大圈，里圈克外圈。

（5）挤手四法：挖坑，吊人，塞虎嘴，牵送羊。

五、拳法六要诀

①身桩下扎；②练架有绳；③练劲圆转；④用劲自然；⑤捻手而变；⑥急毒不觉。

六、练拳八要诀

心要静，气要匀，节要开，体要松，形要顺，势要圆，劲要整，身要灵。

附录二

陈清平家传太极拳传承表

- 陈清平
  - 陈河阳
    - 陈　鋈
      - 陈乃文
        - 陈学忠
          - 陈文杰
            - 陈武英
            - 陈武良
            - 陈武智
            - 陈　辉
          - 陈文龙
            - 杨　光
          - 李金秀
          - 谢正太
          - 褚安仁
          - 张学义
          - 王红运
          - 郭　四
          - 谢祖恩
          - 冯福高
          - 张满宏
            - 秦海军
            - 张　行
          - 王沁军
    - 陈　堃
  - 陈泾阳

附录三

名门世家嫡传　隐世高手大家——记赵堡太极拳名家陈学忠

河南焦作地区，古称怀庆府，自古武风盛行，特别是其下辖的温县，更是著名的武术之乡和太极拳发源地。在这片令天下武者向往的武术圣地上，修武习艺练太极，已成为民众不可或缺的一种风尚与生活方式。因此，多少年来，人们茶余饭后、劳作之余，最愿谈及、最感兴趣、最能打动人心的话题，自然便是历代太极名家高手的传奇武功事迹。那么在这里，我作为一个地道的焦作人仍要随俗而行，继续这一不变的武林传奇话题，讲述焦作温县赵堡镇的一位太极拳隐世高手——陈清平家传太极拳第五代传人陈学忠先生。这要从我与陈先生的相识、相交谈起。

一、寻访结缘，师生情深

能与陈学忠先生相识结缘，源于我最早所习练的忽雷太极拳。该拳是由赵堡太极拳宗师陈清平著名弟子李景延，在师传赵堡拳法的基础上，创新发展而形成的一种独具特色的太极拳。忽雷太极拳自清末形成后，由于其拳法新颖，风格独特，技击性强等优势，便在当地迅速传播开来，也在我的家乡，即与温县相邻的武陟县的许多村庄广泛流传。

我自幼便随村中父老习练忽雷太极拳，后又赴温县投师名家深造。有了忽雷太极拳的相伴相随，我的青少年时代多了一份情趣与精神慰藉，少了些寂寞与空虚。之后，随着对该拳练之日久，自然有情有爱，除了修炼不辍，身心获益良多外，更多了些对该拳拳法特色、传承发展等方面的思考与关注，有了一份研究、挖掘、总结、宣传、推广的心愿与责任感。于是，心动变为行动，首先要搞清忽雷拳的来龙去脉、历史渊源以及拳法特色等。除了寻访、考察本门传人外，又考虑到，既然该拳起源于赵堡镇，与陈清平宗师所传有关，那么，就有必要亲往赵堡，寻访陈清平后人及各系传人，了解情况，比较异同，找出差异，印证优劣。若是忽雷拳与赵堡所传母拳有共有的练法与特点，那叫继承；若赵堡母拳以及其他各支系所无，仅忽雷拳所特有，那叫创新发展和独具特色。这样便可考察、挖掘、鉴别出忽雷太极拳所特有的拳法特色及独有价值，以利于该拳的宣传、推广发展。所以，出于此等目的，从20世纪80年代中期始，我对赵堡及其周边村落以及武陟、博爱等县的陈清平各系传人，进行了广泛的访查调研。仅赵堡村拜访过的中老拳师即达数十人。多次与他们相见于农家小院，或求教于田间地头，详问细查，观摩交流，虚心请教，收获颇丰。对陈清平所传各系太极拳的传承概况、拳法特点等有了较为全面的了解，为深入研究、总结、推广所深爱的忽雷太极拳打下了良好的基础。

而在当年拜访过的赵堡太极拳众拳师中，给我印象最为深刻，使我至今记忆犹新、难以忘怀的便是与陈学忠先生的初次相见。当时老先生已年过花甲，只见其鹤发童颜，髯须飘然，二目有神，精神矍铄；谈吐优雅，和蔼可亲。问其家世师承，则为陈氏后裔，名门嫡传；谈拳论史，则有理有据，娓娓道来；其拳架展示，则古朴典雅，形神不凡，俨然是一位难得一见的隐世得道高人。与先生的初次相见便有一见如故、相见恨晚之感。有缘能访遇到这样德高望重的太极前辈，深感荣幸与欣慰。之后无数次登门拜访求教，对先生的拳艺才德有了更加深入的了解并由衷地敬佩。同时也逐渐得到陈先生的信赖和拳艺上的无私传授，使我从最初的仅为访查忽雷拳史根源、验证拳技异同，而到后来竟然系统学练了纯正的赵堡陈清平家传太极拳，多了一份意外的新收获。至此，我由原来一个来去匆匆的访客，转变为一个虔诚求艺学拳的学生，成为陈先生家中为数不多的、无话不谈的“常客”。陈先生所精心传授于我的陈清平家传太极拳，也成为我继忽雷太极拳之后同样重要、深爱不已、难以割舍、不弃不离、长期坚守研练的又一太极拳。这开启了我与陈学忠先生长达20年的师生太极情缘，也因此，对陈先生不凡的太极人生有了更多的了解。

二、身世显赫，师承不凡

陈学忠，字子纯，生于1927年，卒于2006年。祖籍陈家沟，出生于河南温县赵堡镇赵堡村的一个太极世家。其先祖陈文举为陈家沟陈氏十世，于清朝康熙年间，携子、孙举家三代由陈家沟迁至赵堡镇经商定居。陈文举有一子为陈来朝，陈来朝有四子，分别为陈琪、陈瑶、陈瓒、陈瑱，其中长子陈琪，字敬柏，号长青，为陈氏十二世，是一个武功高超，备受当地陈家沟、赵堡等拳家所推崇与公认的清代著名太极拳大家，有诸多武功事迹至今在民间广为流传。陈学忠则为陈敬柏第七代嫡孙，为陈氏十九世。陈敬柏对赵堡太极拳的形成发展影响至深，贡献巨大，其拳艺除了传于赵堡张宗禹等弟子外，其子侄及孙辈也得其传，尤以侄孙陈鹏为最。陈鹏为当时名医，悬壶济世，以行医为业，故传人不多，仅在其家族后人中相传。在陈鹏之后的陈敬柏家族数代传人中，虽传人不昌，也未再出耀眼名家，但也从未断线断传。陈敬柏六世孙陈承先即陈学忠之父，能继承家学，得其祖父陈鑑之传。陈承先又传于幼子陈学忠。陈学忠从5岁始便随父习拳，苦练不辍，功夫渐长，直至15岁时父亲去世。虽年少未能尽得父传，但也初窥门径，打下了坚实基础。

陈学忠在失去父爱与家父的指导传授后，备感悲痛和孤独，一度情绪低落，思想迷茫。但每当他想到父亲临终嘱托和寄予的希望时，就很快又振作起来，选择了勇敢和坚强，逐渐走出了人生低谷，仍然坚持体悟自练，不愿丢掉祖辈传下的太极拳艺。

由于父亲的过早去世，他失去了家庭经济来源，为了生存，他16岁便扛起了生活的重担，到河南新乡的一个小厂子打工养家。其间，厂子里一位年轻同事，凭借自己身高力大的优势，经常欺负陈学忠等几个年少瘦弱的小伙伴，他们几个虽然一再忍让示好，或者敬而远之，但此人仍是得寸进尺，越来越逞强霸道。一天他对陈学忠又是出言不逊，恶语相加，陈学忠在忍无可忍的情况下，便与其争执起来，其见有人还敢与他顶嘴，便怒不可遏地挥拳打来，只见陈学忠闪身、化劲、借力将对方捋了个“嘴啃泥”。起身再战，对方又被推出一个“屁股墩”，只好无地自容地溜掉。在场的几个小工友，无不拍手称快，对这位来自温县且经常夜里练拳的工友“小陈”，刮目相看。这是陈先生第一次被迫地对家传技艺的实践与尝试，竟然取得了意想不到的效果，不但维护了自己的安全与尊严，同时，也更加坚定了对祖传拳艺的信心。

一边打工一边练拳，这样一晃数年过去了。虽然在此期间仅凭无师指导下的苦练，功夫倒也不断长进，然而，在自悟自练过程中不断出现的一些技理层面上的迷茫与困惑，还是在一定程度上影响了练功效果，使他非常期盼能再得到高人的指点迷津，渴望有像父亲那样长辈的点拨和亲授。

在赵堡镇上，还居住着另外一支陈家沟陈氏后裔，与先来的陈敬柏一支有着颇为相似的经历。也是同样来自陈家沟，同为陈氏后裔，同样是为经商而移居，又同样是世代显赫的太极世家，还同样以太极拳而扬名享誉于当地，这就是赵堡陈清平家族。陈清平自其祖辈始便迁入赵堡经商定居，在太极拳术方面得到了赵堡与陈家沟两地拳家的传授。故其拳法系统全面，功夫出众，尤精太极拳理法，对太极拳的传承发展贡献巨大，除了培育出了大批成名成家的外姓弟子外，在其家族后代中也传下了重要一脉。其传承为，陈清平传于其子陈河阳、其侄陈泾阳，陈河阳又传其子陈鋆与陈堃，陈鋆又传其子陈乃文，至此，已家传四代，是陈清平所传赵堡太极拳中的一个重要支系。

而正在苦于拳艺无师指导提高，处于迷茫且无助中的陈学忠，一天，忽然眼前一亮，想起了父亲生前多次向他提起的陈清平曾孙陈乃文，说他是一个深得家传而又不轻易外露的太极好手。因与陈学忠父亲同根、同祖、同族又是同辈，且又皆喜爱家传太极拳，故两人私交甚好，两个家族也一向素有来往，为同族世交。陈乃文自幼随父习武，虽艺不及前代先人，但也功夫不凡，特别是在一些太极精细功法、技理方面，独得家传之秘，有不少难得一见的内传“好东西”，很值得继承学习。于是，陈学忠就很快来到了陈乃文家，见到了父亲生前向他推荐和所仰慕的这位长辈族叔。而作为一代大家陈清平曾孙的陈乃文，此时，时过境迁，不再有往日先祖时的富庶和拳艺上的风光无限，已是家境破落，无儿无女，几个堂侄要么年幼，要么已逃荒移居山西等外地，家传几代的太极拳艺后继无人，眼看就要失传，使已老暮之年的陈乃文，忧心忡忡，颇感无奈。所以，当陈学忠向他说明来意后，自然是喜出望外，求之不得，正合其愿，便欣然答应下来，愿将所学家传之秘技尽传于这个同族晚辈，也正好了却了自己的一桩心愿，使他又重新看到了家族传承的希望。这真是天遂人愿，师徒有缘，家传秘技，不该失传，在机缘巧合下，有幸承传保留下了一支珍贵的陈清平家传太极拳。

陈学忠先生又在恩师陈乃文的口传心授、精心指导下，如鱼得水，刻苦学练，进步神速。之前个人练功中出现的种种疑惑与不解，经恩师的耐心讲解点拨，迎刃而解，更增加了他练好家传太极拳的信心与决心，使其全面系统地掌握了陈清平家传太极拳拳法精华。陈乃文先生在临终时，对病床前的陈学忠说道：“咱家的东西总算没失传，都交给你了，我也死而无憾了。”陈学忠最终实现了恩师的心愿和对他的殷切希望，独得家传之秘，成为陈清平家传太极拳的唯一继承者和传播者。

三、广交师友，研拳求真

陈学忠先生性格内向，为人低调，无论在生活还是工作中，都是一个甘于寂寞、不善交际的人。但在他挚爱的太极拳方面，却是例外，他拜访过不少太极拳长辈与名家，结识了许多太极拳朋友。特别是在他的家乡温县这个藏龙卧虎的太极拳圣地，他与各派各支太极拳名家、大师或无名拳师、拳手，大都有过拳术交往和多年的友情。他祖籍陈家沟而又为赵堡村民的特殊身份，也为他结交两村及更多的太极朋友带来了诸多便利。而他为人正直、谦虚真诚、胸怀宽广、从无门户之见的品格魅力，也赢得了拳界朋友的尊重与信赖。出于对家族传统太极文化的责任与关怀，他很想通过更多的访问交流，能对各系太极拳都有所了解，知其优劣，做到心中有数，以便择优学习、研究、继承、发扬光大。

在赵堡老一辈太极拳家中，除了他的父亲与恩师陈乃文外，其较早结识的便是赵堡太极名家陈应铭先生。陈应铭系陈氏十六世，祖籍陈家沟，其祖上迁居陈家沟东邻的辛堂村，是陈清平关门弟子赵堡张敬芝的著名传人。其功夫独到，拳法细腻全面，是一位颇具影响的太极拳名师。陈乃文先生在陈学忠得到自己的亲传并有所成就后，为了让他受到更多前辈的教诲栽培，便专门向他引见了自己的同门好友陈应铭。陈应铭见他已有相当的功底，且谦逊有礼，又系同族晚辈，便尽其所知，热心相传，并将平生所抄传的包括《太极拳论》在内的许多秘传太极拳资料相赠送，使他多有获益。而陈学忠对于这位前辈毫无保留地无私相传，自然是感激不尽，尊敬有加，对陈应铭晚年的生活多有关心照顾，经常提礼探望，关怀备至。

20世纪30年代后期，由于战乱饥荒等原因，温县许多太极拳传人相继逃难于古都西安，那里汇聚了陈家沟、赵堡等温县不少太极拳名家高手，故西安有太极拳“小温县”之称。祖籍赵堡的郑悟清、侯春秀便是其中两位。他们于20世纪六七十年代前后，在西安广传太极，弟子众多，影响较大，为赵堡太极拳的传播发展作出了重要贡献。

而已年届中年的陈学忠，对太极拳也有了更多的想法。若说他年轻时拜访师友是为了更多地学习吸取和自身功夫的提高，那么，随着年龄的增长和功夫的日渐成熟，他仍要不断访师友交高朋的主要目的，则是研拳、验技、求真，印证家传，辨别优劣，是出于对传统太极拳文化技艺传承及各自技术特点等的研究、了解与关注。为此，他有了走出温县，进一步到西安等地访良师交益友的想法。

他来到了古都西安，首先拜见了在西安享有盛名的郑悟清先生。郑先生离开家乡已有多年，对这位同村晚辈一时还不大了解，当听到陈学忠的自我介绍后，便惊讶地说道："原来你是大名鼎鼎陈敬柏的后人，你祖上可是咱温县的太极高手大家呀！"接着又说："你父亲我也熟识，当过赵堡街商行会长，功夫也中，但你父亲去世早，估计你不中。"随后便让一徒弟与其推手，郑先生毕竟是行家高手，见两人推了几圈后便高兴地说道："我看出来了，咱赵堡老家来的人就是不一样，来，咱爷俩摸摸。"推过后夸赞道："中，恁陈家就是有东西，你与外人推手也不会丢咱赵堡拳的人了。"之后，郑悟清便交代西安的一些弟子，若去温县赵堡，可找陈敬柏的后代陈学忠推手交流，定会有收获。后来，陈学忠也确实在赵堡几次接待过郑悟清先生的几位高徒，他们切磋交流，成为朋友。

另一位移居西安的赵堡太极拳师侯春秀先生，他在赵堡镇的故居正好与陈学忠的住宅相邻，两家世代友好，按街坊排辈为平辈，陈学忠称其为"四哥"。侯先生推手技法独特全面，采、挒、肘、靠无所不精，无所不用，招法快捷凌厉，在西安颇有名气。陈学忠曾到西安登门拜访，受到热情接待，两人研究拳艺，切磋推手，关系甚好。侯春秀还称赞陈学忠的技法细腻、功夫纯正，并说："你这东西现在知道的人不多了，要传承下去。"

陈学忠先生不但与赵堡系拳家常有交流学习，还与祖籍地陈家沟的名家高手长辈也多有交往，与他们不断探讨交流拳艺，相互尊重，友好相处，受到他们的信赖和好评，与不少知名的拳师名家，建立了深厚的友谊。陈学忠先生在晚年经常谈及自己与他们交往中的一些有趣的往事。

陈学忠先生说，20世纪50年代中期的一天，有一长一幼父子二人去赵堡镇赶会，因长者是他的同族长辈与好友，就顺便带孩子到他家玩耍闲聊。其间，长者对他说："这是我二孩，正在培养他练习太极拳，让孩子给你练练看咋样？"说罢便让其孩子练了一套太极拳。其儿子大约10岁，长得虎头虎脑，打的拳架也规规矩矩、有模有样、有板有眼，一看就是出自门内真传。陈学忠看后连连称赞道："中，这么小就练成这样，将来一定会有出息的。"果然被陈学忠先生所言中，这个少年便是日后闻名世界的陈氏太极拳大师陈小旺，而长者便是陈小旺之父陈氏名家陈照旭先生。陈照旭系陈氏太极拳一代大家陈发科次子，在陈家同辈拳手中，功夫出众，曾随父在北京教拳多年，可惜英年早逝，传人不多，知其武功事迹的也较少。但陈学忠却有幸与这位同族长辈多有交往，关系密切。后来，陈小旺无论成名前还是成名后，都与陈学忠有着多年的好友关系。20世纪80年代，陈小旺先生在郑州河南省武术馆工作期间，经常节假日乘公交返乡回陈家沟，一到赵堡镇下车后，便到好友族哥陈学忠家里借自行车骑回家，返郑时再归还。陈小旺当时担任河南省武术馆副馆长，深知陈学忠这位族兄的功夫与威望，曾几次向县里推荐其负责赵堡系太极拳工作，均被陈学忠婉言谢绝。

陈学忠先生还与陈家沟其他的一些著名老拳师，如陈宝璩、陈照丕、陈克忠、陈伯先等多有交往交流。虽然有年龄及辈分之差，但与他们私交深厚，成为无话不说的忘年之交。

陈照丕为陈氏十八世大师，培养出了陈家沟有名的"四大金刚"。其晚年每逢去赵堡镇赶会时，经常会到陈学忠家里坐一坐，谈拳论艺，叙说家常，无话不谈。

陈学忠先生通过对陈家沟、赵堡等温县各系太极拳家的多年寻访交流与探讨，不但结交了不少良师益友，开阔了视野，同时对家乡各系各家太极拳的技理特点、拳法风格等也有了更加清晰广泛的认识与了解。他能讲出每位接触过的拳家的拳架风格及推手技术特点，并能中肯地点评出各自的精粗高低、优劣长短，属于何种练法与打法、归于哪个层次、存在哪些得失等，如数家珍，侃侃而谈。这正是他多年遍访师友的目的和想要的结果。

而他的访师友之举，还不仅仅局限于对温县一隅之地所流传的各系太极拳考察了解。太极拳早已走出温县广传全国各地，并形成了不同流派与风格，他还利用一切机会走出去，对各地所传所练的各类太极拳做进一步的访查了解，继续他的广交师友、访查研究摸底的太极之路。

从20世纪60年代初至70年代末的近20年时间，他正好被调任到温县豫剧团任会计之职，真是天赐良机，给他的寻访太极之路，带来了极大的方便。

温县豫剧团虽为地方小剧团，倒也出了不少名家名角，所到之处颇受欢迎。陈学忠那些年随温县豫剧团几乎走遍了大半个中国。每到一地，安顿好工作后，便找公园、寻拳场，打听高手、访问名家，观摩拳架，交流推手。他访寻高手名家的主要目的，并非逞强好胜，比试输赢，炫耀家传拳技，用他的话说就是“看看太极拳纯正的练法与用法究竟外边还有多少传承”。所以，他在寻访过程中，从来不暴露名家之后的身份，也不炫技自傲与蔑视他人，更不会以名家自居，而是一向尊重拳友，友好交流，探求拳艺，相互提高。若有懂行识货者向他求教学习，他也决不会保守藏秘，而是尽心相传，热心指导。

功夫不负有心人，他的各地考察验技交流之行，颇有收获，对外边各种太极拳的技法特点与传承发展情况也大致能心中有数，有所了解。他也曾对他的访查之行做过这样的总结点评：太极拳传统纯正精妙的“圈里”东西，外边难得一见，少之又少，也可能未遇到；而温县尽管还有，但也是知者不多，那些名家大师也不一定都知道。这也是他晚年最纠结、最关心的一个问题。

在这里，还有一事也非常值得提上一笔，那就是陈学忠先生于20世纪60年代初，对所接触过的一些老拳师的拳艺传承及对温县太极拳的早期传播推广，作出过至今鲜为人知的贡献。

20世纪50年代初期，太极圣地温县也和整个国家形势一样，新中国成立之初，刚结束多年的战乱，百废待兴，以经济建设为主，太极拳等传统文化，暂还未得到应有的重视与发展。所以直至20世纪60年代初，温县政府始有了推广本地特色文化太极拳的计划，当时是上级委托县文化馆负责此项工作。文化馆领导接到任务后，一时心中无底，手足无措，有些犯难，整个温县县城也不知谁会传授太极拳，而乡下民间也不知有哪些高手大师能教拳。正在犯愁之时，有一知情的文化馆馆员便说："不用远求，高人近在眼前，我们文化馆的陈学忠便是太极世家高手，只是真人不露相，少为人知。"陈学忠先生当时正好在县文化馆工作，领导便很快找到他，商谈让他来完成这项工作。听说要推广自己所喜爱的太极拳，自然欣喜不已，求之不得。但他还是谦虚地对领导说，若要让他亲自传授，不太合适，一是自己年轻，功夫与资历又较浅；二是文化馆工作人员有限，担心他的本职工作会受到影响等。但他又说，请领导只管放心，高手在民间，他这些年认识和结交了不少身怀绝技的温县民间拳家大师，可推荐前来教拳，使他们能技传后人，让这些大都已老暮之年的老拳师为温县的太极拳传播发展贡献余力。领导欣然应允，于是，便决定由他牵头负责此项太极拳推广工作。他先后邀请过赵堡镇辛堂村年愈八旬的老拳师陈应铭、赵堡村的王泽善以及陈家沟的陈照丕等当地著名老拳师，到温县各机关学校等单位授拳多年，为这些老拳师的太极技艺传承和温县太极拳的早期传播推广发展作出了重要贡献，成为温县太极拳的最早推广者之一。

四、坚守正统，曲高和寡

陈学忠先生有幸继承了陈清平家传太极拳纯正的传统功法、技法。那么，什么是太极拳纯正的功法、技法呢？太极拳已传承数百年，形成不同的流派与风格。在练法与用法上，方法有异同，层次相区别，境界分高低，有继承有发展，有得也有失。作为中华传统武术精华的太极拳，应该注重挖掘、保护和传承那些正统精妙的传统功法、技法。陈先生认为，太极拳由长拳等外家拳演化改进而来，其高明之处就在于拳架练法更加重视圆柔松活内劲的练习和整体身法劲法的提高，而不是一招一势的具体技术运用。主张"练功不练招、重劲不重势、无功不打人"。在推手技击方面，则是注重柔圆听劲、粘黏控劲及以静制动、柔化刚发、借力巧打等基本原则。达到无招胜有招，应物自然，有感而发，挨何处何处击的技击境界，而不是以采、折、勾、绊、摔等技法招法为主。当然这些技法也不是绝对禁忌使用，采用不同的方法可决定技击层次的高低，太极拳虽主要有“掤、捋、挤、按、采、挒、肘、靠”八法，但应以“掤、捋、挤、按”前“四正”四法为主，以“采、挒、肘、靠”后“四隅”四法为辅。只有前四法未练好，功夫未成时，方可用后四法作为补充使用，只要前四法功夫练好，后四法对方很难用上。所以，要将前四法练好练上功夫，不可喧宾夺主，本末倒置，太极拳要更加重视那些高层次功法用法的传承发展。太极拳的高境界技击，应该是以高深的太极功夫为基础，采用巧妙的技击方法，达到内气足、劲灵、力整、圈小、术巧的完美体现。因此，陈先生每当看到一些名家大师屡屡展示让人眼花缭乱的各种采拿、绊摔等技法时，就会说，这是太极拳的低级品，遇到行家高手，一用就会吃亏，一招也用不上。如果太极拳技击按这样的路子走下去，就又回到外家拳了，太极拳精妙的东西将会不复存在，太极拳也将毫无优势可言。他通过长期的考察、观察，对先祖传下的纯正太极拳技的传承发展不免有些忧虑与担心，恐怕失真失传，很希望能原汁原味地传承下来。虽然他既非官又未被列入名家之列，无职无权又无名，人微言轻，难以扭转乾坤，但他还是总会不时地，尽力而为地向圈内同道，讲述继承传统太极技法精华的重要性，希望能走正统的太极之路，守护传承好太极拳的精髓。所以，每当他与人推手交流时，总是会说：“我既不会采拿，也不会任何招法，但这些你可尽管使用。”而从来无人在他身上成功使用。他通过现身说法的交流、比较、讲解及验证，尽量使人们明白太极拳的真谛所在，避免走弯路。当然也有执迷不悟者。

陈先生生前任村里组织的赵堡太极拳总会副会长，在总会中，他也总是积极倡导，希望年轻人传承纯正的太极拳技艺，要走正路，多下功夫，不可投机取巧误入歧途。可是一些人却认为他所倡导的那些东西效率低，已过时落伍，不适时宜，不应提倡等，这使他颇感无奈与忧心。一次在总会开会时，一位拳师说，他向在外地教拳的一个赵堡拳师，学了一招非常管用的“绝招”。其用法就是在推手中，趁对方不备时，迅速一手向下扳腿，另一手上封并乘机击其胸，上下相合击倒对方。这位拳师还说这一招已在多人身上用过，屡试不爽，非常管用。先生听后不屑地对其说：“不要学那些不是太极拳的歪门邪道东西，凡动大身法主动用招用劲，必犯露形丢顶之病，只要我方缠粘听好劲，对方就无从下手，没有不败之理。”但这位拳师听后却不以为然地说：“道理谁都会说，可一使用就不管用了，不信咱们俩试一试，我真吃过这一招的亏了。”言毕，两人便搭手相推起来。可是转了好一会儿，对方汗水直流，始终难以在陈先生身上用上这一“绝招”。后来先生故意卖个破绽“挖个坑”，对方一用此招，被推了出去。但这位拳师仍不服气地辩解道：“在你身上用不上并不等于不管用。”现在人们常说，思路决定出路，理念决定高低，不无道理，要改变一个人的理念是比较困难的。

一次，陈先生碰到一位关系甚好的太极名家，便好言相劝道：“你现在名气这么大，徒弟又多，要多教些纯正的太极功夫，不要光教那些采、勾、绊、摔低级的东西，要培养些地道的太极高手。”可是这位名家却不以为然地说：“现在啥年代了，谁还有心练你那旧玩意，只要来得快，能拿冠军出成绩就是好东西。”陈先生听后不知再说什么好。事后他曾对人说：“一些人确实是成名成家了，但太极拳的真东西恐怕也丢失得差不多了。”

陈先生作为一个民间拳师，深知祖传之艺来之不易，倍加珍惜与爱护，不愿在他这一代丢失，一直在不懈地努力坚守与传承。但效果却难尽人意，其中有多种原因。他常说，传拳授徒并非易事，教个好徒弟更难。无德者不能传，无才者传不成，而有德有才者愿传，则要么不识货不愿学或学而不精，不能持之以恒，往往半途而废，难以尽传；要么愿意学，但难遇良师，得不到真传。不少人认为他保守藏秘，不肯外传，实际上这是一种误解。他曾多次说过，虽然祖宗拳艺得之不易，应该珍惜与爱护，但并不是要保守藏秘不外传，而是难得可传之人。

陈先生曾在温县豫剧团工作多年，团里有不少聪明伶俐，又有戏曲武功基础的年轻演员，曾随他学拳练功，有的进步很快，外出演出时与各地拳手较技推手，还能屡屡获胜，很有培养前途。有一名演员李金秀，曾称赞道："陈老师的东西虽然柔缓来得慢，但一旦练上功夫真管用，我在外跑多年与人推手也没有丢过人。"可惜这些大有可造之才的基层演员，对于太极拳只是一时的爱好，并不能成为他们养家谋生的手段，随着传统戏曲的衰落与剧团效益的下滑，只好放弃所爱太极拳，无暇顾及，半途而废，甚为惋惜。

20世纪90年代，安徽省有一年轻小伙小王，慕名到温县学拳，几经打听了解后便到陈先生家学习太极拳。陈先生见其人品端正又真诚，身体素质也好，认为他是可造之才，便免费教其数月，他进步很快。小王春节回老家后，与村中原来的几个武友摔跤时，利用陈先生所教的放松、借力、听劲变化等方法，由学太极前的屡战屡败，变为屡战屡胜。遂信心大增，学太极拳的兴趣也更大了，便过年后再次返赵堡向陈先生学习，还有了学成后回家开办武校传播推广太极拳的想法。陈先生对这个难得的好苗子，也是精心培育，充满希望。可是不到一年，小王还是因为家庭困难、生活压力过大等方面的原因，无法坚持下去，只好放弃了美好的人生理想。陈先生深感惋惜，他既付出了时间精力，又传授了拳艺技术，又未收任何费用，还未能培养成才，"四大皆空"颇为遗憾。

一次，一位年轻人，系名家之后，找到陈先生家想讨教拳技，刚进门还没站稳便急不可耐地说道："都说你有真东西有绝招，就是不愿外传，今天给我少说点吧，学那么保守干啥。"对于这样的说话口气，他倒也没当回事，还是谦和地好言相劝道："我也没啥好东西，更无什么绝招，即便是有些东西，你不下功夫，光想取巧讨绝招，就是说了也白搭，你也拿不走。"他话音刚落，年轻人便不耐烦地说道："你这么大年纪了，还这样保守藏奸，我拿不走，那你还准备走了带走哩。"像这样放肆无礼之人，怎能得到真传呢！不教也罢，宁缺毋滥。难怪一些老拳师常说："宁可失传也不传无德无礼之人。"

民间有句俗语“慢工出细活”，意为但凡高质量细腻精巧的东西，往往很难一蹴而就，需要较长时间的认真磨炼、精雕细刻方可获得。就像自然界中生长的树木一样，凡长速较快的树木，其木质一般粗糙而不怎么坚固结实耐用，而生长较慢的则多可成为细腻精致的上等好木料。又有“曲高和寡”之说，意为曲调高雅深奥的歌曲音乐，能理解、欣赏与和唱的人就很少，知音难觅。万物同理，太极拳也颇为相似，真功难练难成又难传，知音难求，好徒弟难找。这也是陈先生的家传太极技艺未能广传的主要原因。陈学忠先生生前虽欲光大家传技艺，但除了其个别后人及少数传人外，得其真传者寥寥无几，曲高和寡，他常感到孤寂与无奈。

现代社会飞速发展，已进入高科技信息化时代，高效速成已成为时代发展特征。在这样一个快餐文化盛行，凡事追求效率、便捷、速成的新时代，如何保护与传承圆柔舒缓、功效较慢、很难速成的传统太极拳技击精华，处理好慢而精和快而粗的矛盾与困扰，实现与时俱进，与时代合拍，是值得我们研究思考的问题。

太极拳属于中国武术的一种，而武术实质上就是搏击格斗之术，技击应是其本质和灵魂。太极拳之所以被称为中华武术中的精品，主要就是指其所具有的巧妙、智慧、高深的搏击功能。虽然随着社会的长期和谐安定与文明进步，技击已不为武术的主旨与主要追求，当今习练太极拳者也多以健身养生娱乐为目的。但太极拳作为一种传统搏击文化，既然已成为世界文化遗产，那么，除了进一步挖掘、研究、发扬日渐重要的健身养生、修身娱乐等功能外，对其纯正精妙技击文化的传承发展也不可忽视。若丢掉了太极拳传统技击性这一原始本质，就会失去其作为一种武术的灵魂，就会失去“拳”的含义与“武”的性质，就会弱化其文化内涵和文化品位，降低太极拳所具有的健身、防身、娱身的综合功能，就会成为一种单调乏味的健身养生项目。

五、德艺双馨，以德为高

陈学忠先生虽出身于名门世家，且又功夫不凡，但他一向谦逊低调，为人真诚友善，从不炫耀自己的家世与功夫。在“大师”“名家”满天飞的社会里，他既不屑于被认定，也从不以这些头衔自居。他认为自己只是一个太极拳热爱者、传承者和守护者，有责任、有义务将正统的家传太极拳技艺传承发扬下去。他虽未能在耀眼的官方太极拳舞台上公开展示过拳艺，也未曾有过鲜花和掌声的场面，似乎少为人知。但在藏龙卧虎，更为真实的民间太极拳江湖里，他可谓无人不知无人不晓。凡与他在拳艺上有过交流切磋者，无不敬重他那纯正的功夫和高尚的武德，他在拳界留下了很好的口碑。

他喜欢结交武林朋友，无论年长、年轻、前辈、晚辈，大都能友好交往，和谐相处，互尊互敬，成为好友。凡是向他请教切磋拳艺的，只要人品端正，真诚可交，他不会保守藏秘，总是耐心讲解演示，让对方满意而归。在与人推手交流时，一贯手下留情，点到为止，手善心善，安全第一，从不使用那些采指、拿节、折骨或冷招暗技等易有伤害的技法，多以走圈化力、听劲柔化为主，让对方体会出传统太极拳的圈中之变、劲法之巧与借力打人之妙。他常说，祖上传下的太极拳推手交流切磋，是一种安全文明的君子之交，并不是野蛮无礼的争斗，与其他冷招硬打、以死相拼的较技方式截然不同。与人推手要以功夫服人，以武德赢人，要能让对方既感到舒服而又佩服，方为高手。不要让对方既难受又受到伤害，反而还不服气，甚至还会记恨你，则虽胜犹败。通过推手的切磋交流，相互吸取提高，要成为朋友而不是仇人才对。这些谆谆教导使人久久难忘，敬佩之至。

20世纪70年代初期，一位在温县县城工作的名拳手，有一天，对几个拳友夸下海口，自信地说：“在温县其他地方先不说，就温县县城里居住与工作的练家，都不是我的对手，我应该是温县城内第一高手。”有一拳友便说：“听说温县剧团里的陈学忠功夫很好，你不一定是他的对手。”而这位名拳手听后却不屑一顾地说：“俺俩早就认识，其功夫倒是不错，但与我相比还差那么一点儿。”几个拳友半信半疑，于是就一块去剧团找陈先生交手。当时，陈先生正坐在室内办公桌前整理账务，见来了客人，便立马站了起来，准备离位迎客。但这位名拳手不等他离开座位，就急不可耐地隔着一个不算大的办公桌子，一边伸手一边说：“朋友想看看咱俩推推手，你不必客气，来吧！”陈先生只好急忙伸手相接。此时，陈先生已处于十分不利的位置，身前是桌子，身后是床铺，左右狭窄，难以回旋。但这正是对方想借用有利地势先机，巧占地利之便，欲趁机取胜的用意。只见名拳手一圈不转就双手逼住陈先生中线位置，连挤带按，欲将其发于后退无路的床上。而此时先生气定神宁，身法不乱，只是稍微松身化劲。由于对方用力过猛，不由得其整个上身失控前倾，其胸部便自动地放在了先生的手掌上。紧接着先生略一动劲便将其发放于门外，应验了“引进落空合即出”的太极妙诀。陈先生随后便说：“你是急啥哩，等我出来再推也不晚呀。”名拳手一看吃了亏，也趁机说：“你的办公室太小，我没推好，到院子里再试试。”但两人在院子里又推了三次，还是同样的结果。同来的拳友便对名拳手说；“看来你是真不中，还得多下功夫呀。”这位名拳手此时也自知有差距，但为了找个台阶下，便好似心有不服地说：“我手太善，不忍心用我的‘肋下肘’绝招，若用上你绝对不中。”陈先生此时未能领会出名拳手此话的真实用意，并没有趁机说些恭维话，顺着台阶下，给对方些面子，而是从技术研究的角度说：“我缠粘你那么严密，你怎么会使出肘法呢？咱俩再推推吧，你不必客气，尽管使用你的肘法绝技。”名拳手只好无奈地又与陈先生搭手相推。但两人连推十多分钟，只见名拳手大汗淋淋，他的绝招“肋下肘”也始终未能用上，显得更加尴尬难堪。而当送走他们一行人后，陈先生方有所醒悟与反思，认为今天与朋友交手在众人面前未留余地，做得有些过了。特别是最后当对方提出还有绝招未用时，自己应该赶快给他个台阶下，说些“多谢承让，知道你的肘法好，若使用，我绝对不中”等之类的客气话，给足对方面子，该有多好呀！为此事他还自责过很长一段时间。当时，先生还较年轻，有些年轻气盛，之后，此类情况再未发生过。

由于陈先生的太极推手功夫纯正精巧，在太极拳界的名声也越来越大，不少人慕名上门请教切磋。20世纪80年代初期，两位在当地颇有名气的太极名手找到先生家里，想切磋推手。因是初次见面，不太了解，陈先生不愿贸然与之推手，开始只是言语上的一些拳技交流。但其中一位，急不可耐，试艺心切，就故意说他功夫如何好，未曾遇过对手等，想用激将法让陈先生与他推手。后见无效果，就又说曾遇一高手，对方有一招在他身上屡用屡胜，怎么也破解不了，请教此招如何破解。陈先生知其用意何在，于是就说："不必绕弯子，真想推就来吧，你任何好招、妙招、绝招随便使用，我只化不打，更不会伤害你，你就是打翻我，也绝不会怪罪你。"于是，当两人相推时，对方便使出浑身解数，采、挒、勾、摔无所不用，都被陈先生一一化解。另一位拳手见朋友未占上风，也跃跃欲试，其结果也是一样。两人第一天与陈先生的推手切磋，虽招法用不上，屡被化解，但也未能体会到他化而后打的发放人功夫，似乎心有不甘又不服，甚至还有些怀疑。于是第二天两人又来到先生家里，直言相告："你化劲很好，但还想体会一下你化而后发的跌放人功夫，请不必客气，我们还年轻，就是打出问题也由自己负责。"于是，还是在陈先生家的上房老屋里，与二人轮流推起来。老屋地方不大，又是青砖地面，陈先生一怕手重砸坏东西，更怕意外碰撞伤人，就留有余地。当对方一动劲用招，或化而轻发让其退一步半步，或对方欲倒时赶快用手拉住，免于倒地，还是点到为止式的交流，以安全为重。俗语道，行家一出手，就知有没有，没必要让对方倒地难堪。按说这次两人应该有感觉、有体会，知道高低了。谁知第三天两人又再次光临。其中一人先说："这两天与你推手确实收获不小，老师的化劲功夫真好，我们啥劲啥招也用不上，你真是化劲高手。"紧接着，另一位也旁敲侧击地说道："曾与一位高手推手，不但化劲好，打人也很脆，发放人的功夫真让人佩服得五体投地，一动劲就是丈把远。"陈先生当然听出了弦外之音，心想，不让你俩屁股量量地，看来是不会服气了。于是就说："外边的高手名家很多，都比我强，不过，既然又来了，咱们到屋外推，院子里地方大，又是土地，跌翻也不疼。"二人正求之不得，结果又是两人轮番上阵，这次陈先生则对其一圈不过，搭手即发，两人交替滚翻倒地，终于满足了他们想要的结果。其中，一人从地上站起拍拍屁股上的灰土后，高兴地握住陈先生的手说："真是大开眼界，就是想见见你这东西，挨两翻也值得。"而另一个则俏皮地说道："你要是第一天就这样弄俺，让俺俩屁股早量量你的院地，也不会三番两次来麻烦你了。"

对于民间的推手较技，陈先生曾说过，两人推手交流，分寸很难把握，人与人不同，性格与气度不同，心里想得也不一样，有的你下手轻了，他说你不中，若下手重了他说你不讲武德，而有的想诚心学东西讨东西，且又是度量宽的爽直之人，你越打他越高兴，越敬重你。但为了安全与尊重他人，宁可人家说不中也不可出手太重，免得伤人又伤和气。

陈先生在20世纪六七十年代，曾在温县豫剧团有着近20年的财务工作经历。其间，除了利用剧团外出演出，结交寻访过全国不少太极拳友外，他与剧团演员朝夕相处，经常谈拳论艺，传拳交流，感情深厚，也留下了许多有趣的故事。

剧团里的武生演员，个个功力扎实，精气神十足，动作麻利，身手不凡。因此，民间自古就有"好汉打不过赖戏子"之说。他们一开始见陈先生只是慢悠悠地练着太极拳，很不以为然，认为健身尚可，用于技击一定不管用。有的甚至直接对他说："见过高手练的太极拳一发力抖劲，地动山摇，浑身连头发梢就能抖颤，你练这慢悠悠的挨打架会中。"陈先生便说："不要看你们二起脚，比我踢得又高又漂亮，但打架还真不比我这软绵绵的太极拳管用。"结果一试，个个败下阵来。陈先生幽默地对他们说："你们演员练功是为了好看，怎么好看怎么练，而太极拳是咋管用咋练，各有所求罢了。"他们经过屡次与陈先生切磋试手，方对他的太极功夫深信不疑，不少青年演员还成为他的忠实粉丝与学生，有的成为小有名气的拳手。

一天，在演出之余，一些演员又想与陈先生试手，体验一下太极功夫，这也算是剧团里一项常有的消遣娱乐活动了。但这次他们要求却与往常的方法有别，不能是一对一较技，因为那样已经屡试屡败了，这次比试要一比五，让5个人一起群攻，看陈先生如何应对。陈先生考虑一会儿便说："一对五的群战，我也是有方法有信心的，只是群战既不文明又怕忙乱中伤人不安全，不如换另一种方式的'一对五'，大家看咋样？"接着又说："就是我躺在练功的垫子上，你们挑选5个人，分别按住头、两胳膊与两腿，如果10秒钟之内我站不起来，就算我输，站起来了，就算我赢。"正好当时温县祥云镇公社书记张喜英也在场，就半信半疑地主动当起裁判员。于是，定好规则又有了裁判，5个膀大腰圆的武生演员各司其职，陈先生的四肢与头分别被牢牢按在垫子上，一切停当后，裁判便下令开始。然而读秒计时不到5秒，只见先生周身一抖便脱身站起，5位试技者，东倒西歪，面面相觑，神情茫然，不得其解。众位旁观者惊叹不已，直呼："真乃神技也。"

再说一个陈先生与忽雷太极拳相关的事情。忽雷太极拳是在赵堡太极拳基础上演变而形成的，由于特色鲜明、风格突出等特点，于清末便在焦作地区有着广泛的流传，并且在20世纪50年代初还传播到了宝岛台湾。到了20世纪90年代前后，随着国家改革开放的深入发展，两岸交流日益频繁，早年移居台湾的几位焦作籍忽雷太极拳传人，因年事已高，行动不便，便数次派弟子如台湾知名武术家徐纪，及陈逸民、陈家箴、郑国辉等到大陆寻根访祖，寻找同门。由于两岸阻隔时间较长及个别人的保守、狭隘门派观念等原因，这些台湾寻访者，虽远道而来，费尽周折，却是难以如愿，抱憾而归。

1991年，又一位忽雷太极拳传人台湾陈先生，在台湾看到了我发表于《少林与太极》武术杂志上的《太极奇葩忽雷架》文章后，获得了一些信息，倍感欣喜，便受其师温县籍台湾著名忽雷太极拳名家王晋让先生之托，到温县寻访同门传人。这次台湾陈先生到温县后，颇具耐心，在温县一宾馆一住就是数月，希望能找到同门传人，交流学习，叙叙同门情谊。

可还是事与愿违，到处打听，有确实不知者，有知而不愿说者，更有言忽雷架在大陆已失传殆尽，不如改换门庭，另投高明之师等。台湾陈先生颇感失望，失去了寻找的信心。他在准备回返台湾的前一天，又听说赵堡陈学忠先生，不但功夫高，人品好，而且在太极界人脉广泛，便前去赵堡登门拜访，欲求教拳艺之外，更要打听有关忽雷架的消息。他见到了陈学忠先生，做了自我介绍后，一开始主要是请教、探讨拳法技理，陈学忠先生对太极拳功法理论的独到见解，使他多有收获，很是敬佩。然后他又很想推手交流，体会一下陈学忠先生的功夫。但当陈学忠先生起身准备与他接手相推时，台湾陈先生好像心有余悸，又迟迟不肯与他搭手。陈学忠先生毕竟是久经沙场，猜透了其心思，便说："你放心，我不会随便胡打或乱采拿伤人，咱们俩只转转空圈，听听劲便可。"可是，当台湾陈先生一伸手，只见其两手红肿，陈学忠先生自知其因，便气愤地说："一些人真东西没有，就会采拿这一套，连台湾同胞也不放过。"而台湾陈先生摇着头说他对此也很反感，只是出于体验拳技和礼貌原因，只有忍耐与无奈而已。而当他与陈学忠先生推手后，连声称赞这才是正宗的推手之道，既能体会出太极真东西，还感到轻松又舒服，颇有收获，在大陆地区难得一见。甚至还有了之后向陈学忠先生学艺的想法。而陈学忠先生却说，你练的忽雷架太极来自赵堡一脉，拳架独特，出了不少高手，不必再学他拳，可找温县你们的忽雷架同门交流学习提高。这也正是台湾陈先生拜访的主要目的。当陈学忠先生得知其已寻访数月仍无果后，便说："这么有名的忽雷架，又有不少传人，怎么会找不到呢？我与忽雷架的几位传人都很熟悉，关系甚好，其中你所寻找的张满宏，更是我家常客，不但忽雷架练得好，还经常向我请教学习赵堡架，这两天我就帮你联系。"第二天，陈学忠先生便乘坐公交车从温县直达焦作，在我的办公室告知了此消息。可是不巧的是，当我忙过手头的工作，两天后趁周日前去温县宾馆拜见台湾陈先生时，他已返台，未能见面，有些遗憾。但后来根据陈学忠先生所提供的台湾陈先生的信息，还是与台湾陈先生等同门有了书信联系交往，并相约在1992 年的温县首届太极拳年会上两岸同门相见。台湾陈先生当年如期组团，带领台湾十几位忽雷太极同门，前来大陆参加了温县首届太极年会。终于两岸同门相见相聚，切磋交流，共叙拳情、友情、同胞情，结下了多年的同门之谊。而回想这一切，又不能不感谢陈学忠先生的积极牵线搭桥和无私相助。

六、特殊的身份，无奈与烦恼

陈学忠先生是祖籍陈家沟的赵堡人，又终生热爱太极拳，这种特殊的身份与喜好追求，与其两位先祖先师前辈陈敬柏、陈清平又是何等的相似。对于先前陈敬柏、陈清平两位宗师当年是如何恰到好处地处理与陈家沟、赵堡两村的关系，以至能同时得到两村拳家的认可与敬重，这些已无法考证，不得而知。也可能是当时太极拳还未有至今的混乱与名利纷争，人们倒是相安无事。而陈学忠先生这种特殊身份可谓有利有弊，既可给他带来拳术学习交流上的优势与便利，但同时也使他多了些无奈与烦恼。在与陈学忠先生多年的学习交往中，他常叹息道，由于各种原因所引起的两村太极拳方面的争执，他很为难，常常不知如何是好。一边是祖籍地，血近人亲，有师长前辈与拳友；而另一边是数代居住生活和自己生长的地方，左邻右舍，乡亲邻谊，也有师长前辈与同道好友。因此，如何处理好与两边的关系，是他经常思考且又感到困扰的问题。他很想运用在太极推手中所擅长的居正守中，不偏不倚，守弱内敛来处理这些关系与问题，尽量谦逊忍让低调做人，不争名利，力求和谐与共，与大家友好相处。但树欲静而风不止，还是事与愿违，不断有误解、猜疑甚至指责诋毁。这是他晚年一直难以摆脱的纠结、烦恼与痛心之事，其身心也由此受到一定影响。他认为谈拳史若罔顾史实，感情用事，被名利所左右，那么很难令人信服。对一些拳史问题他虽然有自己的见解与看法，但他也知道自己身份的特殊性，为避免是非，他总是谦虚地说自己主要喜欢研练拳技，对拳史没有做过全面考察研究，所以，没兴趣没资格也不愿随意谈论。他宁可不说话，也不会说假话。而他对一些自己也不太清楚的拳史问题所保持的沉默与回避，也被指责是在耍滑头或是没立场，想当好人等。即便是他有时难以推辞，仗义执言，说了些个人所闻与看法，那么也会不合谁意谁就会指责、记恨或疏远他。甚至被一些人所利用，按照他们自己的观点与利益进行曲解。总是想利用他的特殊身份和在拳界的影响，不惜以他的口气，打着他的旗号，说出对各自有利的观点，使陈先生有口难辩，左右不是，有苦难言，蒙受不白之冤。

陈先生已故去多年，这些多为外界所不知的陈年旧事，在此也不便多说。但愿天堂里无纷争、无烦恼，使陈先生在那里能尽情享受家传太极拳给他带来的永远快乐与安宁，继续他的又一“太极人生”。

陈学忠先生于2006年仙逝于温县赵堡镇，享年80岁。虽然他永远离开了我们，但其一生追求传统太极技艺，传承家学，坚守太极文化精髓的精神永存。

笔者作为陈先生一个不合格的学生，借本拙著即将出版面世之机，特撰文追思纪念，以不忘恩师多年培育教诲之恩。

张满宏

2024年2月于焦作